KB154174

근현대 프랑스철학의 뿌리들

근현대 프랑스철학의 뿌리들
The Sources of Modern and Contemporary French Philosophy

지은이	황수영
펴낸이	조정환
주간	신은주
편집	김정연
디자인	조문영
홍보	김하은
프리뷰	이윤하
초판 1쇄	2021년 3월 26일
초판 2쇄	2022년 3월 26일
종이	타라유통
인쇄	예원프린팅 · 효성프린원
라미네이팅	금성산업
제본	바다제책
ISBN	978-89-6195-260-6 93160
도서분류	1. 철학 2. 서양철학 3. 철학사 4. 인문학
값	23,000원
펴낸곳	도서출판 갈무리
등록일	1994. 3. 3.
등록번호	제17-0161호
주소	서울 마포구 동교로18길 9-13 2층
전화	02-325-1485
팩스	070-4275-0674
웹사이트	www.galmuri.co.kr
이메일	galmuri94@gmail.com

근현대
프랑스철학의
뿌리들

지성,
의지,
생명,
지속의
파노라마

황수영

The Sources of
Modern and
Contemporary
French Philosophy

갈무리

일러두기

1. 이미 발표된 논문도 맥락에 맞도록 수정한 곳이 많고 논문식 표현은 가능한 한 평이한 말로 바꾸려고 노력했으나 불가피한 경우는 그대로 두었다.
2. 참고문헌에는 본문을 구성하기 위해 직접 참조한 것들만을 수록하였다.
3. 주요 저작의 약호는 각 장 서두 부분의 각주에 표시되어 있다.
4. 철학자들의 표기는 프랑스 현지 발음에 맞게 하여 국내의 외국어 표기법과는 약간 다르게 되어 있음을 양해 바란다.

:: 들어가기 전에

  이 책은 2005년도 12월에 출판된 후 15년 만에 수정과 보완을 거쳐 재출판에 이르게 되었다. 책의 구성은 1997년도에 발표된 필자의 박사학위 논문 및 이후부터 2005년까지 8년간 작성된 학회 발표문 및 학회지 수록 논문들을 토대로 하였고 초판과 재판의 원고 작성 때 첨가된 내용도 상당 부분에 이른다. 오랜 기간 다양한 내용의 연구를 모아 구성하다 보니 책의 내용이 근대 초기의 데까르뜨에서 현대 초기의 베르그손까지 3세기에 걸쳐 있어 철학사의 형식을 갖추게 되었고 따라서 새로 첨가된 내용은 사상의 변천 과정에 주안점을 두지 않을 수 없게 되었다. 이런 점들을 고려하여 각 시대에 활동했던 철학자의 독특한 문제들을 소개하는 동시에 여러 철학자들 간에 문제들이 서로 맞물리며 변천하는 과정을 부각하고자 하였다. 재판에서는 멘드 비랑과 베르그손을 중심으로 좀 더 수정과 보완이 이루어졌다.

  책의 내용은 데까르뜨에서 시작한 서양 근대철학이 프랑스에서 어떻게 전개되고 있는지를 주로 소개하고, 이것이 정형화된 기존의 근대철학사를 다르게 보는 관점을 제공한다는 것을 보여 주고자 했다. 이 새로운 관점의 의미는 지나간 사유의 역사를 반추하는 동시에 다양한 담론의 진원지가 되고 있는 현대 프랑스철학의 근원을 아는 데 도움이 되게 하는 것이다. 현대 철학의 직접적인 선조는 말할 것도 없이 근대철학에서 찾아야 하지만 우리는 현대 프랑스철학의 근원을 물을 때도 언제나 칸트, 헤겔 등 독일의 거장들을 이정표로 해서 에둘러 찾아간다. 그러나 현대 프랑스철학은 독일철학의 양자가 아니며 나름의 뿌리를 가지고 있다. 근대 프랑스철학의 형이상학과 인식론은 영국과 독일의 주요 사상들과 소통하고 그것들을 흡수하는 가운데 프랑스만의 독특한 사유 전통을 이룩하여 현대까지도 프랑스적 사유를 지배하는 보이지 않는 영감으로 작용하고 있다.

이 연구에서 필자의 박사학위 논문의 토대가 된 프랑스 유심론은 국내에는 거의 알려지지 않은 분야에 속해 있다. 그러나 필자는 〈서양근대철학회〉에서 오랜 기간 활동하면서 서양 근대철학이 기존의 도식적 이해에 그치지 않도록 자주 논문 발표를 할 기회를 가졌고, 이 학회의 연구성과물인 『서양근대철학』2001과 『서양근대철학의 열가지 쟁점』2004, 『서양근대 종교철학』2015 및 『관용주의자들』2016이라는 네권의 저작의 기획에 참여하여 출간에 이르기까지 함께 활동하면서 이 분야를 알리려 노력해 왔다. 이러한 작업은 무엇보다도 〈서양근대철학회〉의 초대 회장님을 비롯하여 회원들의 폭넓은 이해와 사려 깊음으로 인해 이루어질 수 있었다. 이 자리를 빌려 초대 회장님 서울대 김효명 교수님, 2대 회장님 한남대 김용환 교수님의 배려와 여러 회원들의 우정에 다시 한번 진심으로 감사드린다.

2021년 3월
황수영

차례

서양 근대철학은 그 자체로 어마어마한 사유의 보고寶庫일 뿐 아니라 현대 철학의 수많은 조류들에 직간접으로 녹아들어 있어서 때로는 현대 철학자의 언어를 빌려 자신을 드러내는 시라노가 아닌가 의심할 정도이다. 대부분의 주제들이 옷만 갈아입은 채로 자신의 '진짜 얼굴'을 보아달라고 강변한다. 우리는 그것들의 옷과 새 단장을 선호하는가, 아니면 그것들의 진짜 얼굴을 보고자 하는가에 따라 철학적 취향을 달리할 수 있을 것이다. 아무튼 우리는 현대에 살고 있지만 다행히 지금 여기를 통해서만 과거를 이해하는 비극적 존재는 아니다. 철학사의 연구는 과거로의 여행을 가능하게 해 준다.

철학사 연구가 사실상 반드시 과거의 역사와 관련된 것은 아니라는 반론도 가능하다. 실제로 독창적 철학자 개인이 탁월한 철학사 연구가인 경우가 있고 그런 한에서 그의 연구는 과거 자체이기보다는 현재의 관심을 반영한다고도 할 수 있겠다. 하이데거M. Heidegger나 들뢰즈G. Deleuze의 철학사 해석은 그들 철학의 현재성과 구분되지 않는 한에서 대표적인 예가 될 수 있을 것이다. 한편 칸트I. Kant가 자신의 철학을 구축한 것도 스스로의 기준에 의해 재구성한 철학사 해석을 통해서이다. 이런 의미에서는 대부분의 철학자가 동시에 철학사가라고 말할 수도 있을 것이다. 그러나 나는 이와 같은 천재적 개인의 연구와 구분되는 집단적이고 끝없는 노력의 축적 과정으로서의 철학사를 선호한다. 개개인이 자신이 처한 시대적 상황과 사회적 조건에서 벗어나는 일이 어렵다고 해도 집단적 노력은 끊임없는 비판과 수정을 허용한다는 점에서 그러하다. 따라서 나는 이 책에서 가능한 한 많은 연구가들의 견해를 참조하고자 하였다.

서양 근대철학에 대해서는 이미 다량의 연구서들이 나와 있고 각 연구서마다 강조점의 차이는 있으나 어느 정도 기본적인 관점의 일치가 존재하는 것 같다. 칸트라는 18세기의 거인이 커다란 윤곽을 그려놓은 이래 거기에 도전하는 근대철학사는 존재하지 않는다고 해도 과언이 아닐 듯하다. 무엇보다 실천적이고 사회적인 관심 이전에 인식론적 관심이 근대철학의 지배적 경향이라고 본다면 대륙의 합리론과 영국의 경험론 그리고 그것들의 비판과 종합이라는 칸트의 도식은 도전을 불허하는 듯하다. 이렇게 이해된 근대철학사의 흐름에서 프랑스철학이 차지하는 위치는 애매하다. 그것은 영국 경험론과 대륙 합리론이라는 틀에는 부합하지 않는 독특한 경향을 나타내고 있기 때문이다. 데까르뜨R. Descartes와 말브랑슈N. Malebranche의 철학까지는 합리론을 대표한다고 할 수 있지만 이미 데까르뜨의 시대에 강력한 반데까르뜨주의자로 스스로를 규정한 빠스깔B. Pascal의 '섬세의 정신'esprit de finesse, 계몽철학자들의 과학주의에 반발하여 자연적 감성을 주장한 루쏘J.-J. Rousseau, 그리고 이들의 계승자인 멘 드 비랑P. G. de Maine de Biran의 '의지적 노력'이나 '내재적 신체'의 개념과 같은 것들은 이성과 감각경험이라는 기존의 두 변증법적 대립자들에 의해서는 이해되지 않는 개념들이다. 이런 이유로 그것들은 비합리주의라는 이름으로 철학사에서 소외된 영역에 속해 왔다. 비非 혹은 반反이라는 접두어가 상표처럼 따라붙는 그들의 철학적 입장은 데리다J. Derrida나 들뢰즈의 표현에 의하면 타자성의 철학이 될 것이다. 합리론의 이성은 말할 것도 없고 경험론의 감각도 엄밀히 말하면 원자적으로 고정된 가지적 개념으로 취급되는 한에서는 합리주의적 틀 내에서 이해된다. 실제로 고대 그리스철학 이래로 서양철학은 넓은 의미에서 합리주의라고 할 수 있는데 근대에 와서 이성과 경험이라는 두 개념으로 공약불가능한 프랑스철학의 개념들은 매우 독특하게 취급되어 온 것이 사실이다.

따라서 빠스깔 이래의 근대 프랑스철학을 소개하는 데 내재하는 근본적 난점은 분명한 것 같은데, 사태가 그러하다면 기존의 철학사에 대한 어떤 종류의 전복이 필요한 것일까? 반드시 그렇지는 않다. 빠스깔 이래의 근대 프랑스철학이 타자성의 철학이라는 것은 과장된 표현이고 합리주의와 공약불가능하다는 것도 사실이 아니다. 문제는 아주 단순하게도 그것이 잘 알려지지 않은 데 있다. 주관적 단편의 형식으로 글을 남긴 빠스깔이나 실천적 문제에 더 관심이 있었던 루쏘를 제외하면 이들의 계승자로서의 멘 드 비랑에서 시작하여 라베쏭F. Ravaisson, 부트루E. Boutroux, 라슐리에J. Lachelier, 블롱델M. Blondel, 베르그손H. Bergson으로 이어지는 독특한 흐름은 인식론과 존재론의 문제를 심층적으로 숙고하고 데까르뜨와 라이프니츠G.W. Leibniz 같은 합리론자들 그리고 로크J. Locke, 버클리, 흄D. Hume, 꽁디약E.B. de Condillac과 같은 경험론자들뿐만 아니라 칸트의 철학과도 지속적인 대화의 장을 열어 놓으면서 프랑스적 사유를 살찌우는 데 기여해 왔다. 이들은 감각경험과 이성이라는 인식의 두 축을 인정하면서도 그보다 근원적인 지반으로 내려가는 데 주력하는 것이다. 따라서 이 프랑스철학의 흐름을 비합리주의 혹은 반지성주의와 같은 부정적 용어들로 묘사하는 것은 옳지 않다.

이 책에서 우리가 주로 소개하고 분석하면서 전체적인 흐름을 이끌어 가는 주요한 내용은 바로 프랑스철학의 잘 알려지지 않은 이 부분에 해당한다. 이 흐름을 최초로 의식하고 이름을 붙인 철학자는 라베쏭이다. 라베쏭은 '유심론唯心論적 실재론' 혹은 '유심론적 실증주의'positivisme spiritualiste라는 흐름을 정의했는데 거기서 말하는 정신은 플라톤Platon이나 헤겔G.W.F. Hegel식의 관념적 의미가 아니라 신체와의 관련 아래서 고려되는 심리적 특징을 가지기에 '심'心이라는 말은 이 철학의 특징을 잘 설명해 준다.[1] 이 흐름은 잘 어울리지 않을 듯한 두 용어 즉 정신과 경험을 결합시킨다. 전통적으로 서로 다른 영역에 속했던 두 단어의 결합은 양자가 각자의 완고함을 조금씩 양보하는 데서 가능해진다. 우리는 분명 정신의 영역이 아직은 중요한 역할을 담당하고 있던 19세기에 와 있다. 이 세기의 한가운데서 활동한 철학자 라베쏭에게 문제는 더 이상 합리론과 경험론의 대립이 아니다. 그에 의하면 베이컨F. Bacon과 로크의 경험론과 칸트주의가 보여 준 이중의 실패는 그들을 현상의 인식에 머물게 한 공통의 전제에 기인한다.[2] 진정한 경험의 가치를 확신하는 라베쏭은 그것을 외적 경험에 한정하는 데 반대하고 내적 경험의 영역으로 확대한다. 이와 동시에 정신적 인식의 절대성을 확신하는 라베쏭은 칸트의 현상적 처방에 만족하지 않는다. 결국 그는 '내적이고 직접적인 경험'의 주체로서의 정신을 주장하는 것이다.

이 태도는 라베쏭의 선배 철학자이자 라베쏭이 프랑스철학의 개혁자라고 평가한 멘 드 비랑에게서 이미 나타나 있다. 좀 더 고전적인 틀에서 사유한 멘 드 비랑은 칸트처럼 데까르뜨식의 합리론과 감각주의적인 경험론의 중간에서 이들을 종합하고자 노력하지만 해결의 방식은 완전히 다르다. 그는 내적 신체의 의식을 내포하는 '의지적 운

---

1. 이런 이유로 우리는 유심론(spiritualisme)이라는 기존의 번역어를 그대로 사용하기로 한다. 프랑스 심리학 전통과의 연관성을 보더라도 이 번역은 타당하다고 본다.
2. Félix Ravaisson, "Philosophie contemporaine à propos des *Fragments de Philosophie par M. Hamilton, traduit de l'anglais par M. Louis Peisse*", *Revue des deux mondes*, t. 24, novembre 1840, p. 210.

동의 노력'에서 공허한 사유-실체가 아닌 구체적이고 직관적인 경험을 보았고 이 경험을 외적 경험의 현상과 대비시킨다. 경험론과 합리론의 '중간길'mi-chemin을 택한 멘 드 비랑의 기본 태도는 그가 창시한 흐름의 마지막 지류에서 나타난 베르그손의 철학 정신에 사실상 매우 가깝다. 베르그손은 멘 드 비랑의 내적 의식의 직관이 경험을 "현상의 위로" 올라가게 하는 동시에 형이상학적 실재를 경험적 인식으로 "내려오게" 했다는 점에서 철학이 출발해야 할 지점을 올바로 제시했다고 평가한다.3 이 정신은 바로『물질과 기억』에서 실재론과 관념론의 중간길을 택하는 이미지 존재론의 기본 태도를 이룬다.4

라베쏭에 따르면 베이컨과 로크의 사유는 프랑스에서 비밀스럽게 변형되면서 자연스러운 열매를 맺었다. "프랑스철학은 일련의 단계들을 통해 물질의 관점으로부터 정신의 관점으로 … 상승하였다."5 이러한 상승의 과정은 로크의 외적 경험에 대한 사유가 프랑스의 경험론자 꽁디약에게서 첫 번째 변형을 겪고 다시금 멘 드 비랑에게서 내적 경험의 철학으로 새롭게 탄생하는 과정을 말한다. 동시에 라베쏭은 이러한 철학이 미래의 철학이기도 하다는 점을 암시한다. 즉 "많은

3. Henri Bergson, "Compte rendu des *Principe de métaphysique et de psychologie* de Paul Janet", *Mélanges,* Textes publié et annoté par André Robinet, Paris, PUF, 1972, p. 408.
4. 『물질과 기억』 제7판 서론(Henri Bergson, "Avant-propos de la septième édition", *Matière et mémoire*, Paris, PUF, 2008) 참조. 베르그손이 말하는 관념론은 버클리를 지칭하고 실재론은 데까르뜨를 지칭한다. 그리고 이미지의 개념과 위에서 말한 멘 드 비랑의 구체적 의식은 물론 같지 않다. 우선 전자는 존재론에 관련되는 반면 후자는 인식론에 관련된다는 점에서 그러하다. 멘 드 비랑의 구체적 의식의 경험은 무엇보다도 베르그손의 의식상태의 지속에 전달된다. 하지만 베르그손은 "중간길"이라는 용어를 멘 드 비랑의 철학을 해석할 때 사용하는 동시에 자신의 이미지 존재론의 출발점으로 말하기도 한다는 점에서 기본적 태도의 유사성을 말할 수 있다.
5. Ravaisson, "Philosophie contemporaine à propos des *Fragments de Philosophie par* M. Hamilton, traduit de l'anglais par M. Louis Peisse", p. 210.

전조에 의해 유심론적 실재론 혹은 유심론적 실증주의라고 불릴 만한 사유의 지배를 일반적 특징으로 하는 철학의 시대가 그리 멀지 않았음을 예측할 수 있다."[6] 라베쏭은 멘 드 비랑을 그 선구자로 보았고 자신을 그 계승자로 보았는데, 이들에 이어 라슐리에와 베르그손이 기꺼이 그 흐름에 합류한다. 이 사조의 특징은 라베쏭에 의하면 "정신이 자신 안에서 취하는 존재의 의식"을 근본원리로 하며, 이 존재의 의식은 다름 아닌 "행동"action이다. 이는 데까르뜨의 사유하는 자아의 원초적 직관을 행동의 의식으로 바꾸었다는 점에 의미가 있다. 이런 점에서 유심론적 실재론의 전통은 어떤 의미에서는 여전히 데까르뜨 철학의 계승이라 할 수 있지만 그 못지않게 중요한 것이 바로 내재적 의식의 내용에 심대한 변형을 초래했다는 점이다. 우리가 여전히 코기토라는 말을 사용한다면 그것은 관념적 코기토가 아니라, 멘 드 비랑의 경우 내재적인 한에서 신체적 코기토라 할 수 있다. 이렇게 볼 때 유심론에서 말하는 정신은 데까르뜨적 사유실체와도 다르고 독일 관념론의 정신과도 다를 수밖에 없다. 그것은 신체와 밀접하게 결합되어 있는 의식, 혹은 내재적 신체의 의식, 혹은 베르그손을 포함하여 좀 더 일반적으로 말하면 정신과 신체를 두 실체로 분리하기 이전의 의식 내적 사실의 순수한 경험이다. 이 사조에 속한 철학자들의 '내적 삶'에 대한 공통적인 강조는 바로 이러한 맥락에서 유래한다. 결국 그것은 내재성immanence의 철학이라는 한마디로 요약할 수 있겠다.

멘 드 비랑에서 시작하는 좁은 의미의 프랑스 유심론은 독일 관념론과 영국 경험론에 저항하는 독특한 프랑스적 특성을 가지고 있는 것이 사실이다. 그러나 좀 더 멀게는 빠스깔과 페늘롱F. Fenelon, 보

---

6. Félix Ravaisson, *La Philosophie en France au XIXe siècle*, Fayard, 1984, p. 313.

쒸에J-B. Bossuet 그리고 루쏘에 이르는 연속성을 가지고 있기에 그것은 데까르뜨 철학이 의도한 합리주의의 보편화 경향에 반대하여 인식과 존재의 심층적 근원을 찾는 발생학génétique적 시도인 동시에 진정으로 반성적인 시도이기도 하다. 왜냐하면 그것은 단순히 합리주의에 대한 비판에 머무는 것이 아니라 합리주의의 근원을 생명성과 인간성의 더 광대한 영역에 재위치시키기 때문이다. 사실 프랑스 유심론이 독일 관념론이나 영국 경험론을 비판하는 것도 관념이나 경험의 문제에 국한된 것이 아니라 그것들이 보이는 지성주의라는 공통된 사유방식을 겨냥한다. 한편 프랑스 유심론의 고대적 근원을 찾는다면 그것은 아리스토텔레스에 맞닿아 있다. 아리스토텔레스가 플라톤에게 진 빚에도 불구하고 이 박학다식한 고대의 철학자는 구체성과 개별성에 대한 타고난 감각에 있어서 적어도 라베쏭과 베르그손과는 무시할 수 없는 친화성을 보여 준다. 또한 생명이라는 자연적 본성에 의지하여 전개되는 아리스토텔레스의 심신이론은 멘 드 비랑에서 베르그손에 이르는 심신관계이론에 지속적인 영감으로 작용한다. 여기서 빼놓을 수 없는 역할을 하는 욕구와 운동의 개념들은 그들의 형이상학에서 핵심적 역할을 할 뿐만 아니라 나중에 프랑스의 심리학 전통에까지 전달된다. 리보T. Ribot의 실증심리학에서 중요한 역할을 하는 신체적 운동의 개념은 멘 드 비랑의 그것과 무관하지 않으며 내성intro-spection 심리학자 자네P. Janet의 잠재의식le subconscient은 멘 드 비랑의 생리적 신체로부터 물려받은 것이다. 물론 실증주의와 내성주의라는 두 심리학의 조류는 꽁뜨와 멘 드 비랑의 차이만큼이나 근본적인 차이를 보여 주지만 멘 드 비랑의 운동성 개념은 양자에 공통된 유산이다. 또한 발생심리학자 삐아제J. Piaget도 베르그손으로부터 지성의 '운동적 도식'과 행동으로서의 지각이라는 원리를 물려받아 지성의 발달

심리학으로 발전시킨다. 이것들은 마디니에G. Madinier에 의하면 "우리 시대에는 고전적인 것이 된, 아주 유사한 생각들이다."[7]

이러한 특징에서 볼 때 프랑스 유심론이 꽁뜨와 과학주의에 힘입어 19세기 말에 태동하던 인간과학sciences humaines의 전통과는 일정한 거리를 유지한다는 자니꼬D. Janicaud의 지적은, 이 철학의 형이상학적 특성에 대한 그의 비판을 인정한다 하더라도 절반 정도만 진실이다.[8] 일반적으로 데까르뜨의 기계론적 측면은 프랑스에서는 계몽주의와 그 후계자인 꽁뜨로 이어지고 이 흐름에서 인간과학이 등장한다고 알려져 있다. 리보의 실증심리학과 뒤르껨E. Durkheim의 사회학, 레비-브륄L. Lévy-Bruhl의 인류학, 쏘쒸르F. de Saussure의 구조주의 언어학, 삐아제의 발달심리학 등은 19세기 후반부터 20세기 초반까지 프랑스 인간과학의 만개를 보여 주는 대표적 업적들이다. 그러나 심리학의 경우는 실증주의 못지않게 유심론의 상당한 영향을 받았으며 이 부분이 영미의 전통과 다른 독자적인 프랑스 심리학의 전통을 구성한다. 베르그손의 경우에도 거친 유물론적 전제 아래 자연과학적 방법을 도입하여 인간을 대상화하는 인간과학들에 대한 비판적 고찰이 그의 철학의 형성에 주요한 동기 중 하나로 작용하고 있다. 베르그손은 첫 저서의 심리물리학 비판에서 시작하여 마지막 저서까지 차례로 심리생리학, 병리학, 생물학, 사회학, 인류학의 사실들에 대해 직접 언급하면서 그것들에 철학적 성찰을 기울인다. 베르그손의 저작들은 고유한 의미에서 철학적 성찰인 동시에 태동하는 인간과학들과의 대화이

---

7. Gabriel Madinier, *Conscience et mouvement*, Paris, Alcan, 1938, p. 413.
8. 프랑스에서 인간과학이란 철학과 문학을 제외한 우리의 인문사회과학을 가리킨다. 자니꼬의 지적은 다음 책을 참조. Dominique Janicaud, *Une généalogie du spiritualisme français*, La Haye, Nijhoff, 1969. p. 2.

기도 하다.9 게다가 비록 지성적 사고방식에 대한 한계를 명시하고 과학의 부당한 확장주의를 경계하면서도 과학의 정초와 관련된 베르그손의 인식론적 관심은 그의 전 철학의 주제였다고 해도 과언이 아니다. 프랑스의 인간과학이 과학성을 강조한다고 해도 물리주의로 환원되지 않는 인간의 고유한 구조를 찾아 나설 수 있던 배경에는 이와 같은 다양한 사유의 전통이 있었기 때문이다

흔히 싸르트르J-P. Sartre와 메를로-뽕띠M. Merleau-Ponty의 실존주의적 현상학과 구조주의와 후기구조주의로 대표되는 현대 프랑스철학은 독일철학의 강력한 영향 아래 형성되었다고 평가된다. 3H로 알려진 헤겔, 후썰E. Husserl, 하이데거라는 거장들과 니체F. Nietszche, 맑스K. Marx, 프로이트S. Freud라는 서양철학의 3대 반항아들에게 그들이 진 빚은 아무리 강조해도 지나치지 않을 것이다. 새로운 사유의 형성이 기존의 전통에 대한 저항으로부터 시작된다는 것은 자연스러운 일이다. 현대 프랑스철학자들에게 기존의 전통이란 곧 극복해야 할 형이상학, 곧 프랑스 유심론 및 베르그손주의를 의미한다. 그런데 이 형이상학이 가진 정신주의적 특성이 그들이 제거하고자 하는 일차적 대상이라면 최소한 그 정신이 무엇을 의미했으며 현대에는 어떤 역할로 변모되었는가에 대한 연구는 있었어야 했다. 이 과제에 의도적으로 눈감은 것은 현대 프랑스철학자들의 이율배반적 태도로 보인다. 왜냐

---

9. 특히 레비-브륄의 원시적 정신과 현대정신의 구분에 대한 비판에 있어서 그러하다. 또한 베르그손의 지속의 개념과 내면성의 형이상학을 항구적 비판의 대상으로 삼았음에도 불구하고 레비-스트로쓰조차도 자신이 베르그손적 영감에 진 빚을 인정하고 있다. Frédéric Keck, "Face aux sciences humaines", *Magazine littéraire*, avril 2000 (베르그손 특집호). 동저자의 다음과 같은 견해는 인용할 가치가 있다고 본다. "베르그손주의는 아직도 인간과학을 고무시키고 있다. … 그것은(이 사실을 인정하는 것은) 자신의 대상에 활기를 불어넣는 것을 생각할 줄 아는 저자에게 인간과학이 지불할 수 있는 최소한의 조공이다."(p. 61)

하면 그 전통은 그들 자신이 자립할 수 없을 때부터 양분을 섭취한 모체이기 때문이다. 모체로부터 벗어나려는 그들의 노력은 외부에서 새로운 사냥감을 발견했고 이에 따라 자신들의 근원을 버리고 때로는 아예 이주하고자 하였다. 그들에게는 자신들의 근원을 부정하는 것이 중요했을지도 모르지만 외부인이 그들의 말을 곧이곧대로 들어주어야 할 필요가 있을까. 우리에게는 그들의 정확한 계보를 찾아내는 것이 좀 더 중요해 보인다.

이 대목에서 중요한 철학자는 들뢰즈이다. 변증법과 관념론을 거부하는 들뢰즈는 자신의 사유의 원천의 중요한 부분을 다시 프랑스 전통에서 찾는다. 구조와 생성을 조화시키려는 그의 시도는 베르그손으로의 회귀를 내포한다는 점에서 의미심장하다. 또한 우리는 흄의 경험론을 변형하여 칸트적 옷을 입힌 들뢰즈의 '초월론적transcendantal 경험론'이 비록 용어를 달리한다고 해도 그 이념에서는 멘 드 비랑과 베르그손의 내적 경험이 다시 구현되는 것을 본다. 내재주의와 긍정성의 개념은 프랑스 유심론과 들뢰즈의 공약수이다. 들뢰즈에게서 보이는 생물학적 사유는 개별성을 중시하는 유심론의 기본 태도이며 배발생학embryologie을 모형으로 하는 그의 개체화 이론은 베르그손 진화론의 핵심 도식이기도 하다. 이런 이유로 우리는 베르그손 연구의 말미에 들뢰즈의 베르그손 해석을 주요한 내용으로 첨가하였다. 일반적으로 말해서 서양철학의 근간을 이루는 이성주의에 대한 전복 및 감성적 타자를 향해 닫혀 있던 문을 열기, 개체적 차이를 일반적인 틀에 종속시키지 않고 그 자체로 사유하기와 같은 태도는 니체, 맑스, 프로이트 훨씬 이전에 현대 프랑스철학이 그들의 조상인 프랑스 유심론으로부터 물려받은 가장 큰 유산이라 할 수 있다.

르네 데까르뜨
René Descartes
1596~1650

근대 프랑스철학은 데까르뜨와 빠스깔 이래 과학철학과 유심론적 형이상학의 양대 진영에서 전개된다. 물론 그 영향력과 인지도의 측면에서 후자가 전자를 따라갈 수 없지만 데까르뜨는 어떤 의미에서 양쪽 모두의 선구자라고 할 수 있다. 자연에 관한 그의 기계론적 입장은 17세기부터 자연과학의 기초가 되었고, 18세기에는 라메트리 La Mettrie의 인간기계론, 의료기계론iatromécanisme, 백과전서학파로 이어지며, 19세기에는 꽁뜨의 실증주의와 결합하여 과학주의 전통을 형성하는 동시에 인간과학의 태동에 밑거름이 된다. 데까르뜨의 관념론적 측면은 프랑스보다는 오히려 독일의 칸트, 후썰로 이어지는 독일 특유의 관념론의 토대가 된다. 프랑스에서도 의식에서 출발하는 유심론적 형이상학은 데까르뜨의 후예라고 할 수 있지만 빠스깔은 처음부터 스스로를 반데까르뜨주의자로 규정하면서 의식의 본성을 지성적 사유가 아니라 마음coeur으로 보는 점에서 감성적 영역을 강조하는 프랑스 특유의 감성주의를 창시한다. 물론 우리가 사용한 '감성주의'라는 표현은 정확하지 않은 것으로 보일 수도 있다. 이들이 강조하는 것이 마음coeur, 감성sensibilité, 의지volonté, 감정sentiment 등으로 용어가 각각 다르기에 이것들을 하나의 범주로 분류하는 '~주의'는 존재하지 않기 때문이다. 이 중 어느 하나를 강조하게 되면 매우 다른 의미가 된다. 가령 의지론volontarisme이나 주정주의sentimentalisme에서 보듯이 뉘앙스 차이가 크다. 하지만 전반적으로 데까르뜨 전통과 빠스깔의 전통을 나누는 경향은 분명히 존재한다. 그러므로 내용적 측면을 고려할 때 빠스깔에서 시작하는 전통은 좁은 의미의 합리론과 대비되는 것으로서 반데까르뜨적 철학이라고 보는 것이 타당하다. 그럼에도 불구하고 빠스깔을 잇는 멘 드 비랑 등의 심신이론이나 인식론은 여전히 데까르뜨적인 개념들을 사용하고 있으므로 데까르뜨 철학으로부터 시작하는 것은 반데까르뜨 전통을 이해하기 위해서도 필수적이다.

1절 데까르뜨의 형이상학, 사유하는 주체와 외적 세계의 존재

데까르뜨 철학의 대명사로 간주되는 코기토의 의미는 일단 주관성의 발견으로 특징지을 수 있을 것이다. 다른 한편 그가 세운 기계론적 물질관은 주관성의 철학과 무관하게 이후에 전개된 과학주의의 근본적인 전제가 되고 있다. 관념론과 유물론(혹은 실재론)의 대립은 근대 이후 서양철학을 양분하는 전통이 되었으나 데까르뜨의 사상 안에서는 밀접하게 연관되어 있다. 데까르뜨에게서 주관성의 영역은 단순히 정신에 고유한 것만으로 설명되지 않는다. 정신과 물질은 극단적으로 분리된 존재들임에도 불구하고 그 구조에 있어서 동형적일 뿐만 아니라 그것들을 정의할 때도 상보적인 역할을 한다. 이는 잘 알려진 것처럼 새롭게 탄생한 물리학의 성과를 정당화하는 동시에 그것의 보편적 기초를 확립하고 모든 과학적 지식을 신과 인간과 우주를 아우르는 탄탄한 체계 안에 자리 잡게 하려는 데까르뜨 철학의 목적을 생각할 때는 자연스러운 것이다. 유아론의 문제나 신존재 증명과 관련된 순환성의 문제와 같이 일반적으로 지적되는 난점들을 데까르뜨가 크게 의식하지 않고 낙관적인 태도를 보여 주는 것은 이와 같은 목적 혹은 전제가 있기 때문이다. 그러나 이미 많은 연구자들에 의해 다루어졌고 오늘날에는 종종 관심을 잃어버린 것으로 보이는 이러한 문제들은 사실상 데까르뜨 철학의 의미를 이해하기 위해 필수적이다. 데까르뜨주의는 바로 문제들과 더불어 시작되었으므로 근대 이후의 철학사를 문제의 역사가 되게 하는 데 있어서도 선구적인 역할을 했다. 나는 보편적 주관의 형성과 이원적 존재론에서 나타나는 문제들을 고찰하면서 데까르뜨가 자명한 것으로 전제하는 수학적 합리주의가 주관성의 발견에 이미 전제되어 있다는 것을 드러내고 그것의 철학사적 의미를 살펴보려 한다.

1. 코기토Cogito의 의미, 의식내재성의 세계와 그 규정들

『방법서설』에서 독자는 한 인격적 자아의 체험을 토대로 하는 주관적인 내러티브를 볼 수 있다. 이야기를 이끌어가는 주체로서 '나'Je는 신중하고도 주의 깊은 성찰을 통해 양식, 이성, 다양한 분야의 학문적 지식 그리고 올바른 방법에 관한 자신의 견해를 차분하게 펼쳐 보이고 있다. 이것은 그 자체가 본격적인 인식론적 작업이라기보다는 인식론적 탐구를 위한 예비적 절차라고 볼 수 있다. 『성찰』은 인식론적 탐구를 목표로 하는 내적 관찰의 모범을 보여 준다고 할 수 있는데, 그런 이유에서인지 존재론적 문제에 대해서는 조심스러운 편이다. 데까르뜨에게서 인식론적 탐구는 존재론적 입장을 전제한다고 말할 수도 있지만 이에 대한 언급에는 신중을 기하는 그의 태도를 존중하는 것이 좋을 것이다. 『방법서설』에서 『성찰』에 이르기까지 데까르뜨는 철저하게 일인칭 자아로부터 이야기를 풀어나간다. 아마 독자들은 오늘날에도 철학에서 이와 같은 서술 방식을 기대하지는 않으리라. 무엇보다도 『방법서설』에서 이미 시작되는 학문의 보편적 기초를 찾는 과정이 일인칭 주관의 자기고백적 담론으로 진행되는 것은 어색하다. 그러나 이러한 데까르뜨의 스타일은 분명한 의도를 가지고 있다. 그것은 확실성을 찾기 위한 방법적 회의와 더불어 과거와의 단절, 새로운 세계관의 도래를 예고하는 것이다. 의심이라는 구체적 사유행위의 주체로서 '나'는 모든 외면적 확실성을 배격하고 아르키메데스의 일점으로 철저하게 축소되어야 한다. 모든 회의에도 살아남는 명증한 직관은 추론이 아니라 구체적 경험이며 그 주체는 일인칭일 수밖에 없다.

회의의 과정을 통해 도달되는 자아의 존재확신은 그것이 사유하는 존재인 한에서 확보된다. 데까르뜨는 말한다. "나는 존재한다. 그 사실은 확실하다. 그러면 얼마 동안? 내가 사유하는 동안. 왜냐하면 내가 사유하기를 멈추자마자 존재하는 것도 멈출 수 있기 때문이다."[1] 이처럼 사유존재가 실체의 영역으로 넘어가지 않는 한에서는 그것의 합법성을 인정할 수 있다. '사유하는 나'는 인식주체일 뿐이다.[2] 사유하는 주체가 지각하는 세계는 그 자체로서 존재하는 세계가 아니라 자아에 대해서 존재하는 세계, 즉 대자적pour soi 세계라 할 수 있다. 자아는 인식적 의미에서 세계구성의 중심축이 되는데, 이때의 세계는 후썰의 용어로 의식내재적인 세계이다. 물론 나중에 데까르뜨는 정신과 물질을 각각 실체로 규정하여 코기토의 합법적 영역을 넘어서지만 이미 그 전에 우리는 근대철학 전체를 사로잡은 문제가 여기서 출발했다는 것을 알 수 있다. 데까르뜨의 시도 이후 멀지 않은 시기에 버클리는 제1성질과 제2성질의 구분을 부정하고 지각된 것만을 존재하는 것이라고 주장하였으며, 꽁디약은 지각된 세계 이외의 실체를 가정하지 않고도 외적 실재에 도달할 수 있음을 주장했다. 멘 드 비랑은 자

1. 르네 데카르트, 『성찰』, 이현복 옮김, 문예출판사, 46쪽 / René Descartes, *Œuvres et lettres*, Textes présentés par André Bridoux, Paris, Gallimard, p. 277 (이하에서는 *Œuvres*로 약함).
2. 아믈렝에 의하면, 코기토는 일종의 체험이자 소여이며 이런 점에서 자아의 존재론적 증거는 아니다. "코기토가 사유의 본질로부터 이끌어내는 것은 사유하는 존재자의 현존이다. … 출발점으로 전제된 것은 실제로 사유하는 자아이다, 여기서 현존(existence)을 내포하는 것은 이 사실, 이 소여, 이 경험적 요소이다." Octave Hamelin, *Le Système de Descartes*, Paris, Alcan, 1911, pp. 134~135.

아가 의지적으로 운동하려는 노력으로부터 외적 세계의 구성이 가능함을 보이고자 했다. 또한 칸트가 물자체를 인식할 수 없는 것으로 단죄하고 주관형식에 의해 구성된 감각소여들 즉 현상만을 인식의 총체로 본 것도 데까르뜨적인 문제의식의 연장선상에 있다. 마찬가지로 후썰도 의식내재성에서 출발하여 의식초월성에 도달하는 것이 불가능함을 보여 준 바 있다. 이들은 모두 데까르뜨의 코기토의 정신을 이어받은 인식론적 태도의 연장선상에서 외적 세계의 인식 문제를 탐구한다. 물론 멘 드 비랑의 경우 사유하는 자아가 아니라 의지하는 자아를 출발점으로 삼고 있으나 그것은 가장 명증한 의식의 사실을 의지적 노력으로 보고 있기 때문이다. 라베쏭이나 베르그손도 확실성을 발견하기 위해 의식의 원초적인 경험에서 출발하는 태도는 동일하다.

데까르뜨적 전환이 올바로 이해되기 위해서 후대의 철학을 참조하는 것이 유용하기는 하나 이것은 아마도 근대철학사 전체를 아우르는 작업이 될 것이다. 그러나 칸트와의 유사성을 보는 것은 데까르뜨 철학의 의미를 이해하는 데 유용하다. 잘 알려져 있듯이 칸트의 인식론에서 인식은 현상에 대한 것이며 인식의 근거는 보편석 주관의 형식 안에 있다. 그런데 칸트에게서 인식은 감각적 현상이든, 지성의 판단이든, 그 내용이 물질적 현상의 존재방식에 직접 관련된다. 즉 칸트에게 선험적 주관은 존재가 아니라 "형식"이며 그 작동 방식은 물질적 현상이라는 계기를 통하는 것으로 설명된다.[3] 데까르뜨의 경우도 유사하다. 사유하는 '나'의 명증성은 그 자체로 파악된다고 할 수

---

3. 임마누엘 칸트, 『순수이성비판』 최재희 옮김, 박영사, 220쪽/KdrV. B275;최인숙,「칸트와 데카르트에서 정신과 물질의 관계」,『칸트와 근대철학』, 한국칸트학회·한국서양근대철학회 합동학술발표회 논문. 여기서 최인숙 교수는 데까르뜨와 칸트의 작업의 유사한 계기를 적절히 포착해 내고 있다.

있으나 정신이 나타내는 복잡다양한 특성들은 순수사유만으로 설명할 수 없다. 그것은 정신의 사유pensée가 순수사유 외에도 상상작용 및 감각작용으로 이루어지고 각각이 본유관념, 조작관념, 외래관념을 산출하기 때문이다. 그래서 『성찰』의 2부에서는 물체 지각의 예를 통해 정신의 본성을 탐구한다. 물체의 지각은 외부에서 유래하는 한에서 우선 외래관념에 속하는 것으로 보인다. 그러나 데카르뜨는 여기서 본유관념을 더 강조한다. 물체의 온전한 지각은 상상되는 것도 아니고 감각되는 것도 아니며 오로지 정신의 이해를 통해 가능하다. 가령 일정한 크기와 형태, 단단함과 빛깔, 그리고 맛을 지닌 밀랍을 불에 가까이 댈 경우 거의 모든 특성이 변화한다. 형태는 일그러지고 크기도 달라지며 빛깔은 바래고 액체에 가까워지며 맛도 사라진다. 그럼에도 불구하고 그것이 동일한 밀랍이라는 것을 부정할 사람은 없다. 그렇다면 밀랍을 밀랍으로 인식하게 한 것은 시각, 촉각, 미각 등의 감각이 아니다. 즉 밀랍이라는 물체의 자기동일성 혹은 실체성은 감각이 아니라 지성에 의해 파악된다.[4] 물체의 판명한 인식은 정신 자체의 판명한 인식에 상응하는 것이다.

이 예가 시사하는 바는 칸트와 비교할 때 잘 드러난다. 칸트는 대상의 인식에 필연적인 범주로서 실체와 지속성을 제시하는데 이것은 특히 외적 지각에 적용된다. 그것은 외적 지각이 내적 지각과 달리 다양한 변화 속에서도 다른 것과 구별되는 하나의 통일적 전체를 파악하기 때문이다. 실체와 지속성은 시간적으로나 공간적으로 유지되는 이러한 통일성을 담보하는 범주들이다. 그런데 실체와 지속성의 범주들 자체는 주관의 형식에 속한다. 따라서 현상과 주관은 역동적이고

---

4. 데카르트, 『성찰』, 50~55쪽 / Œuvres, pp. 279~283.

순환적인 상호관계에 있음을 알 수 있다.[5] 데까르뜨도 물체 지각을 판명한 인식의 사례로서 길게 논하는 것은 칸트와 유사한 이유에 의한다. 물체의 자기동일성은 정신의 명증한 자기인식에 기인하는 동시에 거꾸로 정신의 명증함은 물체 지각의 판명함에서 잘 드러난다. 서로가 서로를 반영하는 관계라고 할 수 있다. 물론 인식적 순서를 따르는 데까르뜨에게서 정신의 인식이 우선인 것은 사실이지만 그것이 물체 지각을 통해 탁월하게 설명될 수 있는 이유는 두 존재 간에 동형성의 구조가 전제되어 있기 때문이다. 이러한 유사한 문제의식은 데까르뜨와 칸트가 자연과학적 인식을 철학적으로 정초하려는 동일한 의도를 가지고 있는 데서 유래한다. 알끼에F. Alquié가 데까르뜨의 철학을 중세철학보다는 칸트에 의해 조명하는 것이 더 정당하다고 보는 이유도 여기서 유래한다.[6]

물체와 정신이 동형적이라는 주장은 단순히 정신이 자신의 본유관념만으로 물체를 구성하는 데까르뜨적 관념론의 표현에 불과한 것으로 해석할 수도 있다. 이 경우에는 일인칭 자아의 의식에 머무는 유아론의 문제가 대두될 수 있다. 그러나 『성찰』의 3부로 넘어가면서 데까르뜨는 신존재 증명을 통해 명백한 이원론의 토대를 마련한다. 이에 따라 정신과 물질은 모두 실체로 주장되고 각각의 본질은 사유와 연장으로 확인된다. 이것을 알끼에는 한 정신의 이야기histoire가 정신 자체의 본질로 되는 과정으로 설명한다.[7] 다시 말하면 일인칭 자아가

---

5. 최인숙, 「칸트와 데카르트에서 정신과 물질의 관계」, 12쪽.
6. Ferdinand Alquié, *La Découverte métaphysique de l'homme chez Descartes*, Paris, PUF, 1966, p. 130.
7. 같은 책, p. 155. 데까르뜨 자신이 『방법서설』에서 자신의 글은 사람들을 가르치거나 교훈을 주는 글이 아니라, 유용하게 사용될 수 있는 "이야기 또는 우화(fable)"로서 세

보편적 주관으로 되는 과정이라 할 수 있다. 게다가 이 과정은 여전히 인격적 특성을 간직한 코기토의 시간적 전개를 보여 주며 처음부터 하나의 완성된 교설로 주어진 것은 아니다. 이것은 인식론적 순서를 존중하면서 존재론을 확립하고자 하는 데까르뜨의 항구적인 관심을 보여 주는 것이다.

따라서 『성찰』의 3부에서 데까르뜨의 이원론적 태도는 명확하게 드러난다. 데까르뜨는 자아가 명석판명하게 인식하는 것 중 실체, 지속, 수는 나 자신의 관념에서 이끌어낼 수 있다고 말한다.[8] 우선 "실체는 스스로 존재할 수 있는 사물"이며, 나와 외부 사물인 돌은 "양자가 실체라는 점에서 서로 일치한다." 앞의 밀랍의 예에서는 물체의 자기 동일성을 사유의 동일성에 의존하는 것으로 말하고 있으나 여기서는 각각에 독립적 실체를 부여하고 있다. 실체는 자족적이며 다양한 성질들의 바탕에서 그것들을 통일하는 것으로 이제 그것은 자아와 외부 사물에서 동시에 발견된다. 그러나 지속과 수에 관해서는 다르게 이야기된다. "내가 지금 현존하고 있음을 지각하고, 전에 한동안 현존하고 있었음을 상기한다면, 그리고 내가 다양한 생각들을 갖고 있고 동시에 그 다수성을 이해한다면, 나는 지속과 수의 관념을 얻게 되며 이로써 이런 관념은 다른 사물에게 적용되는 것이다."[9] 지속과 수의 관념은 정신에 본래적으로 인식되며 나중에 사물에 적용되는 것으로 말해진다. 이처럼 데까르뜨는 외부 사물의 실체성을 인정하면서도 사물 자체에서 지속성이 곧바로 도출되지는 않는 것으로 본다. 다시 말

상에 내놓는다고 말하고 있다(르네 데카르트, 『방법서설』, 이현복 옮김, 문예출판사, 149~150쪽 / *Oeuvres*, p. 127).

8. 정신적 실체의 개념은 『방법서설』의 4부에서 이미 간략하게 나타나고 있다. 그러나 이 것을 영혼, 물체, 신까지 확대, 적용하는 것은 『성찰』의 3부에서이다.

9. 데카르트, 『성찰』, 69쪽 / *Œuvres*, p. 293.

하면 사물에는 순간성만 존재하는 것이다. 그렇다면 나 자신의 지속성은 어떠한가? 이에 대해서 그는 조금 뒤에서 앞의 주장과 얼핏 볼 때 모순되는 주장을 하고 있다. "내 삶의 시간 전체는 무수히 많은 부분으로 나누어질 수 있고, 이 부분 각각은 서로 의존하지 않으며, 그래서 내가 방금 전에 현존했다고 해서 지금 내가 현존해야 한다고는 말할 수 없고, 이를 위해서는 어떤 원인이 지금 이 순간의 나를 새롭게 창조해야, 즉 나를 보존해야 한다."[10] 이 존재는 바로 신이다. 사실 우리는 스스로 지속하고 있다고 생각하지만 그것은 순간순간을 이어주는 신의 역할 덕분인 것이다.

코기토의 명증함은 순간적으로 알려질 뿐이다. 그렇다면 그것을 계속적으로 보존하고 창조하는 다른 원인이 필요하다. 그러므로 정신의 지속성도 자명한 것은 아니다. 물체는 어떠한가? 사유를 우선으로 하는 인식론적 순서에서 볼 때 물체가 지속하고 있지 않다는 것은 명백하다. 물체에서는 순간의 상태들이 동시적으로 나타날 뿐, 필연적으로 연속되지는 않는다. 이 상황은 코기토의 순간성과 다를 바 없다. 즉 순간의 관점에서 정신과 물체에는 상응성이 존재한다. 물체와 마찬가지로 정신도 지속하기 위해서는 더 높은 차원의 보증이 요구된다. 그러나 사유가 지속을 함축하지 않는다는 것은 정확히 무엇을 의미하는가? 우리는 기억을 갖고 있지 않는가? 그러나 데까르뜨는 기억을 나쁜 증인으로 단죄한다. 의심에서 우리가 가진 각종 편견들이 제거되어야 하는 것은 기억에 의한 오류가능성 때문이다. 따라서 기억의 존재는 일차적으로 부정된다. 기억의 부재, 이것이 사유의 순간적 명증성이 함축하는 것이다. 이렇게 될 때 사유와 물체는 정확히 상응하

---

10. 같은 책, 74~75쪽 / 같은 책, p. 297.

게 된다.

그러나 우리는 여전히 다음과 같이 물을 수 있다. 기억이 나쁜 증인이고 사유가 순간적 명증성만을 확보할 수 있는 것은 무엇 때문인가? 베르그손이 주장하는 바와 같이 우리의 의식은 기억을 토대로 작동하며 비록 상기능력에 오류가 있다 할지라도 기억의 축적 그 자체는 무의식적이지만 사실에 근거할 수 있다. 데까르뜨는 현재적으로 상기되는 것만을 기억으로 간주하고 거기서 종종 관찰되는 오류 때문에 기억 자체를 거부하는 듯하다. 그렇다면 그는 의식에서 현재만을 본질적인 것으로 간주하는 것이다. 그러나 이러한 현재는 바로 물질의 순간이 아닌가? 즉 데까르뜨는 우리가 물체에서 관찰하는 매 순간의 상호 관련 없는 동시성에서 사유의 명증성의 전형을 찾는 것은 아닌가? 실제로 내 의식의 시간 전체가 무수히 많은 시간들로 나누어질 수 있다고 보는 생각에는 양적 척도가 적용되고 있다. 그러나 데까르뜨에 의하면 연장과 가분성은 오직 물체에 본질적인 것이다. 결국 의식의 지속성을 자명한 것이 아니라 현재적 순간들로 분해될 수 있다고 보는 생각은 그의 물질 개념의 반영이라고 할 수밖에 없을 것이다. 장 발J. Wahl은 이런 점을 들어 데까르뜨의 철학을 "현실태actualisme의 철학"으로 규정한다. 그리고 바로 이 점에서 데까르뜨의 "관념론과 기계론은 일치한다."[11]

데까르뜨의 실체 개념은 나중에 스피노자와 라이프니츠가 지적한 것처럼 몇 가지 문제점을 노출한다. 우선 물체를 연장실체라고 할 때 그것은 무한분할가능성을 갖게 되는데 과연 실체가 무한히 나누

---

11. Jean André Wahl, *Du rôle de l'idée de l'instant dans la philosophie de Descartes,* Paris, Vrin, 1953, p. 24.

어질 수 있는 것인지 물을 수 있다. 이런 이유로 라이프니츠가 오직 정신만을 실체로 본 것은 잘 알려진 사실이다. 한편 데까르뜨가 시간 속에서 지속하는 양상을 서술하는 방식도 실체와 관련하여 의문을 야기한다. 사유실체는 매 순간 스스로를 보존하고 영속시키기 위해 신을 필요로 한다. 그런데 시간 속에서 자기동일성을 유지할 수 없는 존재를 실체라고 할 수 있을까. 스피노자의 비판은 여기서 유래한다. 데까르뜨는 스스로 존재할 수 있는 것을 실체라고 정의하는데, 스피노자에 의하면 이런 본성은 무한실체 즉 신에게 속할 뿐이다. 시간 속에서 스스로를 보존할 수 없는 정신과 공간 속에서 무한히 분할이 가능한 물체는 양태들일 뿐이다. 반면 데까르뜨는 이런 존재들을 유한실체로 정의하고 무한실체와 구분한다. 그러므로 데까르뜨에게서 유한실체는 단지 속성들을 통일하는 기체substrat라고 할 수 있다. 단지 이런 의미에서 정신과 물체는 동등하게 실체의 자격이 있다. 한편 지속성은 실체의 본성에 속하지 않고 단지 신에게 속할 뿐이다. 신은 자기 자신과 피조물의 원인인 동시에 스스로 영속할 수 있는 존재이다. 유한실체는 자신의 원인과 지속성을 신에게 의존한다.[12]

이제 『철학의 원리』에서 정신과 물체는 존재하기 위해 양자가 동등하게 신의 조력을 필요로 하는 유한실체로 명백히 정의되는 것을 볼 수 있다. 데까르뜨는 여기서 신존재 증명을 토대로 자신의 완성된 생각을 제시하기 때문에 독자는 더 이상 인식론적 순서에 따르는 논의 전개의 과정을 볼 수 없다. 따라서 서술의 주체도 일인칭 단수가 아니라 일인칭 복수 혹은 삼인칭이 된다. '나'가 아니라 '우리' 또는 '누구

---

12. 이 문제에 관해서는 베이싸드와 구이예를 참조할 수 있다. Jean-Marie Beyssade, *Études sur Descartes*, Paris, Seuil, 2001, p. 243. Henri Gouhier, *La Pensée métaphysique de Descartes*, Paris, Vrin, 1987, ch. VIII.

나'가 등장하기 시작하는 것이다. "우리는 우리가 의심하는 동안에 우리가 존재한다는 사실에 대해 의심할 수가 없다."[13] 비록 데까르뜨가 인식적 순서에서 정신이 먼저 알려진다는 것을 여전히 지적하고는 있지만 이제 전반적인 입장은 이원적 존재론으로 확고하게 전환된다. 주목할 것은 여기서 유, 종, 차이, 고유한 성질, 우연한 성질 등의 보편적 관념들이 형성되는 과정을 서술하는 방식이다. "두 개의 돌을 보고 그것들의 본성에 주목하지 않고 단지 그것들이 두 개라는 점에만 주목하면서 우리는 둘이라고 부르는 수의 관념을 형성한다 … 같은 식으로 세 선분으로 둘러싸인 모양을 보면서 우리는 삼각형의 관념이라 일컫는 관념을 형성한다."[14] 보편관념들은 누구에게나 공통적이다. 개인적 차이와 상관없이 노에마Noema를 형성하는 과정 즉 노에시스 Noesis는 동일하다. 결국 '사유하는 나'가 '우리'로 되는 것은 외부세계의 물체 지각의 보편성에 근거하고, 이것은 보편적 주관의 존재를 인정한다는 것을 의미한다. 여기서 유아론의 문제는 더 이상 제기될 수 없다. 문제는 나로부터 우리로의 전환을 가능하게 해 주는 보편적 인식의 가능성, 그리고 이를 보증하는 신존재의 본성에 달려 있다.

2. 외적 세계의 존재

코기토 즉 주관성의 발견이 외적 사물의 인식과 무관하지 않은 것과 마찬가지로 외적 세계의 인식은 코기토와 본질적으로 관련되어 있다. 그런데 코기토의 의미는 단일하지가 않다. 코기토는 일차적으로

---

13. 르네 데카르트, 『철학의 원리』, 원석영 옮김, 아카넷, 2002, 12쪽 / Œuvres, p. 573.
14. 같은 책, 48쪽 / 같은 책, pp. 597~598.

지적인 사유를 의미하지만 데까르뜨는 사유라는 행위에 지성만이 아니라 의지, 상상력, 감각도 포함시킨다. 이렇게 볼 때 넓은 의미에서 사유는 오늘날 의식이라 말하는 것과 동의어이다.[15] 따라서 프랑스어의 pensée는 영어의 thinking보다 훨씬 넓은 의미를 함축한다. 전자가 의식의 모든 현상을 포함한다면 후자는 무엇보다 지적 사고를 지시한다. 이런 사정은 아리스토텔레스 이후의 개념 변천의 역사를 참조해야 한다. 감각과 의지, 상상을 포함하는 의미에서의 사유는 아리스토텔레스적 의미에서 동물적 영혼의 작용과 외연이 같다. 다른 한편 데까르뜨가 육체와 분리된 정신의 순수한 작용인 지성nous 혹은 좁은 의미의 사유에 특권을 부여하는 것 역시 아리스토텔레스와 유사하다. 수동적 지성과 능동적 지성의 이원성의 문제가 아리스토텔레스의 이해에 어려움을 만들어 냈듯이 데까르뜨에게서도 유사한 어려움이 반복된다.

아무튼 데까르뜨에게 있어서 의식의 가장 확실한 사실인 코기토에 포함된 진리의 기준은 순수히 지성적인 것이다. "상상력이나 감각도 지성이 개입하지 않으면 우리에게 아무런 진리성도 보장해 주지 않는다"는 사실 때문이다.[16] 데까르뜨는 "명석, 판명하게 지각하는 것은 참이다"[17]라는 유명한 기준을 제시하는데, 많은 논란에도 불구하고 그것의 본래 의도는 진리의 기준을 오직 지성에서만 찾고자 하고 그 외의 다른 기준을 제거하는 합리주의적 사고를 정당화하는 것이다. 이 최초의 기준이 외적 사물의 인식 문제에 핵심적 요소가 된다. 데까르

---

15. 같은 책, 13쪽 / 같은 책, p. 574. 데카르트, 『성찰』, 48~49쪽 / Œuvres, p. 278.
16. 데카르트, 『방법서설』, 192쪽 / Œuvres, p. 151. 데카르트, 『성찰』, 109~110쪽 / Œuvres, p. 324.
17. 데카르트, 『방법서설』, 186쪽 / Œuvres, p. 148. 데카르트, 『철학의 원리』, 37쪽 / Œuvres, p. 590.

뜨에게서 외적 사물의 존재 문제는 무엇보다도 그의 독특한 '관념이론'으로부터 조명되어야 한다. 이에 의하면 우리 의식 안에 있는 관념들 중에서 명석판명함이라는 진리의 기준을 만족시키는 것은 정신mens의 본유관념들뿐이다.[18] 감각에서 오는 외래관념이나 상상력이 만들어낸 조작관념은 애매하고 불확실하여 오류가능성에 노출되어 있기 때문이다. 데까르뜨는 감각에 대해서도 그것이 사유 양태인 한에서는 명석판명하다고 주장하지만, 그것은 진리의 문제와는 관련이 없으며 단지 내가 어떤 느낌을 가지고 있다는 사실을 지시할 뿐이다.[19]

본유관념 중에서 물질적 사물과 관련된 것들은 크기, 넓이, 길이, 깊이를 가진 연장과 이 연장을 한정하여 생기는 형태, 형태들이 차지하는 위치, 그리고 위치의 변경으로서의 운동이 있다. 여기에 앞서 고찰한 실체, 지속, 수가 포함된다.[20] 빛깔이나 소리, 맛, 냄새, 촉감 등의 외래관념은 물질적 사물의 본성에서 제외된다. 갈릴레이와 동시대인인 데까르뜨는 그의 물질관을 공유하고 있다. 잘 알려진 것처럼 갈릴레이는 엄밀한 수학적 표현이 가능한 물리적 질서만을 실재라고 보았으며 감각적 특성은 이차적인 것으로 간주하였다. 이러한 물질관은 근대물리학의 기초에 있는 태도이며 엄밀히 말해 물리주의라기보다는 수학주의라 해야 할 것이다. 갈릴레이가 물리적 실재라고 생각한 관념들을 데까르뜨는 본유관념으로 분류하고 있는데 이것은 갈릴레이가 생각하지 못한 인식론적 문제를 해결하기 위한 것이다. 그것들은 정신이 본래 가진 관념일 때만 명석판명함이라는 진리의 요건을 충족시킬 수 있기 때문이다.

---

18. 데카르트, 『성찰』, 55쪽 / *Œuvres*, p. 283.
19. 데카르트, 『철학의 원리』 1부, 68항.
20. 데카르트, 『성찰』, 67쪽 / *Œuvres*, p. 292.

물질적 사물의 본질적 특성은 연장적인 것이고 그것의 관념은 지성에 본래적으로 명석판명하게 있다. 이런 조건에서 우리 사유는 외적 사물의 본성을 파악할 수 있다. "명석판명하게 지각된 것은 참이다."라는 말은 데까르뜨의 이원론에서는 지성의 명석판명한 지각이 외부 사물을 있는 그대로 재현한다는 대응·설적 진리관을 보여 준다. 데까르뜨는 우선 연장이 외적 사물의 본성이라고 규정하고 인식론적 설명의 필요에 의해 그것을 본유관념이라고 주장하기에 사유존재인 자아는 외부 세계로 나가지 않고도 세계에 관한 인식이 가능하다. 그런데 우리가 이원적 존재론이 아니라 코기토의 정신에 충실할 경우에는 인식론과 존재론의 혼동의 문제가 나타날 수 있다. 인식론적 순서에 따르자면 지성 안에 있는 연장의 관념을 먼저 지각한 후 이것이 외적 사물에 대한 정확한 인식인지를 증명해야 한다. 즉 자아에서 세계로의 이행, 인식론적 관점에서 존재론으로 넘어가는 이행의 근거가 주어져야 한다. 데까르뜨에게서 이 근거는 상당히 모호하게 남아 있으며 바로 이런 상황이 경험론의 방향에서든, 합리론의 방향에서든, 이후의 철학에 비판과 수정의 강력한 동기를 부여한 것이다.

자아로부터 외부 세계로의 이행이 어떻게 가능한가를 설명하기 위해 데까르뜨는 그의 관념이론과 신존재 증명에 호소하고 있다. 『성찰』의 3부에서 그는 관념들을 실재성에 따라 분류한다. 관념들은 사유의 양태이기도 하고 어떤 내용을 표현하고 있기도 하다. 단지 사유의 양태인 한에서 볼 때는 관념들 간에 실재성의 차이가 없다. 감각이든, 지적 표상이든, 그것들은 동일하게 사유하는 자아로부터 유래하기 때문이다. 그러나 관념은 무언가를 표현하고 있는데, 이러한 표현의 내용에서 볼 때 관념들은 서로 다른 실재성의 정도를 나타낸다.

데까르뜨는 관념이 표현하는 내용의 실재성을 "표상적 실재성"realitas objectiva이라 부른다.[21] 가령 실체의 관념은 우연적 성질의 관념보다 더 큰 것이고 더 많은 표상적 실재성을 내포하고 있으며 신의 관념은 유한한 실체의 관념보다 더 많은 실재성을 가진다.[22] 그런데 데까르뜨는 이러한 표상적 실재성의 원인은 우리 밖의 실재성이어야 한다고 주장한다. 그 근거는 "원인 속에는 그 결과 속에 있는 것보다 많은(적어도 그만큼의) 실재성이 있어야 한다."는 원리이다. 즉 의식 안에 있는 물질적 대상의 관념이 가진 표상적 실재성의 원인은 더 많은 실재성을 가진 외부 사물이다. 데까르뜨는 이것을 "형상적 실재성"realitas formalis이라 부른다. 이 원리에 따라 물질적 사물만이 아니라 무한한 신의 관념도 우리 외부에 객관적 실재를 갖는다는 첫 번째 신존재 증명이 완성된다.[23]

이러한 증명은 사실상 위에서 말한 인식론적 차원과 존재론적 차원의 혼합의 연장선상에 있다. 표상적(주관적) 실재성의 원인을 형상적(객관적) 실재성에서 찾는 것은 의식내재적 상태에서 의식초월적 상태로 이행하는 것이다. 그러나 코기토의 정신에 따르면 의식초월적 실재성은 직접적으로 주어질 수 없다. 자아의 내부에 근원을 갖지 않는 것으로 추정되는 관념은 감관을 통해 주어지는 외래관념뿐인데 이것은 데까르뜨 자신이 수차례에 걸쳐 진리성을 의심하고 그것의 외적 원인이 불확실하다고 논증한 바 있다. 그럼에도 불구하고 데까르뜨는 감각관념의 표상적 실재성의 원인 역시 외부의 형상적 실재성에서 찾

---

21. 라틴어 objectiva라는 용어가 '표상적'이라고 번역된 데 어색함을 느끼는 독자도 있을 것 같지만 전문 용어에 해당한다고 이해해 두자. 여기서 '표상적'이라는 의미는 '객관적'이기보다는 '주관적'이라는 의미를 함축한다.
22. 데카르트, 『성찰』, 63~63쪽 / Œuvres, pp. 289~290.
23. 같은 책, 70쪽 / 같은 책, p. 294.

고 있다. 그는 표상적 실재성의 객관적 원인을 주장하기 위해 감각관
념이 그것을 야기하는 능동적 힘에 의해 생긴다고 주장한다. 그런데
감각을 야기하는 능동적 힘은 "지성을 전혀 전제하지 않으며, 또 감
각관념은 나의 협력 없이도, 아니 오히려 의지에 반해서조차 산출된
다."[24] 이 사실이 외적 실체가 존재함을 간접적으로 증명해 준다는 것
이다. 이런 설명은 다시금 데까르뜨에게서 의식내재성과 의식초월성
간의 혼동의 문제로 돌아오는 것처럼 보인다.

데까르뜨의 관념이론에서 주목해야 할 것은 물체의 연장에서 유
래하는 성질들과 감각에서 유래하는 성질들, 즉 로크가 제1성질과 제
2성질이라 불렀던 것들을 나누는 것이다. 데까르뜨는 물체의 실재성
을 주장하기 위해 양자가 모두 외부의 형상적 실재성에 원인을 가진
다고 말하지만, 전자는 명석판명한 관념이어서 외부 사물과 정확히
동형적임을 주장하고 후자의 경우는 외부사물에서 감각을 야기하는
어떤 능동적인 힘이나 능력만을 인정한다. 감각적 인식은 모호할 수
있기 때문에 "물질적 사물은 내가 감각을 통해 파악하는 그대로 현존
하는 것은 아닐 수 있다."[25] 이 점에서 데까르뜨는 경험론자들의 비판
의 표적이 된다. 가령 제1성질의 지각과 제2성질의 지각(감각관념)을
의식 내부에서는 명백히 구분할 수 없다는 버클리의 유명한 지적은
로크만이 아니라 데까르뜨에게 일차적으로 적용된다. 실제로 제1성질
과 제2성질이라는 용어는 로크에게서 나타나지만 그 구분 자체는 이
미 본 바와 같이 갈릴레이와 데까르뜨에 있고 데모크리토스까지 거
슬러 올라간다. 버클리의 지적이 타당한 것은 데까르뜨 자신이 지적

---

24. 같은 책, 110쪽 / 같은 책, p. 324.
25. 같은 책, 325쪽 / 같은 책, p. 325.

하고 있는 바와 같이 관념의 표상적 실재성은 다른 관념의 표상적 실재성으로부터 생겨날 수도 있으며[26] 그것들 간에는 정도차가 있으므로 표상적 실재성의 더 큰 원인은 의식 내부에서도 찾을 수 있기 때문이다. 결국 데까르뜨에게서 물체의 관념에 상응하며 그것의 원인이 되는 외부 사물의 존재는 코기토와 무관하게 가정된 것임을 다시 한번 확인할 수 있다.

물체의 본성을 이루는 연장이라는 속성은 데까르뜨적 실재론의 요체이며 정신과 물체를 극단적으로 구분하게 하는 중요한 기준이기도 하다. 데까르뜨는 정신의 본성을 일차적으로 사유라고 정의하지만 두 번째 중요한 속성으로 불가분성을 제시하고 있는데 이것은 정신이 연장이라는 속성을 전혀 지니고 있지 않기 때문이다.[27] 연장은 "외재성"extériorité을 표현하는 것이어서 사유와 물체의 배타적 대립을 야기하는 것이다. 정신의 속성들은 공간 속에 외재화될 수 없기에 더욱더 내면화되고 심층적으로 된다. 근대의 주관성의 철학들은 바로 데까르뜨의 이러한 측면에 빚지고 있다. 그러나 다른 한편 우리가 이미 앞에서 지적한 것처럼 연장은 사유하는 주체와도 밀접한 관련 속에 있다. 우선 연장을 명석판명한 본유관념으로 규정하여 주체에게 완벽하게 인식 가능한 것으로 만든 사람은 데까르뜨 자신이다. 이어서 라이프니츠는 연장을 정신적인 것으로 간주하였고 칸트는 감성의 형식(시간과 공간)으로 봄으로써 연장은 주체의 내면으로 들어오게 된다.[28] 버클리의 주관적 관념론과 달리 칸트에게서는 연장이 주관 내에서

---

26. 같은 책, 66쪽 / 같은 책, p. 291.
27. 같은 책, 117쪽 / 같은 책, p. 330.
28. 아믈렝은 외적 사물의 특성을 이중화하여 점차로 사유의 특성으로 흡수하는 철학사적 과정에 대해서 길게 논하고 있다. Hamelin, *Le Système de Descartes*, pp. 171~173.

객관성을 보장하는 형식이 된다. 이러한 방향 전환은 데까르뜨에게서 사유와 연장의 상호순환성이라는 애매함을 제거했다고 할 수 있지만 결국 그의 주요한 철학적 동기를 형성하고 있던 물질의 실재성에 대한 확신은 사라지고 만다. 칸트에게서 문제는 연장과 추상적 공간을 동일시하는 사고로 인해 더욱 복잡하게 되는데 우리는 나중에 베르그손에 이르러 연장과 공간, 물질의 관계가 구체적 실재 속에서 새롭게 사유되는 것을 볼 수 있다.

마지막으로 외적 실재성의 문제를 해명하는 데 있어서 신존재 증명을 통한 길을 간략하게 살펴보자. 『성찰』의 3부에서 진행된 첫 번째 신존재 증명은 기본적으로 물체 존재의 증명의 토대가 된 관념이론에 의거한다. 신은 내 정신에 본래 있는 명석판명한 관념이고, 그것의 표상적 실재성은 더 큰 실재성을 갖는 형상적 실재성에 의해 보장된다. 게다가 무한하고 완전한 존재의 관념은 유한하고 불완전한 나의 관념에 앞서 있으므로 나 자신의 창조물이 아니다. 따라서 그것은 나의 정신에서가 아니라 무한실체 자체에서 유래한다.

이처럼 물체의 존재와 신의 존재는 유사한 방식으로 증명되고 있다. 신의 관념은 우선 가장 명석판명한 관념이며 그 표상적 실재성에는 최고의 형상적 실재성을 갖는 원인이 대응한다. 형상적 실재성이라는 원인은 앞에서 이미 논의된 바 있으므로 여기서는 명석판명함이라는 기준을 더 살펴보자. 우리는 코기토에서 출발할 경우에는 물체의 실재성을 증명할 수 없으며 데까르뜨는 물질적 실체를 존재론적으로 전제하고 있다는 사실을 지적한 바 있다. 데까르뜨는 본유관념은 명석판명하며, 명석판명한 것은 참이라는 진리의 기준을 제시하지만, 우리는 이 기준의 근거 자체를 되물을 수 있다. 즉 본유관념이 명석판명하다고 해도 그것이 외적 실재를 있는 그대로 표현한다는 보장이 있는가? 의식내재성에서 의식초월성으로의 이행의 근거가 무엇인가? 하는 점이다. 데까르뜨는 명석판명한 지각의 진리성이 신에 의해 보증된 것이라는 점을 주장함으로써 이를 해결하려 한다.[29] 이 말은 신이 외부 사물을 우리가 그것을 인식하는 방식으로 존재하게끔 만들었다는 것이다. 즉 세계는 지성적 인식과 마찬가지로 합리적인 원리에 따라 진행되도록 만들어졌다는 것이다. 이것은 지성적 사고와 세계의 존재방식이 일치한다고 보는 데까르뜨의 근본 전제라 할 수 있다. 그러나 다른 한편 우리가 신의 존재를 알 수 있는 것은 신의 관념이 우리에게 명석판명하게 나타나기 때문이다. 그렇다면 물체의 실재성은 신에 의해 해결되지만, 신존재 증명은 순환논법에 빠진다.[30] 이 순환은 물체의 존재와 신의 존재가 서로 맞물려 증명되고 있기 때문에 필연적이다. 사실 이 문제는 위와 마찬가지로 지성과 세계가 동형적 구조를 가지고 있다는 전제 위에서만 유의미하게 논의될 수 있다. 세계가 합리적으로 진행되며 지성은 그것을 있는 그대로 파악할 수 있다는 것이 분명하게 전제되면 신이 그러한 세계를 창조했든, 우리에게 그러한 세계를 인식할 수 있는 명석판명한 관념을 주었든, 어떤 방식으로 말하건 상관이 없어지기 때문이다.

신존재 증명으로부터 명백하게 드러나는 것은 자아와 세계가 동일하게 합리적인 구조로 되어 있다는 것이다. 신은 그러한 세계와 인식의 구조적 동형성을 보장해 주는 존재이다. 이 믿음은 오늘날까지도 학문적 설명에서 합리주의적 태도를 가능하게 하는 견고한 토대이

---

29. 데카르트, 『철학의 원리』, 29쪽/*Œuvres*, p. 584.
30. 이 순환은 가쌍디(Gassendi)에 의해 최초로 지적되었다. Charles Adam et Paul Tannery, *Œuvres de Descartes*, VII, Paris, Vrin, 1965-1975, p. 214.

다. 물론 오늘날 이른바 과학주의 혹은 실증주의는 데까르뜨적 합리주의만이 아니라 경험론자들, 특히 흄에게 많은 빚을 지고 있는 것이 사실이다. 이런 배경을 가진 논리실증주의의 과학이론에서 감각경험에 토대를 둔 검증가능성이란 개념이 중요하게 부상한 바 있는데 이 태도는 이후의 물리주의Physicalism에도 여전히 남아 있다. 물리주의가 확장된 감각주의적 태도에 머무는 한 엄밀히 말해 데까르뜨주의는 물리주의가 아니다. 데까르뜨적 세계관은 수학적 환원주의에 가까우며 이런 점에서 플라톤주의의 근대적 변형이라 볼 수 있다. 세계는 바로 수학적 법칙으로 만들어져 있으며 정신의 본성은 그러한 수학을 모범으로 하는 합리적 인식의 주체라는 것이 고대의 거인에서나 근대의 거인에서 공통적인 생각으로 남아 있다. 본유관념이론과 인식상기설의 유사성은 이와 같은 세계관에서 유래한다. 대체로 합리주의가 선험주의를 전제하는 것은 위와 같은 이유에 의한다.

데까르뜨가 물질의 본성을 연장과 가분성이라는 수학적 특성으로 정의하고 정신의 본성을 물질의 대립항으로서 비연장적이고 불가분적이라는 특성으로 정의한 것은 상당히 의미심장한 것이다. 데까르뜨는 플라톤의 이데아 실재론을 넘어서 물질을 수학적 실재성과 동일시하고 정신과 물질의 대립을 극한까지 밀고 간다. 정신은 합리적 세계의 투명한 인식 주관으로 기능하며 그 이외의 기능은 잉여적인 것이다. 따라서 정념passion이나 의지, 상상, 감각과 같은 주관적 특성들은 적어도 진리의 관점에서 볼 때는 육체와의 결합에서 유래하는 불순물로 간주된다. 그것들은 순수한 물질의 세계도 아니고 순수한 정신의 세계도 아니다. 이성과 수학만이 세계를 있는 그대로 재현하는 '신적인' 본질에 해당하며 그 외의 것은 본질로부터 우연적으로 파생하는 것들이다. 이런 의미에서 제1성질과 제2성질의 구분은 철학사 전체를 통해 매우 핵심적인 역할을 하고 있다. 버클리가 그 구분의 부당함에 강도 높은 비판을 제기했지만 이 구분은 사실상 합리론(이성주의) 철학의 초석을 이루는 매우 근본적인 전제에 해당한다. 제1성질에 해당하는 데까르뜨의 본유관념은 단번에 의식 주체의 영역을 넘어서서 외적 세계의 투명한 인식에 선험적으로 도달하는 장치라는 점에서 그러하다.

코기토에서 유래하는 데까르뜨의 관념론은 근대적 선험주의를 창시했다고 할 수 있다. 여기서 사유의 주체는 자아의 내적 주관적 특질보다는 물질의 객관적 특질에 근거해서 묘사된다. 사유 주체가 개인적 차이보다는 물질의 객관적 특성을 인식하는 틀로 고려될 때 그것은 보편적 주관으로 된다. 우리는 여기서 데까르뜨의 문제의식이 칸트까지 이어지고 있음을 알 수 있다. 칸트는 과학적 지식의 정당성을 문제 삼으면서 이를 정초하는 보편적 주관의 존재를 내세운다. 이것은 데까르뜨가 명시적으로 제기하지는 않았으나 우리가 보았듯이 일인칭주관에서 삼인칭주관으로 이행하는 가운데 서서히 작동하는 동일한 문제의식이다. 그러나 이러한 의식 주관은 어떻게 발생한 것인가? 인식이 보편적 주관에 의해 정초된다면 보편적 주관의 존재 자체는 어떻게 정당화될 것인가? 칸트가 말하듯이 그것은 존재가 아니라 형식 혹은 활동이라고 해도 설명해야 할 것은 여전히 동일하게 남아있다. 경험주의자들과 멘 드 비랑, 라베쏭, 베르그손은 바로 보편적 주관의 정당성을 문제 삼으면서 합리론과의 힘겨운 전투를 벌인다.

2절 데까르뜨의 지각 이론

데까르뜨에게 지각의 개념은 무척 외연이 넓고 다양한 주제들과 혼합되어 있기 때문에 일목요연한 그림을 그리기가 쉽지 않다. 게다가 지각이라는 용어의 철학적 의미는 데까르뜨를 거쳐 영국 경험론에서 풍부한 논의가 전개되기 때문에 우리의 철학사적 상식에서는 주로 후자를 통해 알려져 있다. 그러나 이미 로크가 프랑스에서 데까르뜨를 상당 기간 연구하고 그의 철학에 대한 비판과 수정을 통해 영국 경험론을 창시하게 되었으며 이 과정에서 데까르뜨 철학의 몇몇 기본 전제와 논의 과정을 그대로 채택하고 있다는 것은 많이 주목되지 않았다. 이는 영국 경험론의 이해를 위해서나 나중에 영국 경험론의 성과를 그대로 수용하는 프랑스 계몽주의를 이해하기 위해서도 주목할 필요가 있다. 데까르뜨는 지각 이론에서 비록 아리스토텔레스와 중세 스콜라철학의 용어들을 이어받고는 있으나 중요한 부분에서 그 기본 원리들을 거부하며 새로운 물리학을 정당화하기 위한 인식론적 틀을 세우고 있다. 그는 이원적 존재론이나 사유하는 주체의 발견과 같은 이론적 틀짓기 작업 외에도 지각적 인식에 대한 상세한 탐구에서 역시 근대철학의 선구자로서의 면모를 유감없이 보여 주고 있다.

1. 아리스토텔레스의 감각지각 이론의 유산

아리스토텔레스의 감각이론은 서양철학사에서 전개되는 지각이론 및 심리생리학 분야의 기초적인 문제들을 이미 제시하고 있다. 감각의 탐구는 『영혼론』의 중요한 부분을 이룬다. 잘 알려진 것처럼 영혼은 가장 기본적인 역할에 있어서 생명을 유지하는 기능과 관련되며 이는 식물, 동물, 인간의 특징에 상응하는 세 종류로 분류된다. 식물의 영혼은 영양 섭취와 성장, 쇠퇴의 기능에 한정되며 동물은 이에 더하여 감각aisthesis과 운동의 능력을 갖는다. 여기서 감각이라는 말은 무엇보다 감각작용을 말한다. 감각작용의 결과로서 나타난 내용이 '감각지각'aisthemata이다. 감각지각과 더불어 욕구 능력도 생기게 된다. 감각이 있는 곳에는 쾌락과 고통도 있기 때문이다. 욕구는 쾌락을 좇고 이에 따라 운동능력이 생겨난다. 감각기관에는 다섯 가지가 있고 그중 촉각과 미각은 모두에게 공통되며 후각, 청각, 시각은 움직이는 동물들에게 고유한 것이다. 모든 감각 중에서 가장 근본적인 감각은 촉각인데 그 이유는 그것이 먹이에 대한 감각이기 때문이다. 동물 중에서도 인간은 추론적 사고능력을 갖는다. 여기서 능동적 지성에 해당하는 인간적 영혼의 특수성이 나타난다.

용어설명을 먼저 해보자. 위에서 감각지각으로 표현된 그리스어 aisthemata의 라틴어인 sensus는 프랑스어에서 감각지각perceptions des sens, 감각기관sens 그리고 감각내용sentiment 등으로 다양하게 번역되는데 이것은 실제로 sensus라는 용어가 이 세 가지 뜻을 동시에 가지고 있기 때문이다. 특히 sentiment은 나중에 sensation(감각)으로 표현되고 경험론의 핵심 용어가 된다. 이런 이유로 아리스토텔레스의 『영혼론』의 번역자인 트리꼬J. Tricot도 aisthemata를 sensation으로 번역하고 있다.31 물론 정서나 감정을 의미하는 sentiment은 다른 맥락에서 보존된다. 그러나 우리는 데까르뜨적 논의 맥락을 고려하여 aisthemata를 감각지각으로 번역하기로 한다.

감각지각은 동물이 외적 자극의 영향을 받았을 때paschein 동물 안에 야기된 일종의 질적 변화alloiosis이다. 아리스토텔레스에게서 감각지각은 색, 소리, 맛, 냄새, 촉감 외에 모양, 크기, 운동, 정지, 수도 포함

---

31. Aristote, *De l'âme*, tr. nouvelle et notes par Tricot, Paris, Vrin, 1988. [아리스토텔레스, 『영혼에 관하여』, 유원기 옮김과 역주, 궁리, 2001.]

된다. 이것들은 모두 다른 것의 영향을 받는다는 측면에서 '수동적'인 것이다. 나중에 보겠지만 데까르뜨가 감각지각뿐만 아니라 지성의 지각도 수동적인 것으로 분류하는 것은 이와 같은 기원을 갖는다. 인식적 측면에서 그것은 "질료 없이 감각적 형상aistheton eidon을 수용하는 것"이다.[32] 감각적 질료는 실제적으로는 형상과 분리되지 않지만 인식작용에 있어서 대상의 물리적 변화 없이 주체 안에 오관의 결과인 색, 맛, 소리, 냄새, 촉감 등을 일으킬 수 있다. 이러한 성질들은 그 자체로 kata auto 고유한 감각의 대상이다. 다음에 운동, 정지, 수, 모양, 크기 등 로크가 후에 제1성질로 구분한 것들 그리고 데까르뜨가 지성의 인식이라고 부른 것에 주목해 보자. 아리스토텔레스는 그것들을 '공통감각'koine aisthesis의 대상이라고 하였으며 고유한 감각에 의해 지각된 대상들로부터 부수적으로kata symbebekos 지각된다고 보았다.[33] 왜냐하면 이러한 성질들에 대한 고유한 감각기관은 없기 때문이다. 즉 그것들은 개별적인 감각기관들의 작용에서 따라 나오는 것ta akoluthounta이다. 예를 들면 형태는 시각과 촉각에서 동시에 지각된다. 그런데 아리스토텔레스가 공통감각의 성질들이라고 부른 것은 플라톤에게는 감각기관의 도움 없이 정신(지성)에 의해서만 파악되는 인식을 말한다. 따라서 이것들을 지성의 인식으로 본 데까르뜨는 여기서도 플라톤적 전회를 하고 있음을 알 수 있다.

감각이 나타나는 생리적 과정을 보자. 각 감각기관의 자극으로부터 생긴 운동은 혈액에 의해 전달되어 심장에서 모인다. 심장은 감각전체를 통일적으로 지각하는 기관 즉 공통감각 기관이고[34] 이 기관

---

32. 같은 책, II, 5, 416b 33 / 417a 15.
33. 같은 책, II, 2, 425a 14~20.
34. 이 점에 관해서는 다음을 참조. Georges Rodier, *Commentaire du traité de l'âme*

은 오늘날 감각중추라고 부르는 것의 전신을 이룬다. 데까르뜨는 공통감각 혹은 감각중추의 관념을 이어받지만 당대의 해부학적 지식에 의해 심장 대신 뇌를 감각중추의 기관으로 대치한다. 또한 아리스토텔레스는 동물의 감각과 반응운동 간에 생리적 인과관계가 있다는 것을 보여 준다. 감각이 야기하는 쾌락이나 고통으로 인해 일정한 대상을 향하거나 피하려는 욕구가 생겨나고 이것은 자극에 반응하는 운동의 시작이기 때문에 감각중추는 운동의 중추이기도 하다.[35]

　　마지막으로 인식의 과정을 포괄적으로 보면 감각지각의 형성뿐만 아니라 기억mneme, memoria과 상상작용phantasia이 그에 못지않게 중요하다. 이것들은 공통감각 안에서 감각지각을 보존하고 재창조하는 역할을 한다. 공통감각의 중추에는 감각지각의 잔재가 있는데, 그것이 상상이나 기억의 재료의 구실을 하는 '심상'phantasma이다. 이 심상들은 근대에는 관념 혹은 이미지로 연장되어 지적이거나 감성적인 사유의 재료가 된다. 기억은 시간의식과도 관련이 있다.[36] 그러나 데까르뜨는 앞서 본 것처럼 사유의 중요한 기능에서 기억을 제외하고 있는데 이것은 그가 시간으로 인해 의식의 명징함이 변질될 것을 염려했기 때문이다. 이 외에도 아리스토텔레스와 데까르뜨에게서 나타나는 인식과정의 일반적 차이는 다음과 같다. 전자에게서 지성적 인식은 감각지각과 심상을 통해 사물들 안에 있는 '보편자'eidos 즉 나누어지지 않는 본질을 파악하는 것인 반면 후자에게서 그것은 사물의 지각 속에서 연장적 성질들 즉 양적이고 가분적인 성질들을 명석판명하

　　d'Aristote, Paris, Vrin-Reprise, 1990, ad II, 12, 424a, 24sq.(II, pp. 332~334).

35. J. L. 아크릴, 『철학자 아리스토텔레스』, 한석환 옮김, 서광사, 1992, 132쪽.

36. Aristote, "De la mémoire et de la réminiscence", *Petits traités d'histoire naturelle*, Traduction et présentation par Pierre-Marie Morel, Paris, GF-Flammarion, 1999, 449b 9~15 (장영란, 『아리스토텔레스의 인식론』, 서광사, 2000, 258쪽 참조).

게 인식하는 것이다. 이는 아리스토텔레스의 본질주의와 데까르뜨의 수학주의를 단적으로 구분하는 차이라 하겠다. 그러나 지성의 예외적 특성을 주장하는 데 있어서는 두 철학자가 모두 플라톤의 제자이다. 무엇보다 아리스토텔레스에게서 지성 특히 '능동지성'nous poietikos은 상응하는 신체 기관을 갖지 않는 비물질적인 과정이어서 불멸성을 갖는다. 데까르뜨에게서도 정신의 예외적 위치는 영혼의 불멸성이라는 플라톤적이고 기독교적인 전통에 합류한다. 이와 같이 아리스토텔레스 지각이론의 기본틀은 스콜라철학에 전달되어 데까르뜨에게서도 중요한 밑거름이 되고 있다.

2. 의지와 지각

데까르뜨는 정신의 본질적 속성을 지성적 사유로 놓고 정신의 독자성을 확보한 데서 고대적 합리주의의 후예라고 할 수 있지만, 의지volonté와 지각의 관계에 대해서는 독특한 입장을 보여 준다. 그것은 다음과 같은 주장 속에 나타난다. 사유의 가장 능동적인 작용은 의지이며 지성의 지각조차도 수동성의 양태이다. 『철학의 원리』에서 데까르뜨는 사유의 양태를 지성의 지각perceptio intellectus과 의지의 작용 operatio voluntatis으로 나눈다. 지각의 양태들에는 감각, 상상, 순수이해 (인식)가 속하고 의지의 양태들에는 욕구, 거부, 긍정, 부정, 의심이 속한다.[37] 『정념론』에서는 의지를 영혼의 행동들actions이라 하고 지각은 영혼의 정념들passions이라 한다. 의지가 행동인 이유는 그것이 "정신으로부터 직접 유래하고 오직 정신에만 의존하기 때문"이다. 곧 그것

---

37. 데카르트, 『철학의 원리』 31쪽 / Œuvres, p. 585.

은 actio라는 라틴어의 두 가지 의미인 행위와 능동성을 동시에 의미한다. 반면 지각의 원인은 정신 자체가 아니며, 정신은 지각에 의해 표상된 것을 단지 받아들이기 때문에 데까르뜨는 아리스토텔레스의 정신을 따라 지성적 지각에서 정신이 수동성 즉 정념의 상태에 있다고 본다.[38]

그런데 데까르뜨에게서 사유하는 자아의 명석판명한 지각을 생각해 볼 때 의지와 지각을 단순히 행위와 정념, 혹은 능동태과 수동태로 분류하는 것은 쉽게 이해되지 않는다. 게다가 『정념론』에서 정념이라는 용어로 고찰되는 것은 순수지성의 인식이 아니라 감각이나 욕구, 영혼의 감정 같은 것들이다. 이후의 철학사적 전개를 보더라도 지성적 지각에는 감각이나 정념과 달리 정신의 능동적 작용이 들어가는 것으로 간주되는 경우가 많다. 『정념론』에서는 의지와 지각을 가장 일반적 의미로 분류하고 있어서 인식적 의미의 지각과 고유한 의미의 정념 간에 차이를 파악하기 어렵다. 이런 어려움을 해소하기 위해 『성찰』에서 진행되는 오류의 원인에 대한 고찰을 통해 의지와 지각의 특징을 비교해 보자.

데까르뜨에게 있어서 지각의 기능을 정확히 알기 위해서는 관념이론으로 다시 돌아가야 한다. 『성찰』에서 데까르뜨는 우선 관념을 "인간, 키메라, 하늘, 천사, 신" 등을 생각할 때 내가 가지는 "사물의 상image"이라고 말한다. 이런 관념들은 정신의 사유 양태로서 단지 지각하기만 하는 경우에는 모두 참이다. 특히 "집중하는 정신에 현전하며 드러난" 명석한 지각이나 "다른 것과 잘 구별되어 단지 명석한 것만을 담고 있는" 판명한 지각의 경우 그것들을 참이라고 판단하는 것은 결코

---

38. *Œuvres*, p. 704 (17항).

오류에 빠지지 않는다.[39] 다른 한편 외래관념이나 조작관념도 단지 지각하기만 하고 긍정이나 부정의 판단을 내리지 않는 경우는 오류를 범하지 않는다. 그것들은 사유 양태인 한에서 코기토의 명증성의 일부를 이룬다. 특히 상상력은 지성과 결합하여 외부 대상을 탐구하는 자연학에서 그 효과를 발휘한다. 이처럼 "관념 그 자체만을 고찰하고 어떤 다른 것과 연관시키지 않는다면 관념은 본래 거짓일 수가 없다."[40]

오류는 바로 '판단'에서 나타난다. 가장 흔한 오류는 내 안에 있는 관념이 외부 사물과 유사하거나 정확히 일치한다고 판단할 때 생겨난다. 외부 사물의 인식에서 연장과 같은 제1성질에 관한 명석판명한 지각은 그 자체로 참이다. 그러나 제2성질에 관한 내 안의 관념들은 사유 양태인 한에서 참이지만 그 자체로서 외부의 사물과 일치한다고 판단할 경우 오류라는 것이다. 이것을 데까르뜨는 대상의 형상적 실재성을 기만하는 "형상적 오류"라고 부른다.[41] 이 오류의 근거는 무엇인가? 지각 이론이 이원적 존재론 위에 기초한다면 그 근거를 제시하기는 어렵지 않다. 즉 제1성질과 제2성질의 구분을 전제하고 전자는 실재를 그대로 나타내지만 후자는 외적 원인 위에서 주관이 나타내는 속성들이므로 이것을 참이나 거짓으로 판단할 경우 오류에 노출되기 쉽다. 그러나 문제는 제1성질에 대한 오류도 가능하다는 것이다. 명석판명하지 않은 지각을 그러한 것으로 착각하고 참이라고 판단할 가능성도 얼마든지 있지 않은가.

데까르뜨는 이러한 판단의 오류에 대해서 의지의 작용을 그 이유로 제시한다. 판단은 일차적으로 지성의 지각을 필요로 하지만 지각

---

39. 데카르트, 『성찰』, 35~45쪽.
40. 같은 책, 60쪽 / Œuvres, p. 286.
41. 같은 책, 68쪽 / 같은 책, p. 292.

된 것을 참이라고 판단하기 위해서는 의지 또한 필요하다. 지성의 활동 범위는 매우 제한되어 있고 언제나 완벽한 지각을 토대로 하는 것은 아니다. 애매하고 혼잡한 지각도 있고 우리는 그것을 참이라고 판단하기도 한다. 데까르뜨는 이러한 오류의 원인이 의지의 활동 범위가 지성을 무한히 넘어서는 데 있다고 본다. 의지는 선택과 거부, 긍정과 부정 등을 통해 자유로운 활동을 할 수 있는데 이러한 자유 의지가 미치지 못하는 영역은 없으며 이로부터 불가피하게 오류가 생긴다는 것이다.[42] 이 주장은 당대의 스콜라철학 전통과도 다르고 오늘날의 상식과도 거리가 있는 내용이어서 다음과 같은 반론에 부딪칠 수 있다. 자유 의지는 인간의 행위와 관련한 것이지 대상이나 사건의 진위를 결정하는 것은 아니다. 인간의 행위는 선택의 자유에 따라 이루어질 수 있고 그 결과는 행위자 자신이 책임져야 한다. 그러나 진리의 문제는 인간의 의지와 관련된 것이 아니다. 예컨대 사각형을 보고 원이라고 판단할 경우 이것은 의지가 그렇게 원해서라기보다는 대상이 지성에 충분히 명석하게 드러나지 않았기 때문이라고 하는 것이 더 적절한 설명이 아닐까.

『성찰』의 4부에서 대답을 찾을 수 있을지도 모른다. 어떤 주어진 사태를 긍정하거나 부정하고 추구하거나 기피하기 위해서 우리는 두 가지 조건을 생각할 수 있다. 우선 우리가 주어진 사태에 대해서 완벽하게 중립적인 입장에 있는 경우이다. 아마도 사태에 대한 정보가 전혀 없거나 아니면 긍정적이거나 부정적인 정보를 동시에 가진 경우가 그러할 것이다. 이때 우리는 긍정을 할 것인지 부정을 할 것인지, 어떤 선택을 할 것인지를 진공 상태에서와 같이 자유롭게 결정할 수 있다.

---

42. 데카르트, 『철학의 원리』, 32쪽 / Œuvres, p. 586.

이것을 데까르뜨는 "무차별성(또는 비결정성indifferentia)의 자유"라고 한다. 반대로 어떤 사태에서는 "내가 참되고 선한 것을 항상 분명히 보고 있다면, 나는 어떤 판단을 내려야 할지 혹은 어떤 것을 선택할지에 대해 주저하지 않을 것이고 그래서 내가 설령 전적으로 자유롭다고 하더라도 결코 비결정의 상태에 있을 수는 없을 것이다."[43] 이 경우는 지성에 충분한 정보가 주어졌고 몇 가지 본질적인 기준에 의해 옳고 그름의 판단이 이미 내려졌다고 보아야 할 것이다. 그렇다면 의지는 단순히 지성의 판단을 따르는 것에 불과하다. 데까르뜨는 무차별성의 자유는 "개연적인 추측"만 있는 상태여서 이 경우에는 차라리 판단을 유보하는 것이 현명하다고 말한다. 그러한 상태는 "가장 낮은 단계의 자유", 최소한도의 자유이며 쉽게 오류에 이를 수 있다. 반면 우리가 지성 안에서 명석판명하게 지각된 것을 참이라고 판단할 경우에는 무차별적인 경우보다 훨씬 더 자발적이고sponte 자유롭게 행동할 수 있다. 그것은 "오성 안에 있는 커다란 빛으로부터 의지 속에 큰 경향성이 생겼기 때문에 그렇게 판단한 것이다." 즉 "오성의 지각이 의지의 결정보다 앞서야 한다는 깃은 자연의 빛에 의해 명백하다."[44] 이처럼 데까르뜨는 진위판단에서 행사되는 의지의 작용은 지성의 명석판명한 지각에 의존하고 있다는 결론을 내린다. 비록 지성의 지각이 수동적이고 의지 행위가 능동적이라고 해도 지적인 판단에 있어서는 의지가 지성의 지각과 독립적으로 행동할 수 없다는 점에서 지성과 의지의 관계 문제는 결국 합리론적 방식으로 해결된다.

그러나 제2성질의 지각들의 오류에 관해서는 좀 다른 이유가 첨가

---

43. 데카르트, 『성찰』, 86쪽 / *Œuvres*, p. 306.
44. 같은 책, 85~88쪽 / 같은 책, pp. 305~307.

된다. 감각이 보여 주는 그대로의 성질들이 물체에 있다고 판단하는 오류에는 습관, 기억, 선입견이 중요한 역할을 한다. 이것들은 아주 어린 시절부터 형성되어 우리에게 명석판명한 것으로 나타나는데 감각질들이 대상을 그대로 반영한다고 보는 스콜라철학은 바로 이런 상식에 기대어 만들어진 것이다.[45] 가령 불에 가까이 가면 뜨거움을 느끼고, 더 가까이 가면 고통을 느끼지만 불 속에는 뜨거움이나 고통과 유사한 어떤 것이 있는 것이 아니라 단지 "우리 안에 뜨거움이나 고통을 야기하는 어떤 것이 있다고 믿게 하는 근거"만이 있을 뿐이다.[46] 이와 같은 일이 습관적으로 일어나면 우리는 감각으로부터 아무 근거도 없이 외부 사물의 존재를 믿게 된다. 우리는 여기서 흄의 인과율비판을 이끌어낸 습관 개념의 역할을 미리 엿볼 수 있다. 감각과 지각의 습관이 어떻게 인식의 기초가 되는가 하는 생각은 나중에 꽁디약과 흄, 멘 드 비랑이 중요하게 다루는 주제이지만 데까르뜨에게서 이미 그 싹을 볼 수 있다. 단지 데까르뜨에게 있어서 습관은 오류를 일으키는 부차적 원인으로서만 제시되어 있는 반면 본유관념을 인정하지 않는 경험론자들에게 그것은 인식의 형성을 적극적으로 설명해 주는 중요한 기작으로 제시된다.

3. 감각지각의 분류 – 감각과 정념

데까르뜨의 지각 이론은 근대적 지각이론의 원조인 '지각표상

45. Étienne Gilson, *Études sur le rôle de la Pensée médiévale dans la formation du système cartésien*, Paris, Vrin, 1984, ch. I.
46. 데카르트, 『성찰』, 114쪽 / *Œuvres*, p. 328. 데카르트, 『철학의 원리』, 57~61쪽 / *Œuvres*, pp. 605~608.

설'representative theory of perception로 특징지을 수 있다. 지각표상설은 우리가 지각하는 것은 마음속의 관념(표상)이며 관념만이 직접 지각될 수 있다는 것이다. 다만 실재론자로서 데까르뜨는 제1성질에 대한 관념은 대상을 있는 그대로 표상(재현)한다고 보는 반면 제2성질에 대한 관념은 외부 대상의 힘에 의해 야기되어 주관 속에 나타난 의식 상태로서만 규정한다. 자연히 이 두 성질 간의 차이는 크다.『성찰』과 더불어 출간된『반박들과 답변들』에서는 제2성질을 감각지각perceptions des sens 또는 감각내용sentiment이라 부르고 지성에 의한 제1성질의 지각과는 구분하고 있으며[47]『정념론』에서는 그것을 기쁨, 슬픔과 같은 영혼의 고유한 정념들과 함께 다루고 있다. 지성의 명석판명한 지각이 정신 자체로부터 유래한다면 감각지각과 정념은 정신과 신체의 결합에서 나오는 사유 양태들이다. 이런 의미에서 감각지각은 지성의 지각과 명백히 구분되는 정념이다.

『반박들과 답변들』에서 데까르뜨는 감각지각의 형성을 세 단계로 구분하고 있는데 그 첫 번째는 "동물들과 공통적인 뇌의 운동" 즉 생리적이고 기계적인 단계이다. 즉 외부 사물에 의해 자극된 감각기관과 신경 그리고 뇌의 운동에 따른 변화를 말한다.『철학의 원리』에서는 설명이 좀 더 상세하다. "신경들은 뇌에서 나머지 모든 지체들까지 실같이 퍼져 있으면서 이것들과 연결되어 있기 때문에 인간 신체의 어떤 부분에 위치한 신경들의 끝이 움직여질 때 이 운동은 그 신경들의 다른 끝 즉 뇌까지 전달된다. … 이렇게 신경에 의해 뇌에서 다양하게 일어나는 운동들은 뇌와 긴밀하게 연결되어 있는 영혼 혹은 정신을 다

---

47. Descartes, *Les Objections et les réponses,* sixième réponse IX, *Œuvres,* pp. 540~541.

양하게 자극한다." 여기서 발생하는 "정신의 다양한 변용들affectiones
이나 의식cogitationes"이 바로 감각지각 또는 일반적으로 감각내용senti-
ment이다.[48] 이 과정은 감각지각이 형성되는 두 번째 단계, 심리적 단
계라 할 수 있다. 여기에는 색, 소리, 맛, 촉감, 후각과 같은 감각내용과
배고픔, 갈증과 같은 욕구appetitus가 포함된다. 마지막 단계는 크기와
형태, 거리 등에 대한 감각인데 이것은 제1성질에 관한 것으로서 고차
적인 인지적 단계라 할 수 있다. 그러나 이것은 데까르뜨에 의하면 지
성의 대상이지 감각의 대상이 아니다. 우리가 이것을 감각의 대상으
로 보는 것은 습관 때문이다. 두 번째 단계의 색이나 소리, 촉각 등이
외부 사물과 동일한 것을 재현한다고 생각하는 것이 습관 때문인 것
과 마찬가지다. 예를 들어 물에 잠긴 막대기가 굴절 때문에 휘어 보이
는 것을 교정하는 것은 지성이지 촉각이 아니다. 우리가 눈으로 보는
태양의 크기가 실제의 태양 크기가 아니라는 것을 지적해 주는 것도
천문학자의 지성이다. 따라서 물체의 본성과 관련된 마지막 단계는 감
각지각에서 제외된다. 두 번째 단계의 감각지각도 사유 양태인 한에
서만 고려된다.

감각지각은 정념들과 밀접한 관련을 가지고 있으며 위에서 본 두
번째 단계에서 심리적 의미의 감각지각은 정념들의 일종이다. 정념들
은 세 종류의 양태로 나눌 수 있다. 데까르뜨에게 정념은 영혼과 신
체의 결합에서 유래하므로 각각의 정념들에는 상응하는 신체 기관이
있다. 첫째로는 시각, 청각, 미각, 촉각, 후각과 같은 다섯 종류의 외적
감관(외감)이 있다. 두 번째와 세 번째는 내적 감관(내감)들이다.[49] 우

---

48. 데카르트, 『철학의 원리』, 430~432쪽 / Œuvres, p. 654.
49. 같은 책, 431쪽 / 같은 책, pp. 654~655, 707~708 (르네 데카르트, 『정념론』, 김선영 옮
    김, 문예출판사, 2013, 1부 24, 25항).

선 식욕과 갈증 등 신체의 자연적 욕구를 나타내는 기관들(위, 식도 등)이 있으며 신체 내부의 각 부위에서 느껴지는 통증이나 열기, 냉기와 같은 감각도 이와 유사한 내감에 속한다. 신체와 관련된 정념들은 앞으로 꽁디약과 멘 드 비랑 그리고 프랑스 의철학과 심리학 전통에서 중요한 개념으로 남게 되며 특별히 'affection'(신체정념)이라 불린다. 마지막으로 심장과 심장 주변의 신경들로 이루어진 내적 감관이 있다. 여기에는 기쁨과 슬픔, 사랑과 미움, 분노 등 영혼에 고유한 상태로 느껴지는 정념들이 있다. 이것은 특히 "영혼의 정념들"passions de l'âme이라 불린다. 이 세 가지 감각지각 혹은 정념은 모두 외적 원인을 근거로 하고 있으나 우리에게는 각각 외부 대상, 우리의 신체, 우리의 영혼에 관련되는 것으로 느껴진다는 점에서 구분된다. 이 가운데 고유한 의미의 감각지각은 영혼의 정념을 제외한 두 가지이다.

감각지각의 생리적 특징을 좀 더 살펴보자. 첫째로 촉각은 신체의 피부 전체로 퍼져 있는 신경들이 피부를 매개로 물체들과 접촉할 때 생겨난다. 단단함, 무거움, 따뜻함, 축축함 등 물체들의 다양한 성질들은 촉각을 통해 우선적으로 지각된다. 그런데 촉각은 특히 '쾌락과 고통'이라는 정념의 원천이기도 하다. 피부에 퍼진 신경들이 보통 때보다 강렬하게 자극되었을 때 그것이 상처를 주지 않는다면 정신에 유쾌한 감각이 생기고 상처를 주면 통증이 생긴다. 미각이나 후각, 청각, 시각도 기본적으로 각 기관에 퍼져 있는 신경들이 자극에 따라 다양한 감각을 느낀다는 점에서 동일하지만 미각이 대상과 직접 접촉한다는 점에서 촉각의 일부라 한다면 다른 기관들은 대상과 거리를 두고 지각을 한다는 점에서 차이가 있다. 후각은 공기 중에 떠다니는 '미세한 물체의 부분들'에 의해 자극을 받는다. 청각은 공기의 운동의 진동과 떨림에 영향을 받고, 시각은 특히 지구상의 물체들에 의해 직접 자극을 받는 것이 아니라 보다 미세한 입자들에 의해 자극을 받아 빛과 색에 대한 감각을 갖게 된다.

끝으로 이 모든 감각은 단지 "공통감각"sens commun을 가진 뇌 속에서 일어난다.[50] 감각의 발생은 영혼과 신체의 결합을 보여 주는 극명한 예이다. 앞서 보았듯이 그것은 생리적 단계와 심리적 단계의 두 단계를 거친다. 우선 신경을 통해 뇌 안에 들어온 외적 자극은 뇌 안쪽에 있는 송과선에서 모인다.[51] 이때 자극들은 오직 뇌의 운동을 야기하는 무차별적 원인의 역할을 한다. 여기서 발생한 뇌의 운동들이 영혼으로 전달되어 감각이 산출된다. 이처럼 영혼은 신체 각 부위에 직접 관계하지 않고 신체 부위에서 일어나는 것을 신경의 도움으로 뇌 속에서 감각한다. 주목할 것은 외적 원인들의 본성에 관계없이 어떤 감각기관을 자극하는가에 따라 뇌에서 상응하는 감각이 일어난다는 것이다. 같은 원인이 시각기관을 자극하면 시신경을 따라 시각이 생기고 청각기관을 자극하면 청신경을 따라 청각이 생긴다. 영혼이라는 실체를 인정한 점을 제외하고 감각이 형성되는 기작만을 고려하면 데까르뜨는 오늘날의 뇌신경생리학의 선구자라 할 수 있다. 데까르뜨는 이에 관한 증거로서 뇌의 질병이나 수면이 감각을 마비시킨다는 것, 신경의 통로가 차단되었을 때 감각이 사라진다는 것 그리고 마지막으로 절단된 신체에서 통증을 느끼는 유명한 예를 들고 있다. 손에 심한 상처를 입어 이를 절단한 어떤 환자가 여전히 부재한 부위의 통증을 호소하는 일이 있는데, 이것은 절단된 부위의 신경이 여전히 뇌에 전달되어 영혼을 자극하기 때문이고 따라서 감각은 오직 뇌

---

50. 데카르트, 『성찰』, 118쪽 / Œuvres, p. 331.
51. Œuvres, pp. 710~714 (데카르트, 『정념론』, 1부 31~36항).

에서만 생긴다는 것을 보여 주는 증거라는 것이다.[52]

데까르뜨의 감각지각 이론은 이후에 생리학 및 심리생리학 그리고 의학의 발달에 이르기까지 지대한 영향을 미쳤다. 신체를 동물과 마찬가지로 기계로 보는 생각으로부터 감각의 작용을 비롯한 신체의 여러 생리적 과정에 대한 검증가능한 관찰과 이론이 제시되었고 정신과 신체의 이원론은 비록 본질적인 점에서 많은 비판과 수정에 직면했음에도 불구하고 심신관계에 대한 과학적 탐구를 가능하게 한 원동력이 되었다. 구체적으로 데까르뜨의 동물기계론은 의료기계론iatromécanisme이라는 기계론적 의철학의 한 학파로 이어지며 데까르뜨의 심신이론은 심신평행론의 원조가 되었다. 또한 심적 실재를 인정하지 않고 모든 것을 두뇌의 운동으로 환원하는 라메트리와 디드로D. Diderot의 유물론 및 뗀느H. Taine 등의 부대현상설épiphénoménisme도 데까르뜨의 기계론적 뇌생리학 이론을 전제한다. 물론 데까르뜨 자신은 엄밀한 의미에서 뇌의 운동과 심적 상태의 평행성을 전제하는 평행론자가 아니며 단지 기계론적 생리학에 머물렀던 것도 아니지만 심신관계에 대한 현대의 과학적 입장들은 데까르뜨가 던져 놓은 문제들로부터 출발한다고 해도 과언이 아니다.

데까르뜨의 기계론적 생리학은 나중에 생기론적 입장의 생리학자들의 신랄한 비판에 직면하게 된다. 데까르뜨의 생리학은 동물과 인간 신체를 기계로 봄으로써 생물학적 탐구를 물리학에 종속시키는 결과를 낳았다. 생기론자들은 이러한 태도에 반발하면서 당시의 기계론적 한계에 갇혀 있던 생리학을 넘어서서 다양한 관찰을 통해 자신

---

52. 데카르트, 『철학의 원리』, 433~436쪽(191~196항) / *Œuvres*, pp. 656~659.

들의 고유한 영역을 개척하기 시작한다. 이렇게 해서 프랑스에서는 생기론의 전통을 수용하는 철학들이 나타나기 시작하는데, 꽁디약은 동물기계론을 비판하였고 멘 드 비랑은 생기론을 수용하면서도 인간의 의지를 전면에 내세우는 인간학을 제시한다. 라베쏭은 생기론적 생리학을 넘어서는 생명형이상학을 구축하고 베르그손은 생명과 물질을 더 근본적인 생성의 차원에서 조망하는 지속의 형이상학을 세운다. 이러한 흐름은 데까르뜨가 주도한 기계론과 이원적 인간이론을 극복하는 다양한 시도로 해석될 수 있다.

인식론적 문제들에 관해서도 데까르뜨는 역시 후대에 주요한 논쟁을 촉발한 많은 문제들의 선구자이다. 그의 지각표상설은 로크가 이어받아 영국 경험론의 시발점이 되었으며 다양한 비판을 통해 흄에 이르기까지 감각과 지각에 관한 심오한 탐구와 논쟁을 유발하였다. 양적으로 측정가능한 제1성질만을 과학의 대상으로 보는 태도는 오늘날에도 수리물리학의 근본 태도를 이루고 있으나 인식론적 성찰에서는 많은 논쟁을 야기하였다. 특히 프랑스에서는 멘 드 비랑을 중심으로 사유하는 자아의 추상성에 반발하여 신체를 움직이는 의지의 구체적 행위로부터 자아의 확실성을 찾는 입장이 대두한다. 이 입장은 의지행위로부터 감각과 지각 및 정념이론을 새롭게 구축함으로써 프랑스 내성심리학의 원조가 된다. 멘 드 비랑은 모든 지각적 인식의 근원을 의지행위에서 찾으며 정념은 의지의 결핍에서 유래한다는 독창적 정념이론을 창시한다. 좀 더 나중에 베르그손은 데까르뜨의 실체이원론을 비판하고 생명체의 행동에 근거한 지각이론 및 심신이론을 독창적으로 제시하여 생물학적 인식론의 기틀을 마련한다.

3절 아리스토텔레스와 데까르뜨의 심신이론 비교

심신이론은 흔히 정신esprit과 신체corps의 관계를 탐구하는 분야로 알려져 있다. 이는 정신과 신체를 극단적으로 분리하고 각각의 속성과 차이를 정의한 후 양자의 관계 맺음을 탐구한 데까르뜨 이래로 그 관심이 증폭되어 왔다. 데까르뜨는 인식론과 존재론, 자연학 등 여러 측면에서 고대의 플라톤과 아리스토텔레스 및 중세 스콜라철학의 이론들을 대체하는 새로운 생각을 제시했는데, 심신이론 역시 그 새로움에 있어서는 독보적인 것이다. 심신이론에서도 데까르뜨의 문제제기는 무수한 논쟁들의 원천이 되었으며 멘 드 비랑 역시 이러한 논쟁과 마주하는 가운데 현대 프랑스철학의 주요한 흐름인 반데까르뜨적 전통을 창조하게 된다. 일반적으로 데까르뜨의 심신이론이 플라톤과 아리스토텔레스의 영혼론과 대립한다는 데는 이의가 없으나 몇 가지 기본 태도에서는 아리스토텔레스의 생각을 이어받고 있으므로 아리스토텔레스의 영혼론을 먼저 간단히 살펴보기로 하자.

오늘날 일상적으로 사용되는 정신esprit이라는 용어는 주로 근대의 역사를 반영하고 있으며 여기에는 기독교와 데까르뜨가 중요한 역할을 했다. 우선 고대 그리스에서 영혼을 의미하는 '프쉬케'(psyche, 라틴어 anima)는 본래 생명과 동의어이며 생명체의 죽음과 동시에 사멸하는 것으로 생각되었고 오르페우스교 전통을 따른 피타고라스나 플라톤과 같이 윤회설을 주장한 몇몇 철학자들에게서만 신체와 분리된 불멸의 실체로 이해되었다. 아리스토텔레스는 이를 비판하고 영혼과 신체를 분리되지 않는 한 개체의 두 측면으로 다루지만 지성만은 불멸하는 것으로 보는 점에서는 플라톤을 따른다. 한편 정신이라는 말은 '숨'을 뜻하는 '프네우마'pneuma 또는 이성(지성)을 뜻하는 '누스'nous에서 유래한다. 이 말들은 라틴어로 각각 '스피리투스'spiritus와 '멘스'mens로 번역되었고 프랑스어로는 '에스프리'로 통용된다.[53] 여기

에 기독교의 영향이 덧붙여져 정신은 신체의 죽음 후에도 살아남는 개별적 영혼을 지칭하게 된다.[54]

중세와 근대에는 정신이라는 말과 영혼이라는 말이 혼용되었다. 영혼이라는 말은 여전히 생명적 뉘앙스를 가지고 있는 반면 정신이라는 말은 물질적, 동물적 조건과 독립된 특성에 강조점이 주어지지만, 일반적으로는 양자가 유사하게 오늘날의 의식적 과정을 지칭하는 의미로 사용되었다. 데까르뜨에게서 영혼이나 정신(사유)의 과정은 지성, 감각, 상상, 욕구 등을 의미하는데 이것은 아리스토텔레스 전통의 영혼에서 식물적인 부분 즉 영양 섭취나 성장과 같은 생리적 과정을 제외한다. 이 가운데서도 인간의 고유한 지성은 신체와 분리되어 존속할 수 있는 실체로 간주함으로써 데까르뜨는 플라톤과 중세의 전통에 충실함을 알 수 있다. 이와는 대조적으로 데까르뜨는 생리적 현상을 기계적 과정으로 봄으로써 생리학의 발달에 기여한 측면이 있다. 오늘날 의식이라는 개념은 생리적, 생명적 과정을 제외한 정신적 현상을 지시하는 점에서 데까르뜨 이후의 전통을 반영한다고 할 수 있다.

1. 아리스토텔레스의 영혼의 분류와 정의

---

53. 영미권에서는 심신관계를 말할 때 마음(mind)이라는 말이 주로 사용되고 있는데 이것은 어원적으로 멘스(mens)에 관련된다. 프랑스어에는 이에 해당하는 명사가 없다. 따라서 정신(esprit)이나 영혼이라는 말이 아직도 일상적으로 사용되고 있는데, 오늘날 이 용어들에는 불멸성이라는 의미는 없으므로 의식과 동일한 의미로 보면 된다. 그러나 여전히 좁은 의미의 정신은 이성이나 지성을 지칭한다.

54. 이상의 내용은 『랄랑드 철학 어휘사전』을 참고함. André Lalande, *Vocabulaire technique et critique de la Philosophie*, Paris, PUF, 1926, p. 300.

대부분의 문제들이 그러한 것처럼 영혼과 신체의 문제에서도 아리스토텔레스는 플라톤에 대해 이중적인 태도를 취하고 있다. 플라톤에 대한 반발과 계승이라는 모순적 태도를 이해하는 것이 아리스토텔레스를 이해하기 위한 필수적인 절차이기도 하다. 우선 플라톤의 영혼삼분설에 대한 아리스토텔레스의 비판을 보자. 플라톤은 『국가』 2권에서 영혼을 이성logismos, 기개thymos, 욕구epithymia의 세 부분으로 나눈다.[55] 정의는 국가 내에서 각 계층 간의 조화이듯이 개인의 영혼 내에서도 각 부분들 간의 조화이며, 이런 점에서 국가와 개인은 유비적이면서도 순환적으로 규정되는 동형성을 지닌다. 이처럼 플라톤은 영혼의 부분들에 대해 말한다. 아리스토텔레스는 한 영혼이 어떻게 부분들로 나누어질 수 있다는 것인지를 비판하면서 영혼의 부분들이라는 말 대신에 영혼의 '능력들'dynamis이라는 말을 사용한다.[56] 보통 가능태로 번역되는 뒤나미스의 의미는 매우 다양하지만 이 경우는 라틴어를 경유하여 프랑스어 'faculté'(영, faculty)로 번역되어 심리생리적 기능들을 분류하는 용어로 정착된다. 영혼은 무엇보다도 생명의 원리이며 영양섭취능력, 감각능력, 사고능력을 갖는데, 각각에는 식물적 영혼, 동물적 영혼, 이성적 영혼이 대응한다. 생물학자인 아리스토텔레스는 각 영역에 고루 생명의 원리를 배분한다. 그리고 이것들은 서로 배척하는 기능들이 아니라 포함 관계에 있다. 식물들은 영양섭취와 성장, 쇠퇴의 운동으로 특징지어지고, 동물들은 식물적 영혼을 포함하며 그 위에서 감각능력을 본질적 특성으로 갖는다. 운동 역

---

55. 플라톤, 『국가』, 『플라톤: 메논, 파이돈, 국가』, 박종현 옮김, 서울대학교출판부, 289쪽 1987, 439d~e.
56. 아리스토텔레스, 『영혼에 관하여』, 유원기 옮김, 궁리, 2001, II권 2장, 413a~415a (Aristote, De l'âme).

시 동물의 중요한 특성이지만 운동을 하지 않는 동물도 있으므로 동물의 특징은 무엇보다도 감각에 있고 특히 촉각이 중요하다. 촉각은 쾌락과 고통을 느낌으로써 욕구를 불러일으킨다. 인간은 위 두 가지 영혼의 능력을 포함하여 지성의 추리 능력을 갖는다.

이제 아리스토텔레스는 이러한 영혼의 세 특성이 각각 영혼을 구성하는가 아니면 영혼의 일부를 구성하는가를 묻는다. 만약 그것들이 영혼의 일부라면 이 일부가 실제적으로 분리되는가 하는 문제도 따라 나온다. 아리스토텔레스는 식물과 동물의 사례를 각각 검토한다. 우선 식물의 경우 일부분을 떼어내도 살아있을 수 있다. 그러면 그것들이 각각 영혼을 갖고 있는가 하는 물음이 제기된다. 동물이나 인간의 경우에는 식물적 영혼과 동물적 영혼, 인간적 영혼이 한 개체에서 어떤 방식으로 관계를 맺고 있는가 하는 문제가 제기된다. 아리스토텔레스에 의하면 식물의 절단된 일부분이 살아있는 것은 본래의 식물이 '현실태'entelekeia로서는 하나이지만 '가능태'dynamei로서는 다수이기 때문이다. 동물의 경우에도 같은 설명이 적용된다. 가령 동물적 영혼은 식물적 영혼을 잠재적으로 포함하고 사고하는 영혼은 나머지 두 가지를 잠재적으로 포함한다.[57] 이 계층화된 포함관계는 영혼의 각 기능(능력)이 실제적으로 분리되지 않는 관계라는 것을 보여준다. 결국 인간은 잠재적으로 다수의 영혼을 가지고 있으나 현실적으로는 분리되지 않는 하나를 이룬다. '가능태'라는 말과 '능력'이라는 말이 같은 말dynamis로 지칭되는 데서도 아리스토텔레스의 생각을 알 수 있다. 영혼의 부분을 영혼의 능력으로 대체할 때 능력으로 있음은 가능태로 있음과 동의어인 셈이다. 이처럼 가능태와 현실태의 개념은

---

57. 같은 책, II권 3장, 414b.

플라톤처럼 영혼을 동일한 현재적 수준에서 분류할 때 나타나는 모순을 해결해 준다.

두 번째로 영혼과 신체의 관계에 대한 문제에서도 아리스토텔레스는 플라톤에 대립한다. 잘 알려져 있다시피 플라톤의 영혼삼분설은 단순히 영혼의 분류에 머무르지 않고 영혼불멸에 관한 주장을 포함한다. 『티마이오스』편에서 그는 영혼의 부분들을 실제적으로 분리하고 불사의 혼과 사멸하는 혼을 나눈다.[58] 인간 영혼은 신체soma라는 일종의 감옥에 갇혀 있으나 이성적 영혼의 순수사유기능noesis은 감각기관에 의존하지 않으므로 신체의 사멸 후에도 존속한다. 반면 욕구와 기개의 부분은 신체와 더불어 사멸한다. 이처럼 그는 피타고라스의 정신을 따라 영혼과 신체를 나누는 명백한 이원론을 세운다. 아리스토텔레스는 이 점을 비판하면서 신체와 영혼이 하나의 통일체라고 주장한다. 신체와 영혼은 위에서 본 세 가지 영혼들이 그러한 것처럼 논리적으로 또는 정의상 구분되는 것이지 실제로는 분리되지 않는다. 영혼의 통일성을 주장하는 아리스토텔레스의 생각은 많은 연구가들이 지적하듯 심신문제에 있어서 유리한 위치를 점할 수 있다. 아리스토텔레스는 신체와 영혼을 실체로서 구분하고 있지 않기 때문에 데까르뜨에게서와 같은 심신 상호작용의 난제는 발생하지 않는다. 아리스토텔레스에게서 심신이론을 말한다면 그것은 질료형상설이라는 더 큰 형이상학 체계 내에서 접근해야 한다. 이데아 이론에 반대하여 개체들의 실재성을 주장하기 위해 제시된 질료형상설은 가능태-현실태의 개념쌍과 더불어 그의 자연학 및 영혼론을 이해하는 데도 열쇠가 되는 기본적 틀이다.

---

58. 플라톤, 『티마이오스』, 박종현·김영균 옮김 및 공동역주, 서광사, 2000, 69c~d.

영혼은 형상과 현실태라는 이중의 관점에서 정의된다. 『영혼론』에서 아리스토텔레스는 실체ousia의 세 종류를 제시하는데, 그것은 질료, 형상 그리고 질료-형상의 복합체이다. 여기서 그리스어 우시아를 편의상 실체로 표현하고는 있으나 근대적 의미의 실체substance보다는 좀 약한 의미로 이해해 두자. 자연적 사물은 세 번째 종류의 실체이며 생명체도 여기에 속한다. 생명체가 세 번째 종류의 실체라고 할 때 그것은 우선 영양 섭취, 성장과 쇠퇴 등의 현상을 나타내는 점에서 일반적인 자연물과 달리 생명 즉 '영혼'을 가진 자연적 신체이다. 여기서 신체는 기체 또는 질료의 역할을 한다. 따라서 영혼은 형상이 되지만 일반적인 의미에서의 질료에 대한 형상이 아니라 바로 "생명을 잠재적으로 가지는 자연적 신체의 형상"이고 그런 의미에서 '실체'이다.[59] 영혼에 대한 이 첫 번째 정의에서 생명을 잠재적으로 가지는 것의 주어는 자연적 신체이다. 자연적 신체가 생명을 현실적으로가 아니라 '잠재적으로' 가지는 이유는 생명의 현실적 소유는 곧 영혼을 의미하기 때문이다. 즉 영혼은 생명체의 현실태이기도 하다. 아리스토텔레스에게서 질료적 실체는 가능태이며 형상적 실체는 현실태이다. 그런데 현실태는 기능의 발휘 여부에 따라 두 가지 유형으로 나뉜다. 하나는 어떤 능력을 소유하기만 하고 활용하지 않는 경우이고 다른 하나는 그것을 활용하는 상태이다. 영혼은 첫 번째 의미의 현실태이다. 예를 들어 수면 상태에서 영혼은 기능을 발휘하지 않지만 언제라도 자극이 주어지면 깨어나 활동할 준비가 되어 있다.[60] 이를 반영하여 다시 영

---

59. Aristote, *De l'âme*, II, 1, 412a~b.

60. 아크릴은 수면상태에서도 생리적 기능, 예를 들면 호흡 같은 것은 꾸준히 이루어지고 있다는 점을 지적하면서 기능의 소유만으로 생명을 정의할 수 있다는 데 의문을 제기한다. 실제로 비록 호흡 같은 기본적 활동이라도 잠재적인 것은 아니고 현실적 활동임에 틀림없기 때문이다. 아크릴, 『철학자 아리스토텔레스』, 한석환 옮김, 서광사,

혼을 정의한다면, 곧 영혼의 두 번째 정의는 "생명을 잠재적으로 가지는 자연적 신체의 제1현실태"이다. 영혼이 현재 기능을 발휘하고 있는 상태를 의미하는 제2의 현실태가 영혼의 정의에서 빠진 이유는 우선 생명의 본질적인 능력들을 소유하고 있다는 것만으로 살아있음을 정의하기에 충분하며 언제나 그것들 모두를 실행하고 있을 필요는 없기 때문이다. 가령 시각은 눈의 기능을 정의하는 것이지만 언제나 무언가를 보고 있어야만 살아있다고 하지는 않으며 시각의 소유만으로도 충분히 그렇게 말할 수 있다.

이처럼 신체와 영혼이 질료와 형상, 가능태와 현실태로 정의될 경우 그것들 간의 결합의 문제는 제기되지 않는다. 아리스토텔레스에게서 형상과 질료는 한 대상을 구성하는 동일 차원의 요소들이 아니라 정의상으로만 구별되는 두 측면이다. 가능태와 현실태 역시 한 대상이 시간적으로 속성이나 운동의 변화를 겪는 것을 설명하기 위해 도입된 개념들이다. 시각기능과 시각기관의 관계가 그러한 것처럼 둘 사이에 분리는 존재하지 않는다. 영혼을 형상이나 능력으로 정의하는 방식은 고대의 어떤 입장보다도 유물론적 규정에서 벗어나 있다. 영혼을 둥근 입자들로 본 데모크리토스 이외에 심지어 피타고라스나 플라톤의 이론에도 영혼이 물질적 요소와 연관을 맺고 있음을 암시하는 대목이 있다.[61] 예를 들어 플라톤은 세 종류의 영혼을 각각 머리, 가슴, 배에 위치시켜 신체와의 연계성을 암시하기도 한다. 그래서 아믈렝O. Hamelin은 아리스토텔레스의 영혼 개념이 고대철학에서는 가장 관념화되고 추상화되었다고 지적한다.[62]

135~136쪽.

61. Aristote, *De l'âme*, I, 3, 406b.

62. Hamelin, *Le Système d'Aristote*, p. 374.

물론 유물론과 관념론이라는 근대적 표현을 고대적 사유에 적용하는 데는 부적절한 면이 있는 것이 사실이다. 형상과 질료는 일차적으로 자연물을 설명하는 원리이다. 질료인과 형상인이 서로 다른 방식으로 한 대상에 변화를 일으키는 원인이듯이 영혼의 활동과 신체의 활동은 동일 대상이 나타내는 현상을 다른 방식으로 설명하는 원리이다. 따라서 질료형상설은 신체적 사건과 정신적 사건을 두 다른차원으로 보고 그 둘 간의 관계를 설명하는 문제와는 아주 다른 설명 방식을 보여 준다. 아리스토텔레스에게서는 오히려 문제의 배경이근대적인 방식으로 설정되지 않음으로 해서 오늘날 우리가 이해할 수없는 한 가지 문제가 대두한다. 그것은 의식의 사적 내용에 관한 것이다. 외적, 물리적 자극들과 생물의 기초적 과정 간에는 두 다른 실체의 상호작용이라고 할 만한 것이 없을 수도 있지만, 개인적 의식내용들은 물리적 자극이나 외적으로 드러난 행태와 명백한 불연속성을갖는 것처럼 보인다. 여기서 양자의 관계는 분명히 설명을 요구하는문제로 나타난다.[63] 데까르뜨는 그것을 실체이원론이라는 극단적인방식으로 보여 주고 있지만 생물학자 아리스토텔레스는 이에 무관심한 것처럼 보인다.

　이 문제와 별도로 또 하나의 문제가 있다. 아리스토텔레스는 영혼의 세 능력 중에서 지성의 활동을 예외적인 것으로 보고 비록 망설임이 보이기는 하지만, 다른 능력들과 분리될 수 있는 것으로 말하기도한다. 그에 의하면 "지성과 관조능력에 관해 분명한 것은 아무것도 없지만, 그것은[지성] 아주 다른 종류의 영혼인 것처럼 보이며, 영원한 것이 사멸하는 것으로부터 분리되듯이 그것만이 신체로부터 분리될 수

---

63. 이 문제에 관해서는 아크릴, 『철학자 아리스토텔레스』, 142~149쪽.

있는 것처럼 보인다."[64] 콘포드F.M. Conford나 거쓰리W.K.C. Guthrie가 지적하듯이 아리스토텔레스가 소크라테스, 플라톤의 제자임을 분명하게 해 주는 대목 중의 하나다. 능동적 지성과 관련된 이 내용은 아리스토텔레스의 심신이론 전체를 놓고 볼 때는 일관되지 않은 부분이어서 중세 수 세기 동안 논쟁의 대상이 되었다. 특히 스콜라 철학자들은 기본적으로 플라톤의 이원론을 받아들이면서도 아리스토텔레스의 질료형상설을 통해 심신이론을 설명하였기에 모순과 불일치를 노출하였다.[65] 오늘날에도 이 부분을 강조할 경우 아리스토텔레스는 플라톤과 더불어 중세 기독교 그리고 데까르뜨까지 이어지는 이원론의 전통에 위치하게 된다. 반대로 이 부분을 무시하고 아리스토텔레스의 자연주의적 경향을 강조하면 이원론을 부정하는 현대의 입장들에는 더 우호적으로 받아들여질 수 있다.

2. 데까르뜨의 심신이원론과 심신결합의 문제

데까르뜨는 『성찰』의 6부에서 정신mens, esprit과 신체라는 두 종류의 실체를 명료하게 구분하고 있는데 사실 전체 내용은 이미 암암리에 그러한 구분 위에서 진행되고 있다. 이러한 구분의 증거로서 그가 내세우는 것은 우선 명석판명한 인식은 참이며 '나'는 정신이 신체와 다르다는 것을 명석판명하게 인식한다는 것이다. 기본 전제는 다음과 같다. "어떤 것을 다른 것 없이 명석하고 판명하게 인식하기만 하면, 어떤 것이 다른 것과 상이하다고 충분히 확신할 수 있다. 왜냐하면 적

---

64. Aristote, *De l'âme*, II, 2, 413b 24~27.
65. Hamelin, *Le Système d'Aristote*, p. 375.

어도 신은 이 양자를 서로 분리시켜 놓을 수 있기 때문이다."[66] 그다음에 주어진 직관적 사실은 다음과 같다. '나'는 사유하는 것이 내 본성에 속하고 그것은 연장된 것이 아님을 명석판명하게 깨닫고 있으며, 물체는 오직 연장된 것이고 사유하는 것이 아닌 한에서 나는 물체의 명석판명한 관념을 갖고 있으므로 비록 내가 신체에 결합되어 있을지라도 "나는 내 신체와는 실제로 다르고 신체 없이 존재할 수 있다고 단언하게 된다." 정신과 물질은 사유와 연장이라는 상호배타적 본성을 가지고 있어서 서로가 무관하게 존재할 수 있게 된다. 이 논증을 보충하기 위해 데까르뜨는 분할가능성의 개념을 끌어들인다. 연장을 본성으로 갖는 물체는 언제나 가분적인 반면 정신은 불가분적이다. 가분성이 단지 연장만의 특성이라는 것은 분명하다. 거기에 데까르뜨는 그가 발견한 직관적 사실을 덧붙인다. "실제로 내가 정신을, 즉 오직 사유하는 것인 한에서의 나 자신을 살펴보면, 나는 이때 그 어떤 부분도 구별해낼 수 없으며, 오히려 나를 완전히 하나이자 통합된 것으로 이해하기 때문이다."[67] 그 밖에 데까르뜨는 신체의 일부를 절단한다고 해서 정신에서 무언가 제거되지는 않는다고 주장한다. 그는 유명한 예로 손을 절단한 환자가 절단된 손가락의 통증을 느낀다고 호소하는 현상을 든다.[68] 이런 사실로부터 정신과 신체는 독립적 실체들이라는 결론이 도출된다.

정신의 불가분성은 단지 물체의 가분성과 대조적으로 주장되는 것만은 아니다. 데까르뜨는 영혼이 본래 여러 부분으로 분리되어 있

---

66. 데카르트, 『성찰』, 109쪽.

67. 같은 책, 117쪽 / *Œuvres*, p. 330.

68. 이 예는 분명히 현대의 신경생리학적 관점에서 문제가 있다. 반대 사례를 제시하는 것도 가능할 것이기 때문이다. 가령 뇌와 나머지 신체를 분리, 교환하는 수술이 성공한다면 그때 정신의 상태가 이전과 동일할 것인가에 대해서는 논란이 많다.

어 필연적으로 갈등을 겪을 수밖에 없다고 보는 플라톤의 영혼삼분설을 상기시키며 이와 대조적으로 정신의 통일성을 강조한다. 즉 "의지능력, 감각능력, 이해능력 등이 정신의 부분이라고 말해서도 안 된다. 하나의 동일한 정신이 의지하고 감각하고 이해하는 것이기 때문이다."[69] 그런데 플라톤의 영혼삼분설에서는 육체에 연결된 기개와 욕구의 부분은 필멸하지만 정신에 고유한 부분인 이성은 불멸한다는 주장이 중요한 내용을 이루고 있는데 이 점은 데까르뜨에게서도 마찬가지다. 영혼의 불멸성을 주장하는 데까르뜨 역시 순수지성을 육체와 결부된 감각이나 상상력과 차별화해서 영혼의 본래 기능으로 간주한다. 그럼에도 불구하고 데까르뜨는 의지나 감각, 상상력이 지성과 마찬가지로 하나의 통일적 실체로서의 정신을 이룬다고 말한다. 이것은 어떻게 가능한 것일까? 여기에 데까르뜨와 플라톤의 중요한 관점의 차이가 있는 것 같다. 우선 데까르뜨에게서 영혼은 플라톤과 달리 의식내용으로 축소되어 있다는 사실을 살펴보아야 한다.

플라톤은 욕구와 이성 간의 갈등을 자주 언급하는데, 그 이유는 영혼 내부의 서로 다른 부분들이 조화를 이루지 못한 채로 공존하기 십상이기 때문이다. 데까르뜨는 이성적 영혼의 불멸성 주장과 무관하게 정념이나 감각처럼 신체의 영향을 반영하는 심적 상태 역시 영혼의 단일성에 참여한다고 본다. 한편 욕구의 경우는 이와 달리 신체에 직접 속하는 과정으로 차별화된다. 그래서 이성과 욕구 사이의 갈등은 한 영혼 내부의 서로 다른 부분들 간의 갈등이 아니라 정신과 신체 사이의 갈등이다. 데까르뜨가 정신과 신체를 극단적으로 분리하는 것을 생각한다면 이 갈등이 동일선상에서 일어날 수 있을까 하는

---

69. 데카르트, 『성찰』, 117쪽 / *Œuvres*, p. 330.

의문이 들 수 있다. 따라서 『정념론』에서는 갈등이라기보다는 차라리 두 충동이 있을 뿐이고 정신이 송과선에 영향을 주는가, 동물정기가 송과선에 영향을 주는가에 따라 한 충동이 우세해지고 다른 하나는 밀려나는 것뿐이라고 한다.[70] 여기에 플라톤의 경우는 욕구하는 영혼에 감각과 운동으로 이루어지는 아리스토텔레스의 동물적 영혼과 영양 섭취나 순환, 생식 등을 지시하는 아리스토텔레스의 식물적 영혼에 해당하는 내용이 함께 들어 있는 반면 데까르뜨에게서 후자는 신체의 기계적 과정에 속한다는 것에 주목해야 한다. 데까르뜨는 영혼에 생명적 과정을 포함하는 전통을 거부하고 영혼을 의식내용으로 축소하여 그 외의 작용을 생리학의 영역으로 분류해 놓은 셈이다. 생리적 과정을 배제할 경우 의식의 단일성에 대해 말하는 것은 더 용이하다. 그러나 그 경우에는 심적 상태와 생리적 상태 간의 관계가 설명해야 할 과제로 등장한다.

심적 상태와 생리적 상태가 어떻게 한 인간에서 결합되고 있는지를 실체이원론에서 설명하는 것은 원칙적 어려움을 가지고 있다. 뇌 안쪽에 있는 송과선을 통한 신체와 정신의 상호작용이라는 데까르뜨의 애매한 설명에 대해서는 그것이 검증가능한 형태로 제시되었기에 생리학적 탐구에 의해 단호히 반박될 수 있었으나, 두 다른 실체로 제시된 신체와 정신이 인과관계를 가질 수 있다는 주장에 대해서는 데까르뜨 철학에 대한 근본적 비판으로 이어질 수밖에 없다. 말브랑슈의 기회원인론이나 스피노자의 평행론, 라이프니츠의 예정조화설은 바로 데까르뜨의 심신이원론이 내포하는 어려움을 정확히 통찰하고 이를 해결하기 위해 나타난 입장들이다. 이들은 정신과 신체를 실체

---

70. 데까르뜨, 『정념론』, 1부 47항.

로 보든, 양태로 보든, 그것들을 극단적으로 구별하는 한에서는 양자 간의 인과관계는 불가능하다고 보고 기본적으로는 평행론적 입장 위에서 심신이론을 구축한다.

그럼에도 불구하고 데까르뜨는 정신과 신체의 결합을 확신하고 있는데 이를 위해 또 다른 차원의 근거들을 제시하고 있다. 『성찰』에서 데까르뜨는 심신의 결합의 자명성을 주장하면서 "자연이 내게 가르쳐 준 것"에 호소한다. 데까르뜨 철학에서 자연이라는 말은 상당히 다의적이며 적어도 세 가지 서로 다른 내용이 있다. 첫째로 지성적 확실성을 지시하는 "자연의 빛"이라는 표현이 있고, 두 번째로는 이와 정반대로 감각적 오류의 근원이 되는 "자연적 경향" 혹은 "자연적 충동"이라는 표현이 등장하며, 마지막으로 심신의 결합에서 나타나는 "자연의 설정"institution de la nature이라는 표현이 있다.[71] 이 마지막 내용을 데까르뜨는 특수한 의미에서의 자연(본성)이라고 함으로써 신과 그 피조물들이라는 일반적 자연의 의미와 구별한다.[72] 그것은 "신이 정신과 신체의 합성체로서 나에게 부여해 준 것"이고 정신에만 속하는 내용이나 연장적 사물에 관한 내용과는 별도의 위상을 갖는다.

데까르뜨는 몇 가지 "원초적 개념들"notions primitives을 구분함으로써 심신결합 원리의 기초를 세운다. 가장 일반적인 원초적 개념들인 존재, 수, 지속성의 개념들을 제외하면 첫째로 물체에 대해서는 연장 그리고 그로부터 유래하는 형태, 운동의 개념이 있으며, 두 번째로 영혼에 대해서는 사유의 개념 그리고 그로부터 유래하는 지성의 지각과 의지의 경향들이 있고, 세 번째로 영혼과 신체의 결합이라는 개념이

---

71. 같은 책, 137항.
72. 데카르트, 『성찰』, 111~112쪽 / Œuvres, p. 326.

있는데 여기서는 신체를 움직이고자 하는 영혼의 힘과 영혼에 작용하면서 감각과 정념을 야기하는 신체의 힘이라는 개념이 유래한다.[73] 즉 원초적 개념들은 각각 물체와 영혼 및 신체라는 세 영역에서 적절한 인식을 얻기 위해 필요한 것들이고 영역을 혼동할 경우에는 오류의 근원이 된다. 이것은 『정신 지도의 규칙』에서 제시하는 단순 본성의 설명을 보면 잘 드러난다. 이 책에서 데까르뜨는 연장과 사유를 더이상 나눌 수 없이 그 자체로 명석판명하게 인식되는 "단순 본성"nature simple이라고 말하는데, 원초적 개념에 대한 정의도 이와 유사하다.[74]

심신의 결합 양태는 무엇보다도 감각지각에서 잘 드러나는 것으로 보인다. "자연은 고통, 허기, 갈증 등과 같은 감각을 통해 선원이 배 안에 있는 것처럼 그저 내가 내 신체 속에 있는 것이 아니라, 오히려 신체와 아주 밀접하게 결합되어 있고 거의 혼합되어 있어서 신체와 일체를 이루고 있음을 가르쳐 준다."[75] 우리는 위와 같은 정념을 느낄 때 단순히 그것을 인식하고 바라보기만 하는 것이 아니라 그것을 느끼고 유쾌하거나 불쾌한 감각을 갖게 된다. 데까르뜨에 의하면 여기에는 신체의 작용이 있고 그것이 정신과의 결합을 통해 위와 같은 상태들을 야기한다는 것이다. 일반적으로 감각지각과 영혼의 정념들은 심신결합의 실제적 증거들이다. 그러나 이때 결합의 관념은 어떻게 이해되고 있는가? 데까르뜨는 그것이 지성에 의해서는 애매하지만 감각에 의해서는 명석하게 파악된다고 한다. 그것이 감각에 의해 명석하게 파악된다는 것은 자연이 내게 무엇이 이롭고 무엇이 해로운지를 감각을 통해 가르쳐 주는 한에서이다.[76] 이와 같은 실천적pratique 이유에서

---

73. Descartes, "Lettres à Elisabeth", mai et juin 1643. Œuvres, pp. 1152, 1158.
74. 르네 데카르트, 「정신 지도의 규칙」, 『방법서설』, 이현복 옮김, 문예출판사, 1997, 85쪽.
75. 데카르트, 『성찰』, 112쪽 / Œuvres, p. 326.

나타나는 명석함이란 지성으로는 이해할 수 없는 것이며 또한 이러한 의미의 자연은 종종 오류에 노출되어 있기도 하다.

자연의 설정에 의해 심신결합의 자명성을 주장하는 논증은 데까르뜨의 이원론과 비교할 때 근본적인 어려움을 나타내는 것 같다. 정신과 신체의 결합이 실천적으로 자명하다는 데까르뜨의 주장에서 제시한 증거들은 앞서 두 실체가 명백히 구분되어 있다는 주장을 위해 제시한 증거들과 상충되는 것으로 보인다. 신체와 구분되는 정신의 불가분성을 논증하는 곳에서는 하나의 정신이 동시에 의지하고 감각하고 이해하는 것으로 말하는 반면 여기서는 감각지각을 신체와의 결합을 나타내는 실제적 증거로 제시하기 때문이다. 전자의 경우는 엄밀히 말해 심신결합에 관한 관념론적 견해로 볼 수도 있다. 한편 감각과 정념이 생리적이고 의식적인 두 차원의 동시에 가진다고 보는 실체 이원론의 입장에서도 그것들이 단지 의식의 차원에서 불가분적 일체를 이루고 있다면 정신의 통일성을 말하는 데는 문제가 없을 수도 있다. 하지만 생리심리학적 과정 자체는 의식할 수 없는 인간이 감각지각만으로 결합의 관념을 가질 수 있는가 하는 물음은 여전히 남게 된다. 여기서 자연이 그렇게 설정해 놓았다는 주장을 어떻게 이해할 것인가? 우리는 데까르뜨가 심신결합의 기초로 제시하는 실천적 차원의 위상 자체를 의문에 부칠 수 있다. 데까르뜨 자신이 말하듯이 그것은 지성의 대상이 아니며 정신과 신체의 상호작용을 소박하게 인정하는 실재적 삶의 차원에서 성립한다. 이것은 극단적으로 말하면 그것이 지적 이해 혹은 학문적 영역을 벗어난다는 말이 된다.

그러나 사실 데까르뜨에게서 심신결합의 관념은 다른 근원을 가

---

76. 같은 책, 114쪽 / 같은 책, p. 328.

진다. 아믈렝은 이것을 아주 잘 보여 주고 있는데 그에 따르면 우선 데까르뜨가 인용하는 선원과 배의 비유가 아리스토텔레스의 『영혼론』에서 나오는 비유를 소환한 것이라는 사실부터 상징적이다.[77] 앞서 보았듯이 아리스토텔레스의 형상질료설에서는 나중에 지성의 불멸성을 암시하는 대목을 제외하면 심신결합의 문제는 제기되지 않는다. 그러나 스콜라철학은 플라톤의 이원론을 기초로 형상질료설을 받아들여 설명하기 때문에 애매함을 노출시킨다. 즉 아리스토텔레스에게 심신결합은 형상과 질료의 불가분성에 의해 자연적 사실로 이해되는데 플라톤의 이원론이 거기에 균열을 가하는 것이다. 그런데 데까르뜨는 바로 스콜라철학의 토대 위에서 심신결합의 과정을 설명하기 때문에 유사한 어려움에 처한다는 것이 아믈렝의 논지다.[78] 이 어려움은 데까르뜨가 아리스토텔레스처럼 심신결합을 자연적 사실로 전제하면서도 플라톤적 이원론을 버리지 못하기 때문에 생기는 것이다. 이 지적은 데까르뜨 심신이론의 배경을 설명하는 데는 유용한 면이 있다. 게다가 데까르뜨는 플라톤보다도 더욱 극단적으로 정신과 물질의 분리를 주장하기 때문에 결합의 관념이 갖는 어려움 역시 극단적으로 커진다. 문제는 데까르뜨 자신도 인정하였듯이 여기서 실천적 혹은 삶의 차원이라는 것이 학문적으로 어떤 의미를 갖는가 하는 것이다. 이것이 학문적으로 정당화되지 않는다면 그가 설정한 세 번째 의미의 원초적 개념 즉 심신결합의 자명성은 일종의 요청에 불과한 것이 된다.

---

77. Aristote, *De l'âme*, II, 2.
78. Hamelin, *Le Système de Descartes*, pp. 283~288.

2장　영국 경험론과 프랑스 계몽주의
― 로크, 버클리, 디드로, 꽁디약

존 로크
John Locke
1632~1704

조지 버클리
George Berkeley
1685~1753

드니 디드로
Denis Diderot
1713~1784

에띠엔 보노 드 꽁디약
Étienne Bonnot de Condillac
1715~1780

1절 로크와 버클리의 경험론

1. 데까르뜨와 로크

존 로크J. Locke, 1632-1704는 순수철학자로 출발하기보다는 본래 의학도였고 법학, 정치학, 경제학, 신학, 교육학 등 다방면에서 독창적인 견해를 피력한 문필가이자 현실정치에 참여하여 의회정치의 실현을 위해 헌신한 인물로서 근대 영국 지식인의 모범이라 할 수 있다. 정치철학에서는 자유민주주의의 철학적 기초를 제공한 것으로 평가되며 순수철학의 분야에서는 근대유럽철학을 인식론 중심으로 만든 장본인이기도 하다. 인식론적인 관심은 데까르뜨R. Descartes에게서 이미 뚜렷이 나타나지만 그는 과학의 여러 분야를 섭렵하고 이를 형이상학이라는 더 커다란 틀 위에 정초하는 데 주력한 만큼 일반적으로 인식론의 선구자로는 로크를 꼽는다. 로크는 1670년부터 프랑스에 휴양차 4, 5년간 기거하면서 프랑스 학문에 본격적으로 접하기 이전에 이미 젊은 시절부터 데까르뜨 철학을 잘 알고 있었다. 따라서 많은 연구가들이 지적하듯이 로크의 사상에는 데까르뜨의 흔적이 뚜렷하지만 근대철학사에서는 보통 그 영향보다는 반발과 대립에 주목하는 것이 사실이다. 특히 로크가 데까르뜨와 반대로 본유관념을 부정하고 경험을 강조한 것은 칸트I. Kant로 하여금 근대철학을 합리론과 경험론으로 양분하게 한 계기가 되었고 오늘날 우리로 하여금 종종 근대라는 시대적 유사성보다는 대륙과 섬나라라는 차이를 더 강조하게 하는 원인이 되었다. 하지만 우리가 데까르뜨의 실체이원론이나 신존재 증명 등과 같은 순수 형이상학적 논쟁을 제외한다면 두 철학자 간에는 차이보다는 유사성이 훨씬 더 눈에 띈다는 것도 연구가들은 지적하고 있다. 데까르뜨 이후 프랑스 계몽주의철학은 정치적인 이유로 그의 형이상학을 거부하고 기계론적 측면을 주로 받아들이게 되는데 이러한 태도의 선구자격인 볼떼르Voltaire는 영국에 잠시 체류하여 로 크의 철학을 접하고 이를 자신의 인식론적 입장으로 받아들인다. 즉 형이상학에 가려져 있던 데까르뜨의 인식론이 영국의 로크에 의해 강 조되어 다시금 프랑스로 역수입되는 재미있는 과정을 볼 수 있다.

데까르뜨와 로크의 공통 관심사이자 근대인식론의 토대라고 할 수 있는 것 중에서 가장 주목해야 하는 것은 관념이론이다. 로크는 본유관념을 부정하고 감각sensation과 반성reflection이라는 경험의 두 원천으로부터 모든 관념이 형성된다고 주장하지만 관념의 내용과 정 의에서는 데까르뜨를 거의 그대로 물려받는다. 지각한다는 것은 곧 '관념을 가진다'는 말과 동의어이며 이때 관념은 진위는 그것이 외부 사물과의 관계에서 어떤 위치에 있는가에 달려 있다. 관념만이 우리 가 직접 지각할 수 있는 것이라는 말은 관념이 우리에게 주어진 유일 한 인식의 단위이며 우리는 관념 이외의 어떤 것으로부터도 출발할 수 없다는 말이나. 이 전제에 충실하다면 사실상 관념은 그 자체로서는 진위를 가릴 수 없을 뿐만 아니라 외부 사물이라는 것이 존재하는지 그렇지 않은지조차 알 수 없게 된다. 이 내용은 나중에 버클리와 흄D. Hume의 비판에서 주요한 논제가 되지만, 데까르뜨와 로크는 아직은 낙관적이다.

실체이원론자인 데까르뜨는 본유관념이 외부 사물을 명석판명하 게 재현하고 있음을 신존재 증명을 통해 입증했다고 믿었고 이미 그 의 합리주의적 전제 자체가 외적 사물의 수학적 존재방식을 확신하고 있었다. 그의 의심이 겨냥한 것은 무엇보다 자아의 존재였고 사유하 는 자아를 발견했다고 생각한 후 데까르뜨는 자아가 가진 관념들의 진리성을 자명한 것으로 간주하였다. 로크의 경우 데까르뜨보다는 소극적이지만 외부 사물의 실재성을 여전히 자명한 것으로 확신하는데, 이는 제1성질과 제2성질의 구분에 의해 설명된다. 연장, 크기, 모양, 운동, 정지, 수 등 물리적 세계를 구성하는 제1성질은 대상에 객관적, 불변적으로 속하는 성질들이고 색, 소리, 맛, 냄새, 촉감 등 제2성질은 대상에는 속하지 않고 대상이 마음에 자극을 주어 나타나는 주관적 감각들이다. 따라서 제1성질은 대상의 존재를 알려주며 제2성질은 대상 자체를 그대로 보여 주는 것은 아니지만 마음 안에 특정한 관념들을 야기하는 힘으로서 대상 안에 있다. 이러한 구분과 설명은 이미 데까르뜨가 본유관념과 감각관념(외래관념)을 구분할 때 제시한 것이다. 이 경우 제1성질이 대상을 충실히 재현한다는 생각은 감각경험만으로는 증명할 수 없기 때문에 두 철학자는 대상의 실체를 인정하지 않을 수 없게 된다. 다만 데까르뜨가 이에 대한 인식을 위해 제시한 본유관념과 그것의 명석판명함이라는 기준을 부정하는 로크는 "내가 무엇인지 알지 못하는 어떤 것"something I know not what이라는 소극적인 묘사로서 다양한 성질들을 떠받쳐 주는 기체 혹은 실체의 관념을 주장한다. 이 주장은 실체의 관념이 경험으로는 알 수 없는 것이라는 사실을 함축하면서도 여전히 그것을 인정한다는 데 문제가 있다. 따라서 경험 외의 인식의 원천을 인정하지 않는 로크의 입장에서 실체의 관념이 어떻게 정당화되는가 하는 것은 여전히 문제로 남는다. 로크의 애매한 입장은 경험을 강조하면서도 데까르뜨의 영향에서 철저하게 벗어나지 못한 데 있다고 하겠다.

앞에서 본 것처럼 근대철학의 인식론적 전회를 야기한 데까르뜨와 로크의 관념이론을 지각표상설이라 하는데 이 입장은 마음이 대상을 직접 재현한다는 아리스토텔레스와 스콜라철학의 전제를 거부하고 오직 마음에 주어진 관념에 충실할 것을 주장한다. 실제로 아리스토텔레스는 우리의 감각지각은 대상의 질료가 아닌 형상을 받아들인다고 주장한 점에서 감각이 대상의 본질을 재현하는 것으로 생각했다. 반면 데까르뜨와 로크에게 지각의 대상은 관념이고 관념은 무엇보다도 마음속의 상태이다. 따라서 관념의 확실성에 대해서는 단적으로 말하기 어려우며 그 단어의 용도도 단일하지 않다. 첫째로 관념은 이미지image와 같은 것을 지시하는데 이 경우는 고중세의 입장과는 분명히 차별화된다. 이미지 개념은 아리스토텔레스에게서 감각이 파악한 '형상'이 공통감각중추에 보존된 상태를 일컫는 판타스마phantasma(심상)가 라틴어 이마고imago로 번역된 데서 유래한다. 하지만 근대의 이미지는 고대와는 달리 더 이상 형상이라는 특성을 갖고 있지 않다. 데까르뜨는 관념이 '사유 양태'인 한에서는 그것이 어떤 내용을 가지고 있든 간에 참이라고 말하는데, 이때의 관념은 의식상태에 불과한 이미지에 가깝다. 즉 관념이 마음속에 떠오르는 상일 경우 외적 대상과의 일치 여부와 상관없이 그 존재를 인정할 수 있다는 것이다. 데까르뜨는 그것을 "키메라, 천사, 신" 등 상상력이 자유롭게 만들어내는 심상 즉 허구관념과도 동일시했고, 로크도 거울상을 자주 등장시키는 것을 보면 관념은 아리스토텔레스의 판타스마보다는 훨씬 허약한 것으로 생각된 것 같다.[1]

관념이라는 말의 두 번째 용법을 보면 좀 더 복잡하다. 데까르뜨와 로크는 관념을 때로 이미지보다 더 견고한 의미로 사용하기도 한다. 데까르뜨는 대상에 대한 충실한 관념을 "형상"forme으로 표현함으

---

1. 이하의 논의는 앞 장의 2절 '데까르뜨의 지각이론' 중 '아리스토텔레스의 감각지각 이론의 유산'의 연장선상에 있으며 『랄랑드 철학어휘 사전』도 참고하였다.

로써 대상의 실재성을 "형상적 실재성"으로, 그리고 감각지각이 외적 사물을 그대로 재현한다고 생각하는 오류를 "형상적 오류"라고 부른 다. 이것은 명백히 스콜라철학의 유산이다. 사실 대상의 실재성을 나타내는 관념들은 로크가 제1성질이라고 부른 것들인데 아리스토텔레스에게서는 그것들도 감각적 형상, 더 정확히는 공통감각에 속한다. 데까르뜨는 그것을 지성의 명석판명한 지각으로 보았으면서도 스콜라철학자들이 사용한 형상이라는 용어를 여전히 사용하고 있었기 때문에 위와 같은 혼돈이 나타났다고 볼 수 있다. 반면 로크는 제1성질도 어디까지나 단순감각관념으로 봄으로써 경험론에 충실하지만 때로 관념을 '개념'notion이나 '종'species과 동의어로 사용하기도 한다.[2] 그리스어 eidos는 라틴어로 forma와 species라는 두 용어로 번역되는데, 프랑스에서는 forme이 자주 사용되고 영국에서는 species가 더 많이 사용되었던 것 같다.[3] 두 단어의 의미도 점차 갈라지는데, forma는 공통적 성질을 의미하고 species는 공통적 성질을 소유하는 하나의 유espèce, classe라는 의미로 사용되었다. species는 감각적인 것과 지직인 깃을 동시에 지시히지만 로크는 그것을 단순감각관념을 지칭하는 데 주로 사용하고 복합관념에 대해서는 '개념'notion을 사용하였다. 당시의 개념이라는 말은 그리스어 ennoia의 라틴어 번역어인 notio에서 유래하는데 그것은 단지 인식의 추상적 대상을 지칭하였고 지성에 고유한 개념concept/begriff이라는 말로 쓰이기 시작한 것은 칸트 이후

---

2. John Locke, *Essay concerning human understanding*, Book II, ch. I, p. 8. 로크에게 있어서 관념의 다양한 의미에 대한 분석으로는 『영국경험론』(김효명 지음, 아카넷, 2001) 2장을 참조하는 것이 유익하다.

3. 라틴어권에서 forma가 선호되었던 것은 키케로에 따르면 단지 그것이 격변화가 용이하기 때문이라고 한다. Lalande, *Vocabulaire technique et critique de la philosophie*, p. 371.

부터이다.

요약하면 대체로 제2성질에 해당하는 관념은 이미지로, 제1성질에 해당하는 관념은 형상으로 표현되었으며, 후자는 로크에게서는 복합관념의 경우 개념notion으로, 단순관념의 경우 종species으로 표현되기도 했다. 이러한 복잡한 상황은 중세 스콜라철학의 영향이 근대 초기까지 상당히 광범위하게 퍼져 있었다는, 어찌 보면 자연스러운 사실을 말해 준다. 그러나 이후의 전개를 볼 때 근대철학자로서 두 사상가의 독창성은 아무래도 중세와의 단절을 보여 주는 측면에 있다고 하겠다. 버클리는 개념과 관념이라는 말을 확연히 구분하고 관념을 마음속의 이미지로 축소시켰는데 이후 영국 경험론에서 관념이라는 말은 이러한 의미로 일관되게 사용되고 있다. 그러나 지각은 여전히 마음속의 관념에 대한 지각으로 이해되었으며 관념이라는 말은 대상과 마음의 중간에 있는 어떤 것으로 생각되어 스콜라철학과 달리 점차 관념은 대상을 충실히 반영하지 못하는 마음속의 상태로 간주되기에 이른다.

우리의 모든 인식의 원천을 감각과 반성으로 구분하고, 거기서 생기는 인식의 기초적 형태를 단순관념과 복합관념으로 보는 로크의 관념주의idéisme는 브레이에E. Bréhier에 의하면 일종의 "정신적 원자론"atomisme mental으로서 우리 인식을 관념들로 분해한 셈이다.4 단순관념에는 뜨거움이나 차가움, 부드러움, 신맛과 같은 주관적 감각만이 아니라 연장, 형태, 운동과 같은 객관적 성질의 관념도 포함된다. 데까르뜨가 지성의 지각 혹은 본유관념으로 분류한 인식의 객관적 토대가 경험론에서 감각으로 변질되는 것은 필연적 과정이다. 물론 데까

---

4. Émile Bréhier, *Histoire de la philosophie*, II, Paris, PUF, 1981, pp. 247~249.

르프의 후예인 로크는 대상의 실재성을 인정하고 제1성질들은 대상 안에 있다고 주장함으로써 이 문제를 해결하려 하였으나 데까르뜨만 큼의 확신은 보여 주지 못하고 다소간 회의에 머물렀다. 한편 단순관 념에는 상상, 기억, 의지, 추리 등과 같은 반성작용의 산물도 포함된다. 이 반성작용은 데까르뜨가 신체와 결합되어 나타나는 감각과 별도로 정신의 고유한 작용으로 설정한 것과 유사하다. 따라서 이 부분에서 로크가 외감만을 인정하는 고유한 의미의 경험론에 충실하고 있는지 는 의심스럽다. 이것은 로크가 나중에 꽁디약E.B. de Condillac에 의해 일 종의 본유주의자로 비난받는 근거가 된다.

지식의 형성에 대해서 로크의 독창성은, 나중에 '관념연합론'이라 고 불리게 될 심리학적 조류의 원조가 되었다는 점이다. 이 이론은 흄 에 의해 훨씬 정교하게 다듬어지지만 관념주의의 시조라 할 로크에게 서 그 골격이 나타나는 것은 당연하다. 로크는 지식을 "관념들의 연결 connexion과 일치 혹은 불일치와 모순에 대한 지각"으로 정의한다. 관 념들이 서로 연결되고 일치할 수 있는지는 감각에 조회할 필요 없이 직관적으로 알 수 있다. 관념들의 일치와 불일치는 '동일성 또는 다양 성', '관계', '공존 또는 필연적 연결', '사실적 존재'라는 네 가지로 구분된 다. 이 중에서 앞의 세 가지가 순수하게 관념들 간의 관계라고 할 수 있는데 이것은 감각적 인식과는 다른 직관적 인식이고 수학적 인식을 예로 들 수 있으며 경험적 자연과학에는 해당되지 않는다. 로크는 직 관적 인식만을 지식이라 하고 경험적 지식은 "믿음 또는 의견"이라 부 름으로써 자연과학적 지식의 가능성에 회의를 나타냈다. 믿음이나 의 견은 경험을 통해 점차 형성되는 것이어서 여기에는 나중에 흄이 '습 관'이라는 개념으로 의미하는 내용이 이미 들어 있다고 할 수 있다.

2. 버클리의 문제들

경험론의 가장 중요한 문제는 감각경험에서 출발하여 외적 실재에 도달하는 것이 가능한가 하는 것이다. 이 문제는 버클리George Berkeley, 1685-1753에게서 가장 극단적인 형태로 나타난다. 나는 그의 철학에서 이 문제와 관련된 두 가지 점만을 주목하려 한다. 하나는 실체 관념의 부정이고 다른 하나는 공간의 경험적 본성에 관한 것이다. 경험론의 원칙에 충실할 경우 로크에게서 나타나는 문제점은 우선 실체의 관념과 관련되어 있다. 버클리는 마음의 작용이 있다는 사실로부터 정신적 실체를 인정하였으므로 문제가 되는 것은 물질적 실체이다. 실체에 대한 관념은 인식의 기본요소인 감각을 넘어서지 않는다면 형성할 수 없다는 것이 자연스러운 추론이다. 버클리는 이것을 지지하기 위해 제1성질과 제2성질에 관한 전통적인 견해에 도전하는데, 이 구분은 데모크리토스에게서 이미 나타나므로 거의 철학의 시작과 더불어 생겨난 것이고, 그만큼 오래된 학설에 대한 최초의 반발이었으니 그만큼 의미심장한 사건이라 하지 않을 수 없다. 버클리의 이 비판은 고대에서 근대까지 나타난 실재론의 독단적 가정을 최초로 문제삼은 점에서 로크의 경험론적 전회 못지않게 중대한 의미를 함축하고 있을지도 모른다.

버클리의 논리에 따르면 순수히 감각경험에서 출발할 경우 어떤 물체가 연장되어 있다면 그것이 색깔 등과 같은 감각적 성질을 갖지 않은 경우를 상상한다는 것은 불가능하다. 즉 제1성질은 언제나 제2성질과 함께 나타나기 때문에 두 성질을 근본적으로 구분할 기준은 존재하지 않는다. 게다가 제1성질은 공통감각의 대상이라는 아리스토텔레스의 견해를 따라 데까르뜨나 로크가 예를 들어 크기를 촉각과 시각에 공통적이라고 보는 것도 옳지 않다. 각각의 감각에는 각각의 고유한 성질이 대응할 뿐이며 그것들이 동일한 사물에 상응하는지 그렇지 않은지를 알 수 있는 것은 경험을 통해서일 뿐이다. 따라서 경험 밖의 사물을 먼저 설정해 놓고 거기에 두 감각을 연결시키는 것은 경험론을 벗어나는 태도이다. 버클리의 이러한 비판은 제1성질의 실재성을 부정하는 것이 아니라 사실상 제2성질의 실재성을 그만큼 강력하게 주장하는 것이기도 하다. 그러나 제2성질이 실재한다고 하면 여기서 문제는 실재성reality이 대체 무엇인가 하는 것이 된다. 버클리는 우리가 지각하는 것만이 실재한다고 하였는데 지각의 차원에서 두 종류의 성질을 구분한다는 것은 불가능하기에 이 구분을 폐기할 경우 문제는 이제 지각의 주관성으로 향하게 된다. 지각의 주체가 개별적 존재자이므로 지각의 보편성을 확보하는 것은 불가능한 것이다. 이런 이유로 칸트는 공통적 주관을 설정하고 여기에 드러난 현상이 알 수 있는 것의 전부라고 함으로써 인간에 특유한 보편주의를 확보하지만 이는 또 다른 의미에서 상대주의 혹은 불가지론에 이를 수 있다. 이것은 베르그손에 의하면 버클리가 지각을 너무 내적인 것으로 축소시켰기 때문에 일어날 수밖에 없었던 철학사의 과정이다.[5] 우리가 이미 보았듯이 형상적 실재론의 소박성을 거부하고 인식의 근원을 묻는 작업이 데까르뜨 이후 세계와 주관 사이에 관념이라는 벽을 세우게 되었고 버클리의 관념론은 이 관념이 점점 내적인 이미지로 되는 과정에서 생겨난 필연적 결과라고 할 수 있다.

---

5. 『물질과 기억』에서 전개되는 베르그손의 이미지 개념은 바로 이런 역사적 맥락에서 탄생한다. 그것은 관념이 가진 내적 특성도 아니고 물질적 실체가 가진 독단적 특성도 아닌 본래의 중간적 위치로 돌아와 거기서 출발할 것을 주장한다. Henri Bergson, *Matière et mémoire*, Paris, PUF, 2008, p. 3. [앙리 베르그손, 『물질과 기억』, 박종원 옮김, 아카넷, 2005.]

버클리의 입장에서 또 하나 흥미로운 것은 공간의 문제와 관련된 것이다. 경험론적 입장이 인식의 문제를 해명할 때 마주치는 어려움 중에 으뜸가는 것이 공간지각의 문제이다. 우리의 감각은 개별적으로 나타나기보다는 여러 가지가 일정한 공간적 질서 안에 정돈되어 나타난다. 그러나 다섯 가지 외적 감관, 즉 오관의 경험 각각에 충실할 경우 공간은 서로 다르게 지각되며 공간 자체의 유일한 지각은 불가능하다. 버클리의 공간지각이론은 뉴턴 I. Newton의 절대공간의 관념에 대한 비판에서 시작하는데 감각경험에서 출발한다면 공간조차도 경험에 상대적일 수밖에 없기 때문이다. 『새로운 시각이론』1709에서 그는 공간이 경험 밖에 존재하는 실재도 아닐뿐더러 감각적 경험의 대상도 아니라고 한다. 우리는 시각을 통해서든, 촉각을 통해서든, "순수 공간 l'espace pur, 허공 le vide, 또는 삼차원"을 직접 지각할 수 없다.6 특히 우리가 시각에 의해 외부 세계와 공간을 파악할 수 있다고 생각하는 것은 상상력의 작용에 의한 착각이다. 상상력은 거리의 관념을 시각에 신속히 연합하여 우리가 거리지각을 하고 있다는 착각을 낳는다. 거리지각은 모든 감각의 기본이 되지만 시각에 의해 그 자체로 지각되는 것이 아니다. 왜냐하면 대상이 주체로부터 얼마만큼 떨어져 있든 간에 그것은 망막에 맺힌 상으로 파악되기 때문이다. 크기의 지각도 마찬가지로 거리에 대한 올바른 인식이 있을 때 가능하며 운동 역시 거리 관계의 변화들로 이루어지기 때문에 마찬가지 상황에 이른다. 즉 거리, 위치, 크기 등 연장과 관련된 모든 속성들은 색깔이 그러하듯이 그 자체로 시각에 의해 파악되지 않는다. 그렇다면 다른 감각들은 어

---

6. George Berkeley, *La Nouvelle théorie de la vision*, dans *Œuvres I*, tr. par Geneviève Brykmann, Paris, PUF, 1985, p. 265.

떠한가?

　버클리는 거리지각이 감각들 간의 관계로서 주어진다고 주장한다. 그러나 이 관계 역시 처음부터 주어진 것은 아니고 반복된 경험에 의해 알려진다. 즉 그것은 개별적 감각들의 오래된 연합 습관에 의해 비로소 파악된다. 여기에서 특권적인 기관은 촉각이다. 촉각에 대한 선호는 경험론의 일반적 특징이라 할 수 있는데 버클리는 그 이유를 다음과 같이 제시한다. 우리가 주변의 대상들에 주의하는 것은 그것들이 우리 신체에 미칠 이로움과 해로움, 그리고 이로부터 우리 정신에 생겨날 쾌락과 고통의 감각 때문이다. 그런데 "대상들이 감각기관들에 작용하여 그 장단점을 제공하는 것은 시각이 아니라 전적으로 촉각적 성질에 의존한다."[7] 여기서는 실용주의적 이유가 인식론적 근거를 제공하는 것처럼 보인다. 아무튼 추상적 연장 즉 순수공간은 지각할 수 없기에 존재하지 않는 것으로 간주하는 버클리는 위와 같은 이유로 구체적인 촉각적 공간은 인정하고 있다. 그에 의하면 기하학의 대상도 무한한 추상적 공간이 아니라 유한한 형태들이고 이는 촉각적 공간에서 그 모형을 가진다.

　그러므로 시각은 촉각과의 연합 습관에 의해 사후에 공간지각을 할 수 있게 되며 이때 시각은 촉각적 인식에 기호로 작용한다. 따라서 버클리에게서는 데까르뜨와 로크의 제1성질과 제2성질의 구분만이 아니라 아리스토텔레스의 고유감각과 공통감각의 구분도 사라진다. 아리스토텔레스가 고유한 감각기관을 갖지 않고 모든 감각에 공통된 성질로 제시한 공통감각들, 즉 데까르뜨가 지성의 지각으로 간주한 제1성질들을 버클리는 "시각과 촉각에 공통적인 관념은 없다"고 주장

---

7. 같은 책, p. 230.

하면서 부인하고 있다.[8] 버클리의 이러한 주장들은 몰리누W. Molyneux 가 제기한 문제의 해답으로 제시된 내용이며 일정 부분 실제로 입증되는 과정을 거친다.[9] 이 문제를 둘러싸고 일어난, 공간지각과 관련된 시각과 촉각의 기능에 대한 연구는 한동안 영국과 프랑스의 경험주의 철학자들에게 지대한 관심의 대상이 되었다.

2절 디드로와 프랑스 계몽주의, 몰리누 문제

18세기 중반의 프랑스는 인간의 미래에 대한 낙관적 전망이 철학적 실천 속에서 극적인 방식으로 실현되던 시기였다. 디드로를 중심으로 한 백과전서파의 철학자들은 인간의 자유와 행복의 증진이라는 분명한 목적을 가지고 학문적 정열을 불태웠다. 볼테르의 말처럼 정열이야말로 학문을 이끄는 원동력이라면 그것은 계몽주의자들의 실천적 태도 속에서 제구실을 단단히 했다고 할 수 있다. 영국의 명예혁명을 모범으로 하여 프랑스를 평등하고 자유로운 국가로 만들고자 정신적 무장을 강조한 이 '계몽된' 지식인들에게서 우리는 최초로 학문이 정치적 목적을 위해 체계적으로 조직화되고, 대중을 계몽하기 위한 수단으로 사용된 역사적 실례를 발견한다. 그러므로 이들은 필연적으로 통일적인 세계관과 인식론, 윤리학을 지향하지 않을 수 없었고 이러한 실천적 목적 아래 다양한 학문적 발전을 이룩하였다. 이들은 종교나 정신을 강조하는 형이상학이 인간의 진정한 자유에 억압을 가한다고 보아 배제하고 유물론적 세계관과 과학적 인식론을 세

---

8. 같은 책, p. 266.
9. 이 장의 3절 참조.

우고자 했다. 그들의 작업이 혁명적일 수 있었던 것은 이와 같이 이상 사회를 향한 집단적 방향성 위에서 진행되었기 때문이다. 그러나 20세기 초에 논리실증주의자들의 통일과학 이념이 그러했듯이 계몽주의자들의 작업도 그 인위성으로 인해 철학적 한계를 노출하고 만다. 그럼에도 불구하고 철학사의 잊힌 페이지를 장식하는 것으로 남기에는 너무도 풍성했던 한 시대를 상기하는 것은 의미 있는 일이 될 것이다. 나는 프랑스 계몽주의 철학을 이끈 대표적 인물들인 디드로와 꽁디약을 중심으로 17세기와 19세기를 잇는 인식론적 문제들을 살펴보고자 한다.

1. 디드로의 유물론적 감각주의

데까르뜨의 동물기계론에서 라메트리La Mettrie의 인간기계론, 그리고 백과전서파의 과학주의적 유물론까지는 각각 한 걸음씩밖에 되지 않는다. 그러나 분명한 차이는 백과전서파에 있어서 유물론이란 말이 함축하는 정치적 의미에서 드러난다. 디드로D. Diderot, 1713-1780를 중심으로 한 이른바 계몽철학자들Philosophes des lumières의 유물론은 구체적으로 교권과 왕권에 반대할 수 있는 사상적 기초를 놓으려는 목적을 갖고 있었기 때문에, 이러한 비합리적 힘을 정당화하는 모든 이데올로기를 형이상학이라 칭하고 여기에 저항하는 철저한 과학주의를 확립한다. 이런 이유로 그들은 데까르뜨의 기계론적 자연관을 기초로 하면서도 정신–물질을 대립시키는 이원론적 형이상학에는 반대하고 대신 로크의 경험론과 뉴턴의 물리학을 전폭적으로 받아들여 인간 정신과 자연 세계를 기계적 유물론의 원리로 설명하는 체계를 세운다.

이와 같이 정신과 신체, 자연과 인간, 이론과 실천이 하나의 기계론적 원리로 통합되는 세계관에서 인식론은 순수한 탐구로서보다는 전체 체계의 일부로서만 취급될 뿐이다. 특히 디드로는 당대의 기계론적 의학과 생리학의 발달에 커다란 중요성을 부여하였는데 그것은 인간의 인식 기능을 물리화학적으로 설명할 수 있는 토대가 마련되었다고 보았기 때문이다. 17세기부터 이후 한 세기에 걸쳐 발달한 과학적 연구들 중 하비W. Harvey의 혈액순환 원리, 의료기계론iatro-mécanisme, 화학적 원자론, 린네C. von Linné의 생물분류, 할러A. von Haller의 생리학과 보네C. Bonnet의 신경계 연구는, 물질에서 생명과 인간까지 단순한 분자구조의 변형에 의해 일원적 원리로 설명하는 것이 가능할 것이라는 유물론적 가설을 뒷받침하는 연구들로 간주되었다. 이에 따르면 생명의 특성은 물질처럼 자극에 대한 반응으로 이루어지며, 반응은 감각 기능과 운동 기능의 상호작용으로 이루어진다. 인간의 정신적 활동 또한 대뇌와 신경계의 작동방식에 기반을 둔 자극-반응 체계로 설명된다.

유물론적 인식이론은 로크의 프랑스 후계자로 일컬어지는 꽁디약의 감각주의와 쌍을 이룬다. 감각이 물질세계의 작용에 대한 생명적 반응으로서 모든 인식의 기초로 간주되기 때문에 인식론은 감각주의로 될 수밖에 없다. 그러나 생명과 물질의 근본적 차이에 주목한 꽁디약과는 달리 디드로는 자극에 대한 감수성을 물질과 생명에 공통적인 것으로 보았다. 다만 물질적 감수성은 비활성적인inerte 방식으로 존재하고, 생명적 감수성은 능동적인 방식으로 활동할 뿐이다. 이와 같이 유물론에서 출발하는 인식론은 물질과 생명 그리고 생명과 인간을 공통 토대 위에 놓으면서도 생명과 인간의 독특성을 부각시켜야 하는 부담을 갖는다. 이 어려움을 해결하기 위해 디드로와 백과전서

파는 생명체의 유기적 구조나 인간의 대뇌의 작동기제로부터 생명과 인간의 특징을 설명한다. 그러나 이러한 설명은 생명적 감수성과 인간의 정신적 기능을, 정도차는 있지만, 근본적으로 수동적인 것으로 전제하고 있는 것이다.

인간의 인식과정을 보면, 정신은 외부의 물체가 새겨 넣는 인상을 받아들이며 이것을 기억으로 보존하는 이중의 작용을 거친다. 기억은 약화된 감각의 지속에 불과하며, 정신적 활동이란 관념들의 기계적 연합에 불과하다. 따라서 로크가 말한 반성 기능과 같은 정신의 내적 활동은 존재하지 않는다. 감각의 발생과 정신적 활동은 감각기관과 신경계의 물리적 조건들을 탐구함으로써 설명될 수 있다. 특히 다양한 감각과 관념들을 통일하는 기능은 대뇌이며 뇌는 '보편적 감각'의 기관이다. 이처럼 계몽사상가들은 정신적 과정에 대한 로크의 애매함을 비판하고 인식 과정을 일원론적 감각주의와 생리학주의의 결합, 즉 생리심리학적 과정에 의해 설명함으로써 오늘날까지 그 세력을 확장하고 있는 과학주의적 입장의 모범을 선보였다. 지각에 관한 계몽사상가들의 일차적 관심은 관념론적 색채를 벗겨내고 가능한 한 과학적으로 타당한 인식 체계를 세우는 데 있었다.

2. 몰리누 문제

꽁디약1715-1780은 백과전서파로 대변되는 좁은 의미의 계몽사상가들 중에서 순수 철학적 문제들을 해결하기 위해 고심한 거의 유일한 사람이다. 디드로와 같은 계몽사상가들에게는 어떤 의미에서 해답이 이미 존재하는 것을 꽁디약은 생리학이나 물리학적 관점을 배제하고 로크의 문제의식을 이어받아 인식론적(또는 넓은 의미에서 심리학적) 관점에서 고찰하는 점에서 그러하다. 물론 디드로와 꽁디약의 문제의식에는 공통의 전제와 상보적인 측면이 있다. 가령 그들은 외부 세계의 실재성에 대해 양자 모두 의문의 여지를 남겨 놓지 않은 점에서 로크의 입장과 같다고 할 수 있으나 디드로는 유물론적 실재론의 입장을 확고하게 정립하는 것을 목표로 한 반면, 꽁디약은 외부 세계의 실재성을 인정하고 감각적 소여로부터 외부 대상의 인식이 어떻게 이루어지는지를 해명하는 것을 목표로 하였다. 꽁디약의 초기 저작을 대표하는 『인간지식 기원론』1746은 로크의 실재론적 입장에 머물며 그의 불충분함을 보완하고자 하였는데 정확한 목적은 감각으로부터 인식의 발생뿐만 아니라 인식 기능들facultés의 발생을 탐구함으로써 로크가 선천적으로 인정한 정신 기능의 본성을 경험적으로 해명하려는 것이다. 그러나 유물론적 입장의 디드로는 꽁디약의 심리학적 감각주의가 가진 관념론적 성격을 간파하였다. 꽁디약보다 앞서 버클리를 접한 그는 로크의 애매함을 피해 모든 것을 감각으로 설명할 때 빠질 위험이 있는 막다른 골목을 지적할 수 있었던 것이다. 그러나 여기에 이르기까지 매우 복잡한 문제 하나가 전개되고 있었다.

그 문제는 영불해협을 사이에 두고 섬나라와 대륙 각각에서 경험론자들을 매료시킨 한 가지 사건으로부터 발단했다. 몰리누라는 아일랜드의 광학자는 로크에게 편지로 다음과 같은 문제를 제기하였다. "선천적 시각 장애인이 촉각에 의해 구별하던 구체와 정육면체를, 만약 그가 시력을 되찾았을 경우, 촉각의 도움 없이 곧바로 시각에 의해 그것들을 구별할 수 있을까?" 이것은 크기와 거리 지각이 선천적인가, 경험적인가를 가늠하는 문제이다. 여기에 로크는 몰리누와 마찬가지로 부정적인 대답을 하였으며 뒤이어 버클리도 같은 입장을 취했다. 버클리는 더 나아가 그의 『새로운 시각 이론』1709을 거의 이 문제의

해결에 할당하고, 시각을 가진 일반인에게서도 크기와 거리 지각은 시각에 의해 주어지는 것이 아니라고 주장하였다. 이들의 입장은 다음의 사례로 증명되는 듯했다. 1728년 영국의 의사 체즐든W. Cheselden은 14세의 선천적 시각장애 소년에게 백내장 수술을 하여 시력을 되찾아 주었으며 그 결과를 학계에 보고하였다. 그 소년은 처음 물체를 보았을 때 그것이 자신의 눈을 '접촉하는' 것으로 느꼈으며 크기와 거리를 지각할 수 없었다. 즉 그는 가까이 있는 작은 물체를 멀리 있는 큰 물체보다 큰 것으로 지각하였다. 영국 경험론을 프랑스에 소개하는 데 앞장섰던 볼떼르는 몰리누 문제의 전개과정 전체를 그의 『뉴턴 철학의 원리』1741에서 상세히 소개하였다.

이 문제는 디드로와 꽁디약을 한동안 사로잡았다. 그들은 버클리의 견해에 한편으로 동의하면서도 다른 한편 수정과 보완을 하고자 하였다. 문제는 우선 감각의 원초적 소여들이 그 자체로서 시간적, 공간적으로 정돈되어 있는지, 아니면 그것들이 질서를 갖추기 위해 어떤 다른 과정을 전제하는지 하는 '인식 과정'의 문제와 관련된다. 또한 그것은 이렇게 질서가 잡힌 감각적 소여가 외부 대상의 실재성을 있는 그대로 재현하는가 하는 '대상 인식'의 문제를 함축한다. 디드로와 꽁디약은 공간지각이 경험적이라는 것에 대해서는 버클리에 동의하고 있으나 시각이 공간성을 파악할 수 없다는 것은 부정한다. 디드로는 『시각 장애인들에 관한 편지』1749에서 시각 자체는 처음에는 매우 혼란스러운 지각에 불과하기 때문에 시력을 되찾은 시각 장애인이 최초에 그것을 촉각과 비교하기 전에 이미 시각 인상들 상호 간의 관계조차 파악하기 어려운 상황일 것이라고 추측한다. 그는 촉각과 연합하는 것이 시지각의 향상에 도움을 줄 수 있으나, 시각의 섬세한 기능을 볼 때 그것의 명확성이 촉각에만 의존하는 것은 아니라고 주장한다.

꽁디약은『인간지식 기원론』에서 시각 자체가 이미 어떤 종류의 연장성을 파악하고 있으며 이것은 촉각에 의해 확고해진다고 한다. 만약 시각이 모호하게나마 연장성을 내포하지 않는다면 촉각과 연합한다 해도 공간지각을 형성할 수 있다는 보장이 없기 때문이다. 더 나아가 꽁디약은 후기 작품인『감각론』1754에서는 촉각에 운동감각이 결합되어 공간지각이 명확성과 객관성을 띠게 된다고 주장하며 촉각의 역동적인 운동성을 강조하는데 이것은 외부 대상의 인식 문제를 해명하는 또 다른 길로 이어진다.

외부 대상의 인식에 관한 문제에서는 버클리에게서 만족스러운 대답을 찾기 어렵다. 그가 특권적 의미를 부여한 촉각이나 그것과 다른 감각들의 연합에 의한 공간지각은 모두 경험적 성질이고 대상을 있는 그대로 재현한다는 보장이 없기 때문에 주관적인 것으로 머물러 있을 수밖에 없다. 이 사실은 감각적 소여가 외부 세계를 그대로 드러낸다고 본 꽁디약의 소박한 초기 입장에도 마찬가지로 적용된다. 시각이 연장성을 파악하건 촉각이 그것을 파악하건 간에 연장의 감각 사체가 주관적이라면 거기서 외부 대상의 인식은 불가능할 것이다. 이 사실은 디드로에 의해 지적되었는데 그는 꽁디약이 이 문제를 해명하지 않으면 버클리의 주관적 관념론과 같은 상황에 처하게 될 것이라고 경고하였다. 꽁디약은 이러한 문제의식에서『감각론』을 썼다. 그것은 버클리의 경험론적 입장을 수용하면서도 주관적 관념론을 피하려는 의도를 가지고 있다.

3절 꽁디약의 철학에서 의식의 수동성과 능동성

꽁디약의 저술 속에서 우리는 계몽사상가들 특유의 강인한 추진

력과 대범한 문체를 엿볼 수 있다. 계몽사상가들은 그들의 철학의 출발점을 로크의 경험론에서 찾았지만 꽁디약은 로크가 제기한 인식론적 문제들을 다른 학자들처럼 유물론이나 과학으로 대치하지 않고 그 자체로서 진지하게 숙고한 점에서 그가 로크의 프랑스적 후예라고 말하는 것은 정당하다. 로크의 사상이 야기한 인식론적 난제들은 본고장에서 면밀히 검토되고 분석되어 서양 근대철학의 한 중요한 장을 장식하고 있다. 그러나 프랑스의 계몽주의자들 특히 꽁디약에 의해 발전된 흐름은 서양 근대철학이라는 보편성에서 소외된 영역일 뿐만 아니라 프랑스철학이라는 특수성 속에서도 오랫동안 그 의미가 충분히 검토되지 않았다.[10] 이러한 상황은 그의 철학이 보여 주는 흥미로운 내용들과 풍부한 통찰력을 생각할 때 매우 아쉬운 일이다. 꽁디약은 감각주의적 유물론자라는 부당한 오해 속에서 계몽사상의 실천적 효력의 상실과 더불어 철학사에서 의미가 과소평가되어 왔다. 보다 근본적으로 그의 입장은 근대철학을 영국 경험론과 대륙 합리론으로 양분한 칸트의 인식론적 도식 속에 자리 잡을 행운을 갖지 못했다. 그러나 일부 연구자들은 꽁디약이 인식론과 심리학의 주요한 문제들을 숙고하고 당대에 발전하기 시작한 생리학적 흐름을 흡수하면서 보다 포괄적인 관점을 제시한 철학자였다는 것 그리고 18세기 이후 현대에 이르는 프랑스 철학과 심리학은 근본적인 면에서 그의 영향을 받아 형성되었다는 사실을 일깨우고 있다.[11] 우리는 꽁디약이 마주했던 철학적 문제들을 차례로 검토하되 연구자들에 의해 충분한 주목을 받

---

10. 1919년 델보스는 그의 『프랑스철학』이라는 저서에서 프랑스가 꽁디약에 대한 올바른 연구서를 단 한 권도 가지고 있지 못하다는 사실을 지적하고 있는데 오늘날도 사정이 많이 나아진 것 같지는 않다(Victor Delbos, *La Philosophie française*, Plon-Nourrit, 1919, p. 252).

11. Madinier, *Conscience et mouvement*, pp. 405~407

지 못한 의식의 능동성과 수동성이라는 주제를 통해 그의 철학의 의미를 드러내고자 한다.

1. 첫 번째 문제 – 본유관념의 부정과 의식의 수동성

18세기 프랑스의 철학자들에게 한 가지 명백한 '사실'이 있다고 한다면 그것은 본유관념의 부정이다. 의심 많은 섬나라 지식인에게서 나온 이 생각은 영불해협을 건너오면서 모든 신학과 형이상학적 사고를 뒤엎을 수 있는 혁명적인 계시로 탈바꿈한다. 꽁디약에게 있어서 그것은 형이상학적 체계들의 독단성을 거부하는 근본 전제일 뿐만 아니라 철학의 방법과 내용에 있어서도 혁신적인 변화가 있어야 한다는 것을 의미한다. 로크에게서처럼 꽁디약은, 철학은 인간 본성이나 세계의 의미를 탐구하는 "야심만만한" 태도에서 벗어나 자신의 능력과 한계를 자각하는 "겸손한" 작업에 몰두해야 한다고 주장한다.[12] 따라서 철학의 가장 근본적인 문제는 인간 지성entendement의 작용들에 대한 경험적 탐구이다. 그러나 로크는 자신의 전제에 끝까지 충실하지 않았던 점에서 꽁디약을 만족시키지 못했다. 로크가 거부한 것은 본유관념들이며 외부로부터 감각들을 받아들여 종합하는 정신(마음)의 작용은 선천적인 것으로 인정된다. 즉 정신은 감각하고 인식하고 의지하고 반성하는 능동적 실체로 그려진다. 그렇다면 이러한 능동성의 근원은 무엇인가? 로크는 이에 답하지 않은 채로 지성의 탐구를 진행한다.

---

12. Étienne Bonnot de Condillac, *Essai sur l'origine des connaissances humaines,* Paris, Edition Galilée, 1975, p. 99.

꽁디약은 우리 정신 속에서 선천적인 것으로 간주되는 것을 철저히 배제하고 시작한다. 그는 정신l'esprit이라는 말보다는 영혼l'âme이라는 말을 주로 사용하며 경험론의 영향 아래 이 용어를 감각을 느끼는 주체 혹은 신체의 작용을 포함하는 생명적 특징으로 이해하기에 순수한 정신보다는 심리생리적 의식에 가깝다고 할 수 있다.[13] 꽁디약은 그의 『감각론』1754에서 우리가 단순관념들을 받아들이고 이것들을 통해 고차적 인식을 형성할 때 의식은 수동적인가, 능동적인가 하는 문제, 그리고 만약 능동적이라면 거기에 어떤 경험적 원리가 작용하는가 하는 문제를 탐구한다. 이를 위해 그는 "생명을 불어넣은 조상影像" la statue animée의 가설을 제안한다.[14] 만약 우리 인간의 신체와 같이 유기적으로 조직되어 있으면서 영혼 속에 어떤 종류의 관념도 갖지 않은 조상이 있다고 하면 어떨까. 그것은 감각하는 능력 이외에는 어떤 기능도 부여받지 않았다. 영혼의 본성에 대한 어떤 가정도 없이 감각만을 가지고 의식현상을 설명할 때 조상은 완벽한 수동성 속에 있는 듯 보인다.

『감각론』의 목표는 생명을 가진 조상이 감각하는 능력과 그것의 습관들만으로 모든 관념들과 인식기능들을 구성할 수 있다는 것을 보여 주는 것이다. 꽁디약은 후각으로부터 시작한다. 후각이야말로 감각 주체의 작용이 전혀 없는 가장 낮은 형태의 감각이라고 생각되기 때문이다. 예를 들어 조상이 처음에 장미 향기를 맡게 되었다고 하자. 그 외의 다른 어떤 작용도 없기에 조상은 완벽하게 장미 향에 이끌리고 결국 그것을 느끼는 상태와 동일시된다. 이 상태를 꽁디약은

---

13. Lalande, *Vocabulaire technique et critique de Philosophie*, p. 42.
14. Étienne Bonnot de Condillac, *Traité des sensations*, Corpus des Œuvres de Philosophie en langue française, Paris, Fayard, 1984, p. 11.

'주의작용'l'attention이라 한다. 그런데 장미 향을 야기한 원인이 없어졌을 때라도 이 감각은 어느 정도 남아 있다. 이 상태가 '기억'la mémoire이다. 주의와 기억은 감각작용의 다른 두 양태에 불과하다. 주의는 현재적 감각에 관계되고 기억은 지나간 감각에 관계한다. 이렇게 둘 이상의 감각을 갖게 되면 조상은 그것들을 비교할 수 있다. 비교행위는 감각과 기억에 동시에 주의를 줌으로써 가능해지며 지성적 작용의 근본이 된다.

그런데 여기서 하나의 생명적 기능이 작동한다. 조상은 감각하기 시작함과 동시에 쾌락과 고통의 감정을 느낀다. 감각은 언제나 유쾌하거나 불쾌한 것으로 나타나며 이런 느낌과 무관한 순수감각은 존재하지 않는다. 조상은 예를 들어 현재의 유쾌한 감각과 과거의 불쾌한 감각을 비교함으로써 다음에는 후자를 피하고 전자를 욕구한다. 신체를 경유하는 쾌, 불쾌의 감정은 아리스토텔레스가 동물적 영혼의 특징으로, 그리고 데까르뜨도 『정념론』에서 이미 논의한 바 있다. 데까르뜨에 의하면 정념passion의 종류에는 순수한 영혼의 정념들(슬픔과 환희, 사랑과 미움 등)이 있고 외적 감각에서 유래하는 다섯 가지 감각지각들이 있으며 내적 신체의 부위에서 유래하는 내감(식욕, 갈증, 통증 등)이 있다. 이 중에서 데까르뜨는 촉각이 쾌와 불쾌의 원천이라고 보았는데 이는 신체적 접촉을 통해 나타나는 정념이어서 특히 '신체적'이라는 의미를 함축한다. 그는 여기에 특별히 신체에 의해 "변용된 것"affectiones이라는 표현을 덧붙인다. 그런데 꽁디약에게서는 단지 촉각만이 아니라 외감이든, 내감이든, 신체를 통하는 모든 감각들이 쾌, 불쾌의 특성을 갖는다. 그래서 신체적 정념의 범위는 더욱 확장되며 중요해지는데 꽁디약은 이러한 정념을 affection이라 부르고 쾌, 불쾌의 느낌과 동일시한다.[15] 나는 앞으로 이를 단순화하여 신체라는 말을 제외하고 단지 정념이라고 번역하며, passion과 혼동될 경우에는 후자를 파토스라고 표시하기로 한다. 정념적affectif 특성은 감각의 변형원리이자 지성의 다양한 기능들을 발생시키는 원리 또는 힘이다. 이에 따라 판단력, 상상력, 반성 등 지성의 기능들이 생겨난다. 상상력은 강화된 기억이며 판단은 조상이 두 가지 감각의 차이와 유사성을 비교할 때 생겨나고 판단의 연쇄로부터 추론과 반성이 가능해진다. 이상이 『감각론』의 제1부에서 진행되는 내용이다.

영혼의 여러 현상들은 반복되고 습관이 되면서 견고한 기능으로 완성된다. 우리는 흄이 인과율을 부정하는 그의 회의론 속에서 습관에 대해 언급한 것을 알고 있다. 그러나 꽁디약에게 있어서 '습관'은 인식의 필연성을 부정하는 한계 개념이 아니라 인식기능의 실제적 탐구를 가능케 하는 적극적인 위치를 차지하고 있다. 사실 감각 경험 이외에 인식의 다른 원천을 인정하지 않을 경우 인식과 혼의 기능들의 발생은 전적으로 습관의 현상에 불과하게 된다. 이처럼 꽁디약은 감각의 결합방식을 후천적으로 설명하는 과정에서 습관의 역할을 강조하면서도 그 문제에 대한 상세한 고찰은 하고 있지 않다. 그러나 이 문제는 『감각론』의 철학적 의미와 관련해서 매우 중요한 내용을 함축한다.

영혼의 기능들의 발생이 습관에 불과하다는 것은 사실 종種의 차원에서 이야기되는 것인지 개체의 차원에서 주장되는 것인지 분명치 않다. 따라서 나는 본성에 대한 언급을 자제하는 꽁디약의 의도와는 반대로, 위에서 가정된 살아있는 조상의 '본성'nature에 대해 좀 더 살

---

15. affection을 특히 쾌, 불쾌의 느낌으로 보는 것은 꽁디약의 시대에 이미 퍼져 있던 것이지 꽁디약 자신이 최초로 그렇게 사용한 것은 아니다. 이 말의 근원인 affectiones는 중세 이래로 passiones와 더불어 그리스어 pathos의 번역어로 동시에 사용되었다. 그 의미는 내외적 원인에 의해 생기는 존재자의 상태변화를 말한다.

펴보고자 한다. 본성이라는 말에는 전통적으로 항구적인 것, 선천적인 것이라는 의미가 들어 있다. 여기에 현대에 와서는 '유전되는 것'이라는 의미가 추가된다. 그러면 이런 질문을 할 수 있다. 조상은 인류 탄생의 초기에 한 번 나타난 본성인가? 아니면 그것은 갓 태어난 어린아이들이 매번 겪는 상태인가? 만약 첫 번째의 경우라면 그것은 라마르크주의자들이 빠졌던 어려움에 직면하게 된다. 즉 후천적으로 획득한 습관이 어떻게 인류라는 종에서 대대로 유전될 수 있는가 하는 문제이다. 게다가 꽁디약은 생명체가 느끼는 쾌와 고통 그리고 거기서 비롯하는 욕구를 중시한 점도 라마르크J-B. de Lamarck의 입장과 매우 유사하다. 비록 꽁디약이 진화론이 출현하기 이전에 이 가설을 전개시켰다고 하더라도 이 문제에서 면제될 수는 없을 것이다. 왜냐하면 습관과 본성의 관계는 명백하기 때문이다. 습관이 본성을 만드는 것이 아니라 반대로 그것이 본성의 위에 덧붙여지는 것이다.[16] 혼의 어떤 기능들은 세대를 통해 유전되며 동물의 종들을 구별할 수 있는 것은 이러한 본성이지 습관이 아니다. 만약 인간종과 다른 종들의 차이가 지적인 능력에 있다면 그것을 단순히 인간종의 습관에 의해 설명하는 데는 어려움이 따른다.

그렇다면 꽁디약의 조상은 갓 태어난 어린아이와 같은 상태를 지시하는가? 우리는 태어나서 각기 자신의 방식대로 감각에서 시작하여 혼의 모든 기능들을 습득하는가? 이것도 명확하지는 않다. 샤르빵띠에T-V. Charpentier가 지적한 대로 어린아이는 최초에 매우 혼란스러운 상태에서 여러 감관들의 복합적 작용을 동시에 경험한다.[17] 꽁디약이

---

16. Jacques Chevalier, *L'Habitude, Essai de métaphysique scientifique*, Paris, Boivin, 1940, p. 124.

17. Thomas-Victor Charpentier, "Introduction de l'éditeur", *Traité des sensations*, pre-

가정한 단순하고도 연속적인 과정은 실제로는 일어날 수 없다. 또한 앞서 말한 것처럼 습관이 본성에 우선하는 것은 아니다. 개체들의 차이는 그들의 습관에 기인하는 만큼이나 본성에도 기인한다. 가령 어린아이들이 감각능력에 의해 똑같은 인식 과정을 겪는다고 하더라도 어떤 아이는 기억을 잘한다든가 또 다른 아이는 계산능력이 뛰어나다든가 하는 개별적 특성을 보인다. 이것을 습관의 이론만 가지고 설명할 수 있을까?

위와 같은 문제들 때문에 꽁디약의 조상은 어떤 구체적 존재를 지칭한다고 보기는 어렵다. 꽁디약의 발생론적 가설은 선천주의를 부정하면서도 인식기능의 발생을 설명하기 위한 원리적 차원에서 전개되고 있는 것이 분명하다. 그 때문에 델보스V. Delbos와 같은 연구자는 꽁디약의 가설이 발생론적 입장에 있기보다는 사유기능의 분해와 재구성을 목표로 하는 "사유의 화학" 혹은 논리주의에 입각한다는 점을 강조하기도 한다.[18] 그러나 경험론에 충실하고자 하는 꽁디약의 입장을 고려할 때 습관 개념과 연관된 발생론적 측면을 도외시하는 것은 문제가 있을 수도 있다. 마디니에G. Madinier는 『감각론』을 인식기능의 발생을 다루는 심리학적 측면에서 접근하는 대표적 연구자다.[19] 사실상 진화론이나 발생심리학과 같은 실증적 학문의 지식들이 부족한 상태에서 꽁디약의 시도는 이를 예견하는 작업이라고 볼 수도 있다. 『감각론』에 대해 이처럼 상반된 해석이 가능하다.

---

mière partie publiée par Charpentier, Paris, Hachette, 1886.

18. Delbos, *La Philosophie française*, p. 18.

19. 꽁디약의 『감각론』을 인식기능의 발생을 다루는 심리학적 측면에서 접근하는 연구로서는 가브리엘 마디니에(Madinier)의 『의식과 운동』(*Conscience et mouvement*)을 참조할 수 있다.

2. 두 번째 문제 — 외적 대상의 인식과 의식의 능동성

『감각론』의 1부에서 꽁디약은 영혼의 어떤 적극적 기능도 인정하지 않고 있는 것처럼 보인다. 살아있는 조상의 가설이라는 다소 엉뚱한 이야기는 의식의 수동성을 강조하기 위해 고안된 것처럼 간주되기까지 했다. 그러나 이러한 오해는 사실상 근거 없는 것이다. 확실한 것은 꽁디약이 영혼의 능동적인 현상들을 세밀하게 관찰했고 이것들을 최대한으로 경험주의의 원리에 입각해서 설명하려 했다는 것이다. 영혼의 능동성은 무엇보다 외적 대상의 존재를 인식하는 과정에서 드러난다. 외적 대상의 문제 역시 로크에게서 이미 문제점으로 지적되었던 것이다. 꽁디약은 자신의 초기 저작인 『인간지식 기원론』에서 로크와 같이 외적 대상의 실재성을 소박하게 인정하는 입장에 머물러 있었다. 그러나 그는 여기서도 역시 감각에 의해 모든 관념들의 발생을 설명했기 때문에 디드로에 의해 버클리의 관념론과 유사하다는 점이 지적되었다. 관념론적 결론을 원하지 않았던 꽁디약은 이 문제를 해결해야만 했다. 『감각론』을 쓰게 된 것은 바로 이러한 동기에서다. 따라서 문제는 어떻게 감각으로부터 외적 대상의 실재성을 인식할 수 있는가 하는 것이다. 이것은 『감각론』의 2부에서 본격적으로 거론된다.

버클리는 그의 『새로운 시각이론』에서 대상 인식의 문제가 공간지각과 깊이 관련되어 있다는 것을 잘 파악하고 있었다. 사물의 위치나 크기, 거리 등은 로크가 제1성질로 분류했던 것이고 시각만으로는 파악되지 않는다. 버클리는 지각 개념의 의미를 새로이 규정함으로써 이를 해결하고자 한다. 지각이란 단순히 감각적 소여들을 느끼는 차원뿐만 아니라 감각 소여들 간의 관계들을 표상하는 능력이기도 하다는 것이다. 이 능력은 주로 촉각에 의해 주어지는데 여기에 운동감 각이 결합하기도 한다. 이것들이 시각적 소여들에 연합하고 습관에 의해 지속적으로 지각됨으로써 우리는 시각만으로도 촉각적 내용들을 지각할 수 있게 된다. 시각에 의한 공간지각은 이렇게 해서 가능해 진다. 감각과 지각의 의미를 구분하고 감각소여들 간의 연합을 습관에 의해 설명하는 버클리의 입장은 매우 통찰력이 뛰어난 것처럼 보인다. 그러나 그에게는 감각의 고유한 내용을 벗어나는 지각의 역할이 어떻게 해서 가능한가의 문제가 여전히 설명되지 않기에 그의 관념론을 극복할 길은 보이지 않는다. 왜냐하면 버클리에게 지각의 바탕이 되는 촉각이나 운동감각은 여전히 주관적인 성질이어서 이것들이 객관적인 인식으로 되기 위해서는 단순감각들을 초월하는 능동성이 가정되어야 하기 때문이다. 그러나 이 맥락에서 버클리는 능동정신에 호소하지는 않는다. 그의 관념론은 감각들을 산출하고 종합하는 적극적 의미의 정신을 가정하는 것이 아니라 전적으로 수동적인 관념들을 받아들이는 실체로서의 정신만을 인정하기 때문이다. 게다가 로크에게서처럼 이 정신적 실체의 기원은 설명되지 않은 채로 남아 있다.

꽁디약은 버클리의 영향 아래 있으면서도 그의 관념론적 결론을 피하고자 한다. 그에 따르면 우리가 시각적으로 파악하는 연장은 촉각적 연장l'étendue tactile의 인식과의 연합에 의해서 실재적 인식으로 될 수 있다. 그에게는 촉각적 연장이야말로 외부의 실재성을 인식하게 해 주는 근본적인 감각이다. 촉각은 어떻게 이러한 특권적 기관일 수 있는가? 여기에 모든 문제의 핵심이 있다. 사실 촉각은 기관의 운동을 동반하지 않고 수동적으로 머물러 있을 경우 다른 감각들과 마찬가지로 주관적인 존재방식에 불과하다. 가령 차가움이나 뜨거움, 부드러움 등의 감각은 기쁨이나 고통의 느낌을 줄지언정 대상의 존재를 우리에게 알려주지는 않는다. 따라서 대상성을 예고하는 3차원의 연장적 감각은 운동을 동반하는 촉각기관 즉 '움직이는 촉각'le toucher mobile에 의해서만 얻어질 수 있다. 촉각의 운동은 시각이 파악할 수 없는 3차원적 연장을 파악하게 할 뿐만 아니라 물체의 저항을 느끼게도 해 준다. 촉각기관 가령 손은 대상과 능동적으로 접촉하면서 최초로 '단단함'solidité의 감각을 느낀다. 이 단단함의 감각은 두 개의 사물(즉 손과 대상)이 "서로 배제하는" 것을 보여 준다. "서로를 압박하는 두 개의 물체 속에서 우리는 그것들이 서로 배제하기 위해 서로에게 가하는 저항résistence을 더욱 민감한 방식으로 느낀다."[20] 이 감각의 독특성은 우리의 신체성과 대상의 저항을 동시에 느끼게 해 준다는 데 있다.

꽁디약은 단단함 혹은 저항의 감각을 끌어들임으로써 운동과 촉각의 결합이 물체를 직접적으로 인식할 수 있다는 것을 보여 준다. 여기에 두 가지의 전제가 필요하다. 첫째로 운동하는 촉각은 버클리에게서처럼 단순히 주관적 성질들도 아니고, 수동적 상태에서 감각들 간의 관계를 파악할 수 있게끔 확장된 의미의 지각도 아니다. 그것은 무엇보다도 주체의 능동성을 전제하고 있다. 그런데 이 능동성은 인식주체의 최초의 상태는 아니다. 꽁디약의 『감각론』을 발생론으로 볼 수 있는 여지가 여기에 있다. 앞에서 가정된 조상은 인식의 주체로서는 수동적 상태 속에 있다. 그러나 생물학적 상태에서 그것은 "자연발생적인"spontané 운동을 한다. 이 운동들은 쾌락과 고통의 원리 즉 욕망le désir의 원리를 따르면서 일종의 시행착오를 하는 가운데 자기의식을 갖는 운동으로 발전한다. 바로 그때 운동을 조직하

---

20. Condillac, *Traité des sensations*, p. 103 (강조는 필자).

고 조절할 수 있는 능동적 의지volonté가 출현한다.[21] 욕망은 자연적 상태에서 운동습관을 들이고 이것들은 의지 혹은 의식을 선행한다. 사실 이러한 본능에서 의식으로의 전환을 우리는 어린아이의 인식발달에서 엿볼 수 있다. 후에 멘 드 비랑P. G. de Maine de Biran이 잘 분석하고 있듯이 어린아이는 자기의식을 갖기 이전에 이미 본능적 운동습관을 들인다. 그의 능동적 의지가 나타나는 것은 자신의 신체를 자유롭게 움직일 수 있는 시기와 동일하다.

두 번째의 전제는 물질의 본성에 관한 것이다. 꽁디약은 로크의 물질적 실체의 관념을 비판하면서 물체의 가장 중요한 특성을 가쌍디P. Gassendi를 따라 불가침투성l'impénétrabilité이라고 본다. 그에 의하면 "불가침투성은 모든 물체의 속성이다. 여러 물체들은 같은 장소를 점할 수 없다. 각 물체는 그것이 점유한 장소로부터 모든 다른 물체를 배제한다."[22] 여러 물체가 같은 장소를 점할 수 없다는 생각은 물론 데까르뜨의 연장실체와 관련이 있다. 꽁디약에 따르면 우리는 불가침투성을 감각이 아니라 판단에 의해 알게 되며 이 판단은 감각들 중에서도 '딴딴함'la solidité 혹은 '저항의 감각'la sensation de la résistance으로부터 생겨난다. 단단함 혹은 저항은 물체뿐만 아니라 신체의 속성이기도 하다. 우리는 우리 자신의 신체 위를 따라서 촉각기관을 움직일 때 연장된 각 부분들 속에서 동일하게 감각하는 존재를 느낀다. 반대로 우리가 접촉하는 물체에서 이와 같이 "감각하는 동일한 존재를 발견할 수 없을 때" 우리는 다른 대상들을 인식한다.[23] 이처럼 물체의 인식과 우리 신체의 인식은 상관적이다. 또한 외적 대상의 인식은 주체의

---

21. 같은 책, p. 107.
22. 같은 책, p. 103.
23. 같은 곳.

능동성과 대상의 저항이라는 대립된 요소들에 의해 가능해진다.

결론적으로 말하면 꽁디약에게 있어서 외적 대상의 실재성은 단단함 혹은 저항의 감각에 의해 나타나고 이 감각은 의지적으로 운동하는 촉각에 의해 느껴진다. 촉각은 또한 다른 감각들과 연합하여 작용할 때 각 감각기관들이 상보적으로 지각의 발달에 기여하게 한다. 이것은 『감각론』의 3부의 주제가 된다. 버클리에게서는 촉각과 시각의 연합이 거리지각에 필수적인 것으로 간주되었다면 꽁디약에게 있어서는 촉각과 다른 모든 감각의 연합 습관이 고려되고 이것은 거리지각뿐만 아니라 외적 대상의 실재성을 인식하는 데까지 확장된다. 가령 시각이 그 자체로서는 색깔들 혹은 연장의 조각들(2차원적 연장)만 지각한다면 촉각과 결합한 시각은 단순히 사물을 보는voir 데 그치지 않고 그것을 주의해서 바라본다regarder.[24] 주의해서 바라본다는 것은 대상을 고정하고 윤곽을 좇아 세밀히 분석하며 전체를 부분들로 분해해서 본다는 것, 한마디로 객관적 의미에서 인식한다는 것을 뜻한다. 따라서 의지적 운동을 동반하는 촉각의 작용 이전에 욕구를 따라 움직이는 자연적 상태에서는 감각이 작용한다 하더라도 외부의 객관적 인식은 불가능하며 주관적 상태들과 본능적 운동을 느낄 뿐이다. 이처럼 꽁디약은 발생론적 관점에 의해 능동적 의식의 탄생을 주목하고 이로부터 외부세계의 인식의 문제를 설명하고 있는 것을 알 수 있다.

3. 세 번째 문제 ― 기호의 사용과 고차적 인식기능의 발달

---

24. 같은 책, pp. 170~172.

꽁디약은 로크가 선천적인 것으로 인정했던 의식의 능동적 기능을 비판했으나 사실 비판이 겨냥한 것은 의식의 능동성 자체이기보다는 고차적 인식기능이 선천적으로 존재한다는 생각이다. 위에서 본 것처럼 꽁디약은 외부세계의 인식에 있어 의식의 능동성을 적극적으로 인정하고 그것을 경험주의의 원리에 입각해서 설명하고자 했다. 이 원리로부터 기초적인 인식기능과 고차적인 인식기능의 발생이 차례로 다루어진다. 『감각론』에서는 가장 기초적인 자연적 인식의 발생을 다룬다. 꽁디약은 『감각론』의 수정판에서 두 종류의 인식을 나누는데 그것들은 "실천적 인식들"connaissances pratiques과 "이론의 인식들"connaissances de théorie이다.25 실천적 인식은 행동습관과 관련된 모호한 관념들이며 이론적 인식은 명백하고 질서 있게 정돈된 기호체계를 수반하는 관념들이다. 이론적 인식은 인식의 고차적 기능의 발달과 더불어 생겨나며 여기에 언어기호의 역할이 필수적이다. 꽁디약은 이론적 인식들의 발생을 『인간지식 기원론』에서 다루는데 이것은 『감각론』보다 앞서 출판되었지만 『감각론』은 그것을 수정하기보다는 그것의 실천적 기초를 마련하고 있으므로 이 두 저서는 각기 다른 분야에서 상보적인 작업을 하는 것으로 보인다. 이처럼 언어기호와 고차적 인식기능의 발달은 꽁디약의 작업 순서에서는 최초에 등장하지만 발생 순서에서 마지막에 나타나기 때문에 나는 이것을 마지막 주제로 택하였다.

『감각론』에서 다룬 실천적 인식은 언어 사용 이전의 단계에 해당하며 언어의 매개 없이는 어떤 진전도 없이 그대로 남아 있다. 인식은 기호의 사용과 더불어 비약적으로 발달하기 시작한다. 꽁디약은 『인

---

25. 같은 책, p. 221.

간지식 기원론』에서 기호를 세 종류로 구분하는데 그 첫째가 "우연적 기호들"signes accidentels이다.[26] 어떤 대상이 나타날 때 우연적으로 수반된 지각이 있어서 그 대상을 상기시키는 구실을 할 때 그것은 우연적 기호가 된다. 두 번째는 "자연적 기호들"signes naturels로서 기쁨이나 고통, 공포 등을 나타내는 외침cris, 몸짓이 대표적인 것이다. 우연적 기호들과 자연적 기호들은 우리의 의지가 마음대로 할 수 있는 종류의 기호들이 아니다. 그러나 우리가 임의의 대상이든, 외침이든, 의도적으로 선택해서 우리의 감정이나 의사를 표현하기 위해 사용할 경우 그것은 자연적 기호가 아니라 인위적 기호signes artificiels가 된다. 이 세 번째 종류의 기호사용에서 영혼의 기능은 고차적 인식기능으로 발달한다. 우선 상상력imagination과 기억mémoire의 구분이 여기서 생겨난다. 꽁디약이 말하는 상상력은 관념들을 마음대로 결합시키는 작용이 아니라 이미지들이 수동적으로 떠오르는 작용을 말한다. 그것은 대상과 지각 사이에 형성된 습관적 연합의 힘에 의해 생겨난다. 따라서 그것은 우연적 기호나 자연적 기호에 의해서 상기된 관념들의 연합이다. 반대로 우리가 인위적으로 명명한 대상들은 기호에 의해 그 관념이 상기되는데 이것이 바로 기억의 작용이다.[27] 기억은 상상력에 비해 더 큰 정확성과 견고함을 가지고 있으므로 상상력에 의해 두서없이 떠오른 관념들을 정돈해 준다. 이런 의미에서 동물은 상상력은 있으되 기억은 없다.『감각론』과『인간지식 기원론』은 동일한 종류의 기능들, 상상력, 기억, 반성, 판단 등의 기원을 밝히고 있으나 전자는 기호 사용 이전의 상태를 탐구하고 후자는 기호의 사용과 더불어 발달하는

---

26. Condillac, *Essai sur l'origine des connaissances humaines*, part. I, sect. II, ch. IV, §5.
27. 같은 책, part II, sect I, ch I, §8.

인식기능을 탐구한다.

인간의 의식은 대상들의 우연적 작용에 지배되는 수동적 태도에서 벗어나 기억의 도움으로 자신의 의지에 따라 원하는 대상에 주의를 고정시키고 이를 명명할 수 있다. 이 능력이 반성réflexion이다. 그러면 반성과 같은 고차적 정신기능은 의지의 능동성에 기인하는가 아니면 기호의 사용에 의해 수동적으로 발생하는가? 왜냐하면 반성에 필수적인 기억은 이미 기호사용을 전제로 하기 때문이다. 여기에 일종의 순환이 있는데 이는 『감각론』에서와 마찬가지로 발생론적으로 해결된다.[28] 언어사용은 사회적 삶을 전제로 한다. 타인과 소통하려는 필요성에 의해, 인간은 자신이 표현하고자 하는 감정을 자연적 기호인 외침으로 나타낸다. 여기에 손짓이나 신체의 다양한 동작들이 동반된다. 이것이 행동언어이다. 행동언어는 차츰 영혼의 기능들의 활동영역을 확대시키고 영혼의 기능들은 거꾸로 기호의 사용을 촉진한다. 이렇게 영혼의 기능과 기호의 발달 사이에는 상호적인 영향이 있다. 그러나 결정적인 진보는 인간이 성대를 굴절시켜 소리를 분절시킬 수 있게 되었을 때 생겨난다. 성대기관의 사유로운 조질능력이 발달하기 위해서는 아마도 상당한 기간이 요구되었을 것이다. 행동언어와 분절언어langage articulé는 오랫동안 뒤섞여 있었고 아직도 얼마 정도는 그러한 양상을 띠고 있다. 그러나 분절된 소리언어는 다양한 표현들을 원하는 대로 만들어낼 수 있고 그 편리함에 의해 점차 행동언어를 대치하게 된다. 그것은 무한한 표현기능과 분석능력을 가지고 있어 인식의 현저한 진보를 가능하게 한다. 이렇게 해서 꽁디약에게 있어 학문은 "잘 만들어진 언어" 즉 엄밀한 기호체계와 다른 것이 아니며 그것

---

28. 같은 곳.

은 무엇보다도 수학 특히 대수학algèbre에서 잘 실현되어 있다.[29] 꽁디약은 언어의 수학화의 이상에 의해 라이프니츠의 관점에 가까워진다.

이처럼 인간의 고차적 인식의 발생을 추적하는 『인간지식 기원론』에서도 꽁디약은 발생학적 관점을 유지하고 있다. 물론 수학적 학문의 이상 때문에 그는 여전히 분석적 사유의 선구자로 알려지고 있으나 인식기능의 기원을 밝히는 그의 작업은 일종의 자연주의를 배경으로 하는 발생학을 전제하지 않고는 이해될 수 없다. 이 발생학적 관점에서 볼 때 의식의 수동성과 능동성은 경험적으로 드러나는 현상들이다. 의식은 자연적이고 본능적인 행위 속에서 수동적인 것으로 나타난다. 그러나 그것은 '의지'의 출현과 함께 능동적으로 된다. 의식은 본능적 상태에서 행해진 운동을 자기 것으로 인식하는 가운데 서서히 자기의식을 갖기 시작한다. 의지의 자유로운 활동에 의해 인간은 영혼의 기능들을 발달시키고 생활세계 속에서 감각들을 결합하여 외적 세계를 인식하기 시작한다. 감각의 발달이 수동적 상태에서 일어나는 것이 아니라는 것은 심리학적 연구들이 증명하고 있다. 의지는 또한 언어사용과 더불어 이론적 인식을 구성한다. 언어사용이 인류의 역사에서 우연적인 것인가, 필연적인 것인가 하는 문제는 별도로 하고 그것이 인간의 사유에 극적인 진전을 가져온 사실은 강조할 필요가 없을 것이다. 언어와 사유는 상호작용하고 있으며 그것들은 모두 의지의 작용을 전제로 한다. 우리는 여기서 꽁디약의 의지론volontarisme적 관점을 일정 부분 엿볼 수 있다. 감각경험이라는 낮은 수준의 생물학적 기

---

29. 꽁디약은 이런 생각을 그의 『계산의 언어』에서 잘 표현하고 있다 : "언어가 가장 완벽한 상태에 도달한다면 완벽하게 분석된 학문들은 그것들의 언어를 잘 말하는 사람들에 의해 완벽하게 알려질 것이다."(Étienne Bonnot de Condillac, *La Langue des calculs* livre I, ch XVI, Œuvres philosophiques de Condillac V. I, Paris, PUF, 1877.)

능에서 시작한 꽁디약이 고차적 정신기능의 발생을 연구하면서 의지론적 입장에 도달하는 것은 역설적인 상황으로 보인다. 다만 그는 의지를 선천적인 것으로 전제하기보다는 그것의 발생을 문제 삼으며 또 이를 다른 여러 요소들과의 관계 속에서 고려하고 있다는 점에서 의지적 운동을 자신의 철학의 근본적 전제로 삼은 멘 드 비랑과는 다르다. 다만 우리는 적어도 멘 드 비랑 철학의 핵심인 의지 개념의 단초가 꽁디약에게서 어떤 형태로 나타나는지를 볼 수 있었다.

4. 비판과 수정 — 데스뛰 드 트라씨, 까바니스, 보네

꽁디약의 영향은 그의 사후(꽁디약은 1780년에 사망했다.)에도 얼마 동안 광범위하게 퍼져 있었다. 그의 입장은 원인들에 대한 형이상학적 탐구를 버리고 사실과 경험에 의지할 것을 강조하는 실증주의적 입장으로 이해되었다. 그의 철학은 유물론적 입장의 생리학자들과 이데올로그들les idéologues(관념학자들)에 의해 계승되었다. 이데올로그라는 표현은 잘 일려진 깃처럼 니 뽈레옹이 관념들을 가지고 타상공론을 벌인다는 경멸적 의미로 사용한 말이다. 당시에는 생리학자인 까바니스P.J.G. Cabanis와 이데올로그인 데스뛰 드 트라씨A. Destutt de Tracy가 빠리학사원l'Institut de Paris을 이끌고 있었으므로 꽁디약의 철학이 18세기 말에서 19세기 초의 프랑스를 지배하고 있던 것은 자연스러운 일이었다. 그러나 이들의 해석이 꽁디약의 철학의 이해를 위해 다행스러운 역할을 한 것만은 아니다. 이들은 철학적 문제들보다는 과학주의적 성향에 지배되어 있었고 무엇보다도 과학과 철학의 문제들을 유물론적 전제 위에서 해결하려는 태도를 가지고 있었다. 그러나 꽁디약의 입장은 유물론적이기보다는 물질과 생명을 구분하는 상식적 관점에 서 있다고 보는 편이 옳다. 그는 동물이 감각을 하지 못하는 기계라고 보는 데까르뜨의 입장을 근거가 없다고 반복하여 비판하곤 했다.[30] 게다가 우리가 이미 본 바와 같이 의식의 능동성을 무시하기는커녕 그것을 올바로 파악하기 위해 노력했다. 이러한 그의 관점이 그의 계승자들에게서 어떻게 비판되고 수정되었는가를 간단히 알아보자.

우선 제네바의 생리학자인 샤를르 보네는 꽁디약이 생리학적 지식을 무시했다고 비판하면서 그의 철학에 물리적, 생리적 조건들을 제시하기 위해 노력했다. 가령 꽁디약의 조상은 장미 향을 맡기 이전에 뇌와 후각기관을 가진 존재이며 따라서 이러한 조건을 정확히 파악하는 것이 중요하다는 것이다.[31] 보네는 감각기관과 신경계의 물리적 조건들이 어떻게 영혼의 작용 즉 의식의 작용에 영향을 미치는가를 연구하면서 엄밀한 의미의 심리생리학을 세웠다. 또한 그는 흥미롭게도 꽁디약의 철학에서 능동성activité과 자유liberté라는 주제를 부각시키고 그것의 작용을 생리학적인 방식으로 연구했다. 그에 따르면 영혼의 능동성은 그것이 행동하고 있을 때 드러난다. 영혼은 꽁디약의 정념affection의 원리에 따라 쾌락을 야기하는 감각을 추구하고 고통을 야기하는 감각을 피하는 방식으로 행동을 이끈다. 이 생각에 따르면 모든 생명체는 자신이 원하는 대로 행동하는 한에서 능동적이며 자유롭다. 그러나 문제는 감각이 외적 조건에 의해 야기되고 신경계 등 물리적 조건의 지배를 받기 때문에 이러한 생리적 감수성에 의한 행

---

30. Étienne Bonnot de Condillac, *Traité des animaux,* Corpus des Œuvres de Philosophie en langue française, Paris, Fayard, 1984, pp. 313~316.

31. Charles Bonnet, *Essai analytique sur les facultés de l'âme,* première édition, Copenhague, Philibert, 1760, ch. I, §1.

동이 과연 자유로운 것인가 하는 것이다.[32] 멘 드 비랑의 비판에 따르면 생명체가 원하는 것 즉 의지는 생리적 감수성에 종속되어 있기 때문에 의지대로 실천하고자 하는 의미에서의 자유도 역시 그에 종속될 수밖에 없다. 이러한 결론은 엄밀한 의미의 감각주의에서 나오는 필연적 결과인데 꽁디약이 과연 이런 입장이라고 말할 수 있을지는 단정하기 어렵다.

꽁디약의 생리학적 무지를 비판하는 데는 까바니스도 같은 태도를 취한다. 그러나 생리학자이자 의사이기도 한 까바니스는 경험과 관찰을 중시한 점에서 꽁디약의 입장에 실제적인 보완을 할 수 있었다. 꽁디약은 경험에 근거할 것을 주장하면서도 실증적 현상들에 거의 주목하지 않았는데 이것은 체계에 대한 열망과 라이프니츠의 분석적 태도의 영향 때문이다. 까바니스는 꽁디약에게서 생리적 감수성이 모든 경험의 원천이라는 것을 받아들였으나 그것을 꽁디약처럼 외적 감각에 국한시키지 않았다. 유기체는 실제로 내적 근원으로부터 인상들을 받아들이기도 한다. 이것을 까바니스는 내적 감각이라고 부르며 다음과 같은 예를 든다. 즉 외저 자극 없이 일어나는 꿈, 광기, 신경적 혼란 또는 태아가 느끼는 감각들이나 모성본능과 같은 것들이다.[33] 꽁디약은 비록 인간의 생물학적 조건을 중시했으나 선천성을 부정하고 의식현상의 발생과정을 탐구하려는 의도 때문에 본능적으로 보이는 현상들까지도 외적 감각과 그것의 습관으로 설명하는 경향이 있었다. 까바니스는 이러한 꽁디약의 난점을 보완하여 내적 감각을 인정

---

32. 이 문제에 대해서는 Georges Le Roy, *L'Expérience de l'effort et de la grâce chez Maine de Biran*, Paris, Boivin, 1937, pp. 50~51을 보라.

33. Pierre-Jean-Georges Cabanis, *Rapports du physique et du moral de l'homme*, 2e mémoire §4 (*Histoire physiologique des sensations*) dans les *Œuvres philosophiques de Cabanis*, Corpus général des philosophes français, t.XLIV, Paris, PUF, 1956.

하는 감각주의를 주창한다.

데스뛰 드 트라씨는 "관념학"idéologie이라는 말을 처음으로 소개하고 규정한 사람이다.[34] 이 말은 무엇보다도 인간 정신의 분석을 지시하기 위해 만들어졌다. 거기에는 로크나 꽁디약에게서처럼 원인이나 본성이 아니라 지각들과 관념들 그리고 인간 정신의 작용들에 철학적 탐구를 국한해야 한다는 의미가 들어 있다. 이처럼 드 트라씨는 관념들을 분석하고 정신작용의 범위와 한계를 제시하는 심리학적 측면에서 꽁디약의 작업을 완성하려고 노력하였다. 또한 그는 다른 방면에서 꽁디약의 철학에 새로운 발견을 첨가하였는데 그것은 프랑스철학사에서 매우 중요한 의미를 갖는다. 우리는 꽁디약이 외적 대상의 인식에 있어서 운동하는 촉각의 역할을 강조한 것을 보았는데 드 트라씨에 의하면 촉각보다도 운동의 역할이 훨씬 더 중요하다. 촉각은 그 자체로서는 수동적 감각이다. 촉각이 운동과 결합할 때 비로소 능동적으로 외부세계의 인식을 할 수 있게 된다면 이때 우리를 외부로 인도하는 것은 운동이지 촉각이 아니라는 것이다.[35] 꽁디약은 운동과 촉각의 결합을 중시했고 이렇게 결합한 운동적 촉각이 다른 감관들을 교육시킴으로써 그것들을 외적 대상의 인식에 참여하게 한다고 주장한다. 그러나 드 트라씨는 촉각을 포함하여 각 감관들을 교육시키는 것이 바로 운동이라고 한다. 이렇게 해서 우리는 각 감관의 능동적 사용 이면에 '운동의 의식'conscience du mouvement을 갖는다. 드 트라씨는 이를 운동성motilité이라고 명명하고, 우리는 이러한 운동성을 느끼

---

34. 관념학(idéologie)은 오늘날 자주 사용되는 이데올로기라는 말의 근원이기는 하지만 당시에는 오늘날과 같은 의미를 포함하고 있지 않으므로 '관념학'으로 번역한다.

35. Antoine-Louis-Claude Destutt de Tracy, *Mémoire sur la faculté de penser*, Corpus des Œuvres de philosophie en langues françaises, Fayard, 1992, p. 40.

는 특별한 감관을 갖고 있지 않다는 사실로부터 이를 "절반의 감각능력"la moitié de la faculté de sentir혹은 여섯 번째 감각sixième sens이라고 부른다.[36] 우리는 오늘날 운동감각이라는 생리학 용어를 잘 알고 있는데 드 트라씨가 이를 여전히 다른 감각들과의 관계 속에서 설명한 것은 그가 꽁디약의 감각주의의 한계를 벗어나지 못했음을 보여 준다.

운동성은 드 트라씨에 있어서 외적 대상의 저항을 느끼게 해 주는 감각이다. 꽁디약은 운동적 촉각이 단단함 혹은 저항의 감각에 마주칠 때 서로를 배제하는 느낌 속에서 외적 대상을 인식한다고 하였다. 드 트라씨는 단단함의 감각과 저항의 감각을 구분한다. 단단함의 감각은 뜨거움, 차가움, 부드러움 등과 같이 수동적 촉각의 작용에서 느껴진다. 여기에 운동성이 결합할 때 저항의 감각이 드러난다. 따라서 단단함이 아니라 저항이 외부인식의 열쇠가 되는 감각이다. 앙리 구이예H. Gouhier의 지적처럼 드 트라씨에 있어서 물체는 더 이상 연장성이 아니라 "저항하는 장애물"l'obstacle qui résiste로 나타난다.[37] 게다가 드 트라씨는 운동성을 특징짓기 위해 노력effort이라는 말을 사용하기도 한다. "운동성은 우리에게 노력과 저항 사이의 관계를 드러내 준다."[38] 드 트라씨가 고안한 이 모든 개념들은 이후 멘 드 비랑의 유심론에서 중요한 역할을 한다. 그러나 드 트라씨는 감각주의의 테두리에서 벗어나지 못했고, 자신의 발견들이 꽁디약의 감각론을 보충하는 것으로 생각하였다. 실제로 까바니스와 드 트라씨는 각각 내적 감각과 운동감각을 소개하여 심리생리학사에서 볼 때 감각을 받아들이는 생리적 기능인 감수성sensibilité 개념의 지평을 넓혀준 공로를 인정

받고 있다.[39]

보네, 까바니스, 드 트라씨와는 달리 멘 드 비랑은 꽁디약의 철학을 다른 각도에서 이어받고 있다. 멘 드 비랑은 이데올로그들의 유물론적 성향에 반대하고 유심론spiritualisme적 관점에서 새로운 철학적 여정을 시작한다. 그는 꽁디약에게서 모호하게 나타난 의지의 개념과 드 트라씨의 노력의 개념의 인간적 의미를 강조함으로써 정신주의 철학의 길을 연 사람이다. 사실 꽁디약의 철학에서 우리가 부각시킨 능동성 개념의 인간적 의미를 꽁디약 자신이 완벽하게 의식하고 있었는지는 의문이다. 오히려 꽁디약은 생명성의 차원에서 시작하여 인간에 이르는 길을 추적하는 데 더 관심이 있던 것처럼 보인다. 꽁디약의 철학을 감각주의나 유물론으로 이해하는 것이 지나친 단순화의 오류를 범하는 것은 바로 그 때문이다. 그러나 인간의 고유한 자유와 능동성을 자신의 철학의 원초적 사실로 삼은 멘 드 비랑조차도 꽁디약에 대한 이러한 오해에서 자유롭지 못했다. 비랑의 꽁디약 이해는 이데올로그들의 그것을 물려받고 있으며 심지어 이를 더욱 강조하는 경향마저 보인다. 사정이 어떻든 간에 비랑 철학 자체의 영향력 때문에 꽁디약의 철학이 프랑스 철학사 속에서 외면당해 왔던 것도 사실이다. 이 때문에 꽁디약과 비랑의 관계는 매우 복잡한 것일 수밖에 없고, 따라서 이들의 관점에 대한 더 많은 비교 연구가 필요할 것으로 보인다.

---

39. Gouhier, *Les Conversions de Maine de Biran*, p. 144.

3장　　　　사유하는 주체에서 의지적 주체로

― 멘 드 비랑

마리-프랑수아 삐에르 공띠에 멘 드 비랑
Marie-François Pierre Gontier Maine de Biran
1766~1824

멘 드 비랑은 18세기 후반에서 19세기 초반까지 활동한 철학자이다. 당대의 유물론적 생리학을 비판하고 생기론의 생명 개념을 받아들이면서도 이에 머물지 않고 의식의 주관적 사실을 강조하여 독특한 자아의 철학을 세운다. 서양철학사의 굵은 줄기를 따라가 본다면 주관적 자아의 발견으로 근대철학의 아버지로 불리는 데까르뜨R. Descartes 철학과 일맥상통하는 면이 있는 반면 그 반대편에 서 있는 경험론의 후예들의 직접적 영향을 받고 있기도 하다. 무엇보다도 프랑스의 전통적 감성주의자들인 빠스깔B. Pascal, 루쏘J-J. Rousseau의 정신에 충실하다. 이러한 다양한 스펙트럼에서 볼 때 멘 드 비랑의 철학을 특정한 사조로 간단히 평가하기는 불가능하다. 라베쏭F. Ravaisson은 멘 드 비랑을 '실증주의적 유심론'이라는 새로운 철학 사조의 창시자로 평가하는데 이것은 경험론 전통을 수용하면서도 외적 관찰로 완벽하게 설명되지 않는 의식과 정신의 본성을 전제하는 태도를 지칭한다. 따라서 그의 철학은 이원론이다. 멘 드 비랑은 우리에게 낯선 철학자이며 거의 알려지지 않았다고 해도 과언이 아니다. 따라서 우리는 멘 드 비랑의 생애와 철학의 특징을 간략히 살펴보고 나서 주요 주제별로 그의 철학의 내용을 고찰하기로 한다.

1절 멘 드 비랑의 생애와 작품

빠스깔과 루쏘를 잇는 프랑스의 내면적 감성의 철학자 마리 프랑수아 삐에르 공띠에 멘 드 비랑Marie François Pierre Gontier Maine de Biran은 1766년 11월 프랑스 남서부에 위치한 귀엔 지방의 베르쥬락Bergerac이라는 작은 도시에서 태어나 1824년 빠리에서 사망했다.[1] 그가 살았던 시대는 프랑스혁명과 공포정치, 나뽈레옹 독재와 제국주의 전쟁,

왕정복고가 숨 가쁘게 교차한 격동기였다. 하지만 지방의 유복한 부르주아 집안에서 태어난 비랑은 정치적 열정과는 별 관계없이 자신에게 주어진 임무를 충실히 수행하는 가운데 지방의 행정관, 도의원, 군수, 베르쥐락의 의원으로 대부분의 생애를 보냈으며 말년에는 빠리로 가서 12년간 정치생활을 경험하기도 했다. 그러나 그의 철학은 이런 외적인 공무와는 거의 관련이 없으며 단지 철저하게 개인적인 내면의 목소리에 귀를 기울인 결과로서 나타난 것이다.

멘 드 비랑은 다소 병약한 체질로 인해 항상 몸 상태에 신경을 써야만 했으므로 매우 예민한 감성의 소유자였다. 그는 자신의 생리적 상태에서 감정적, 도덕적 상태까지 전 과정을 끊임없이 관찰하고 반성하면서 인간 내면의 관찰자임을 자부하였다. 의사였던 부친의 덕으로 일찍부터 생리학 공부를 할 수 있었던 것은 이런 관심을 학문적으로 연결시키는 데 도움이 되었다. 후에 비랑이 정신과 육체의 관계를 탐구하는 데 몰두했던 것도 이런 배경에서 비롯한다. 이처럼 비랑의 철학은 자연적으로 우러나오는 내적 호기심을 충족시키는 데서 출발한다. 그는 공적 활동을 하는 노중에 틈틈이 자신과 친분이 있는 학자들과 함께 〈베르쥐락 의학학회〉를 창설하여 정기적으로 발표회를 가졌고 빠리에서는 마담 엘베씨위스Helvetius의 쌀롱에서 데스뛰 드 트라씨A. Destutt de Tracy, 까바니스, 루아예-꼴라르P.P. Royer-Collard 등 당대의 철학자들과 접촉하며 철학적 토론에 활발하게 참여했으며, 전기동역학Electrodynamique의 창시자인 앙뻬르A-M. Ampère와 오랜 서신 교환을 통해 서로의 사상을 주고받기도 했다.

---

1. 공띠에 드 멘 드 비랑이 성이다. 그러나 보통 멘 드 비랑이라 부르고, 연구자들은 더 줄여서 비랑이라고 부르기도 한다.

비랑이 자신의 내면적 관찰에서 가장 먼저 주목한 것은 신체적 정념affection이나 감정 그리고 생리적 고통에 종속된 노예적인 상태이다. 그는 마음속에서 끝없이 생겨나는 수동적 정념들과 이를 극복하려는 능동적 의지 사이의 대립을 목격하며 이것을 단순히 이성의 합리적 결단에 의해 해결하기보다는 각각의 상태를 면밀히 관찰하고 비교하는 데 집중한다. 개인적인 측면에서 볼 때 그의 철학은 어떻게 하면 이러한 갈등에서 벗어나 내면의 평정함과 고요한 행복에 도달할 수 있을까를 고심하는 가운데 형성되었다고 할 수 있다. 이러한 내면적 성찰은 빠스깔과 루쏘의 감성과 유사한 면이 있다. 빠스깔은 합리적 이성 이전에 존재하는 자연적 감정, 그 부패되지 않은 순수성에 기반을 둔 '섬세의 정신'을 강조하며 그것이야말로 인간 존재의 근본을 이룬다고 보았다. 루쏘 역시 학문적 언어로 표현되기 이전의 자연 상태인 감정적 요소들을 인간의 본래적 상태로 보았고 문화로 포장된 세련된 인간의 모습은 겉치레에 불과하며 게다가 문화는 인간을 타락시키는 주원인이라고 생각했다. 실제로 비랑의 사색에서 가장 큰 원천이 되고 있는 것은 루쏘의 자연주의 사상이다. 철학을 생업으로 삼았던 것이 아니기에 비랑은 동시대의 사상을 자신에게 강요할 필요가 없었고, 따라서 그는 빠스깔이나 루쏘를 정신적 스승으로 삼고 그들과 끊임없는 대화를 통해 자신의 사색을 풍부히 전개해 나갈 수 있었던 것이다.

비랑이 자신의 사상을 세상에 알리게 된 것은 당대의 유명한 한림원Académie — 빠리 한림원과 베를린 한림원, 코펜하겐 한림원 — 들의 철학 논문 현상공모에 응모하여 차례로 수상하게 된 데 기인한다. 수상한 비랑의 작품들은 『사유에 미치는 습관의 영향』1802, 『사유의 분해에 관한 논고』1804, 『직접적 통각에 관하여』1807, 『인간의 정신과 신체의 관계』[1811] 등 네 권이다. 이후 1812년에 비랑은 그때까지 쓴 글들을 정리하여 『심리학의 기초들에 관한 시론』이라는 제목 아래 자신의 사상을 완성된 체계로 정리하고자 시도하지만 생전에 출판되지는 못했다. 비랑의 글은 『사유에 미치는 습관의 영향』을 제외하고는 대다수가 미출간 원고로 남아 있었기 때문에 그의 사후에 세심한 편집 작업이 뒤따랐다. 그의 사후 약 한 세기를 두고 꾸쟁V. Cousin, 나빌E. Naville, 티쓰랑P. Tisserand, 구이예H. Gouhier, 아주비F. Azouvi 등에 의해 주석과 재편집이 계속 이루어져 오늘날에는 거의 완성된 전집이 출간되었다.

2절 철학적 여정

내면적 관찰에서 유래하는 멘 드 비랑의 철학적 관심은 언제나 인간의 문제에 집중되어 있다. '인간은 하나의 통일체인가? 아니면 두 종류의 실체로 이루어져 있는가?', '인간은 정신인가? 신체인가?', '인간과 세계의 관계는 어떠한가?' 이러한 물음들이 그가 자신의 철학의 전 과정을 통해 해답을 찾고자 노력한 것들이다. 일핏 보면 형이상학적인 이 물음들에 대해 비랑은 사변이 아닌 내적, 구체적 관찰에 의존하고 이를 당대의 과학적 성과들에 비추어 나름대로 학문적 의미를 부여하고자 했다. 그러나 멘 드 비랑은 빠리 한림원의 공모에 응함으로써 체계적인 철학적 사색을 시작했기 때문에 외면적으로는 당시 철학계의 문제의식에서 자유로울 수 없었다고 해야 하겠다. 이렇게 해서 비랑의 사상은 서양철학사에 합류할 기회를 발견한다. 철학계에 막 들어선 비랑은 당대의 경향에 무관심할 수 없었고 이의 영향으로 본격적인 철학수업을 하게 되는데 사람들은 이를 멘 드 비랑의 경험론 시기 또는 초기 철학으로 규정한다.

꽁디약E.B. de Condillac의 사상은 그의 사후 18세기 초까지 프랑스에 광범위한 영향을 행사하였다. 꽁디약은 데까르뜨의 선천주의를 비판하고 로크J. Locke의 경험주의를 받아들이면서 이를 보완한 감각주의적 입장을 수립한다. 당시 프랑스 철학계는 꽁디약의 후예인 데스뛰드 트라씨와 까바니스 등에 의해 경험론적이고 유물론적인 경향으로 기울고 있었다. 혁명의 사상으로 기능을 했던 계몽주의적 유물론의 색채는 이들에 와서 다소 누그러지고 로크, 꽁디약을 잇는 인식론적 문제였던 관념의 탐구가 철학적 탐구의 주종을 이루었다. 1799년 비랑이 빠리 한림원에서 처음으로 접한 문제는 '사유 기능에 미치는 습관의 영향은 무엇인가'였다. 관념의 기원을 본유적인 것이 아니라 경험적인 것으로 볼 때 인식은 관념들의 결합에서 유래할 수밖에 없다. 그런데 경험론적 맥락에서 관념들은 필연적 방식으로 결합하는 것이 아니라 습관적 방식을 따른다. 따라서 습관의 작용방식을 알아내는 것이 중요한 주제로 등장한다. 비랑은 여기에 자신의 필생의 문제였던 마음의 수동성과 능동성이라는 두 조건을 축으로 해서 문제를 풀어나간다. 즉 비랑은 당대의 학문적 배경 위에서 자기 자신의 사색을 토대로 새로운 철학을 모색하고 있었던 것이다. 이렇게 해서 빛을 본 비랑의 최초의 저서가 『사유기능에 미치는 습관의 영향』1802(이후부터 『습관에 관한 논고』로 줄임)이다.

이 책의 출판 이후 마음의 능동성과 수동성을 두 축으로 해서 심화되는 비랑의 철학적 사유는 차차 데까르뜨의 철학적 작업을 닮아간다. 비랑은 데까르뜨가 가장 확실한 지점을 발견하기 위해 주관적 의식의 영역으로 들어간 것을 높이 평가한다. 데까르뜨는 외적인 관찰 방법으로는 파악할 수 없는 의식의 고유한 주관성, 즉 주체의 능동적 직관을 문제 삼은 점에서 이전의 철학들과는 완전히 다른, 근대의 고유한 철학적 태도를 확립했다. 그러나 데까르뜨는 그 이념의 천재성에 비해 실질적 내용에 있어서는 사유하는 주체의 추상적 직관에만 머물렀다는 것이 비랑의 생각이다. 사유하는 주체는 의식 내면의 생생한 움직임을 보지 못하고 형식적 체계 구성의 토대가 될 뿐이다. 비랑은 이렇게 형식성과 추상성에 사로잡히지 않은 의식의 고유한 특성을 발견하려 하며 그것을 의지적 운동이라는 구체적 경험에서 찾는데 이것이 비랑 철학의 두 번째 시기를 구성한다.

1803년 프랑스 한림원은 "사유의 기능들을 올바로 분해하라"는 주제를 공모에 부친다. 이 주제는 감각습관들로부터 인식기능들의 기원과 발생을 탐구한 꽁디약의 작업의 연장선상에 있으며, 사실 비랑의 작업을 염두에 두고 있다. 꽁디약이 감각이라는 단일한 기원으로부터 논리적이고 분석적인 방식으로 진행한 사유기능에 대한 탐구를 멘 드 비랑이 『습관에 관한 논고』에서 선보인 원리들에 의해 개선할 것을 기대한 것이다. 비랑의 첫 저서는 경험론자들이 제기한 문제들 위에서 구성된 만큼 거기에는 그 자신의 독창적 입장과 방법은 적극직으로 드러나지 않기에 비랑은 자신의 고유한 관점을 살려 좀 더 심화된 연구를 하기로 한다. 그래서 그는 1804년 『사유의 분해에 관한 논고』를 완성하여 한림원으로부터 다시 한번 수상의 영광을 안게 된다. 『습관에 관한 논고』에서 운동적 활동성과 감성적 활동성이라 명명한 것을 여기서는 인간 본성을 이루는 두 근본적인 요소들 즉 의지적 운동성과 수동적 정념affection으로 새롭게 정의하고 이것들을 내적 감관 혹은 반성의 기능에 의해 단번에 파악되는 것으로 전제한다. 사유의 실제적 분해를 목표로 한 비랑의 작업은 이처럼 우리 내면의 능동성의 경험과 수동성의 경험을 두 축으로 해서 이루어지는데 여기에는 그것들이야말로 피상적인 외적 감각보다 더욱 실제적인 경험이라는 확신이 있다.

　이 책에서 내적 감관 또는 내적 관찰을 중시하는 것은 비랑이 분석적이고 경험적인 태도에서 종합적이고 반성적인 방법으로 극적인 변화를 시도하는 것으로 평가된다. 이 태도는 비랑이 규정한 '심리적 인과성'의 문제로 연결된다. 그는 결과에서 원인으로 나아가는 외적인 경험적 방법과는 반대로 우리 자신이 결과를 산출하면서 단번에 스스로를 하나의 원인이나 힘으로 느끼게 되는 내적인 경험을 제시한다. 이것이 반성 작용 즉 심리적 인과성을 특징짓는다. 이는 추상적인 것이 아니라 현실적으로 우리가 신체를 능동적으로 움직일 때 일어나는 근육의 노력에서 관찰된다. 따라서 비랑에게 의지적 운동은 가장 근본적인 내적 경험이 되고 이 경험을 심화시킬 때 의식의 원초적 사실에 접근할 수 있다.『사유의 분해에 관한 논고』이후 비랑은 베를린 한림원이 공모에 부친 '직접적 통각에 관하여'(1807년)라는 문제에 도전하고 수상하면서 전통적인 철학적 문제에 본격적으로 접근하게 된다. 그러고 나서 1811년 코펜하겐 한림원이 공모한 '인간의 정신과 신체의 관계'라는 주제로 다시 한 번 수상한 후, 1812년의 '심리학 기초들에 관한 시론'에서 비랑은 이제까지 개진된 자신의 사상을 체계적으로 종합하려 시도한다.

　두 번째 시기까지 비랑은 수동적 삶과 능동적 삶, 생리적 삶과 인간적 삶을 구분하여 인간이 가진 이원성을 극대화한다. 사실 인간은 한편으로는 생명성에 종속되어 있으며 다른 한편으로는 의지적, 정신적 능동성으로 대표되는 인간의 고유한 특성을 가지고 있다. 이 두 본성이 어떻게 인간 안에서 화해할 수 있는가? 비랑은 두 세계의 상관성을 설명하려 시도하나 결국 이원성은 극복될 수 없는 것으로 결론 내린다. 사상사적으로 볼 때 비랑의 생기론적 성향은 데까르뜨의 동물기계론이나 계몽주의자들의 유물론에 맞서 생명성의 독립을 확보하려는 시도이며 의지적 노력의 철학은 인간을 생명성으로만 해석하는 생리학주의에 대한 반발로 볼 수 있다. 이러한 두 시도가 일관된 체계 속에서 종합되지 못한 채 비랑은 그의 철학에서 새로운 변화를 겪게 된다.

『심리학 기초들에 관한 시론』 이후 비랑은 새로운 문제에 주의하게 되는데 이것은 1816년 이후에 쓰인 일기를 중심으로 전개된다. 비랑의 일기에서는 그가 아주 어린 시절부터 능동성과 수동성의 대립 즉 통제하기 어려운 신체적, 감정적 문제들과 이를 제어하려는 의지적 노력의 대립으로 갈등을 빚으면서도 끊임없이 마음의 평정과 행복을 갈구하는 태도를 엿볼 수 있다. 이런 측면에서 의지의 노력을 중심으로 한 인식론적 철학은 이러한 대립과 갈등에 대한 능동적 의지의 실행을 통한 해결이라고 볼 여지가 있다. 그러나 말년의 일기를 보면 이러한 심리학적 태도가 그에게 진정한 행복과 마음의 고요를 주지는 못한 것으로 보인다. 비랑은 인간이 확고한 자기제어의 욕구 외에 어떤 절대적인 것을 향하는 성향이 있다고 결론을 내리게 된다. 의지적 노력의 철학은 신체와 의지의 불가분성을 전제하기 때문에 신체에서 벗어난 정신 작용의 산물이라고 할 수 있는 절대적 존재에 대한 순수한 희구를 설명할 수 없다. 따라서 비랑은 신체와 하나로 연결되어 있는 심리학적 상태가 아니라 거기서 분리된 신비적 경험을 추구하게 된다.

서양 역사의 전통에서 신비적 존재에 대한 경험이란 기독교적 색채를 띠기 쉽다. 비랑 역시 절대적 존재를 추구하면서 그것을 신이라고 부르며 이에 기독교적 속성을 부여하기를 꺼리지 않는다. 기독교적 신의 모습은 은총이나 계시로 나타난다. 신과 단독으로 마주한 인간의 영혼은 계시나 은총 앞에서 이를 그저 받아들이는 수동적 태도를 취할 수밖에 없다. 이렇게 해서 비랑은 절대자 앞에서 인간이 다시 한 번 수동성의 경험을 하게 된다고 한다. 물론 이 수동성은 생리학적 상태에 종속된 수동성과는 다르다. 전자는 자아를 초월하는 것이며 후자는 자아에 아직 미치지 못한 상태이다. 도덕과 종교의 원천은 자아를 초월하는 데 있으며 마음의 평정은 거기서만 도달될 수 있다.

이처럼 비랑의 마지막 시기의 철학은 그 자신이 일생 동안 고심해 왔던 행복의 문제로 끝이 난다. 비랑은 중기까지의 자신의 이원론에 또 하나의 차원을 추가한 셈이다. 각 단계가 다른 단계들을 부정하지는 않지만 이 세 차원의 철학은 서로 본질적인 관련을 맺고 있지는 않음으로 해서 비랑 철학에 어려움을 더해 준다. 그러나 생리적, 인간적, 정신적 혹은 신적 단계를 향한 비랑의 끊임없는 도약의 시도는 그 자신의 인생 여정과 철학적 여정의 일치를 보여 준다는 점에서 의미가 있다고 할 수 있다. 다만 여기서는 전기와 중기의 심리생리학적이고 인식론적인 내용에 집중하기로 한다.

3절 경험론 시기 - 감각이론과 습관이론

"습관은 제2의 본성이다."라는 아리스토텔레스의 명구는 습관과 인간본성의 관계를 나타내 주는 모범적인 표현이다. 아리스토텔레스는 그의 『니코마코스 윤리학』에서 덕arete의 형성을 고찰하면서 습관hexis의 개념을 중심으로 논의를 전개하고 있다. 덕이란 일회적인 행위가 아니라 덕스런 행위들의 반복ethos에 의해 형성된다는 그의 지적은 습관이 덕의 형성에 본질적인 요소이며 이렇게 형성된 습관은 고정성과 항구성으로 특징지어지는 자연적 본성에 가까워진다는 것을 말해 준다. 습관은 인간의 능동적 노력 속에서 인간의 본성을 보완하고 완성하는 기제이며 행동의 내적 원리가 되기도 한다는 점에서 인간이 가진 미덕 중의 하나임에 틀림없다.

논의를 근대로 돌리면 우리는 습관의 문제가 흄$^{D.\,Hume}$의 회의론을 유도한 인과율 개념 속에서 다시 등장하는 것을 볼 수 있다. 단순한 반복적 행위를 나타내는 이와 같은 습관의 의미에는 현상의 원인이나 근거를 감추고 정신을 무의식적 자동주의로 이끄는 측면이 분명히 있다. 그러나 18세기 말에 시작된 프랑스 유심론 철학에 이르러 습관이라는 주제는 하나의 중요한 위치를 점하게 되는데 그것은 이 철학적 경향을 대표하는 세 사상가들 – 멘 드 비랑, 라베쏭, 베르그손 – 이 그들 나름대로의 독특하고도 심층적인 분석을 통해 습관의 주제에 특권적인 의미를 부여한 데서 기인한다. 이들은 습관이 단순한 반복적 행위를 넘어서서 정신의 구조 혹은 사유의 숨은 체계를 드러낸다는 것, 더 나아가 라베쏭의 표현에 따르면 현상과 실재의 매개 역할을 한다는 것을 보여줌으로써 습관에 철학적 의미를 부여한다.

이러한 문제의식은 로크의 경험주의적 관점을 물려받은 꽁디약에게서 유래한다. 인식의 원천으로서 감각 경험 이외의 것을 인정하지 않는 경우 인식의 발생 및 형성 과정은 감각과 그것의 습관으로 이루어질 수밖에 없다. 그러나 멘 드 비랑은 꽁디약의 감각이론이 내포하는 애매함을 지적하는데 그것은 무엇보다도 감각의 습관이 고차적 인식으로 되기 위해서는 몇 가지 선천적인 작용들을 인정해야 하기 때문이다. 이 과정에서 멘 드 비랑은 경험론의 전통을 벗어나는 단서를 발견하게 된다. 비랑은 인간의 여러 현상들 중에서도 습관만큼 그 폭과 깊이에 있어서 다양한 모습을 보여 주는 것은 드물다는 데 주목한다. 사실 신체의 운동들로부터 정신의 고차적 사유에 이르기까지 습관이 관여하지 않는 현상은 없다. 이러한 이유로 비랑은 습관의 탐구가 인간의 본성을 이해하기 위한 열쇠가 되는 작업이라고 생각하게 된다. 아리스토텔레스가 인간 본성을 완성하는 습관의 미덕을 강조했다면 비랑은 숨겨진 인간 본성을 드러내는 습관의 역할에 주목했다고 할 수 있겠다.

1. 감각과 지각의 구분 ─ 감성적 활동성과 운동적 활동성

감각의 분석은 경험론 전통에서는 인식론의 주된 탐구 영역이 되었다. 멘 드 비랑이 감각의 습관들을 관찰하기 전에 감각의 특성과 작용을 먼저 탐구한 것은 자연스런 순서이다. 왜냐하면 습관은 인간의 원초적인 특성이 아니라 이차적인 특성이기 때문이다. 감각의 분석을 시도하기 위해서 멘 드 비랑은 먼저 감각이라는 말을 분석한다. 꽁디약의 감각이라는 말에는 다양한 의미가 혼재되어 있으며 크게 두 가지 요소를 내포한다. 첫째로 인상impression을 받아들이는 능력과 두 번째로 감각을 느끼는 능력이 그것이다. 비랑은 우선 인상이라는 말을 "유기체의 일부에 가해진 대상의 작용"이라는 가장 일반적인 생리적 의미에서 정의한다.[2] 이는 꽁디약이나 이데올로그들에게서 통용되던 의미와 다르지 않다. 그러나 비랑은 다음과 같이 부연설명하고 있다. 인상을 받아들이는 능력은 "각 감각기관의 특수한 구성이나, 거기에 적용된 대상들의 작용방식으로 인해 각 감각기관에서 다른 방식으로 변형된다"(MH, 133). 즉 감각을 느끼는 과정은, 인상을 받아들이

---

2. Pierre Gontier de Maine de Biran, *Influence de l'habitude sur la faculté de penser, Œuvres* t. II, Paris, Vrin, 1987, p. 148 이 책에는 두 가지 판본이 있는데 우리는 두 번째 판본을 인용한다. 또한 이 책은 『습관에 관한 논고』(*Mémoire sur l'habitude*)로 줄여서 표시하기도 하는데 우리는 이의 약자를 따서 MH로 표기하며 본문에 쪽수를 표시한다).

는 감각기관 또는 인상을 야기하는 대상의 특성에 의해 다르게 나타난다. 당연하다. 대상이 다르면 감각도 달라지고 동일한 대상이 주어져도 감각기관의 특성에 따라 다르게 느껴질 것이다. 이 과정에서 멘드 비랑은 인상을 수동적이거나 능동적인 두 종류로 구분한다. 주체가 아무런 작용을 하지 않은 채로 감성적sensitive이고 정념적affective인 변양들을 느끼는 경우 인상은 수동적이고, 감각 속에서 주체가 능동적으로 작용을 할 때 느껴지는 인상은 능동적이다. 게다가 대부분의 경우 수동적 인상들과 능동적 인상들은 함께 나타난다. 예를 들면 우리가 능동적으로 손을 움직여 어떤 물체의 형태를 촉지하는 경우에도 이러한 능동성의 의식과 상관없이 대상이 가진 단단하거나 부드러운 성질들을 느낄 수 있다. 전자가 주체의 운동적 활동이라면 후자는 정념적 활동이다. 따라서 비랑은 인상들 속에 수동성과 능동성이 뒤섞여 있다고 전제하고 이 중에서 정념이나 감성적 특성들이 우세할 때 이를 감각이라 하고 운동적 특성들이 우세할 때 이를 지각이라 부른다.

멘 드 비랑은 감각과 지각이 어떻게 다른지를 상당히 명확히 보여준다. 감각과 지각의 의미는 철학사에서 오랫동안 혼동되어 왔기 때문에 지각의 인지적 특성에 대한 설명은 모호하게 남아 있던 것이 사실이다. 데까르뜨는 이원론의 입장에서 지성의 지각을 감각지각으로부터 명백히 분리하였으나 아리스토텔레스와 경험론에서는 그것을 감각의 한 측면으로 간주하였다. 지각과 감각의 관계는 특히 경험론 철학의 중요한 논의 주제였다. 그러나 감각과 지각은 대부분의 경험론자들과 꽁디약이 생각했듯이 정도차만 갖는 것이 아니라 근본적으로 다른 두 작용이다. 비록 그것들이 거의 언제나 함께 나타난다 해도 두 작용은 인간의 서로 다른 본성에 기인한다는 것이 비랑의 생각이다. 비랑은 수동적 인상들은 '감성적 활동성'l'activité sensitive과 관계하는 것으로 보고 능동적 인상들은 '운동적 활동성'l'activité motrice과 관계하는 것으로 본다. 이 두 종류의 활동성의 존재는 이 단계에서는 하나의 가정에 불과하다. 비랑은 인상 속에서 능동성과 수동성을 구분해서 파악하는 것을 "내적 감관"le sens intime의 작용이라 한다(MH, 34). 그의 반성철학을 예고하는 이 개념은 그가 이미 꽁디약과 이데올로그들의 경험주의를 뛰어넘고 있다는 것을 보여 준다. 비랑은 수동성과 능동성의 이원성에 관한 자신의 가정이 감각작용에 대한 면밀한 연구에서 증명될 수 있을 것으로 생각한다. 무엇보다도 그가 강조점을 두는 것은 운동적 능력과 관련된 능동성의 경험이다. 비록 꽁디약이 지각에서 의지의 능동적 작용을 관찰했지만 비랑에 의하면 그것이 수동적 감각에서 발생한 것으로 본 데에 그의 오류가 있다.

2. 감각의 분석에서 의지적 노력과 정념적 성질

비랑은 꽁디약의 『감각론』이 가장 미천한 감각인 후각에서 출발하여 가장 상위의 감각인 촉각에 도달한 것과는 반대로 촉각의 관찰에서 시작한다. 그것은 꽁디약처럼 가장 하위의 감각에서부터 오성의 고차적 기능들과 인식을 발생시키는 인위적 시도에서 벗어나 현존재자인 인간의 정신기능을 그 자체로 관찰하려는 의도에서이다. 비랑의 감각 분석은 까바니스가 발견한 '본능적 혹은 생리적 감수성'과 드 트라씨가 제창한 '의지적·운동적 노력'이라는 두 개념에 의해 주도된다. 이것들은 위에서 비랑이 제시한 감성적이고 운동적인 두 활동성과 밀접한 연관이 있다. 비랑에 의하면 다섯 가지의 외적 감각들은 정도차는 있으나 이 두 가지 본성을 공유한다. 어떤 감각은 단지 수동적이고 또 다른 감각은 단지 능동적인 경우란 없다. 버클리G. Berkeley와 꽁디약은 촉각을 운동성과 결합시켜 대상인식에 대한 특권을 부여했으나 사실은 모든 감각이 감수성과 운동성을 가지며 단지 그것들의 비율에 따라 감각적 특성과 지각적 특성이 다르게 나타나는 것이다.

촉각은 의지적 운동의 인상이 가장 명확하게 나타나는 감각이다. 촉각적 인상들에서는 두 다른 측면이 관찰된다. 첫째로 내 신체의 일부가 부드럽거나 거친 혹은 뜨겁거나 차가운 다른 물체와 접촉할 경우 나는 단지 즐겁거나 고통스러운 감각을 느낄 뿐이며 내가 느끼는 감각적 변양들로부터 나라는 의식은 구분되지 않는다. 그러나 내 손 위에 하나의 단단한 물체가 놓인다면 나는 그것이 야기하는 감각적 변양들뿐만 아니라 내 힘과 대립하는 다른 힘의 존재를 느낀다. 내가 능동적으로 손가락이나 팔을 움직일 때 즉 의지적 운동을 할 때 그 운동이 다른 저항하는 장애물에 의해서 갑자기 중단되는 것을 알 수 있다. 나라는 의식은 여기까지 가능하며 이제부터는 "내가 아닌 어떤 것"의 작용을 받게 된다(MH, 137). 그래서 의지적이고 운동적인 노력은, 주체와 저항하는 장애물 간의 상관관계를 통해 자아의식을 정초한다고 할 수 있다. 인식은 주체와 대상의 상관성에서 생겨난다. 로크의 소박한 실재론의 오류는 수동적 주체가 외적 대상을 직접 인식할 수 있다고 본 데 있고, 버클리의 주관적 관념론의 오류는 저항하는 장애물조차 주관적 자아의 감각으로 환원한 데 있다. 비랑의 의지적 노력의 개념의 장점은 인식에 있어 주체의 능동적 본성을 충분히 드러내면서도 관념론적인 구성으로 나아가지 않고 경험에 충실하다는 점에서 찾을 수 있을 것이다. 이런 점에서 어떤 연구자는 노력의 개념을 오늘날 현상학적 의미에서 '지각적 지향성'l'intentionnalité perceptive의

선구적 개념으로 간주하기도 한다.[3]

시각 기관은 가장 섬세한 감수성을 가지고 있으며 빛의 자극에 직접 노출되어 있다. 그러나 거기에서도 운동성의 역할을 감지하는 것은 어렵지 않다. 대상을 파악하기 위한 의지적 운동은 두 방식으로 수행된다. 첫째로 눈은 대상을 향해 초점을 고정시키거나 방향을 잡기 위해 눈꺼풀을 여닫거나 눈동자를 움직이는 등 근육 운동을 수행한다. 이렇게 함으로써 눈은 빛에 대한 감응도를 조절하고 대상의 색조와 형태를 판별한다. 두 번째로 시각은 촉각과의 연합에 의해서 더욱 확고한 인식기능이 된다. 사실 시각이 촉각과 연합하지 않는다면 그것은 대상 인식에 있어서 훨씬 더 모호하고 수동적인 역할에 머무를 것이다. 시각 기관의 운동은 그 자체로서는 대상의 저항에 접할 수 없으며 단지 시각기관 주위의 근육적 저항과 마주칠 뿐이기 때문이다. 그러나 촉각은 촉각기관의 운동과 대상의 저항에서 지각한 성질들을 시각적 인식에 전달해 주어 시각이 모호하게 인식한 것을 확고한 것으로 만들어 준다.

청각 기관은 일핏 보기에는 특히 수동적인 기관인 것처럼 보인다. 소리는 기관의 감수성을 자극할 뿐 들리기 위해 의지적 운동을 필요로 하는 것처럼 보이지 않는다. 그러나 비랑은 주체가 소리를 들을 때 수동적으로 있을수록 그것의 음색이나 내용은 명확하게 구분되지 않는다는 것을 지적한다. 단순히 듣는 것이entendre 아니라 명확하게 듣기écouter 위해서는 고막에 다양한 정도의 긴장을 전달해야 하는데 그것은 미세한 근육섬유의 운동을 수반한다. 물론 이러한 근육섬유의 운동들은 고도의 의지적 노력에 상응하는 것은 아닐지 모른다. 그렇

---

3. Gilbert Romeyer-Dherbey, *Maine de Biran*, Paris, Seghers, 1974, p. 112.

다고 해서 그것이 완전히 수동적으로 일어난다는 것도 있을 수 없는 일이다. 청각 기관은 무엇보다 성대 기관과의 연합에 의해 운동성을 획득한다. 비랑은 우리가 소리를 지각할 때 그것을 성대 기관이 내적으로 반복하고 있다고 주장한다. 성대 기관의 내적인 운동은 자신의 운동성을 청각에 전달함으로써 소리를 구분하게 한다는 것이다. 따라서 비랑은 다음과 같이 말한다. "우리가 말하는 것이 우리가 듣기 때문이라면, 우리는 말하는 만큼만 듣는다는 것도 사실이다"(MH, 144). 실제로 말하는 능력과 듣는 능력의 상보적 관계는 오늘날 잘 알려져 있어서 청각과 성대기관의 연합은 심리생리학적 사실로 인정된다.

미각과 후각에 있어서도 미세한 정도나마 운동성이 작용한다. 가령 미각은 그것이 가진 감수성 외에도 촉각의 능동적 운동에 비교할 수 있는 혀의 운동을 바탕으로 이루어진다. 후각에서 의도적 주의는 호흡 운동의 리듬과 맞물려 있다. 그러나 이것은 무엇보다 수동적인 감각으로서 유기체의 본능적 감수성과 가장 많이 연결되어 있다. 꽁디약이 이러한 후각으로부터 시작해서 지성의 작용들을 연역해낼 수 있다고 한 것은 그야말로 경험주의자의 오만이라 하겠다.

오관의 기능들로부터 각각 감수성과 운동성의 역할을 분리한 비랑은 이에 기초하여 감각과 지각의 관계를 다음과 같이 규정한다. 즉 지각은 감각과 반비례해서 발달한다는 것이다. 감각의 감성적이고 정념적인 특성이 너무 강할 때는 지각은 약화되며 반대로 그것이 약화될 때 지각이 명확해진다. 예를 들면 너무 강한 빛은 눈으로 하여금 물체를 제대로 알아볼 수 없게 하며 너무 강렬한 소리는 명확하게 파악되지 않는다.

그런데 인상들은 우리 내부에서 바로 사라지지 않고 어떠한 성향이나 기억으로 남아 있다. 비랑은 이를 "규정들"les déterminations이라 부른다. 흥미로운 것은 우리가 이 규정들을 다시 떠올릴 때도 능동성과 수동성은 여전히 작용한다는 것이다. 약화된 감각들인 감각적 규정들이 어떤 원인에 의해 떠오를 때 주체는 처음과 마찬가지로 수동적으로 남아 있다. 그러나 지각적 규정들이 떠오를 때 주체는 자신이 처음의 인상 속에서 행했던 의지적 운동들을 생각 속에서 반복한다. 가령 주체가 촉각에 의해 구면체를 능동적으로 지각한 후 그때 느낀 인상을 다시 떠올릴 때 "그는 말하자면 생각에 의해서 부재하는 구면체를 촉지한다"(MH, 150). 이때 작용하는 의지적 운동은 대상의 저항에 직면한 강제적 운동이 아니라 자신의 근육적 저항과 더불어 생각 속에서 전개되는 비교적 자유로운 운동이다. 즉 여기서 작용하는 것은 실제의 운동이 아니라 운동적 기억이며 이것이 바로 '관념'의 본성을 이룬다. 그러나 관념과는 달리 시각적 이미지가 주체의 능동적 작용 없이 떠오르는 작용을 비랑은 "상상력"이라 명명한다. 따라서 상상력은 무엇보다도 수동적 기능이다.

3. 감각과 지각에 미치는 습관의 영향

동일하거나 유사한 감각들이 반복되는 것을 감각습관이라 한다면 그것은 어떤 결과를 초래하게 될까? 드 트라씨는 감각들에 미치는 습관의 영향이 두 대립되는 결과들로 나타난다는 것을 지적한 바 있다. 즉 어떤 감각은 반복되고 연속됨에 따라 최초의 강도가 점차 약화되고 점차 소멸하는 반면 어떤 것은 그 명확도가 증가한다는 것이다.[4] 예를 들어 맛있는 음식이라도 반복해서 먹게 되면 시간이 지남에 따

---

4. Destutt de Tracy, *Mémoire sur la faculté de penser*, pp. 163~164.

라 미각의 강도가 떨어지는 반면 혼란스러운 그림이라도 반복해서 감상하면 무언가 명확한 내용을 파악할 수 있다. 이러한 현상은 꽁디약의 감각이론으로서는 설명하기 힘들다. 꽁디약에게 모든 감각은 반복되면서 점차 고차적인 기능으로 된다. 따라서 습관은 감각에게 오로지 유익한 결과만을 가져온다. 멘 드 비랑은 이 모순된 듯 보이는 결과는 인상들을 감각이라는 단일한 범주로 보면 해명할 수 없다고 본다. 그래서 인상들을 감각과 지각으로 나눌 경우 강도의 점진적 약화는 무엇보다도 감각습관에 해당하고 명확도의 증가는 지각 습관에 해당한다고 주장한다.

감각습관과 생명 원리|le principe vital

미각, 후각 그리고 촉각에서도 수동적인 부분은 반복되면서 감각습관에 이른다. 감각의 강도는 점차 줄어들기 마련이다. 이것은 외적 원인에 의해 자극된 감각이 시간이 지나거나 반복됨에 따라 다시 평형을 찾고 본래의 상태로 돌아오는 것과 관련이 있다. 가령 우리의 신체는 언제나 일정한 온도를 유지할 뿐만 아니라 갑작스런 추위나 더위 같은 조건에 직면해도 곧 적응하는 것을 볼 수 있다. 최초의 자극이 점차 약화되는 것은 감각적 쾌락의 경우에 특히 그러하다.

감각습관의 원인을 설명하기 위해 비랑은 생리학자 바르테즈P. J. Barthez의 생기론生氣論, le vitalisme적 가설을 빌려온다. 감각의 분석에서 제시된 감성적 활동성은 여기에 기반을 둔다. 바르테즈는 생명체가 자신의 삶을 유지하기 위해 생명원리의 지배를 받는다고 주장한다. 이것은 생명체의 내부에서 기관들의 조화로운 기능을 담보하는 원리로서 생명체의 평형을 위협하는 자극이 있으면 이를 점차 완화시켜 본래의 상태로 돌아가게 하는 역할을 한다. 감각이 점진적으로 약화되는 현상은 바로 생명원리의 작용에 따른다. 생명원리에 바탕을 둔 감성적 활동성은 의식되지 않는 가운데 자신의 독특한 법칙에 따라서 작용한다는 점에서 운동적 활동성과는 명백히 다르다. 이처럼 비랑은 생기론자들과 더불어 생명체가 의지적 운동과도 무관하고 기계적 작용에도 종속되지 않는 독자적 원리를 가진다는 입장을 수용하고 있다.

그런데 여기에도 예외가 있다. 본능적 기능들 중에서는 반복되거나 연속됨에도 불구하고 언제나 자극에 대해 새로운 감수성을 유지하는 것들이 있다. 예를 들면 위에서 나타나는 식욕은 음식의 자극이 매끼 반복되더라도 결코 그 강도가 감소되지 않는다. 이것은 자극이 생명체의 본성의 요구에 따를 때 일어나는 일이다. 습관은 생명체의 본성과는 이질적인 자극에 대해서만 그 강도를 약화시킨다. 예를 들어 끼니와 상관없이 나타나는 너무 잦은 음식의 자극은 식욕을 감퇴시키기도 한다. 그래서 비랑은 까바니스와 더불어 습관의 영역과 본능(본성)의 영역을 구분한다. 습관은 본성 위에서 작용하지만 본성을 변화시키는 것은 아니다. 꽁디약이 생명체에서 운동과 감각 기능 이외의 모든 것을 습관으로 설명했을 때 그는 생명체가 가진 대부분의 본능적 활동조차 습관으로 환원시키는 경향이 있었다. 비랑은 습관이 감각에 미치는 영향을 탐구함으로써 유기체 내에서 의식되지 않는 생리적이고 본능적인 영역을 잘 드러내 준다. 꽁디약은 로크가 감각 기능 이외의 내적 인식기능 즉 반성을 선천적인 것으로 인정했다고 비판하였으나 그 자신은 감각기능의 존재 근거를 명확히 설명하지 못했다. 비랑은 비록 생기론적 가설에 의지하고 있지만 인간이 무엇보다 생리적, 본능적 존재라는 것을 주장하고 감각의 작용을 이에 근거하여 해명하고 있다.

지각습관과 운동적, 의지적 노력l'effort moteur volontaire

갓 태어난 어린아이는 모든 자극에 무방비 상태로 노출되어 있어 정상적인 지각활동을 할 수 없다. 이것은 어린아이가 지각을 할 수 있기 이전에 일정 기간 감각적 활동만을 한다는 것을 의미한다. 즉 감각적 수준에서의 적응은 지각을 하기 위한 필수조건이다. 지각의 형성 조건을 알기 위해서는 이와 같은 발생학적 측면 외에도 앞 장에서 고찰한 감각과 지각의 반비례 관계에 주목해야 한다. 감각이 습관에 의해 약화될 때만 지각습관이 생겨날 수 있다. 따라서 감각습관과 지각습관은 대립되는 성격에도 불구하고 상보적인 관계에 있다고 할 수 있다.

앞서 우리는 지각이 운동적 활동성 또는 의지적 노력에 기인한다는 것을 보았다. 지각에 미치는 습관의 효과는 이러한 능동적 운동성을 조직화하는 것이다. 그 결과 지각은 신속성, 정확성, 용이성을 획득하게 된다. 어린아이의 지각발달은 바로 이러한 과정을 밟는다. 어린아이는 시각기관을 자유자재로 움직이고 촉각의 운동을 시각적 내용과 연합하는 습관을 늘일 때 능동적인 시지각습관을 형성할 수 있다. 감각들의 연합 습관에 대해서는 로크와 버클리, 꽁디약을 거쳐 이미 상세한 탐구가 진행되었다. 이들은 감각 또는 지각이 성인의 경우 무수한 반복적 습관과 교육에 의해 형성된다는 것 즉 감각의 발생적 측면을 강조하였다. 그러나 비랑은 여기서 감각과 지각의 차이를 밝혀내고 지각이 특별히 운동적 노력이라는 인간의 또 다른 근본적 본성과 관련된다는 것을 보여 주고 있다.

그런데 지각의 습관들이 내포하는 유익한 효과는 한 가지 다른 효과를 수반한다. 그것은 지각을 형성하는 데 요구되었던 운동적 노력이 초기의 강도를 점차 약화시킨다는 사실이다. 노력의 감정은 우리가 근육 운동을 행사할 때 근육의 저항을 극복하는 데서 느껴지는 것이다. 따라서 운동이 조직화되고 효율이 증가함에 따라 근육의 저항이 약해지고 노력은 점차 줄어든다. 이렇게 해서 우리는 일상생활에서 특별한 노력 없이도 습관적으로 지각을 할 수 있게 된다. 그런데 노력의 감정도 일종의 감정이라는 점에서 비랑은 그것의 약화를 시간과 더불어 점차 무디어지는 감각습관의 결과에 비교한다. 실제로 습관적인 지각은 그 인지적 특성을 제외한다면 무의식적인 감각에 비교될 만하다. 그러나 이것이 둘 사이의 동근원성을 말하는 것은 물론 아니다. 비랑에게서 이 문제는 인간본성에 관한 이론에서 중요한 쟁점을 차지하기에 진지한 고찰을 필요로 한다.

비랑은 여기서 하나의 생리학적 비유를 끌어들인다. 즉 습관화된 지각의 배후에는 지각을 이루는 운동성이 기계적으로 되어 생리적 운동에 가까워진다는 것이다. 가령 심장이나 위장, 횡격막 등 생체의 여러 기관들은 의지적 노력이 없이 거의 자동적인 운동을 하고 있으며 어떤 점에서는 인간의 의식과 무관한 고유한 생명을 지니고 있는 것처럼 활동한다. 이것들이 각기 생명적 운동의 "자연적 중심"을 이룬다면 습관적 운동들은 "힘들의 인위적 중심"이 된다는 것이다(MH, 178~179, note). 더 나아가 비랑은 기계적이 된 지각습관의 운동들을 그가 감각습관의 원인으로 지목한 생기론적 가설, 즉 유기체의 일반적 감수성을 유지하는 생명원리의 작용에 비유하기까지 한다. 이러한 유비관계가 설명해 주는 것은 무엇인가? 그것은 우리가 의식에서 무의식, 의지에서 본능으로 점진적으로 이행할 수 있다는 것을 말해 주는가? 이 문제는 의지와 본능의 관계를 해명하지 않고는 대답될 수 없는 문제이다.

4. 인간의 이원성

멘 드 비랑의 『습관에 관한 논고』에서 운동적 본성과 생리적 본성의 이원성은 단순한 가설을 넘어서서 감각과 지각에 대한 그의 분석을 이끌어가는 지도이념이다. 습관의 두 대립된 결과는 위 두 본성의 차이에 기인한다. 의지적 운동성은 지각의 명료함을 기초할 뿐 아니라 인간의 반성적 의식을 규정하기에 이른다. 이는 동물적 욕구에 기초하는 본능적 활동성으로 환원될 수 없다. 의지는 무엇보다 능동성의 양태이며 능동성 자체가 스스로 수동성으로 된다는 것은 모순이다. 따라서 습관적 운동은 어떤 경우에도 본능적 운동으로 될 수 없다. 따라서 의지적 운동들이 반복에 의해 무의식적이 된 경우와 본래부터 무의식적인 본능적 운동들은 겉보기의 유사성에도 불구하고 그 근원이 다르다. 그렇다면 이러한 유사성은 어디서 유래하는 것일까? 비랑은 이 문제에 대해 세심한 분석을 하지는 않는다. 습관과 본성의 관계에 대해 나중에 라베쏭은 흥미로운 비유를 제시한다. 습관은 본성의 위에서 이루어지고 또한 끊임없이 본성을 모방한다. 그러나 습관은 인위적으로 획득되는 것이어서 본성과 완벽하게 같게 될 수는 없다. 이것을 라베쏭은 "습관은 의지의 본성에 대한 미분법"이라고 표현한다.[5] 즉 본성을 의지의 함수로 미분한 것이라는 의미다.

인간의 독특한 점을 무시하고 모든 것을 생명원리로 환원하는 생기론적 입장에 선다면 의지적 노력은 당연히 생명원리에 종속될 것이고 따라서 그것이 약화된다는 것은 생명원리의 작용으로 간주될 것이다. 그러나 그 경우에는 인간의 특성인 반성적 의식은 설명할 방법

---

5. Félix Ravaisson, *De l'habitude*, Paris, Alcan, 1933, p. 40.

이 없다. 인간성과 동물성이 생명성에 있어서 하나의 원리simplex in vitalitate로 설명되는 것이다. 인간의 능동성에 대한 명백한 확신을 가지고 있는 비랑으로서는 이를 생명적 자발성으로 환원할 의도는 조금도 없는 것처럼 보인다. 의지와 본능이라는 두 원리는 인간에게 선천적으로 주어진 것으로 간주된다.

이 점에서 그는 꽁디약과도 갈라진다. 꽁디약은 감각과 본능적 운동들만을 선천적인 것으로 인정하고 그 외의 모든 정신적 기능들과 관념들, 인식들을 감각습관으로 설명한다. 그 과정에서 그는 동물적 본성에 기인하는 현상들조차 감각습관으로 설명하는 오류를 범하기도 했다. 까바니스가 지적한 생리적 현상들이 그런 것들이다. 이런 오류는 사실 기계론적 유물론의 입장에서는 사소한 것일지도 모른다. 생명체가 기계라면 감각과 운동능력만을 가진 기계이든, 거기에 어떠한 생리적 본성이 내장된 기계이든 결국은 기계일 뿐이다. 물론 꽁디약은 다른 계몽주의자들과 달리 동물을 기계로 환원하지 않았다. 그의 장점은 감각에서 출발하면서도 정신의 고차적 인식기능과 인식의 발생을 설명하려 시도한다는 점이다. 선천주의에 대한 경험주의자들의 반발은 데까르뜨가 주장한 바와 같은 본유관념들에 국한된다면 정당할지도 모른다. 비랑은 합리론에 대한 경험론의 이러한 비판을 공유하고 있으나 다만 꽁디약은 의지적 운동성 혹은 노력으로 나타나는 인간의 능동적 본성이 선천적이라는 것을 간과했다고 비판한다. 즉 비랑은 선천적 인식들을 부정하는 데 있어서는 꽁디약을 이어받으면서도 인간의 능동성과 이원성을 인정하는 점에서는 그를 넘어서고자 한다.

인간의 근원적 이원성에 대한 비랑의 견해는 그의 형이상학적 전제인지 아니면 단지 심리생리학적 고찰에 머무는 것인지 여기서는 분명치 않다. 이원론적 관점이 인간의 내부에서 서로 대립하는 두 원리들의 갈등으로 나타날 때 이는 종종 화해하기 어려운 형이상학적 갈등으로 귀결된다. 그러나 비랑은 이 문제를 아직은 순수히 형이상학적인 것으로 다루지는 않으며 꽁디약과 같이 발생학적 관점에서 의지와 본능의 관계를 추적한다. 『습관에 관한 논고』의 한 각주에서 비랑은 다음과 같이 말한다.

> 감성적 존재자의 최초의 운동들은 본능에 의해 결정된다. 본능은 모든 획득된 인식이나 의지와는 무관한 아주 실제적인 내적 힘으로 나타난다. 그러나 본능적 운동들에 잇따라 행해지며 특별히 의지에 영향을 미치는 운동들이 본능적 행위에 의해 일어날 때는 (우리가 노력이라 부르는) 특별한 인상에 의해 경고받는다. 이 인상은 그 근원에 있어서 더욱 강렬하기조차 하다. 그런데 이 인상의 특성은 우리가 그 인상을 재생할 수 있는 힘을 가지고 있다는 느낌이 없이는 그것을 느낄 수도 구별할 수도 없는 것이다. 의지가 출현하는 것은 바로 이러한 힘의 의식 혹은 기억으로부터이다.(MH, 139)

인용문에 의하면 본능적 운동들은 의지가 깨어나기 위한 재료를 제공한다. 의지는 본능적 운동들에 의해 자극되어 회고적으로 그것들을 의식하고 기억함으로써 깨어난다. 따라서 의지는 꽁디약에게서와는 달리 본능으로부터 자연적으로 생겨나는 것이 아니라 그 근원이 다르며 어떤 시점에서 본능적 활동을 대체한다. 본능적 운동들 속에는 기억도 의식도 없다. 그러나 그것이 반복됨에 따라 우리의 뇌는 자발적인 운동들을 행하기 위해 필요한 "규정들"을 습득한다.[6] 규정들은 앞서 본 바와 같이 의식된 기억이 아니라 인상이나 운동의 흔적이 뇌

중추에 남아 있는 상태를 말한다. 이 규정들은 일종의 무의식적 습관으로 작용하면서 의지에 봉사하는 매개적 역할을 한다. 『심리학 기초들에 관한 시론』에서 비랑은 이러한 규정 혹은 습관을 의지를 예고하는 일종의 자발성spontanéité으로 본다.7

이처럼 습관은 본능적 운동들과 관련해서 의지의 발생을 돕는 자발성으로 기능한다. 자발성은 생명적 본성에 속하는 것으로 의지가 보여 주는 명백한 의식을 갖고 있지는 않으나 의지와 소통할 수 있는 기능이다. 아마도 비랑이 지각이나 운동 습관이 자동적으로 됨에 따라 무의식적으로 되어 가는 과정을 감각습관의 생명원리의 작용에 비유했을 때 그는 이러한 생명적 자발성의 매개적 역할을 염두에 두고 있는 듯하다. 자발성은 분명 의지는 아니지만 본능 그 자체도 아니면서 의지를 일깨우는 역할을 한다. 그것은 무의식적으로 된 습관적 운동들 속에서 약화된 노력의 의식이 언제든지 의지의 힘에 의해 깨어날 수 있다는 사실을 보여 준다. 다시 말하면 운동 속에서 약화된 노력은 잠정적인 정지상태로서 원하는 순간에 깨어날 수 있거나 아니면 새로운 의지적 노력의 작용에 협동한다. 그것은 능동성의 도약의 필요조건인 것이다.

이렇게 해서 노력은 비록 그 강도가 약화될지라도 언제나 우리의 능동적 인식을 기초한다. 습관은 노력의 능동성 자체를 약화시키는 것이 아니라 일시적으로 노력의 감정을 무의식적이 되게 하여 그것이 반성적 의식의 명확한 표상을 가질 수 있는 조건을 마련하는 것이다.

---

6. 같은 책.

7. Pierre Gontier de Maine de Biran, *Essai sur les fondements de la psychologie, Œuvres de Maine de Biran*, t. VIII, édition Tisserand, Paris, Alcan, 1932, p. 198. 이 책 『심리학 기초들에 관한 시론』을 인용할 때 본서에서는 띠쓰랑의 판본을 참고하였으나 브랭 출판사의 새로운 판본이 나와 있다. Maine de Biran, *Œuvres* t. VII, Paris, Vrin, 2001.

습관이 약화시키는 노력은 처음에는 내적인 근육적 저항과 관련된다. 자동적으로 된 근육 운동들의 용이성으로 인해 이제 우리의 노력은 외부 대상을 향하면서 그것이 가진 외적 저항에 직면하고 대상의 성질들을 지각할 수 있게 된다. 또한 이러한 외적 지각이 자동적으로 되는 것은 더 명확한 지각을 위한 바탕이 된다. 노력은 약화와 각성의 연속적 상태를 경과하면서 지각의 발달을 가능하게 한다.

5. 생리학과 관념학의 결합

습관에 관한 멘 드 비랑의 이론은 그의 고유한 철학을 형성하는 데 있어서 과도기적인 역할을 한다. 여기서 비랑은 당대의 생리학과 이데올로그들의 관점을 대부분 수용한다는 점에서 시대적 문제의식에서 크게 벗어나 있지 않으면서도 나중에 발전하게 될 자신의 고유한 철학의 씨앗을 제시하고 있다. 초기에 비랑은 이러한 의도를 생리학과 관념학idéologie의 결합이라 표현한다. 생리학은 인간 안에서 작용하는 기본적인 생명적 현상을 다루며 관념학은 관념들의 발달 과정에 따른 인간 정신의 탐구를 목표로 한다. 생리학은 18세기에 이미 활발하게 발전하고 있었고 비랑은 생기론자들과 더불어 이를 충분히 활용하고 있다. 관념학은 로크, 버클리, 꽁디약을 거치는 경험주의적 태도에서 나온 인간 정신의 탐구이며 비랑이 철학에 본격적으로 입문하게 한 계기가 되었다. 생리학과 관념학의 결합은 생명성과 정신성이라는 인간의 이중적 모습을 하나로 통일하려는 그의 노력을 표현한다. 이것은 결국 비랑의 의도가 감각론의 심화나 습관 이론에 한정된 것이 아니라 전체로서의 인간을 탐구하는 인간학science de l'homme에 있었다는 것을 보여 준다.

후에 비랑은 자신의 독창적 관점 속에서 인간학을 생리학과 심리학의 결합 또는 생리학과 형이상학의 결합이라는 말로 표현한다. 비랑은 심리학이라는 용어를 프랑스에 널리 퍼뜨린 장본인이기도 하다. 물론 당시에 비랑이 그 용어로 지시한 것은 일차적으로 내적 세계의 관찰에 기초한 존재와 인식의 기초를 세우는 것이며 따라서 경험론의 전통을 뛰어넘는 새로운 정신주의의 전통을 창시한 계기로 작용했다. 그러나 다른 한편 비랑은 습관 이론에 기초한 인간의 생리적이고 무의식적인 영역을 탐구함으로써 20세기 초의 프랑스 심리학자 삐에르 자네P. Janet에게 영향을 주었다. 자네는 멘 드 비랑이 연구한 비의지적 영역을 "잠재의식"le subconscient이라는 말로 표현하며 이를 실험적으로 증명하기도 했다. 이 점에서 비랑은 문자 그대로 프랑스 심리학의 선구자라고 할 수 있다.[8] 이처럼 비랑 철학이 미친 효과는 그의 철학 자체가 그러한 것처럼 이중적이다. 이것은 그의 철학의 동기가 애초부터 인간을 어느 한 측면에 한정하지 않고 전체로서 이해하려는 의도에서 비롯했기 때문이다. 습관에 대한 탐구는 그 폭과 깊이에 있어서 이러한 요구를 동시에 충족시켜 주는 주제로 생각되었다. 습관은 생리적 작용, 감각, 지각, 고차적 정신기능에까지 관여하는 다양한 현상이다. 따라서 습관의 규칙과 작동기제 그리고 그것이 인간 본성과 맺는 관계를 탐구함으로써 다양한 차원에서 인간을 총체적으로 파악할 수 있다는 것이 그의 생각이었다. 이렇게 볼 때 비랑의 초기 입장과 나중의 입장은 방법론상의 차이나 주제의 심화에 있어서 차이가 있지만 인간에 대한 총체적 파악이라는 본래적인 의도에 있어서는 연속적이라고 볼 수 있다.

---

8. Alexis Bertrand, *La Psychologie de l'effort*, Paris, Alcan, 1889, p. 26.

4절 의지의 철학과 수동적 신체

잘 알려져 있듯이 서양 근대철학의 태동기에는 새롭게 등장한 과학적 탐구를 정당화하는 일이 철학적 작업의 동기이자 그 형성 과정의 거대한 동력이 되었다. 조금 나중이기는 하지만 멘 드 비랑의 철학도 예외라고는 할 수 없다. 비랑의 중심적인 철학적 입장을 구성하는 의지의 철학은, 자연과학이 틀을 잡고 이미 근대적 세계관으로 굳어진 18세기 후반에서 19세기 초반 사이에 이루어졌으며, 그것이 인간학의 관점에서 과학적 사유의 근거를 묻는 작업으로부터 시작하는 점에서 어느 정도 칸트I. Kant의 작업에 비교될 수 있다. 다른 한편 이 시기는 의학과 생리학이 초석을 다지고 분류학, 발생학, 진화론 등의 분야에서 생물학적 사유가 태동하는 때이기도 하다. 특히 생리학에서는 이미 17세기부터 기계적 방법론이 도입되어 연구되기 시작했다. 비랑이 의사의 아들로 태어나 어린 시절부터 수학과 생리학에 관심을 가지고 공부한 것이 나중에 그가 정치가와 행정가로 활동하면서도 당대의 철학적 문제들에 관해 숙고하고 글을 쓸 수 있는 바탕을 마련한 셈이 되었다.

근대 자연과학의 성격에 대한 이해는 데까르뜨의 수학주의적 세계관을 지지하는 합리론적 해석과 베이컨F. Bacon과 로크의 경험론적 해석으로 양분된다. 데까르뜨는 물체의 연장, 크기, 모양, 운동 등 기하학적 요소들만을 가지고 자연 현상을 설명하였으나 많은 상상적인 보조가설들로 인해 난관에 봉착했고 뉴턴I. Newton은 물체들 안에 인력이라는 비수학적 개념을 상정하여 그것을 토대로 물체들 간의 관계를 수학적으로 간략하게 기술하는 데 성공하였다. 뉴턴의 작업은 로크에게서 유래하는 경험론적 사고와 그 자신의 고유한 실험적 방법에서 도움을 얻었으나 수학적 체계의 통일성에 있어서는 합리론의 이상에 가까운 성과를 달성한다. 18세기 중반 프랑스에는 볼떼르, 디드로 D. Diderot, 달랑베르 등의 계몽주의자들이 빠리를 중심으로 데까르뜨의 수학적 기계론의 바탕 위에서 뉴턴의 동역학적dynamique 기계론을 널리 받아들이고 있었다. 후에 라쁠라스P.S. Laplace, 1749-1827는 이러한 전통을 더욱 밀고 나가 천문학에서 결정론적 체계를 세우면서 이신론을 비롯한 어떤 타협도 불허하는 완벽한 무신론적 유물론으로 당대 과학문화의 한 장을 장식하게 된다.[9]

이와 같은 분위기에서 비랑은 구이예가 그렇게 칭하듯 "시골의 이데올로그"[10]로서 빠리의 학계를 지배하던 흐름에서 다소 자유로울 수 있었다. 그가 당대의 과학적 사고를 비판적 안목에서 볼 수 있었던 상황에는 이러한 환경도 한몫을 할 것이다. 비랑은 데까르뜨의 사유 실체가 구체적 인간을 배제하고 이루어졌을 뿐 아니라 인간의 신체조차도 동물기계론의 관점에서 왜곡된 모습으로 파악된다는 것을 강조하면서 독자적 관점에서 이를 종합적으로 설명하려고 시도한다. 그뿐만 아니라 뉴턴 과학의 체계에서 물질적 대상에 전제된 힘이나 중력의 개념 그리고 현상들의 인과적 연결에 대한 설명이 인간을 포괄할 수 있는가 하는 문제에 비랑은 의문을 표시하고 의지의 철학의 관점에서 새로운 인과론을 제시한다. 우리는 우선 비랑의 입장을 조명하

---

9. 라쁠라스에 대해서는 로저 한(Roger Hahn)의 논문을 참고하는 것이 유익하다. 「라플라스와 기계론적 우주」, 『신과 자연(하) : 기독교와 과학 그 만남의 역사』, 데이비드 C. 린드버그·도널드 L. 넘버스 엮음, 박우석·이정배 옮김, 이화여자대학교출판부, 1999, 371~375쪽 (God and Nature : Historical Essays on the Encounter between Christianity and Science, Edited by David C. Lindberg and Ronald L. Numbers, University of California Press, 1986).

10. Gouhier, Les Conversions de Maine de Biran, p. 155.

기 위해 그의 내적, 심리적 인과성의 개념을 소개하고, 두 번째로 유물론적 생리학이 인간 신체의 현상들을 설명하는 방식에 어떤 문제가 있는지, 비랑은 어떤 식으로 당대의 과학주의적 사고의 한계를 극복하고 있는지를 살펴보도록 하자.

1. 심리적 인과성

기계론적 인과성과 생산적 인과성

뉴턴은 데까르뜨주의자들이 중력 개념의 본성을 묻는 질문에 "나는 가설을 만들지 않는다."라는 말로 대답했다. 이 말은 근대과학의 탄생 이래 오늘날까지도 과학적 개념들의 본성에 대한 성급한 철학적 설명을 유보하는 신중한 태도의 근간을 이룬다. 실제로 뉴턴의 동역학적 기계론이 지배적 세계관이 된 후 자연 현상에 대한 형이상학적 설명은 현저하게 그 설득력을 잃고 만다. 근대 합리주의 형이상학은 신을 제1원인으로 전제하는 데서 중세적 전통으로부터 결정적으로 벗어나지 못한 면이 있다. 그러나 자연의 진행에 관한 한 데까르뜨와 뉴턴의 기계론적 입장, 특히 우주의 진행에 엄격한 결정론적 체계를 제시한 라쁠라스에 이르러 인과적 기계론은 점차로 거부할 수 없는 세계관으로 확고하게 자리 잡는다.

일상화된 원인이라는 말은 아리스토텔레스의 4원인 중에서 "운동인"causa efficiens의 개념에 근거를 두고 있는데, 이 개념은 중세를 거치면서 특정한 결과를 낳는 생산적 힘으로 이해되었고 근대 초까지 여전히 생생한 의미를 간직하고 있었다.[11] 데까르뜨는 이와 같은 원인을

---

11. 원인 개념의 역사적 변천에 대해서는 이태수의 다음 논문 참조, 「아리스토텔레스의

세계의 궁극적 존재 근거로서의 신에게 부여했고 일반적으로 합리론 철학자들은 최종 원인으로서의 신을 인정한다. 그러나 다른 한편 세계의 운동을 오로지 수동적 물체들의 충돌 법칙으로만 설명하는 데까르뜨의 기계론에서는 능동적 힘과 같은 원인이 개입할 여지는 없다. 데까르뜨는 최종 원인으로서의 신이 자연계에 개입하는 것을 거부함으로써 철저한 기계론을 수립할 수 있었던 것이다. 동일한 목적은 아니지만 말브랑슈N. Malebranche는 데까르뜨의 입장을 이어받아 현상들의 인과관계를 기회원인occasion으로 설명하는데, 이 관점이 흄에게 이어진 것으로 알려진다. 잘 알려진 것처럼 흄은 현상세계에서는 사건들의 연속만을 관찰할 수 있으며 인과율의 관념은 우리의 신념과 같은 심리적 태도에 불과하다고 말한다. 결국 데까르뜨나 말브랑슈, 흄에게서 공통적으로 자연 세계의 진행을 설명하는 인과성의 개념은 현상들의 기계적 연결을 지시하는 것에 불과하다. 물론 이러한 기계적 연결을 주도하는 자연법칙의 필연성과 확실성을 보장하는 문제에 이르러 흄은 다른 두 합리주의자들과 달리 회의주의를 견지한다는 차이가 있을 뿐이다.

이처럼 인과성의 개념은 현상들의 설명에 관한 한 별다른 역할을 하지 못하는 것으로 보인다. 그렇다면 그것은 러셀이 말하듯이 거짓 개념에 불과한 것일까?[12] 러셀에 의하면 과학에서 중요한 것은 법칙성이지 인과성이 아니다. 멘 드 비랑은 초기 저서에서 인과성에 대한 불가지론의 입장을 보이고 있다. 또한 물리적 힘들에 관한 한 우리는 그 근거를 알 수 없다는 뉴턴의 입장을 따르고 있기도 하다(MH, 132).

목적인과 운동인」, 『희랍철학연구』, 조요한 외 지음, 종로서적, 1988.

12. Bertrand Russell, "On the Notion of Cause", *Mysticism and Logic*, New York, Longmans Green and Co., 1919, pp. 207~208.

이런 태도는 그가 당시 지식인들을 따라 경험주의적 입장을 통해 철학에 입문한 결과이기도 하다. 그러나 이후 철학적 사색을 심화시키면서 비랑은 초기와는 반대 방향으로 입장을 전환하게 된다. 이른바 반성적 방법이라는 자신의 고유한 철학적 방법을 내세우며 외적 경험이 아닌 내적 경험에 귀 기울이게 되는 것이다. 그런데 비랑의 주장에 의하면 내적 경험의 고유한 특징은 힘과 같은 능동적 기능을 행사할 때 어떤 종류의 주체적 의식을 수반한다는 점이다. 따라서 기능/능력faculté이나 생산적 힘force productive과 같은 개념의 정확한 가치를 규정해야 하는데, 비랑은 이런 개념들이 전통적 의미의 인과성 개념의 다른 표현에 불과하다고 본다(DP, 309).[13]

따라서 그는 초기의 입장을 거부하고 데까르뜨주의자들이 뉴턴을 비판하는 것과 같은 방식으로 묻는다. 물체의 운동에서 우리에게 나타난 결과들에 머물 경우 원인이라는 말은 현상들의 항구적 연속을 나타내는 일반 용어에 불과하다. 그러나 그 경우 물체의 운동들을 규정하는 데 필수적인 힘과 같은 개념은 설명이 불가능한 신비적occulte 성질을 띠게 되지 않는가? 그러나 데까르뜨주의자들이 힘 개념의 신비적 성질을 비판하는 데 머물렀다면 비랑은 오히려 그것을 적극적으로 인정해야 한다고 보는 데서 차이가 있다. 이처럼 비랑은 현상의 결과들에 멈추지 않고 원인을 그 자체로 문제 삼을 경우 그것을 생산적 힘으로 받아들여야 한다고 주장한다. 오늘날 러셀의 말대로 과학적 설명에서는 실제로 인과성의 개념이 그다지 중요하지 않을지 모르지만 철학적 입장에서 볼 때 그것은 일면적 주장에 불과하다.

---

13. DP는 『사유의 분해에 관한 논고』의 약어로서 앞으로 본문에 그와 같이 표시한다. Pierre Gontier de Maine de Biran, *Mémoire sur la décomposition de la pensée* (1804), *Œuvres* t. III, Paris, Vrin, 1988.

왜냐하면 과학에서 사용되는 많은 용어들이 단순히 유명론적 본성을 가진다면 이해되기 어려운 부분들이 있는 것이 사실이고 유명론적 본성을 거부한다면 인과성에 어떤 내용을 부여할 필요가 있기 때문이다. 사실 라이프니츠는 이미 힘의 실체적 본성을 인정하고 이로부터 '활력Vis viva의 법칙'을 유도한 바 있다. 비랑은 내적 영역의 특수성을 주장함으로써 인과성의 개념을 다른 방식으로 옹호한다.

의지적 노력과 심리적 인과성

습관에 관한 첫 번째 저서에서 비랑은 원인의 개념에 대해 한 번 언급한 일이 있다. 그에 따르면 우리는 외부 대상에 우리 자신의 고유한 힘을 가하는 의지적 행동에서 스스로를 원인으로 느끼게 된다는 것이다(MH, 195). 이런 생각은 현상의 단순한 시간적 연결을 넘어서는 것이지만 당시 비랑은 경험주의적 관점에 서 있었기 때문에 자신의 관점의 독창성을 의식하지 못하고 있었다. 그러나 두 번째 저서에서 그는 외적 경험과 내적 경험의 영역을 구분하면서 내적 경험의 독특함을 인정하는 것이 중요하다고 말한다. 내적 영역은 반성적 의식의 영역이며 여기서는 결과들을 토대로 원인으로 거슬러 올라가는 것이 아니라 그와는 역방향의 과정이 일어난다. 그에 따르면 반성적 의식은 일반화되지 않고 "스스로 단순해지고 개별화되면서 원인 또는 작용하는 힘과 동일한 자아의 의식에 이르게 된다"(FP, 55).[14] 바로 거기서 현상들의 연속적 관계를 의미하는 물리적 인과성과는 본질적으로 다른 심리적 인과성을 발견할 수 있다.

---

14. FP는 『심리학 기초들에 관한 시론』의 약어로서 앞으로는 본문에 그와 같이 표시한다. Pierre Gontier de Maine de Biran, *Essai sur les fondements de la psychology*, *Œuvres de Maine de Biran* t. VIII, édition Tisserand, Paris, Alcan, 1932.

반성적 의식을 구성하는 내적 상태는 구체적으로 '의지적 노력'이라는 행위 속에서 나타난다. 노력의 행위는 단지 정신적 작용인 것만이 아니라 두 가지 구체적 작용을 수반한다. 그것은 "운동을 산출하는 힘으로서의 자아의식(의지)과 근육의 수축으로 느껴진 결과"의 동시적 출현이다. 이 두 요소는 상호 불가분적으로 연결되어 의지적 노력이라는 감정을 구성한다(FP, 332). 여기서 핵심은 의지적 행위와 근육운동의 상호불가분성이다. 의지는 신체적 운동에 연결됨으로써만 힘으로서 행사될 수 있고 바로 그것이 의지의 구체성을 보장한다. 반대로 노력을 이루는 근육운동은 무의식적인 기계적 운동이 아니라 의지 행위를 구성하는 본질적 요소가 됨으로써 단순한 생리적 운동과 구분된다. 이러한 노력의 행위가 심리적 인과성의 전형이 된다. 전통적으로 운동인에 부여된 신비적 힘과는 달리 비랑은 원인의 개념에 노력의 이원적 요소로 구성된 구체적 내용을 부여하고 있는 것을 알 수 있다.

그런데 노력의 구성요소의 이원성에 대해 당시에 비랑에게 이미 의문이 제기되기도 했다. 스탑페르P.A. Stapfer라는 학자는 인과성이란 원인과 결과 사이의 시간적 잇따름을 내포하는데 노력이라는 행위에서 나타나는 이원성이 불가분적이고 동시적이라면 그것은 시간적 인과성의 전형이 될 수 없다고 비판한 바 있다. 여기에 대해 비랑은 반성적 의식 속에서 나타나는 인과성을 외적 인과성과 구분해야 한다고 대답한다. 외적 인과성이 시간적 선후관계에 따라 일어난다면 내적 인과성은 힘을 산출하는 내적 의식 그 자체이다. 따라서 의지와 근육운동이라는 두 요소는 노력의 감정 속에서 동시적으로 나타나며 이 감정은 하나의 의식 사실을 구성하는 명증한 인식이다. "모든 생산적 힘은 본질적으로 그것이 나타나는 결과 혹은 현상과 동시적이다."[15]

이것은 내적 인과성이란 물리적 인과성과는 달리 시간적 질서에 속하는 것이 아니라는 주장이다.

비랑의 입장은 흄의 인과성에 대한 고찰에서 더욱 명확하게 드러난다. 감각적 소여들에 머물 경우 우리는 흄이 지적한 대로 원인이나 힘 또는 필연적 연관의 관념을 가질 수 없다. 언제나 같은 방식으로 나타나는 현상들을 관찰하면서 우리는 그것을 인과적 필연성으로 간주하는 습관을 형성할 뿐이다. 비랑은 흄이 인과적 필연성의 관념에 가한 비판의 위력을 칸트 못지않게 의식하고 있다. 그는 외적 경험만을 주어진 소여로 인정할 경우 흄의 통찰이 정당하다고 본다. 그러나 비랑은 내적 경험이라는 새로운 영역을 인정해야 한다고 주장한다. 흄은 우리가 의지적으로 우리 자신의 신체 기관을 움직이는 행위도 역시 외적 경험과 같은 방식으로 취급하는데, 비랑에 의하면 이것은 부당하다. 그러한 현상이 경험임에는 틀림없지만 외적 경험과는 본성이 다르다는 것이다. 그것은 주체가 자신을 능동적인 힘으로 의식하는 내적 감관의 '사실'이며 이는 외적 사실 못지않은 아니 그보다 더욱 명증한 경험이다. 흄은 우리가 이러한 능동적 경험을 할 수 있다는 것을 부정하는데, 비랑은 그것은 일종의 자가당착이라고 본다. 왜냐하면 그 경우 우리는 "우리가 능동적 힘의 경험을 가질 수 있는가"라는 질문 자체를 할 여지가 없어지기 때문이다(FP, 230). 자아가 의심한다는 사실을 의심할 수 없다는 데까르뜨의 통찰과 유사하게 비랑은 우리가 능동적 힘의 존재에 대해 말할 수 있다는 사실 자체가 우리 자신의 능동성을 증명해 준다고 믿는 것이다. 이것은 단순한 언어의 유

---

15. Pierre Gontier de Maine de Biran, "Réponse à Stapfer", *Œuvres choisies*, par Henri Gouhier, Paris, Aubier, 1942, p. 239.

희라고는 할 수 없겠다. 능동적 경험의 유무를 물을 수 있다는 사실을 수동적 경험이라고 할 수는 없을 것이기 때문이다.

물론 비랑의 능동적 경험을 인정할 수 있다고 해도 문제가 완전히 해결되는 것은 아니다. 비랑이 내적 경험과 외적 경험을 구분한 만큼 내적 영역의 인과성이 외적 경험에 적용될 수 있는가 하는 문제가 남아 있는 것이다. 스탑페르가 지적했듯이 노력의 행위에서 의지와 근육운동이라는 두 요소가 시간적 연속으로 나타나지 않고 동시에 능동적 힘의 사실을 구성한다면 그것이 외적 세계의 인과적 연결과는 무관할 수도 있기 때문이다. 이런 문제 때문에 브랭쉬빅L. Brunschvicg은 비랑이 심리적 인과성과 물리적 인과성이라는 두 종류의 인과성을 동시에 인정하고 있으며 전자에서 후자로 이행하는 것은 불가능하다는 지적을 한다.[16] 너무 성급한 결론이라고 본다. 이 문제는 나중에 좀 더 검토하기로 하고 비랑의 인과성 개념의 의미에 대한 간단한 평가를 하고자 한다. 나는 근대과학적 사유에 대한 비판적 안목을 드러내는 측면만을 놓고 볼 때 비랑의 입장은 충분히 설득력이 있다고 본다. 비랑의 철학 자체가 이원론적이어서 그것이 가진 문제는 분명히 지적될 수 있으나 과학주의적 일원론의 불완전함을 지적하기 위해서는 심리적 영역의 독자성을 보여 주는 것만으로도 충분하기 때문이다.

게다가 인과성의 관념에 대한 비랑의 통찰은 이것으로 끝나지 않는다. 현상들의 관찰 속에서 인과적 필연성을 찾을 수 없다는 흄의 논증에도 불구하고 우리 정신 속에 그 관념이 끊임없이 다시 떠오르는 이유는 무엇인가? 흄은 그것을 심리적 습관이나 신념에서 찾는다.

---

16. Léon Brunschvicg, *L'Expérience humaine et la causalité physique*, Paris, Alcan, 1922, p. 34.

그러나 인과성을 주관적 사실로 환원하는 것은 외적 사실의 설명에 대해서는 별 효력을 갖지 못한다. 이런 이유로 칸트는 인식의 초월론적 범주를 연역함으로써 인과성의 관념에 객관성과 보편성을 확보하고자 한 것이다. 비랑이 볼 때 흄이 외부세계가 아니라 심리적 영역으로 들어간 것은 올바른 길이었다. 그러나 흄은 앞서도 말했듯이 내적 영역을 외적 대상과 같은 방식으로 관찰했기 때문에 인과 개념의 핵심에 도달할 수 없었다. 반면 칸트는 인과의 원리를 내적 영역에 정초하고 인식의 구성에서 자아의 역할을 드러낸 것은 탁월하지만 그가 제시한 범주들은 선험적으로 주어진 것이며 우리에게는 단지 판단 형식에 근거한 추상에 의해 알려질 뿐이다(FP, 140~141). 비랑의 관점에서 볼 때 칸트는 반성적 방법을 올바로 실행하지 못했다. 비랑의 반성적 방법이란 내적, 구체적 경험에 의거하여 범주적 개념들의 기원을 밝히는 것이다.

이 문제는 앞서 본 것처럼 비랑의 내적 인과성 개념이 외적 인과성에 적용될 수 없다는 브랭쉬빅의 주장을 논파하는 데도 중요하다. 의지적 노력의 철학에서 개념의 범주들은 의식의 원초적 사실의 이원성이라는 구체적 사실에 기원을 둔다. 의지적 노력의 이원성은 우리의 관념 속에서 원인과 결과로 분해되어 외적 현상의 연속적 과정에 투사됨으로써 우리에게 세계 이해의 독특한 방식을 갖게 해 준다. 다시 말하면 비랑의 내적 인과성의 개념을 이루는 두 요소가 시간적 선후관계가 아니라 동시적이라고 해도 이를 외부 세계에 적용할 때 문제가 되지는 않는다는 것이다. 인과성의 범주를 논리적 차원에서 규정하고 이를 시간적 선후관계에 적용하는 것은 특이한 일이 아니라 오히려 대부분의 경우를 차지한다. 러셀이 말한 것처럼 과학에서 중요한 것은 인과성이 아니라 법칙성이라고 해보자. 이 법칙성은 논리적이고 수학적인 관계로 표현되며 이를 현상에 적용할 때는 시간적 선후 관계로 될 수밖에 없다. 결국 논리적이고 수학적인 법칙성의 모형은 어떤 형태로든 인과성을 포함하고 있다고 해야 이의 적용이 정당화될 수 있다. 비랑의 경우 원초적 사실의 체험은 단지 논리적이 아니라 실존적 직관에서 유래하지만 직관은 데까르뜨도 자신의 코기토의 체험에서 마찬가지로 주장하는 바이며 직관에 대한 강조는 인식론을 기초하는 모든 철학에서 필수적인 과정이라 할 수 있다.

이와 같이 의지적 노력은 우리의 실존을 근거 짓는 구체적 경험이기 때문에 인과성은 지성의 초월론적 범주가 아니라 실존과 동시적으로 생성된다. 비랑은 인과성의 심리적 기원을 묻는 점에서 흄에 가깝지만 의식의 능동적 성격을 인정하고 그로부터 범주적 개념들의 정초를 시도하는 면에서는 칸트의 작업을 닮고 있다. 그러나 칸트와 같이 범주들이 보편적이고 선험적인 형태로 주어진 것이 아니라 의식의 능동적 경험과 동시에 생성됨을 보여 주는 것이 차이라 할 수 있다. 물론 비랑에게는 의식의 구체적이고 개별적 특성에서 유래하는 심리적 인과성과 물리적 인과성 사이이 관계를 좀 더 정교하게 설명할 필요가 있는 것이 사실이다. 그러나 비랑은 데까르뜨나 칸트가 생각하듯이 현상 세계에 그렇게 엄밀한 수학적 법칙이 내재하고 있으며 우리가 어떤 방식으로든 이를 선험적으로 알 수 있다는 것에는 유보적인 입장이다. 그렇다고 해서 불가지론이나 회의론으로 가기보다는 비록 의지론적 입장이라 하더라도 우리가 왜 현상들의 진행을 인과적으로 파악하는가에 관해 설명을 제공하는 시도로서 의의가 있다고 하겠다.

2. 의식의 원초적 사실 ― 존재와 인식의 근거로서의 능동적 신체의 경험

멘 드 비랑의 철학은 의지적·운동적 노력을 의식의 핵심적 사실로 간주한다. 의지적·운동적 노력l'effort moteur volontaire이란 추상적 작용이 아니다. 그것은 무엇보다 신체의 존재 방식이자 활동 방식이기 때문이다. 신체는 우선 호흡, 소화, 순환과 같은 생리적 작용을 기본으로 한다. 그러나 이 작용은 신체를 유지하는 데 목표를 두고 일정한 규칙에 따라 행해지며 우리 의지가 이에 대해 직접적인 힘을 행사할 수 없다는 점에서 전적으로 생리학의 대상이다. 멘 드 비랑의 심신이론에서 신체성이 문제가 되는 맥락은 이와 같은 수동적 신체가 아니라 우리 의식에 현전하는 신체의 작용 즉 우리가 자유자재로 신체를 움직일 때 느껴지는 운동성의 감각이다. 전통적으로 철학은 신체에 대해 별로 관심을 두지 않았는데 현대에 와서 많은 사람들이 이에 주목하는 것은 실제로 이 운동성이 자아의 존재 의식이나 인식의 내용에 영향을 미치기 때문이다. 그렇다면 그 영향의 강도와 범위는 어떠한가? 운동성과 인식의 구체적 관계에 대해서는 오늘날 생리학과 심리학 혹은 심리생리학의 분야에서 다양한 연구가 진행되고 있다. 철학에서 취급할 수 있는 문제는 아마도 운동성에 기반한 신체성의 느낌이 자아의 고유한 주관적 체험이나 인식의 원리와 어떠한 관계에 있는가 하는 것이 될 것이다. 이 점이야말로 멘 드 비랑이 그의 필생의 문제로 삼았던 것이다. 그에게 있어서는 운동성의 의식이 주관적 자아의 존재론을 정초할 뿐 아니라 외부세계에 대한 인식에서도 핵심적 위치를 차지한다. 따라서 오늘날 프랑스철학과 심리학에서 신체성이 중요한 화두로 자리매김한 데는 일찍이 비랑의 선구적 역할을 들지 않을 수 없다.

비랑은 진리를 발견하기 위해 철저하게 주관성의 영역으로 들어

간다는 점에서 근대의 정통적인 문제의식과 태도를 이어받고 있다. 이 점에서 그는 누구보다도 데까르뜨의 후예이다. 비랑은 데까르뜨의 코기토에 해당하는 명증성을 "내감의 원초적 사실"le fait primitif du sens intime이라 부른다(FP, 26~27). 그러나 내감의 원초적 사실은 사유하는 자아가 아니라 신체를 가진 자아의 확실성에 기초한다. 데까르뜨의 더 이상 의심할 수 없는 사실로서의 진리는 어디까지나 순수사유의 작용이다. 그러나 비랑이 볼 때 신체의 의식을 완전히 제거하고 시작한다는 것은 불가능하다. 자아 내부의 실재적 직관에만 주의할 때 도달할 수 있는 것은 바로 능동적인 신체적 운동성의 느낌이며 그것이 바로 비랑이 "나는 의지한다, 고로 나는 존재한다"Volo ergo sum라는 말로 표현하려는 것이다.

따라서 의식의 원초적 사실은 운동하려는 주체의 의지적 노력에서 나타난다. 그것은 능동적 운동 속에서 나타나는 구체적 감정이다. 의지적 노력은 신체적 근육의 저항에 대립하면서 비로소 노력으로 성립하고 인식된다. 즉 원초적 사실은 이원적duel이다. 그것은 두 요소들로 이루어져 있는데 신체의 근육적 저항과, 능동적으로 운동하고자 하는 의지이다. 비랑은 전자를 신체를 이루는 기관들에서 나타난다는 의미에서 "기관적"organique 저항이라 하고, 후자를 그러한 기관들을 넘어선다는 의미에서 "초기관적 힘"la force hyperorganique이라고 부른다(DP, 426). 초기관적 힘이란 정신이나 영혼 등 전통 철학자들이 적극적 실체로 생각한 것이 아니라 원초적 사실을 분해하는 과정에서 나타날 수밖에 없는 부정적 묘사에 지나지 않는다. 이 두 요소들은 필연적, 불가분적 관계 속에서 단순한 하나의 사실을 구성한다. 그 사실이란 물론 내가 '운동적, 의지적 노력을 할 때 느껴지는 감각'을 말한다. 이처럼 비랑에게 있어서 의식의 원초적 사실은 순수히 정신적인 것도 아니며 단지 신체적인 것도 아니고 이 둘을 분리하기 이전의 근본적 상태이다. 이것은 신체적인 동시에 정신적인 것으로 나타나는 우리 의식의 가장 구체적 감정의 기초이다.

원초적 사실이 위와 같은 이원적 관계로 이루어져 있다는 사실을 강조할 때 의식은 언제나 무엇에 대한 의식이라는 후설의 명제를 앞서 주장하는 것 같기도 하다. 비랑은 초기관적 힘에 대응하는 것이 기관적(신체적) 저항이 아니라 외부 대상의 저항일 때는 "비기관적" 혹은 "무기적"inorganique 저항이라고 부르는데 이로부터 외부세계에 대한 나의 인식이 생겨난다. 이것은 오늘날의 현상학적 용어로 지향적 인식이라 부를 수 있다. 로메이에-데르베G. Romeyer-Dherbey는 비랑의 철학을 현상학적으로 전개시킨 미셸 앙리M. Henri의 정신을 따라 대상을 향한 의지적 노력을 "지각적 지향성"l'intentionnalité perceptive이라 부른다.17 물론 외부 대상의 저항에 부딪힌 경우에도 기관적 저항을 생략할 수는 없다. 외적 세계에 대한 인식은 매개적 단계에 해당하는 신체적 저항 그리고 거기서 오는 자아의식과 분리되어 성립하는 것이 아니다. 내감의 원초적 사실을 파악하기 위해 원리적으로 외적 대상을 배제할 수는 있지만 그 역은 성립하지 않는 것이다. 이렇게 지향적 인식은 신체의 운동적 노력이 외부세계와 관계할 때 일어난다.

우선 지각의 차원에서 작용하는 운동성을 검토해 보자. 지각은 신체적 감관의 특수성을 반영하고 있는데 많은 철학자들은 이 사실을 무시하고 감각 자료들을 무차별적으로 동일하게 취급하며 단지 우리 정신에 내재적인 구조에 의해서만 그 차이를 판별하려는 오류를 범하

---

17. Romeyer-Dherbey, *Maine de Biran*, p. 112. Cf. Michel Henry, *Philosophie et phénoménologie du corps, essai sur l'ontologie biranienne*, Paris, PUF, 1965.

고 있다. 생리학적 고찰을 무시하는 합리론과 경험론의 대부분의 철학자들, 특히 칸트에게서 이러한 경향을 볼 수 있다. 지각적 인식에서 중요한 기관은 촉각과 시각이다. 비랑은 가장 확실한 지각을 촉각으로 본다. 촉각의 중요성은 이미 아리스토텔레스로부터 시작하여 로크와 꽁디약도 강조한 바 있으나 비랑의 신체 존재론에서 그 확고한 지위가 부여된다. 촉각기관에 의해 운동하는 주체와 저항하는 대상은 직접 접촉하기 때문에 의지적 노력은 매개 없이 실현되어 충만하고 확실한 인식이 성립한다(MH, 137). 촉각은 의지적 운동이 없을 때는 가령 부드러움이나 차가움의 감각 등에서처럼 수동적으로 느껴질 뿐인 반면 그것이 있을 때는 대상의 세부적인 성질들을 주의 깊게 파악할 수 있다. 무엇보다 3차원적 지각 즉 공간지각을 가능하게 하는 점에서 그것은 가장 탁월한 인식기관이다.

한편 일상적으로 가장 광범위하게 작용하는 지각은 시각이다. 여기서도 빛에 대한 감응도를 조절하고 대상에 초점을 맞추기 위해 시간기관의 운동은 필수적이다. 그러나 그것은 촉각에 비하면 대상과 직접 접촉하기보다는 빛의 매개에 의해 상을 형성하며, 따라서 대상과 거리를 두고 성립하는 간접적인 지각이다. 게다가 그것은 촉각과의 연합이 없이는 때로 착각을 야기하는 불확실한 인식이다. 청각의 경우 소리의 지각은 의지적 노력이 직접 야기하는 것은 아니지만 주의 깊게 듣기 위한 노력에 수반되는 미세한 근육 섬유의 운동이 있을 뿐 아니라 귀는 발성 기관의 운동과의 연합에 의해 능동적인 지각 기관이 된다. 후각과 미각에도 미세하나마 운동성이 작용한다. 미각은 혀의 능동적 운동, 후각은 의도적 주의가 가해진 호흡 운동과 연관되어 어느 정도의 지각적 인식이 가능하다. 또한 각 감관의 운동성은 이미 첫 저서에서 잘 보여 주었듯이 습관에 의해 조직화되어 우리의 지각을 신속하고 정확하게 해 주고 의도적 주의 없이도 그것을 가능하게 해 준다. 이 때문에 지각습관의 체계는 바로 운동의 체계이다.

원초적 사실이 인식의 원리와 관련해서 가지는 중요한 역할은 범주의 실증적 연역이다. 실증적 연역이라는 말은 칸트의 초월론적 연역에 대응하여 사용되고 있다. 우리가 일반관념 또는 추상관념으로 분류하는 것 중 근본적인 관념들이 있는데 실체, 힘, 인과성, 통일성, 자기동일성, 자유, 필연 등이 그러한 것이다. 이것들은 단순한 일반관념들과는 차원이 다른, 우리의 인식범주에 속한다. 그러나 선험성을 인정하지 않는 비랑의 생각으로는 칸트의 범주들은 우리의 판단 형식에 근거하여 인식의 원리들을 단지 추상한 것에 지나지 않는다. 비랑에게서는 인과성, 단일성, 실체, 자유 등의 원초적 관념들은 의지적 노력을 본성으로 하는 능동적인 신체적 자아의 존재 방식에서 도출된다. 이것들은 능동적 신체의 고유한 인과성 원리 즉 원초적 사실의 이원성으로부터 유래한다. 물론 원초적 사실의 이원성은 동시적 관계이자 하나의 통일성을 구성하지만 이로부터 우리가 그 각각의 항들을 따로 생각함으로써 원초적 관념들을 얻어낼 수 있다는 것이다. 예를 들면 원인의 관념은 우리 자신의 노력 또는 고유한 힘의 의식 속에 있으며 실체의 관념은 노력의 두 관계항인 주체와 대상을 각각 추상할 때 생겨난다(FP, 27~28, 220). 단일성 혹은 동일성의 관념은 원초적 사실의 단일성에 근거하며 여기서 느낄 수 있는 능동적 감정이 곧 자유이다.

이렇게 해서 외적 세계에 존재하는 불연속적 과정들에 의지적 운동이라는 존재 방식을 가지는 행위자인 우리가 인과성, 실체 등의 관념을 투사하여 파악하는 세계가 지성이 파악하는 세계이다. 이 작업은 범주들의 생성이 자아의 실존과 동시적이라는 것을 주장함으로써 합리론이나 칸트식의 선험주의에 반대해서 범주들의 발생을 보여 주고, 경험주의에 반대해서는 그것들의 선험적 발생 원리를 제시한다. 여기서도 비랑은 인간의 구체적 존재 방식으로 돌아가 인식 원리의 신빙성을 되묻는 것을 알 수 있다.

3. 생리적 신체와 의지적 신체

기계론적 생물학과 생기론의 등장

사상사적으로 볼 때 생명과학만큼 학문 외적인 상황에 의해 다양한 방식으로 오해되거나 이용된 경우도 드물다. 근대 초기에는 천문학과 물리학도 당대의 교권과의 가시적이고 비가시적인 투쟁에서 자유로울 수 없었던 것이 사실이지만 이러한 투쟁이 일단락되고 양자 간에 어느 정도 균형을 이루면서 문제는 점차 해결되어 갔다. 새롭게 등장한 갈등은 물리학을 모범으로 하는 유물론적 형이상학 내부에서 생명을 다루는 학문을 어떻게 자리매김할 것인가 하는 것이었다. 이와 같은 갈등은 프랑스 내부의 정치적 상황과 더불어 미묘하게 전개된다. 물론 초기에 두 영역은 갈등보다는 물리하에 생명과학이 일방적으로 종속되는 관계였다고 할 수 있다. 1628년 하비W. Harvey가 혈액순환의 기계적 과정을 설명하는 데 성공하였고 이후 데까르뜨가 동물기계론의 입장을 천명한 후 생명을 기계론적으로 탐구할 수 있는 길이 열린 것으로 평가된다. 17세기 의학파인 '의료기계론'iatromécanisme에서는 인간의 신체적 현상을 기계적으로 취급하기 시작했고 18세기의 라메트리La Mettrie는 '인간기계론'이라는 극단적인 입장을 주장하여 인간의 생명만이 아니라 정신현상도 기계적으로 설명하기 시작한다. 데까르뜨 시대만 해도 인간의 탐구에 있어서 종교의 강력한 역할을 무시할 수 없었지만 계몽의 시대로 넘어오면서 상

황은 달라졌다.[18]

그러나 18세기로 접어들면서 생명과학은 신체적 기관의 운동만이 아니라 감각의 수용, 기억과 사고 및 내적 욕구와 열정 등 생명과 인간이 나타내는 다양성과 복잡성 앞에서 수학과 동역학에 바탕을 둔 기계론적 입장의 한계에 접하게 된다. 사실상 데까르뜨가 꿈꾸었던 보편학의 시도는 학문의 전 영역을 아우르기에는 상당히 인위적이고 어떤 분야들에 대해서는 강제적이기까지 했다고 할 수 있다. 최초로 무리를 감수해야 했던 분야가 생명의 영역이었다. 아마도 그것은 인식을 모든 종류의 신비적이고 모호한 개념들로부터 해방하기 위해 잠정적으로 불가피한 상황이었으리라 생각될 수도 있겠다. 이 시대에 생명체를 기계라는 말로 표현한 것은 "비유나 비교 또는 유추가 아니라 정확한 동일시였다"고 자꼽F. Jacob은 지적한다. 각 분야에서 인식의 일치를 위해 기계론적 생명관은 "필요하고도 당연한 것이었다"는 말이다.[19] 따라서 대부분의 생리학자들과 철학자들은 생명의 영역에서 기계론적으로 설명하기 어려운 부분에서도 유물론적 입장을 확대함으로써 문제를 해결하려고 했다. 디드로와 돌바크 등 계몽철학자들이 자연과 인간 사이에 어떤 차이도 두지 않고 인간의 신체뿐만 아니라 정신에 이르기까지 자연적 원리로 일관되게 설명하는 것은 그들의 정치적 목적을 달성하기 위해 필수적이었다. 정신주의 철학이나 신학적 정당화에 의해 유지되고 있는 비합리적 권력에 맞설 수 있는 유일한

---

18. 종교와 기계론적 생명관의 관계에 대해서는 자끄 로저(Roger)의 논문 「생명의 기계론적 개념」 참조. 『신과 자연 (하): 기독교와 과학 그 만남의 역사』, 데이비드 C. 린드버그·도널드 L. 넘버스 엮음, 박우석·이정배 옮김, 이화여자대학교출판부, 1999.

19. 프랑수아 자콥, 『생명의 논리, 유전의 역사』, 이정우 옮김, 민음사, 1994, 64쪽 (François Jacob, *La Logique du vivant, une histoire de l'hérédité*, Paris, Gallimard, 1970, p. 42).

무기는 유물론적 과학이라는 생각에서였다. 이런 강력한 동기에 의해 온갖 종류의 생물학적 상상력이 이 시대의 생물학을 풍미하고 발전하게 한 것도 사실이다. 그러나 18세기 후반이 되면서 이 상황은 도전을 받게 된다. 경험과 관찰은 더 이상 생명체를 기계로 비유하는 것을 허락하지 않았다.

이제 생명과학자들은 생명체와 물체의 외면적 유사성을 넘어서서 생명의 고유한 특성들을 연구하기 시작한다. 독일의 슈탈G. Stahl, 프랑스의 바르떼즈, 비샤X. Bichat, 뷔쏭F. Buisson 등 이른바 생기론자들의 등장과 더불어 생명과학은 생물학이라는 독자적 영역을 확보하고자 한다. 이들은 근대물리학자들이 공통적으로 주장한 수동적 물체라는 본성에 도전장을 내밀었다. 비샤는 생명을 "죽음에 저항하는 모든 것의 총체"라고 정의했다.[20] 비록 부정적인 표현이기는 하지만 우리는 여기서 물체와 생명체의 근본적인 구분을 볼 수 있다. 질서와 조화, 통일성, 그리고 무엇보다도 생식이라는 자기 복제를 통해 유지되는 생명은 자신을 죽음으로 내모는 파괴적 힘들(질병)과 싸우면서 삶을 유지하고 있다. 생기론자들은 이러한 생명의 특성이 생명원리le principe vital라는 고유한 원리에 의해 인도되는 것으로 보았다.[21] 생명원리의 가정은 형이상학적 입장이라기보다는 생명체에 대한 독자적 연구를 수행하기 위한 학문적 전제였으며 자꼽의 표현에 따르면 "생기론은 고전시대에 있어서 기계론의 등장만큼이나 생물학의 확립에 본질적인 것이 되었다."[22]

---

20. Xavier Bichat, *Recherches physiologiques sur la vie et la mort*, Paris, Flammarion, 1994, pp. 57~58.
21. 생기론에 관한 연구로는 황수영의 『베르그손, 생성으로 생명을 사유하기 — 깡길렘, 시몽동, 들뢰즈와의 대화』(갈무리, 2014)를 참고할 것.
22. 자꼽, 『생명의 논리, 유전의 역사』, 155쪽 (Jacob, *La Logique du vivant, une histoire*

수동적 신체와 능동적 신체의 이원론

멘 드 비랑은 여러 가지 이유로 당대의 생리학적 연구성과에 민감하게 반응한다. 생리학은 인간 신체의 현상들을 다루는 실효성 있는 학문으로 자리 잡고 있었으며, 혁명 이후에 프랑스 철학계를 이끌었고 비랑을 철학계에 입문하게 한 까바니스와 데스뛰 드 트라씨도 인간의 과학적 탐구를 위해 생리학에 상당 부분 의존하고 있었다. 그러나 계몽주의의 후예인 이들은 생리학을 여전히 유물론적 토대 위에서 연구하는 경향이 있었다. 따라서 비랑이 당대의 생리학에 대응하는 방식은 이중적이다. 하나는 유물론적 경향에 대한 반대이고 다른 하나는 생기론에 대한 비판이다. 비랑은 기계론에 반대하는 생기론의 입장을 수용하면서 인간 신체는 물리적인 방식으로 완전히 파악될 수 없다는 입장을 명백히 한다. 여기에 비랑은 나름대로의 구체적 관찰과 근거를 제시하고 있다. 다른 한편 그는 생기론은 수동적인 신체 현상에 타당할 뿐 인간의 능동성에 바탕을 둔 현상에는 적용되기 어렵다고 주장한다. 이것은 의지적 노력의 철학에 기반을 둔 비랑의 인간론과 관련된다. 이 두 측면 중에서 비랑이 생기론에 의지해서 인간의 신체적 현상을 설명하는 시도는 앞서 습관의 연구에서 이미 진행된 내용이니 생략하기로 하고, 다만 거기서 제시된 운동적 활동성과 감성적 활동성이라는 선천적 원리 중에서 후자가 생기론자들의 생명 원리에서 영향을 받은 개념이라는 것만 상기하도록 하자.

비랑은 감성적 활동성과 관련된 생리적 신체의 작용에 관한 한 생기론자들의 입장에 의지하고 있었지만 운동적 활동성에 기초한 의지적 노력의 철학으로 전환한 뒤에는 인간의 이원성에 대해 좀 더 체계

de l'hérédité, p. 106).

적인 설명을 제시한다. 비랑에 의하면 의지적 노력은 깨어 있는 상태 즉 명료한 자아의식을 기초하는 감정이며, 그것이 부재할 때 우리는 단지 '삶의 일반적 감정' 혹은 '일반적 정념'l'affection générale만을 갖는다. 비랑은 일반적 정념과 의지의 관계를 설명하기 위해 몽뻴리에의 의사 레-레지스Rey-Régis가 제시한 사례를 든다(FP, 210). 이 의사는 일시적 으로 반신불수가 된 자신의 환자의 마비된 부분을 자극하고는 어떤 느낌을 갖는지 물었는데 환자는 모호한 상태에서 막연한 통증만을 느낀다고 대답했으며 그것이 어느 부위인지는 정확히 지시하지 못했 다. 그러나 치료를 통해 마비가 풀리고 환자가 자유롭게 의지적 운동 을 할 수 있게 된 후에는 통증의 위치를 정확히 특정할localiser 수 있 었다. 비랑은 마비 상태에서 느껴진 막연한 통증은 지각적 인식과는 상관없이 생명체의 생리적 존재에 기초하는 일반적 정념에 해당한다 고 본다. 반면 운동능력을 회복한 후에 통증의 위치를 알 수 있었다 는 사실은 지각적 인식이 생리적 차원을 넘어서 의지적 차원에 속한 다는 것을 보여 준다고 한다.

또한 능동적 의지와 대비되는 생리적 현상들로 잠이나 꿈, 몽유병 에서 나타나는 무의식적 감정들이 있다. 이것들은 모호한 정념들과 직관, 이미지, 본능적 운동들을 재료로 형성되며 의지적 노력이 일시 적으로 중단될 때 나타난다. 자아의식이 부재한 상태에서 신체적 정 념이나 이미지들의 우연한 결합으로 나타나는 꿈이나 몽유병에 관한 비랑의 연구는 무의식적 현상들에 대한 선구적 연구로 평가받기도 한다.[23] 비랑의 독창성은 의지적 노력과 그것의 부재가 의식적 삶과

---

23. 이 연구는 주로 다음 책에 실려 있다. 『베르쥬락 의학회에서의 토론』(*Discours à la société médicale de Bergerac*). 이 책은 〈베르쥬락 의학회〉에서 발표한 논문들을 모은 책이다.

무의식적 삶을 기초해 준다는 것을 밝힌 데 있다. 능동성과 수동성의 경험에서 출발하는 비랑의 통찰은 이처럼 생명성과 인간성을 구분하고 그것들의 의미를 각각 제자리로 돌려놓는다. 신체의 생리적 현상들과 능동적 의지의 체험을 구분하는 이원론적 인간관은 비랑의 철학이 성숙하면서 더욱 뚜렷해진다. 비랑은 신체의 현상들을 생기론적 입장에서만 규정하는 것에 명백히 한계를 긋고 있다. 또한 앞서 보았듯이 의지적 노력의 철학이 능동적인 경험에 속한다 해도 그것은 신체와 동떨어진 정신적 현상에 국한되는 것이 아니며 언제나 구체적 운동과 더불어 나타난다는 것을 주목해야 한다. 이때 신체는 단지 의지를 실현하는 수단이 아니라 그것과 불가분의 관계로서 적극적이고 능동적인 역할을 한다. 따라서 비랑의 이원론은 정신과 신체의 구분이 아니라 능동적 신체와 수동적 신체의 구분에 기초한다.

우리는 앞에서 노력의 행위를 구성하는 두 요소들, 즉 능동적 의지와 신체의 근육적 저항이 불가분적이며 동시적이라는 비랑의 주장을 보았는데 그 이유에는 두 가지가 있다. 첫째로 그것은 의지적 노력이라는 행위가 의식의 원초적 사실이기 때문이다. 비랑은 여기서 데까르프의 행보를 따르고 있다. 그는 데까르프가 코기토라는 의식 내적인 원초적 사실로부터 '원리들의 학'을 정초하였고, "존재한다는 말이 [내포하는] 두 종류의 가치 즉 주관적 존재와 객관적 존재, 상대적 존재와 절대적 존재에 대해 중요한 구분을 하고 있는" 점에서 높이 평가한다(FP, 130). 그러나 그는 코기토를 실체화함으로써 추상적 사유와 실재적 자아를 논리적 동치로 놓는 오류를 범했다. 비랑이 반복적으로 강조하는 것은 전자가 후자의 생산적 원리 또는 명증성의 근원이 될 수는 없다는 것이다. 그런 일이 가능하기 위해서 코기토는 볼로Volo로 바뀌어야 한다. 즉 내적 감관의 원초적 사실은 의지와 운동의 동시성 속에 현시할 때 자아를 그 추상성으로부터 구해내고, 내적 영역의 구체적 명증성을 확보하는 필요충분조건이 된다.

　노력의 행위를 이루는 요소들이 불가분적이고 동시적이라고 보는 두 번째 이유는 정신과 신체의 불가분적 관계라는 비랑의 전제에 근거를 두고 있다. 데까르뜨의 사유 실체에서뿐만 아니라 라이프니츠의 힘과 같은 정신적 실체에 머무는 경우 신체의 위상은 언제나 부차적이고 모호하다. 비랑은 의지적 노력이 행사하는 힘의 작용은 근육운동이라는 신체적 현상 속에서 드러날 때 비로소 그 실재성을 획득한다고 본다. 따라서 정신과 신체를 따로 분리한 후 나중에 결합할 필요가 없다. 자아의 능동성은 신체적 운동과 동시적으로 나타나기 때문에 우리는 비랑에게서 신체의 위상이 격상되는 동시에 정신과 신체의 실체적 구분이 무의미해지는 것을 알 수 있다. 적어도 이 경우에서 심신의 결합이라는 이원론의 문제는 사라진다.[24] 그렇다고 해도 의지가 개입되지 않는 신체적 운동 즉 생리적 현상들을 설명해야 하는 문제가 남는다. 인간 신체는 그것이 보여 주는 능동성과 수동성에 따라 의지적 신체와 생리적 신체로 구분된다. 물론 생리적 신체가 보여 주는 수동성은 근대과학자들이 가정하는 물질의 수동성과는 다르다. 그것은 운동하기 위해 물질처럼 외력에 의존하는 것이 아니라 생기론에서 말하듯이 신체 전체에 골고루 퍼져 있는 고유한 활동성의 원리에 따르며 단지 정신의 좀 더 고차적인 과정에서 나타나는 의도적 성격과 명확한 의식에 이르지 못할 뿐이다.

---

24. 이 문제에 대해서는 Brunschvicg의 책 참조, *L'Expérience humaine et la causalité physique*, p. 29.

4. 심신의 결합과 심리적 삶의 체계

멘 드 비랑은 능동적 신체와 수동적 신체의 활동 방식에 따라 인간적 삶과 동물적 삶을 나눈다. 이는 인간과 동물의 구분이 아니라 한 인간 내에서 작용하는 두 종류의 다른 삶이다. 마치 아리스토텔레스에게서 세 종류의 영혼이 한 인간 안에서 결합되어 있는 것과도 유사하다. 동물적 삶은 오늘날의 용어로 생리적 무의식l'inconscient 단계에 해당한다. 그러나 비랑이 아직 무의식이라는 말을 사용하는 것은 아니며 그에게 동물적 삶이란 단지 '비의지적'involontaire 삶을 의미한다. 한편 인간적 삶은 다시 세 단계로 나누어진다. 감각적 단계, 지각적 단계, 반성적 단계가 그것들이다. 동물적 삶과 인간적 삶의 각각의 단계들은 심신결합의 다양한 양태들을 보여 주고 있는데 아래로 내려갈수록 신체의 생리적 기능들에 대응하고 위로 올라갈수록 정신의 고차적인 기능들에 대응한다.

무의식의 세계 ─ 동물적 삶la vie animale

동물적 삶은 물질과 다르며 의지와도 구분되는 독자적인 것이다. 그것은 생명적 감수성의 세계, 혹은 비랑이 앞에서 감성적 활동성이라고 불렀던 것의 영역이다. 그러나 그것은 문자 그대로 동물의 삶이라 해석하면 안 된다. 왜냐하면 비랑은 동물적 삶과 대비되는 '인간적 삶'에서 비로소 의식적 감각과 지각이 출현하는 것으로 말하는데 동물들에게도 어떤 식으로든 감각과 지각은 나타나기 때문이다. 따라서 그것은 단지 생리적 또는 무의식적 삶 정도로 이해되어야 한다.

인간 안에서 자아의식의 출현 이전에 나타나는 이 단계는 비랑은 "직접적 정념들"affections immédiates이라 부르는 상태로 특징지어진다. 직접적 정념들은 외부의 자극에 의한 외적 정념과 내부에 원인이 있는 내적 정념의 두 가지로 나누어진다. 내적 정념들은 우리의 기질 tempéramment이나 본능적 운동들, 성향들에 기인한다. 내적 정념 중에서 앞에서 이미 언급한 '삶의 일반적 감정'sentiment général de la vie에 관련된 일반적 정념이 있는데, 그것은 삶의 시작과 동시에 생기는 감정이며 생명체가 지적인 추론을 하거나 자아의 감정을 갖기 이전에 살아 있다는 모호한 감정만을 가지고 그 감정과 완전히 동일시되는 상태이다. 꽁디약이 『감각론』에서 제시한 장미 향과 완전히 동일시되는 최초의 감각적 존재의 상태와 같다.[25] 내적 정념들은 우리 내부에 흔적을 남긴다. 그것은 어떤 대상에 대해 원인을 알 수 없는 호감이나 혐오, 공감이나 적대감, 쾌, 불쾌 등을 느끼게 하는 것으로 나타난다. 이처럼 우리의 본능적 경향들이나 선호도 같은 것은 경험으로는 설명할 수 없는 것이다. 그러나 이 흔적들은 기억은 아니다. 비랑은 기억을 다소 엄격하게 정의하고 있는데 그것은 자아가 의지적 노력을 들여 수행한 것을 의식적으로 떠올리는 것을 의미한다(FP, 303~304). 자아의식과 관계없이 유기체 내에 축적된 내용들은 중추 신경에 남아 있는 생리적 작용들의 흔적으로 설명된다. 이것들은 『습관에 관한 논고』에서 "규정들"이라 불렸던 것들이고 나중에 감각 단계에서 감각의 재료가 된다.

외적 자극으로 생겨나는 직접적 정념들은 감각기관을 통해 체험되는 막연한 쾌, 불쾌의 느낌들이다. 그런데 이 범주에는 정념이라는 이름을 붙이기 어려운 것들도 포함되는데 그것은 '직접적 직관들'intuitions immédiates이다. 이것들은 주로 시각적이거나 청각적인 인상

---

25. Condillac, *Traité des sensations*, p. 11.

들로부터 수동적으로 형성되며 이미지의 출현을 야기한다. 즉 직관은 이미지보다 더 원초적인 것으로 제시된다. 한편 앞에서 말한 생명의 '일반적 정념'이 그것을 나타내는 특유한 기관을 갖지 않는 데 반해 직관들은 각각의 감관의 구조 속에서 좀 더 분명하게 정돈되어 나타난다. 시각적 직관은 공간 속에서 정돈되는 유기적이고 자연적인 구분으로서 어느 정도의 객관적 기반을 갖고 있으며 시각 기관 섬유에 고유한 "진동성"vibratilité에 의해 일정 기간 동안 지속될 수 있고 다시 떠오를 수도 있다(FP, 298). 청각적 직관도 마찬가지로 시간 속에서 구분되고 정돈되며 진동성을 가진다. 비랑은 주로 시각적이고 청각적인 직관들을 예로 설명하고 있으나 촉각이나 미각, 후각에서도 역시 좀 덜 명확하나마 이러한 직관들이 형성된다고 주장한다. 직관들의 흔적은 꿈이나 정신착란, 광기에서 나타나는 이미지들의 불규칙적인 연합의 근원이 되기도 한다.

그 밖에 꿈, 잠, 몽유병 등은 내적 정념들로 구성된 독특한 생리적 현상들이다. 이것들은 의지적 노력의 일시적인 중단으로 특징지어진다. 자아의식과 감각은 여기서 작용하지 않으며 모호한 정념들과 직관들, 이미지들, 본능적 운동들이 그것들의 재료가 된다. 이러한 현상들은 인간의 의식적 삶의 배후에서 작용하는 수동적 삶, 또는 무의식적 삶의 증거이다.[26] 멘 드 비랑의 시대에 무의식이라는 말은 아직 사용되지 않는다. 그러나 직접적 정념들에 관한 그의 연구는 한 세기 이전부터 심리학계를 풍미한 무의식에 관한 탐구를 예고하는 것으로 알려진다. 물론 비랑의 비의지적 상태는 생리적 무의식에 가깝고 프로이트가 확립한 심리적 무의식과는 거리가 있다. 프로이트에게 꿈이나

---

26. Dimitri Voutsinas, *La Psychologie de Maine de Biran*, Paris, S.I.P.É., 1975, p. 26.

몽유병, 정신착란 등과 같은 병리적 현상들은 단순한 생리적 작용이 아니라 의미해석을 요구하는 특별한 무의식적 상태들이다. 반면 프랑스에서는 20세기 초반에 샤르꼬J-M. Charcot의 제자인 심리병리학la psychopathologie계의 권위자 삐에르 자네가 비랑의 비의지적 상태를 물려받아 "잠재의식"le subconscient의 개념으로 발전시킨 바 있으며 베르그손도 이 분야에서 비랑의 업적을 매우 높이 평가하고 있다.[27]

의식의 세계 — 인간적 삶la vie humaine

정념들의 흔적은 자아의 출현과 함께 감각이 되고 직관들의 흔적은 자아의 능동적 작용과 함께 지각 표상들이 된다. 즉 정념들은 감각의 재료가 되고 직관들은 지각의 재료가 된다. 그 밖에 본능적 운동들의 흔적은 자아 속에서 의지적 운동이 된다. 이처럼 자아의 출현 여부는 동물적 삶 혹은 직접적 정념의 단계와 인간적 삶을 구분하고 인간적 삶의 고유한 특징이 된다. 인간적 삶은 다시 세 단계로 나누어진다. 첫째는 '감각적 체계'le système sensitif로서 생리적 단계 위에서 자아가 출현하는 시기이다. 자아는 서서히 존재의 의식을 가지는데, 우선 스스로를 다양한 감각적 변양들을 느끼는 주체로 인식한다. 그러나 아직은 자아의 탁월한 본성을 이루는 의지적 노력을 적극적으로 행사하는 것은 아니다. 자아는 단지 관망자로서 수동적으로 존재할 뿐이다. 이 상태를 비랑은 신체 전체에 골고루 퍼져 있는 "지향되지 않은 노력"effort non intentionné만 존재하는 상태라 하는데, 지향되지 않은 노력은 "자아 또는 동일한 개인의 지속과 함께 다양한 감관들의 각성

27. Pierre Janet, *L'Automatisme psychologique,* nouvelle édition, Paris, Société Pierre Janet, 1973, p. 60. Henri Bergson, "Rapport sur le prix Bordin", *Mélanges*, Paris, PUF, 1972, p. 670.

상태를 구성하는" 것이다(FP, 321). 자아의 지속과 각성상태를 유지하는 데 머무는, 이러한 자아의식은 일종의 '수동적 노력'이라고 부를 수 있는 상태로 능동적인 의지적 노력과는 차이가 있다. 그것은 비랑이 심리적 삶의 다양한 단계들을 구분하는 맥락에서 전체의 체계와 통일성을 주기 위해 상대적으로 뒤늦게 제시한 것이다. 이러한 수동적 노력과 더불어 각 감각들은 모호한 정념에서 벗어나 특수한 국부적 local 의식을 획득하게 된다.

두 번째 단계는 '지각적 체계'système perceptif이다. 이 단계는 능동적 신체의 적극적 참여로 특징지어지며 '주의'attention 작용에서 잘 드러난다. 주의는 외적 감각들의 다양한 변양들을 느끼고 관망하는 수동적 자아의 노력보다 훨씬 더 높은 수준의 의지적·운동적 노력을 요구한다. 이때 의식은 더욱 명확해지고 지각은 표상의 형태를 띤다. 주의는 모든 감관에 작용하지만 시각과 촉각에서 탁월한 기능을 한다. 가령 눈은 단지 보는 것voir이 아니라 주의 깊게 관찰하는regarder 작용을 하고 손은 사물과 접촉할 때 단지 수동적 느낌이 아닌 능동적 인식을 한다. 게다가 의지적 노력은 이러한 능동적 시각과 능동적 촉각의 연합에 의해 신속하고 정밀한 외적 지각을 가능하게 한다. 특히 능동적 촉각이 사물과 접촉하기 이전에 우리 자신의 신체에 적용될 때는 외적 관점이 아닌 내적으로 지각된 신체성의 느낌을 갖게 된다. 즉 능동적 촉각 속에서 우리는, 접촉됨le touché과 접촉함le touchant이 분리되지 않으며 주체와 대상이 하나가 되는 상태인 내재성 그 자체를 느낄 수 있다. 이 이중적 느낌의 통일이 우리의 신체와 다른 대상들을 근본적으로 구분하게 해 준다.

세 번째 단계는 '반성적 체계'système réflexif이다. 능동적 신체는 외적 대상과 관계를 맺을 뿐만 아니라 자기 자신으로 회귀함으로써 자신의 행위를 인식할 수 있다. 지각적 체계는 의지적 노력의 능동적 행사를 조건으로 하지만 그러한 행위를 하는 자신을 볼 수는 없다. 전통적으로 '반성'이라 칭하는, 자기 자신을 의식하는 능력은 정신의 가장 고차적 단계에서 나타난다. 비랑에게서 흥미로운 것은 반성도 감관 속에서 자신의 기관을 가진다는 것이다. 그것은 청각과 성대 기관의 연합이다. 비랑은 두 기관의 긴밀한 연합을 이미 『습관에 관한 논고』에서 세밀히 관찰한 바 있다. 청각 기관은 소리의 질을 전달하는 감각기관이며 성대 기관은 소리의 운동을 발화를 통해 행사하는 운동 기관이다. 두 기관의 연합은 감각적인 동시에 운동적이며 분리된 동시에 결합되어 있다. 이 상황으로 인해 반성적 성찰이 가능해진다. 자아는 소리를 발화하는 동시에 자신이 낸 소리를 듣는 존재이다. 자아가 소리의 내용을 이해하는 것은 자신이 말을 하는 존재이기 때문이다. 그래서 모든 반성적 작업에는 자신이 하는 일을 내적으로 발화하고 이를 듣는 이중적 작용이 있다. 이처럼 다른 감관들에서와는 달리 주체와 대상이 동시에 현전하고 주체가 자신의 능동적 행위의 의식을 갖는 동시에 자신 안에서 그 행위의 결과를 인식할 수 있다는 사실이 반성적 능력의 기초를 이룬다.

그런데 반성의 가장 큰 특징은 언어의 기능과 순환적으로 일어난다는 것이다. 반성적 능력은 기호를 만들고 판단하고 추론하는 모든 추상적 작업의 전제 조건인 동시에 기호의 사용에 의해 촉진된다. 이 덕분에 지적인 기억이 가능해지고 사고도 비약적으로 발달하게 된다. 결국 반성적 체계에 대한 비랑의 규정은 경험론 전통의 촉각 우위의 사고에서 벗어나는 계기를 마련한다. 물론 촉각은 경험론자들이 주장하듯이 외적 대상의 인식에만 중요한 것이 아니라 나의 신체에 적용되었을 때 내재적 신체의 독특성을 알게 해 준다. 그럼에도 불구하고 고차적인 반성적 사고는 기호를 필요로 한다. 촉각에 가장 우월한 지위를 부여한 꽁디약이 기호를 '고차적인 촉각'이라고 말한 것과 달리 비랑은 기호를 청각과 발성기관의 내적인 연합에 토대를 둔 분절언어의 결과로 보는 것이다. 이런 이유로 비랑은 '혼잣말'의 중요성을 강조한다. 여기서 혼잣말은 실제로 말하는 것이 아니라 내적인 발화 속에서 자아가 자신에게 들리지 않게 속삭이는 것이다. 이는 분절언어의 작용을 모범으로 삼지 않고는 불가능하다. 결국 비랑에 의하면 명료하게 사고한다는 것은 낮은 목소리로 자기 자신과 대화하는 것과 같다. 실제로 자신의 생각에 대한 명확한 인식을 가지지 못하면 사고는 진행될 수 없다. 자신의 목소리를 듣는다는 것은 자신의 생각을 이해한다는 것이다. 이처럼 비랑에게서 언어의 사용과 반성 작용은 그 기원이 같다. 아리스토텔레스가 지성적 사유에 상응하는 신체 기관이 없다는 이유로 그것의 불멸을 주장했던 만큼 비랑이 사유의 기관을 제시하는 것은 흥미롭다.

5. 맺는말

멘 드 비랑의 이원론은 단순하지 않은 외양을 하고 있다. 그것은 물질과의 관계를 고려할 때 생명-물질의 이원론으로 볼 수 있고 인간의 경우에는 생명성과 인간성의 이원론이라고도 볼 수 있다. 그러나 비랑이 본격적으로 철학에 몰입한 시기에 확립한 의지적 노력의 철학의 가장 큰 문제의식이 데까르뜨적 사유 실체를 극복하는 것이었다는 것을 생각한다면 비랑 철학을 규정하는 가장 정확한 용어는 자연철학이 아닌 인간학이라고 해야 할 것이다. 이런 점에서 비랑의 철학은 여전히 흄이나 칸트의 문제의식과 유사한 지평에서 평가할 수 있다. 흄이 인식론적 탐구에서 시작했으나 그의 인간학이 오늘날 새롭게 조명되고 있듯이 비랑 역시 당대의 경험론과 과학주의적 사유 경향에서 인간학적 해법을 추구한 사람이다. 이 점은 칸트도 예외가 아니며 그는 인식론적 문제가 인간학을 배제하고는 해결될 수 없다는 것을 심층적으로 보여 준 바 있다. 이들 모두는 근대과학이 물질과 생명의 영역에서 각기 일정한 성과를 거두고 있던 시기에 인간 본성에 대한 탐구를 기반으로 인식론적 문제를 해결하려고 했던 공통점을 가지고 있다. 흄과 칸트가 주로 물질적 자연과학의 진리성 여부에 초점을 맞추었다면 비랑은 인간을 다루는 과학 특히 생리학에 초점을 맞추어 과학의 한계를 조명하려 했다. 따라서 물리적 인과성에 대한 그의 비판이 자체로는 불완전한 외양을 하고 있으나 그 확장으로 간주할 수 있는 생리학주의에 대한 비판을 통해 유물론적 사유의 불충분함을 드러내고 있는 것을 알 수 있다. 비랑 이후에 생명과학의 비약적 발전으로 인해 생기론적 입장은 커다란 수정과 후퇴의 길을 걷게 되지만 비랑의 철학은 한 시대의 문제들과 온몸으로 씨름한 근대 프랑스의 대표적인 인식론자이자 인간학자이다. 그는 전통적인 주지주의적 관점을 배격하고 의지, 운동, 욕망, 무의식 등에 대한 구체적 탐구 사례들을 통해 인식과 신체와의 관련성을 드러낸 점 그리고 주관성의 의미를 추상성에서 구체성으로 끌어내린 점 등에 의해 현대 프랑스철학에서는 아직도 생생한 의미를 간직하고 있다.

5절 멘 드 비랑에 대한 해석의 역사

1980년대 후반부터 구조주의와 후기구조주의의 여파가 다소 가라앉으면서 프랑스 전통사상에 대한 관심이 돌아오고 따라서 어둠

속에 묻혀 있던 것이나 다름없던 멘 드 비랑에 대한 연구과 해석도 조금씩 빛을 보기 시작한다. 여기서는 프랑스철학사에서 그간 충분히 조명받지 못한 고전들이 몇몇 주석가들의 부단한 노력에 의해 활기를 띠게 되면서 멘 드 비랑이라는 철학자가 프랑스 19세기 철학의 거봉으로 자리매김하는 과정을 살펴본다.

1. 프랑스철학의 외적 배경들

16~17세기에 시작된 것으로 알려진 프랑스철학은 프랑스의 사회, 문화, 정치적 배경에서 유래하는 독특한 특징을 가지고 있다. 프랑스는 중세와 르네상스를 거치면서 점차 유럽의 문화 중심지로 위상을 굳히고 여러 중요한 분야에서 독창적 시도를 거듭하며 새로움의 진원지가 되었다. 격동의 시대에는 정치, 경제와 같이 우리 삶을 직접적으로 조형하는 영역들뿐만 아니라 사상의 영역도 급변하는 양상을 보이기 마련이다. 몽떼뉴, 데까르뜨로부터 시작하는 프랑스사상의 본류는 곧 다양한 지류들로 나뉘어 근대 프랑스철학의 풍요로운 결실을 산출한다. 이 시기에 나타나는 새로운 사상들은 철학자 개인의 독창성에 기인한 바도 있으나 그것이 시대적 요구를 관통하며 다양한 형태로 나타나기에 프랑스철학의 여러 조류를 이해하기 위해 그것이 탄생한 시대와 관련된 철학 외적 배경을 이해하는 것은 불가피하다.

물론 이 일반론이 구체적 영역에서 타당성을 획득하기 위해서는 그 적용 범위가 각 철학자의 상황에 따라 좁혀질 수밖에 없다. 나는 멘 드 비랑의 사상의 탄생과 관련된 프랑스철학의 배경에 한정하여 이야기하고자 한다. 멘 드 비랑의 철학은 상당히 비정치적이고 비대중적이며 보편적 문제의식보다는 프랑스의 고유한 특징을 지닌 사상이

자 강단 밖에서 이루어진 철학으로 알려져 있다. 이런 점들만 보면 그의 철학은 외적 배경과 무관하게 이루어진 것처럼 보인다. 그런데 사실은 그렇지가 않다. 그의 철학의 특징들은 실제로는 프랑스철학의 정치적 연관성, 대중성, 외국철학에 대한 개방성 및 강단철학과 강단 밖 철학의 관계라는 네 가지 특성을 모두 고려할 때만 제대로 이해될 수 있다. 멘 드 비랑 자신의 철학의 형성과 전달과정뿐만이 아니라 그의 철학에 대한 연구 동향 역시 이런 영향에서 자유롭지 않다. 따라서 우리는 이 네 가지 관점에서 멘 드 비랑의 연구 경향을 살펴보려고 한다. 그렇다면 이 네 가지 특징은 좀 더 구체적으로 무엇을 의미하는지를 알아보기로 하자.

첫째로 프랑스철학은 다른 어떤 나라보다도 프랑스 내외의 정치 사회적 격변들과 깊은 관련을 맺고 있다. 철학의 정치적 연관성은 볼 떼르, 루쏘 그리고 디드로 등의 계몽주의자들에서 시작하는 전통이 지만 1789년 시민혁명이 일어난 후 더욱 가속화된다. 계몽주의자들은 관념론(버클리)이나 이원론적 형이상학(데까르뜨)이 교권 및 왕권과 같은 부당한 권위를 정당화하는 철학이라 하여 배격하고 데까르뜨의 기계론에서 유래하는 유물론적 일원론을 고수하는데 이런 태도는 자연히 정신이나 생명의 실재성을 부정하게 된다. 따라서 이에 대한 반발로 나타나 생명의 실재성을 주장하는 생기론vitalisme 전통과 의식이나 정신의 실재성을 주장하는 멘 드 비랑의 유심론의 전통은 비록 정치적 목적과 무관하게 형성되었음에도 불구하고 자연스럽게 혁명의 정신이 퇴조하는 시기에 환영을 받게 된다. 계몽주의의 태도는 나중에 꽁뜨의 실증주의로 이어지며 유심론 전통은 베르그손으로 이어지면서 오늘날까지도 실증주의와 유심론의 대립을 정치적 좌우파로 관련시키는 계기가 되었다.[28] 이러한 대립은 정치적 관점에서 세워진 것인 만큼 철학이 가진 고유한 문제의식을 희석시키는 경향이 있다. 가령 혁명정신의 약동으로 성장한 유물론적 실증주의는 인간 내면의 고유한 영역을 무시하는 경향이 있었고 의식의 일인칭적 고유성을 주장하는 철학이 그에 대한 반발로 나타나는 것은 자연스럽다. 따라서 멘 드 비랑의 주석가들은 우선 그의 철학을 불합리한 정치적 오해로부터 구해내는 작업에서 시작한다.

두 번째로 프랑스철학은 외국의 철학에 대해 상당히 개방적인 태도를 견지해 왔다. 이 경향 역시 계몽주의자 볼떼르가 영국의 경험론자 로크의 철학을 프랑스에 소개한 후로 가속화된다. 계몽주의자들의 유물론은 인식론적 측면에서 영국 경험론을 전적으로 받아들이면서 데까르뜨의 합리론과 더불어 양자를 씨줄과 날줄로 삼아 혁명 철학의 이론을 구성한다. 반면에 혁명의 정신이 퇴조하던 왕정복고의 시기에는 문교부 장관을 지낸 철학교수 빅또르 꾸쟁이 헤겔과 셸링 등 독일의 관념론을 수입하여 혁명철학에 맞서는 국가철학을 수립한다. 이처럼 프랑스에서 외국 철학의 도입은 다분히 정치적 목적으로 시작되었다는 것을 알 수 있다. 하지만 초기에는 이것이 동기가 되었다고 해도 점차로 프랑스철학은 영국의 스펜서H. Spencer와 밀J. S. Mill 등의 후기 경험주의와 진화론, 독일의 신칸트학파, 헤겔과 맑스의 역사철학 등 근대에서 현대에 이르기까지 유럽의 다양한 지적 전통을 흡수하는 데 결코 인색하지 않은 점에서 자국의 고유한 전통에 충실하게 남아 있는 영국이나 독일과는 다르다. 이런 개방성에도 불구하고 멘 드

---

28. 뒤르껨(Émile Durkheim)의 실증주의와 베르그손의 유심론을 정치적 좌우의 관점에서 비교하는 루이 뺑또의 논문도 이 맥락에 속한다. Louis Pinto, "Le Débat sur les sources de la morale et de la religion", *Actes de la Recherche en Sciences Sociales*, 2004/3 n° 153, pp. 41~47.

비랑의 철학은 프랑스 특유의 전통을 대표하는 철학으로 자리매김되고 있는데 그것은 정치적 이용과 외국 철학으로부터 프랑스철학의 고유성을 보존하려는 해석가들의 노력의 일환이라고 볼 수 있겠다.

세 번째로 프랑스철학은 다른 어느 나라의 철학보다 대중성을 확보하고 있다는 점을 지적할 수 있다. 물론 우리가 편의상 대중성이라고 표현한 것은 교육받은 문화적 대중을 의미한다. 하지만 이러한 대중의 범위가 상당히 폭이 넓어 전체 국민에게 지적 문화에 접근하기 쉬운 환경을 만들어주는 역할을 하고 있다는 점에서 대중성이란 요소는 건강하고 발전적인 프랑스철학의 고유한 특징이라고 하지 않을 수 없다.[29] 이 특징 역시 기원을 거슬러 올라가면 계몽주의에 가닿는다. 혁명 정신을 잉태한 계몽주의는 특히 디드로 등의 백과전서파에 이르러 글을 아는 모든 국민이 쉽게 접근할 수 있는 방식으로 철학하기를 고수한다. 이때부터 철학자란 교육자, 계몽가, 선구자와 같은 의미로 사용되었고 그 추상적인 이론이나 현실과의 괴리로 인해 대중과는 거리가 먼 존재라는 이미지는 사라진다. 비록 오늘날의 프랑스철

---

29. 프랑스철학의 대중성의 한 징표는 다수의 철학 대중지들을 중심으로 헤아려볼 수 있다. 철학 전문 잡지들을 제외해도, 문학, 예술을 포함하는 인문사회과학적 주제와 시사적인 문제들까지 광범위하게 다루는 대중적 호소력이 있는 『문예 잡지(마가진 리떼레르)』(*Magazine littéraire*, 월간), 『철학 잡지(필로조피 마가진)』(*Philosophie Magazine*, 월간), 『정신(에스프리)』(*Esprit*, 월간), 『논평(꼬망떼르)』(*Commentaire*, 월간), 『도시들(씨떼)』(*Cités*, 연 4회), 『디오게네스』(*Diogène*, 연 4회), 『사회과학 연구 보고서』(*L'acte de la recherche en sciences sociales*, 연 4회), 『논쟁(르 데바)』(*Le Débat*, 연 4회) 등등의 잡지들에서 철학은 주요한 위치를 차지한다. 물론 이 중에서도 전문성을 상당히 확보한 잡지에서부터 대중성을 좀 더 목표로 하는 잡지까지 수준은 다양하다. 하지만 이런 잡지들의 편집은 저널리스트들이 아니라 부르디외, 레비-스트로스, 뺑또 등 유명한 학자들이 직접 참여하며 각 기사는 그 분야의 전문학자들이 저술한다. 일간지에서도 가장 많은 독자를 거느린 『르 몽드』(*Le Monde*)나 『누벨 옵세르바뙤르』(*Nouvelle observateur*), 『리베라시옹』(*Libération*) 등을 보면 철학자와 철학 저작들에 대한 소식은 상당히 자주 그리고 친근하게 등장한다.

학은 난해하기로 소문이 나 있고 계몽주의의 본래 취지에서는 많이 벗어나 있지만 근대 프랑스철학이 일찍이 확보한 대중성이라는 요소는 이념으로나마 여전히 작동하는 듯하다. 이 점과 관련하여 멘 드 비랑의 철학은 계몽주의와 달리 일반 독자와의 소통을 염두에 두지 않은 탓에 오랫동안 대중의 관심에서 벗어나 있었다. 그는 생전에 단 한 권의 책을 출판했을 뿐이고 사후에도 여러 곡절로 인해 편집상의 문제가 많아 대중에게 전달될 기회가 별로 없었다. 따라서 주석가들의 작업은 우선 제대로 된 편집작업을 하고 알기 쉬운 연구서를 내서 그의 철학을 올바로 알리는 것이었다.

네 번째로 프랑스철학에는 흔히 말하는 강단철학의 전통보다는 강단 밖에서 형성된 전통이 강력한 근원이 되고 있는 것을 볼 수 있다. 17세기에는 예수회 학교들이 학문의 터전이었지만 18세기의 계몽사상가들은 처음에는 쌀롱salon, 나중에는 카페를 통해 서로 간의 학문적 교류를 다졌고 대중과 직접 소통하는 것을 목표로 철학을 했다. 그중에서도 특히 루쏘는 독학으로 업적을 쌓은 인물로 유명하다. 잘 알려져 있듯이 루쏘가 철학에 입문한 것은 디종 한림원Académie de Dijon의 공모에 응모한 논문이 수상하게 되면서이다. 이처럼 프랑스는 대학 밖에서 인재를 발굴하는 광범위한 통로를 개척하고 있었다. 이른바 강단철학이 나타난 것은 1806년 나뽈레옹이 국립종합대학 소르본느Sorbonne를 세운 후이다. 하지만 초창기에 대학의 철학과에 자리를 잡아 오랜 기간(1815~1855년) 군림한 꾸쟁은 매우 정치적인 성향을 가지고 있었고 자신의 야망의 실현에 방해가 되는 독창적인 철학자들을 대학 밖으로 몰아냈다. 따라서 19세기 중반까지도 프랑스철학은 대학 밖에서 훨씬 더 생산적인 성과가 이루어졌다. 멘 드 비랑의 경우는 처음부터 대학과 무관하게 독학으로 철학을 하였는데, 그는 루쏘와 같이 빠리 한림원Académie de l'Institut de Paris의 공모를 통해 학계에 등단하였다. 이러한 특징으로 인해 철학의 내용에 있어서도 두 사람은 공통점을 보여 준다. 루쏘가 자신의 독자적인 사색에 의해 당대의 계몽주의자들의 이성만능주의에 반발하면서 자연적 감성을 강조하였듯이 멘 드 비랑 역시 주류 철학에 매몰되지 않은 자신의 독창성에 의해 그 시대를 지배하던 꽁디약, 드 트라씨, 까바니스의 감각주의에 반발하고 의식의 능동성을 주장하는 철학을 구상할 수 있었다.

2. 꾸쟁의 절충주의와 라베쏭의 유심론적 해석

멘 드 비랑의 사후에 그의 철학을 세상에 알린 사람은 꾸쟁이었는데, 이 점에서 비랑은 별로 운이 좋았다고 할 수 없다. 왜냐하면 앞에서 본 것과 같이 이 정치적인 철학자가 순수한 학문적 목적을 달성하리라고 기대할 수는 없는 일이었기 때문이다. 비랑이 첫 저작을 출판할 당시(1803) 빠리의 철학계는 계몽주의자 꽁디약의 제자들인 데스뛰 드 트라씨, 까바니스가 지배하고 있었는데 이들에게서 이미 혁명 철학의 동력은 쇠퇴하였고, 대신 좀 더 학문적인 관심사에서 감각과 관념의 관계라는 인식론적 문제와 내적 감각에 대한 생리학적 탐구가 주요한 연구 대상이 되었다. 황제가 된 나뽈레옹은 이들을 관념만을 가지고 유희하는 이데올로그Idéologue(관념학자)들이라고 비난하며 국가의 강화를 목적으로 하는 국가철학이 나오기를 원했다. 이후 왕정복고 시기(특히, 1830~1848)에 꾸쟁은 실제로 혁명 이후의 학문적 쇠퇴를 극복하는 방편으로 인위적인 국가철학을 세우려는 야심을 보였다.[30] 그는 데까르뜨 철학의 유심론적 측면과 독일 관념론을 융합하여 정신의 우월함을 강조하는 막연한 절충주의éclectisme를 구상하였는데 이 과정에서 혁명철학의 잔재로 생각된 감각주의와 그 계승자인 실증주의자 꽁뜨와 뗀느H. Taine가 대학 밖으로 밀려나고, 라베쏭과 같은 탁월한 철학자도 대학에 발붙이지 못했다. 반면 멘 드 비랑은 데까르뜨를 보완하는 프랑스의 철학자로 선택되었다. 데까르뜨의 코기토를 볼로Volo 즉 의지로 해석한 멘 드 비랑은 데까르뜨로부터 스피노자적 범신론의 요소를 제거하고 라이프니츠를 따라 정신의 능동성을 회복한 것으로 평가되었다. 사실 비랑은 라이프니츠의 활동성activité과 힘force 개념에서 자신의 의지적 능동성 개념의 특징을 본다. 따라서 데까르뜨-라이프니츠-칸트의 절충으로 이어지는 꾸쟁의 정신철학에서 멘 드 비랑은 매개 역할을 하는 셈이다.[31]

꾸쟁의 이런 정치적 이용 때문에 사후에 비랑은 절충주의적 유심론자라는 오해를 사게 되었고 그 진면모가 알려지기까지 시간이 걸렸을 뿐만 아니라 비랑의 주석가들이 비랑 철학의 본모습을 알리려 노력한 후에도 여전히 절충주의라는 오해에서 자유롭지 못하다. 멘 드 비랑에 대한 꾸쟁의 악행은 여기서 그치지 않는다. 그는 비랑 철학의 근본정신을 전혀 이해하지 못하고 자신의 철학을 세우기 위해 자의적

---

30. Jean Lacroix, *Panorama de la philosophie française contemporaine*, Paris, PUF, 1966, p. 243. 이 시기 프랑스에서 대학과 철학의 관계에 대해서는 다음의 책들을 참조할 것. Joseph Dopp, *Felix Ravaisson, La formation de sa pensée d'après des documents inédits*, Louvain, Éditions de l'Institut Superieur de Philosophie, 1933 그리고 André Canivez, *Jules Lagneau, professeur de philosophie. Essai sur la condition du professeur de philosophie jusqu'à la fin du XIXe siècle* (t, I), Paris, Les Belles lettres, 1965.

31. Victor Cousin, "Préface de l'éditeur", dans *Œuvres philosophiques de Maine de Biran* t. IV, Pierre Maine de Biran, Paris, Ladrange, 1841, p. XVIII (편집자 꾸쟁의 서문). 이 점에 대해서는 차건희, 「멘 드 비랑과 프랑스철학의 전통」, 『철학사와 철학, 한국철학의 패러다임 형성을 위하여(한국철학회 춘계발표 대회보)』 1998. 5., 204~205쪽을 참조하는 것이 유익하다.

으로 이용하였다. 그 과정에서 멘 드 비랑의 저작의 편집을 시도했으나(1838~1841년) 매우 불성실하고 많은 문제점을 노출하는 출판 작업이었다. 앞에서 보았듯이 출판되지 않은 비랑의 원고는 나중에 이루어진 무수한 수정과 가필로 인해 세심한 편집작업을 요구하지만 꾸쟁은 처음에 비랑이 한림원들에 제출했던 원고를 그대로 출판했고 게다가 자의로 해석을 달아 많은 오해를 불러일으켰다.

사실 구이예가 지적하듯이 멘 드 비랑의 사유가 대중에게 알려진 것은 그의 저작의 출판의 역사와 더불어 시작된다.[32] 멘 드 비랑의 저작의 출판은 한 세기가 넘게 진행되었으며 이제야 거의 완성 단계에 와 있다. 꾸쟁 다음에는 스위스의 나빌에 의해 일부가(1845), 그리고 그의 아들E. Naville에 의해 일부가(1857~1859) 출판되었다. 다음에는 제라르F. Gérard(1876), 리용의 베르트랑A. Bertrand(1887~1893), 그리고 메요나드C. Mayjonade(1895, 1896, 1907, 1924)가 각각 일부를 출판했고 1906년부터 라 발레뜨 몽브랭A. de La Valette Montbrun과 띠쓰랑이 새로운 원고들을 보완하여 전집에 가까운 판본을 냈고 구이예가 1955년 세 권의 『일기』*Journal*를 출판했다. 띠쓰랑의 판본이 오랫동안 정본으로 쓰였으나 여전히 비랑 자신의 수정과 가필을 고려하지 않은 원본이었다. 1980년부터 약 20년의 기간 동안 아주비F. Azouvi의 주도하에 멘 드 비랑의 전문가들이 모여 비랑 자신의 수고手稿를 전체적으로 세심히 검토하여 꼼꼼한 주석과 함께 완성된 전집을 출판하였다.

멘 드 비랑의 편집자들은 대개 상당한 분량의 해설을 책의 앞부분에 첨가하여 그의 철학을 충실히 알리는 데 일조하였지만 비랑의

---

32. Henri Gouhier, *Maine de Biran, Œuvres choisies*, Paris, Aubier, 1942, pp. 5~6. 이 모든 출판본들의 세부 내용을 다 열거하자면 상당한 분량이 요구되므로 우리는 참고 문헌 목록에서 간략하게 줄여 소개하겠다.

주석의 역사에서 고전적인 저자들은 서넛 정도로 압축할 수 있다. 나는 비랑의 철학을 보는 커다란 시각을 제시하고 그것을 설득력 있게 구성한 저자들로 라베쏭, 마디니에, 구이예, 앙리M. Henry라는 네 저자를 선택하겠다. 물론 이들 외에도 철학사가 델보스V. Delbos, 베르트랑, 비랑의 편집자인 띠쓰랑 그리고 르루아G. Leroy, 방꾸르R. Vancourt 등은 충실한 해설서들을 통해 비랑을 프랑스의 철학적 대중에게 알린 사람들이다. 하지만 나는 탁월한 독창성과 스타일을 가지고 비랑 철학의 역사적 의미와 내용을 분석한 위 네 저자를 중심으로 그의 철학에 대한 해석 동향을 살펴보려 한다.

우선 라베쏭은 멘 드 비랑에 대한 독자적인 저서를 내지는 않았지만 여러 통로에 의해 비랑 철학의 의미를 알리는 데 결정적인 역할을 하여 비랑 철학의 해석의 역사에 최초의 이름을 올릴 자격이 있다. 그는 19세기 중후반의 프랑스철학을 비랑 못지않게 탁월한 관점으로 수놓은 유심론 철학자이기도 하다. 그가 55세에 쓴 『19세기 프랑스철학』이라는 책에서 라베쏭은 멘 드 비랑이 프랑스철학에서 차지하는 위치를 적절히 묘사하고 있다.[33] 그는 실증주의적 유심론spiritualisme positiviste 혹은 유심론적 실재론réalisme spiritualiste이라는 말을 사용하여 멘 드 비랑이 그 선구자임을 선언하였는데 이것은 다음 세대의 철학자들에게 커다란 반향을 불러일으켰다.

위와 같은 표현으로 라베쏭이 의도한 것은 실증적 사실을 중시하면서도 정신의 내면적 관찰을 중시하는 멘 드 비랑의 철학의 특징을 드러내고자 한 것이다. 의식의 일인칭적 사실은 외부에서 객관적으로

---

33. Ravaisson, *La Philosophie en France au XIXe siècle*, p. 313.

관찰되는 사실과는 다르지만 그것도 역시 분명한 사실이다. 멘 드 비랑은 그것을 "의식의 원초적 사실"이라고 부른다. 사실 일인칭적 개인의 의식에서 출발하는 서양철학의 전통은 아우구스티누스와 빠스깔에 이미 단초가 있다. 데까르뜨의 경우에는 보편적 주관의 혐의가 늘 따라다닌다. 라베쏭에 의하면 멘 드 비랑의 독창성은 이 의식 최초의 사실이 데까르뜨가 말한 순수사유가 아니라 행동에 대한 의식, 신체의 능동적 운동을 의식하는 역동적 사실이라는 것이고 여기서 라베쏭은 일종의 실증성을 보는 것이다. 오늘날 실증성은 외적으로 관찰된 사실에 조회한다는 의미로 쓰이지만 라베쏭은 내적 사실도 사실인 한에서 그에 조회하는 것은 실증적이라고 본다. 이 해석은 의식과 자연 모두를 통일적으로 파악하고자 하는 라슐리에J. Lachelier, 베르그손 등 후대의 철학자들에게 심대한 영향을 주었고 프랑스 유심론을 실증주의적 유심론으로 부르게 하는 계기가 되었다.

3. 가브리엘 마디니에G. Madinier, 1895-1958의 유심론적 해석

마디니에의 비랑 해석은 기본적으로 라베쏭의 유심론적 해석을 따르면서 이를 프랑스 심리학 전통과 연관시키고 있다. 마디니에 자신은 멘 드 비랑과 프랑스 유심론 전통을 충실히 이어받은 반성철학Philosophie de la réflexion의 대표자이다.[34] 반성철학은 멘 드 비랑의 전통을 이어받은 20세기 초중반 프랑스철학의 한 조류이다. 이는 의식과 자아의 문제에서 비롯하는 정신의 삶에 대한 연구로 장 나베르J. Nabert,

---

34. 앞에 인용된 장 라크루아(J. Lacroix)의 책 *Panorama de la philosophie française contemporaine* 참조.

루이 라벨L. Lavelle, 알랭Alain, 페르디낭 알끼에 등이 여기에 속한다. 마디니에는 자신의 국가박사학위 논문이자 최초의 방대한 저서인 『의식과 운동』Conscience et mouvement에서 라베쏭의 정신을 따라 프랑스 유심론과 그 기원 및 그로부터 흘러나온 다양한 지류들을 추적한다.[35] 그는 이 책에서 비랑의 철학을 상당한 지면을 할당하여 분석하고 있을 뿐 아니라 비랑 이전과 이후의 철학사를 비랑의 철학을 준비하고 그의 정신에 의해 전개되는 흐름으로 묘사한다. 비랑 이전이라는 것은 꽁디약과 데스뛰 드 트라씨, 까바니스, 라로미귀에르Laromiguère, 루아예-꼴라르 등을 말한다. 이와 같이 비랑을 중심으로 이전, 이후의 프랑스철학사를 규정하는 것 역시 라베쏭의 정신을 따른 것이다.[36]

라베쏭은 『19세기 프랑스철학』을 쓰기 이전 27세 때 쓴 해밀턴 철학에 관한 논문에서 꾸쟁의 절충주의를 비판하며 간략한 프랑스철학사를 제시하고 있다.[37] 이 논문은 영국의 경험론이 프랑스로 건너오면서 내밀한 변형을 겪게 된다는 것을 지적하면서 시작한다. 그에 의하면 로크의 프랑스 후예로 일컬어지는 꽁디약에게서 이미 변형이 시작되고, 이는 드 트라씨와 까바니스 등을 거쳐 멘 드 비랑에게서 의식철학으로 재탄생한다. 라베쏭은 영국 경험론이 외적 사실의 분석에 그쳤다면 칸트로 대표되는 독일 관념론이 현상의 인식에 머물렀다는 비판을 하면서 프랑스철학에서 새로운 반성과 도약의 기회를 찾았고 멘 드 비랑이야말로 "프랑스철학의 개혁자"라고 불릴 만하다고 주장

---

35. Madinier, *Conscience et mouvement*.
36. 루아예-꼴라르는 소르본 대학의 제1세대 철학 교수. 절충주의의 선구자이기도 하다. 멘 드 비랑이 죽었을 때 그는 "비랑은 우리 모두의 스승이었다."라고 말함으로써 비랑 철학이 당대 철학자들에게 미친 영향을 증명했다.
37. Ravaisson, "Philosophie contemporaine à propos des Fragments de philosophie par M. Hamilton, traduit de l'anglais par Louis Peisse", p. 252.

한다. 이에 대해서는 나중에 베르그손 역시 완벽한 동의를 표하는 것을 볼 수 있다. 베르그손은 영국 경험론과 칸트의 현상주의가 상대적 인식에 머문 반면 비랑은 적어도 의식의 원초적 사실에서 절대에 접할 수 있는 지점을 찾아냈다고 말한다.[38]

이처럼 마디니에는 라베쏭의 안내를 따라 영국 경험론이 꽁디약에게서 어떻게 변형되는지부터 검토하기 시작한다. 이 책의 부제는 '꽁디약에서 베르그손까지 프랑스철학에서 의식과 운동적 노력의 관계에 관한 시론'이다. 우선 해석가의 입장에서 마디니에는 매우 충실하게 원전에 조회하여 꽁디약의 철학을 잘 드러내고 있다. 델보스는 꽁디약이 감각주의자sensualiste라는 부당한 명칭으로 많은 오해의 대상이 되었다는 점을 이미 지적한 바 있는데, 마디니에의 연구는 이런 오해로부터 벗어나 꽁디약의 진면모를 파헤치는 성과도 올리고 있다.[39] 그는 감각에 대한 '논리주의'적 분석으로 알려진 꽁디약의 철학 뒤에서 심리학적이고 반성적인 태도를 간파하여 이를 멘 드 비랑에 연결되는 지점으로 보고 있다. 근대 프랑스철학에서 심리학적 태도라는 말은 무엇보다 내면적이고 반성적인 태도를 말한다. 우리는 마디니에의 해석에서 외적 경험론자로 시작한 꽁디약이 내적 반성의 철학으로 돌아서는 단초를 볼 수 있는데 사실 프랑스의 심리철학이 관념연합론asso-ciationnisme으로 대표되는 영국의 심리주의와 구별되는 지점도 거기에 있다. 좀 더 구체적으로 말하면 꽁디약은 버클리의 관념론적 결론을 비판하면서 촉각의 능동적 운동을 통해 외적 세계에 대한 인식을 설명한다. 버클리도 신체의 운동에 대해 말하고는 있지만 그것을 외적

---

38. Henri Bergson, "La Philosophie française", *Mélange*, Textes publié et annoté par André Robinet, Paris, PUF, 1972, pp. 1170~1171.

39. Delbos, *La Philosophie française*, p. 252.

세계와 연결시킬 수는 없었다. 그도 그럴 것이 만약 인간이 어떤 충동에 의해 움직이는 일종의 기계라고 본다면 운동에 대한 감각도 수동적일 것이고, 거기서 외적 세계의 진정한 인식을 보기는 어렵다. 인간정신의 능동성을 부정한 영국 경험론이 주관적 관념론이나 회의론으로 귀결되는 것은 당연한 것이다. 꽁디약이 주장하는 촉각의 능동적 운동은 데스뛰 드 트라씨에 와서 운동감각 혹은 노력의 감정 일반으로 발전한다. 멘 드 비랑은 이것을 의지적·운동적 노력l'effort moteur volontaire이라고 부르며 의식의 원초적 사실로 격상시킨다.

마디니에는 비랑에 관한 서술을 "이론의 형성"과 "형성된 이론"이라는 두 부분으로 나눈다.[40] 습관에 관한 비랑의 첫 저서는 꽁디약과 드 트라씨 등의 영향 아래서 쓰였고 비랑이 아직 자신의 새로운 관점에 대해 충분히 의식하고 있지 않은 점에서 확립된 이론이기보다는 이론의 형성 과정을 보여 준다. 반면 『사유의 분해에 관한 논고』1805는 비랑이 꽁디약, 드 트라씨 등과 단절하고 자신의 고유한 입장으로부터 이론을 전개하고 있어서 여기서부터 우리는 확립된 비랑의 철학을 볼 수 있다. 꽁디약과 드 트라씨는 의식의 능동적 현상을 관찰했지만 아직 생리적 차원과 심리적 차원을 구별하지 않았다. 그들에게는 의지volonté와 욕망désir의 혼동이 있는데, 비랑에 의하면 욕망이 생리적 운동과 관련되어 있다면 의지는 심리적 차원의 능동적 운동을 야기한다. 자신이 능동적으로 행사하는 근육운동을 의식하는 것, 즉 의지적·운동적 노력의 감정은 심장의 운동 혹은 몽유병 상태의 운동 같은 단순한 생리적, 본능적 운동과 구별되어야 한다. 여기서 비랑은 욕망과 의지의 구분, 수동성과 능동성의 구분, 생리학과 심리학의 구

---

40. Madinier, *Conscience et mouvement*, pp. 71~180.

분을 확립하고 이러한 이원론의 토대 위에서 인간 탐구가 이루어져야 함을 주장한다. 비랑은 처음에 '객관적 관념학'Idéologie objective에 대립하는 '주관적 관념학'Idéologie subjective이라는 말로 이데올로그들과 자신의 입장을 차별화했고 주관적 관념학이라는 말을 나중에 심리학la psychologie이라는 말로 대치한다. 프랑스에서 심리학이라는 말은 이렇게 탄생하였다. 물론 비랑에게서 심리학이라는 말은 여전히 주관적이고 반성적인 의미의 의식 사실을 다루는 인식론이자 인간학에 해당한다.

멘 드 비랑의 심리학에서 의식의 본성이 운동적 노력에 있다는 주장은 자연스럽게 신체의 의미에 대한 고찰로 이어진다. 의지적 노력으로 행사하는 능동적 운동은 의지와 신체라는 이중의 요소와 관련된다. 신체적 운동은 의식의 원초적 사실을 이루는 한 요소가 됨으로써 더 이상 외적 물체와 같지 않게 된다. 가장 내밀한 개인적 의식의 토대가 이미 신체를 전제한다는 통찰은 그의 유심론을 신체를 무시하는 데까르뜨적 기원의 순수관념론 전통과 결정적으로 멀어지게 만든다. 이 부분이 비랑 철학의 핵심이라 할 수 있는데 라베쏭과 라슐리에, 베르그손의 유심론은 여기서 풍요로운 자원을 얻는다. 여기서 마디니에는 후대의 철학자들에 미친 비랑의 영향을 세부적으로 분석하면서 프랑스철학의 맥을 선명히 짚어준다.

그러나 이에 못지않게 비랑의 철학이 프랑스 심리생리학에 중요한 영향을 미친 내용은 의지가 작용하지 않는 생리적 사실에 대한 분석이다. 비랑은 잠과 꿈 그리고 몽유병에 대한 심도 있는 연구를 통해 의지의 능동적 행사가 이루어지기 전 우리 인간의 일반적 삶을 지탱하는 비의지적involontaire 상태에 대한 이론을 제시했다. 이후의 용어로는 무의식적 상태라고 할 수 있는데 바로 이 부분이 19세기 말 프랑스 심리학계에서 쌍벽을 이루는 두 거장 떼오뒬 리보T. Ribot와 삐에르 자네의 무의식 연구에 결정적인 영향을 주게 된다.[41] 마디니에의 연구는 이 점을 놓치지 않는다. 그는 리보와 자네의 심리생리학에서 의식과 무의식 그리고 신체적 운동의 관계를 상세히 분석하고 철학과 과학이라는 관점의 차이에도 불구하고 비랑의 생각이 어떻게 구체적 결실을 거두고 있는지를 잘 보여 준다. 이뿐만 아니라 그는 기나긴 결론부에서 뷔를루A. Burloud, 쓰공Second, 발롱H. Wallon, 무르그R. Mourgue, 프라딘M. Pradine, 삐아제J. Piaget 등 현대심리학자들에 이르기까지 의지와 운동, 무의식의 관계라는 비랑의 주제가 여전히 핵심 역할을 하고 있다는 것을 제시하면서 프랑스 심리학이라는 거대한 수로에 물꼬를 트고 방향을 제시한 멘 드 비랑의 기여를 설득력 있게 보여 주고 있다.

4. 앙리 구이예H. Gouhier, 1898-1994의 문헌학적 해석

구이예는 프랑스 철학사 연구에서 깊은 통찰력과 왕성한 저작활동으로 프랑스 철학계에 지대한 기여를 한 철학사가이다. 그는 마디니에의 저서와 비랑에 대한 견해를 높이 평가하면서 좀 더 세부적으로 멘 드 비랑과 라베쏭, 베르그손의 관계를 부각시킨다. 그는 1948년에 쓴 「멘 드 비랑과 베르그손」이라는 논문에서 두 철학자의 심층적인 유사성과 차이를 지적하면서 프랑스 유심론이라는 커다란 흐름의 존재를 강조한다.[42] 여기서 비교가 되는 주제들은 비랑의 반성의 방법과

---

41. 멘 드 비랑과 심리학의 관계를 연구한 저서로는 베르트랑과 부치나스가 있다. Bertrand, *La Psychologie de l'effort*. Voutsinas, *La Psychologie de Maine de Biran*. 또한 삐에르 자네는 『심리적 자동주의』라는 유명한 저서에서 자신의 대부는 비랑이라고 말하면서 자신의 심리학 연구에 대한 비랑의 직접적 영향을 언급한다. Janet, *L'Automatisme psychologique*, 1973.

베르그손의 직관의 방법, 비랑의 정신철학과 베르그손의 자연철학, 그리고 비랑의 종교적 사유와 베르그손의 종교에 대한 사유라는 세 가지 요점으로 집약된다. 의식 심층의 내적 경험과 관찰을 중시하는 동일한 태도 위에서 전자는 정신철학의 원조가 되었고 후자는 자연철학을 향해 나아간다.

정신철학과 자연철학의 대비는 구이예가 1961년에 쓴 『베르그손과 복음의 그리스도』라는 책에서 두드러지게 강조된다.[43] 여기서 구이예는 스펜서의 진화론에 영향을 받은 베르그손이 비랑과 달리 자연철학과 우주론으로 나아가는 과정을 잘 보여 준다. 베르그손은 자연과학적 문제들로부터 철학적 사색을 시작했기 때문에 처음에는 비랑을 읽지 않았다. 하지만 구이예는 라베쏭의 유심론적 실증주의라는 말을 베르그손이 나중에 기꺼이 받아들였다는 사실을 강조하면서 그가 스펜서의 기계론적 진화론을 비판하고 의식의 관찰에서 시작하는 시간과 지속의 형이상학, 말하자면 진정한 진화론을 확립하게 된 것은 바로 라베쏭과 라슐리에의 독서에 빚지고 있다는 것을 보여 준다. 결국 베르그손은 라베쏭과 라슐리에를 통해 간접적으로 멘 드 비랑의 영향을 받았다는 주장이다. 이것은 실제로 베르그손도 인정하고 있는 내용이다. 그러나 일반적으로 베르그손의 연구가들은 자연과학비판, 지속과 창조, 내적 자유 등 베르그손이 내세운 개념들의 비교할 데 없는 독창성을 강조하면서 유심론적 흐름을 크게 부각시키지 않는다. 결국 두 철학자의 친연관계를 강조하는 구이예의 시도는 베르그손 철학의 높은 대중성과 멘 드 비랑 철학의 비대중성 때문에 대

---

42. Henri Gouhier, "Maine de Biran et Bergson", *Les Études bergsoniennes*, vol. 1., Paris, Albin Michel, 1948.

43. Henri Gouhier, *Bergson et le Christ des évangiles*, Paris, Fayard, 1961.

중적 호소력을 얻지는 못했지만 철학계에서는 그의 작업에 힘입어 비랑, 라베쏭, 베르그손의 관계를 추적하는 몇몇 후속 전문서들이 나오기도 했다.[44]

멘 드 비랑과 유심론의 맥락을 강조하는 구이예의 해석은 프랑스 철학사 연구 부흥에 대한 그의 관심의 일환으로 나타난 것이다. 사실 구이예는 20세기 프랑스의 철학계에서 독보적인 철학사가의 위치를 점하고 있다. 그는 멘 드 비랑만이 아니라 프랑스철학의 거장들, 데까르뜨와 빠스깔, 말브랑슈, 루쏘, 꽁뜨, 베르그손에 대한 기념비적 저작들을 잇따라 출간했다. 그의 연구는 외국의 철학을 수입하는 데 지나치게 관대한 프랑스 철학계에서 프랑스철학의 독자적 흐름을 보존하고 전달하는 데 중요한 기여를 한 것으로 인정될 뿐만 아니라 그 내용면에서도 각 분야 고전에 대한 명실상부한 주해연구의 모범을 보여준다. 그의 저작은 상당한 인용가치를 가지고 있을 뿐만 아니라 많은 후속 연구가들이 그의 권위에 거의 도전하지 않는다. 이것은 철학사가로서의 그의 명망에 대한 단순한 존경이 아니라 그의 연구의 특색에 기인하는 사실이다.

구이예는 거장들의 입장을 인위적 관점으로 통일하거나 현대적 관심에 의해 특별한 부분을 부각시키는 등의 극적 효과를 노리지 않는다. 오히려 그런 방식으로 변형이나 왜곡을 겪은 철학자들의 사상을 최대한 본모습으로 돌리려 노력한다. 이것은 원전만이 아니라 수고, 편지, 일기, 주변 사람들의 증언, 행정적 기록 외에도 철학자 개인의 삶의 궤적을 알 수 있는 모든 단서들을 종합한 방대한 양의 자료

---

44. 도미닉 자니꼬의 연구가 대표적이다. Janicaud, *Une généalogie du spiritualisme français*. 비랑, 라베쏭, 베르그손의 관계는 이후 박사논문 주제로도 여러 번 등장했다.

수집과 꼼꼼하고 성실한 분석이 선행하기에 가능한 일이다. 구이예의 독보성은 우선 이런 측면에서 인정된다. 다음에 지적할 수 있는 것은 그의 평이하면서도 미학적인 문체이다. 구이예는 자신의 풍부한 자료를 이야기로 엮는 능력에서도 타의 추종을 불허한다. 그는 실제로 연극에 많은 관심을 갖고 연극이론에 대한 저작을 쓰기도 했다. 구이예의 책을 보면 독자는 철학자를 주인공으로 한 지적인 추리소설을 읽는 느낌을 받는다. 들뢰즈G. Deleuze는 철학책은 추리소설처럼 써야 한다고 주장하고 있지만 주해연구야말로 그런 방식에 적합하다는 것을 우리는 구이예로부터 배우게 된다. 실제로 철학사에 대한 구이예의 철학은 "철학이란 개개의 철학들을 통해서만 현실화되며 개개의 철학은 철학자 개인의 독특한 인격에 의해서만 접근할 수 있다"는 생각이다. 구이예는 현대 프랑스철학이 대학 밖에서 지적 대중들의 인기를 누리며 자유롭게 활개를 치고 있는 동안에 대학 안에서 성실한 주해연구에 몰두함으로써 대학의 존재의미를 지켰고 많은 성실한 후학들의 좋은 모범이 되었다.

멘 드 비랑에 대한 구이예의 연구서 『멘 드 비랑의 전환점들』1947은 위에서 본 구이예의 특징을 아주 잘 보여 주는 연구이다. 그의 다른 연구서들과 마찬가지로 많은 자료들을 포함하는 두터운 분량이지만 매력적인 미장센으로 독자의 주의를 끌며 지루함을 없애 준다. 그는 이미 비랑의 일기 세 권을 편집자로서 출판한 일이 있고 『비랑 철학의 발췌본』1942에서도 그의 생애와 작품에 대한 간략한 소개를 하였다. 이 책에도 비랑 철학에 대한 중요한 정보가 들어 있고 구이예의 고급 해설이 곁들여 있어 비랑 발췌본의 모범으로 평가받는다.45 『멘

45. Pierre Gontier de Maine de Biran, *Œuvres choisies de Maine de Biran*, par Henri

드 비랑의 전환점들』은 이런 바탕 위에서 쓰여졌으며 거기에는 이미 진행된 다른 연구자들의 연구를 비교, 분석하는 것도 빠지지 않는다. 그의 스타일대로 이 책은 시골의 한 의사의 아들이 루쏘의 책을 읽으며 사색의 길로 들어서는 이야기로 시작된다. 하지만 곧 당대의 철학적 동향에 대한 심도 있는 분석이 뒤따른다. 첫 번째 전환점은 이러한 당대의 철학에 영향을 받은 비랑이 그 시대의 용어로 철학을 할 수밖에 없었지만(『습관에 관한 논고』) 곧 빠스깔과 루쏘의 독자로서 자신의 철학을 확립한다는 것이다. 이것이 『사유의 분해에 관한 논고』에서 나타난 비랑주의Biranisme의 확립이다. 여기서 비랑은 비로소 비랑주의자가 된다. 두 번째 전환점은 플라톤주의로의 회귀이다. 이것은 의식현상에서 출발한 비랑이 본질에 관한 질문을 하게 되는 계기를 나타낸 것이다. 세 번째 전환점은 기독교철학으로의 전회를 의미한다. 이는 비랑의 개인적인 삶과 관련하여 마음의 평화를 찾는 과정과 일치한다.

보통 비랑의 철학에서 가장 중요하게 평가받는 것은 첫 번째 전환에서 나타난 의지의 철학이다. 베르그손으로 이어지는 유심론의 맥락은 바로 이 부분에서 시작한다. 이런 이유로 다른 연구가들이 첫 번째 전환을 주로 연구하고 다른 부분은 간략하게 다루는 반면 구이예는 비랑의 모든 저작에 동등하게 지면을 할당하여 비랑의 후기철학에 대한 중요한 연구성과를 제공한다. 철학은 철학자 개인의 삶의 반영이라는 그의 이념을 여기서도 엿볼 수 있다. 이 외에도 구이예는 비랑의 사색의 고비마다 부딪히는 여러 철학자들과의 대화를 빠뜨리지 않는다. 루쏘와 빠스깔, 꽁디약과 이데올로그들만이 아니라 절충주의자

Gouhier, Paris, Éditions Aubier-Montaigne, 1942.

들, 라이프니츠, 칸트 역시 중요한 비교 분석의 대상으로 등장한다. 구이예의 연구의 중요성은 멘 드 비랑을 유심론의 전통에 위치시키면서도 독자적인 연구의 길을 밝혔다는 데 있다. 더 나아가 근대 프랑스철학 일반에 대한 그의 연구는 현대 프랑스 철학자들에게 잊힌 근대를 이어주는 가교를 형성한 점에서 높이 평가받고 있다.

5. 미셸 앙리M. Henry, 1922-2002의 현상학적 해석

미셸 앙리는 이뽈리뜨J. Hyppolite의 제자이고 구이예와 리꾀르P. Ricoeur, 알끼에, 발J. Wahl의 지도 아래 1950년 멘 드 비랑에 관한 학위논문을 완성하는데 이것이 『신체의 철학과 신체의 현상학, 비랑의 존재론에 관한 시론』이다.[46] 이 책은 비랑에 관해 지금까지 알려진 가장 심도 있는 연구서인 동시에 앙리 자신의 철학을 개진하고 있는 철학서이기도 하다. 여기서 나타난 기본 생각들은 나중에 철학자 앙리의 대표적 저서인 『현시의 본질』의 토대를 이룬다.[47]

앙리는 우선 당대에 프랑스에 소개된 후설 현상학의 용어들을 사용하여 멘 드 비랑의 철학을 현대화한다. 가령 후설의 지향성 개념에서 외적 대상을 향하는 의식작용과 내적 상태를 향하는 의식작용을 구분하여 전자를 외재성, 후자를 내재성이라 부르고 비랑 철학의 핵심을 내재성immanence의 철학으로 규정한다. 비랑의 의지적 노력의 개념은 사실상 의식 사실에 대한 내적 관찰에서 유래하는 현상학적 방법으로 파악하기에 적합한 면이 있다. 노력은 외적 대상과 유기적 신

---

46. 이 책의 출판은 1965년도가 되어서야 이루어졌다. Michel Henry, *Philosophie et phénoménologie du corps, Essai sur l'ontologie biranienne*, Paris, PUF, 1965.

47. Michel Henry, *L'Éssence de la manifestation*, vol. I, II, Paris, PUF, 1963.

체le corps organique의 근육운동이라는 이중적 저항을 토대로 형성된다. 이 중에서 앙리는 신체적 저항에서 생겨나는 노력의 의식을 일차적인 것으로 보고 이것이 주관성의 가장 심오한 토대가 된다고 주장한다. 앙리는 이를 "주관적 신체"le corps subjectif라고 부르며 비랑의 독창성은 의식의 원초적 사실을 신체성의 의식과 관련시킨 데 있다고 본다. 사실 서양철학사에서 신체는 외적 물체와 유사하게 취급되었고(생리작용) 능동적 의지를 수행하는 운동의 의식은 거의 부각되지 않았다. 앙리에 의하면 나는 근육운동이라는 수단을 통해서 외적 대상에 가닿는 것이 아니라 나의 운동 자체가 직접 세계와 관계한다. 그것은 경험이 아니라 초월론적transcendantal 차원에 속한다. 이러한 운동하는 존재로서의 내 신체가 곧 나이다. 앙리에 따르면 "나는 내 신체를 갖는다."라고 말해서는 안 되고 "나는 내 신체이다."라고 말해야 한다. 이때의 신체는 물론 외적 관찰의 대상 즉 초월적 존재가 아니라 내재적, 주관적 존재로서 개인의 고유한 의식, 자아의 존재감, 즉 자아의식을 결정한다.

그렇다면 외적 신체, 생리적 작용의 주체로서의 신체의 위상은 무엇인가? 앙리에 의하면 능동적이고 수동적인 두 신체는 현시manifestation의 두 양태mode이며 그 통일성은 에고의 주관적 존재l'être subjectif de l'ego 쪽에 있다. 이 부분에서 앙리는 비랑을 비판한다. 비랑은 의지적 노력의 주체로서의 신체를 에고와 동일시한 후 수동적인 생리적 신체에 대해서 또 다른 존재를 부여했다. 일반적으로 비랑의 철학은 능동적 신체와 수동적 신체의 이원론으로 귀결되는 것으로 평가된다. 앙리는 비랑이 자신의 능동적 신체의 철학에 충실하지 못했다고 비판하는 것이다. 신체적 주관성의 철학에 기초하여 앙리는 관념적 주관성의 철학(관념론)이나 존재론적 일원론(유물론) 모두를 비판한다. 그

뿐만 아니라 주관적 신체는 지향성으로 구성되는 것이 아니라는 점에서 후설의 현상학을 역전시킨다. 인식과 행동 사이에는 어떤 거리도 없다. 행동이 곧 인식이다. 그리고 이 바탕에는 생명이 있다. 현상으로서의 의식 사실에 머물지 않고 에고의 존재론과 생명의 철학을 구상한 앙리는 현상학을 넘어선다. 이 시기에 개진된 많은 생각들은 나중까지, 특히 2000년도에 나온 저서 『구현, 살의 철학』에서 섹슈얼리티sexualité와 불안angoisse에 대한 분석으로 발전된다.[48]

이와 같은 앙리의 철학은 멘 드 비랑에 대한 주석과 밀접하게 관련된다. 앙리는 멘 드 비랑의 철학을 현대화하고 이를 토대로 자신의 독창적 철학을 구축한 점에서 멘 드 비랑의 주석가인 동시에 독자적 사상가의 입지를 굳혔다. 하지만 앙리는 비랑의 철학에서 수동적 신체와 관련된 부분을 무시함으로써 심리학에 끼친 비랑의 영향이라는 엄연한 또 하나의 흐름을 간과하고 있다. 그럼에도 불구하고 앙리의 업적에 자극을 받은 후대의 연구가들 아주비, 몽떼벨로P. Montebello, 로메이에-데르베 등은 1980년대 이후 비랑의 저서의 새로운 편집과 상당한 분량의 연구서들을 속속 출판하여 비랑 르네상스를 방불케 하는 연구 성과를 올리고 있다. 그뿐만 아니라 국제적인 멘 드 비랑 학회를 만들어 비랑 철학을 국제화하는 데도 기여하고 있다. 물론 이들의 비랑 연구는 전문적인 비랑 철학 연구자들에게는 높은 평가를 받고 있지만 아직 비랑 철학의 대중화에는 도달하지 못하고 있다. 이것은 사실 앙리의 경우도 마찬가지이다. 전문가들은 모두 그의 철학을 새롭고 독창적이며 심오한 면이 있다고 인정하지만, 빠리의 인기 있는 철학자들과 거리를 두고 남부 도시 몽뻴리에에 은둔하며 홀로 사

---

48. Michel Henry, *Incarnation, une philosophie de la chair*, Paris, Seuil, 2000.

색에 몰두했던 앙리는 대중의 화려한 시선을 받지는 못했다. 앙리 철학의 운명이 비랑 철학의 운명과 유사한 것은 우연한 일이 아닌 것 같다. 하지만 앙리는 비랑과는 달리 연극론, 회화론, 그리고 소설 분야에서도 많은 작품을 남겨 앞으로 더 많은 대중의 관심을 받을 수 있는 여지가 있다. 게다가 비랑이나 앙리의 사상은 빠른 시간 내에 알려질 수 있는 스타일의 철학이 아니다. 지금까지 진행된 연구가 빛을 보기까지는 아직도 상당한 시간이 필요하다는 것은 분명해 보인다.

4장 의지에서 생명으로 — 라베쏭

펠릭스 라베쏭
Jean Gaspard Félix Ravaisson-Mollien
1813~1900

1절 라베쏭의 생애와 철학의 특징

1. 라베쏭의 생애와 작품

펠릭스 라베쏭Jean-Gaspard-Félix Laché Ravaisson은 우리에게 거의 알려지지 않은 철학자여서 가능한 한 상세한 정보를 제공하기로 한다. 라베쏭은 1813년 10월, 지금은 벨기에에 속하지만 당시에는 프랑스의 도시였던 나뮈르Namur에서 태어났다. 1814년 나뽈레옹의 패전 이후 라베쏭의 가족은 나뮈르를 떠나 현재의 프랑스 본토로 돌아왔다. 프랑스 남부 출신인 부친은 시 재무관이었고 라베쏭이 두 살 되던 해에 죽었다. 법률가 집안 출신의 모친은 당시 재무부 장관의 친척이었으며 예술적 재능과 감성이 풍부한 여성으로서 라베쏭에게 일찍부터 바이올린, 데생, 그림과 조각을 가르쳤다. 어린 라베쏭은 이름 있는 고고학자인 외삼촌 가스빠르-떼오도르 몰리앵G.T. Mollien과 함께 자랐으며 그에게서 초기교육을 받았다. 라베쏭은 외삼촌의 요청에 따라 후에 몰리앵이라는 성을 자신의 성 뒤에 붙여 라베쏭-몰리앵으로 불리기도 한다. 북부 항구도시 덩께르끄Dunkerque에서 어린 시절을 보낸 라베쏭은 빠리의 롤랑 중등학교collège에서 탁월한 성적으로 두각을 나타냈고 그의 재능을 알아본 철학교사 엑또르 뽀레H. Poret와 오래 지속되는 친분을 맺는다. 나중에(1847년) 라베쏭은 뽀레의 사위가 된다.

라베쏭은 1831년부터 1838년까지 소르본 대학에서 수학하는데, 그 무렵 꾸쟁V. Cousin은 소르본 대학 고대철학사 분야의 정교수로서 강단에서 지배적 영향력을 행사하고 있었다. 뽀레 역시 라베쏭의 재학시절과 유사한 시기에(1831~1838) 소르본 대학에서 강의를 한다. 1834년 라베쏭은 뽀레의 조언으로 '정신과학과 정치학 한림원'Académie des sciences de la morale et de la politique에서 주최하는 아리스토텔레스 형이상학에 관한 공모에 응모하여 나중에 헤겔 전집의 편집자가 된 미슐레C-L. Michelet와 공동으로 최고상을 받는다. 1837년에는 쥘 씨몽J. Simon과 공동 일등으로 교수자격시험에 합격한다. 또한 이 해에 『아리스토텔레스 형이상학에 관한 시론』 1권을 출판한다(2권은 1846년에 출판된다). 1838년에는 꾸쟁의 정적이었던 문교부 장관 쌀방디N-A. Salvandy의 추천으로 문교부 역사분과의 서기관으로 임명된다. 1839년에는 『습관에 관하여』라는 기념비적인 저작으로 박사학위를 받는다. 같은 해 11월에 뮈니히로 가서 셸링F. W. J. Schelling과 짧은 만남을 갖는다. 1840년에는 스코틀랜드 철학자 해밀턴W. Hamilton에 관한 논문을 출판하는데 이 논문에는 꾸쟁의 절충주의eclectisme에 반대하는 입장이 개진되어 있다.

1842년에 '정신과학과 정치학 한림원'에 자리를 얻기 위해 두 번이나 입후보하였으나 꾸쟁의 지지를 얻지 못해 실패한다. 이때부터 라베쏭은 꾸쟁의 영향력으로 약 40년간 공식적인 철학 활동에서 떠나 있게 된다. 그동안 그는 1845년부터 다시 문교부 장관이 된 쌀방디의 비서실장을 맡은 3년간을 제외하고는 계속해서 서부와 남부의 여러 도서관의 장학관으로서 다양한 행정 업무를 맡는다. 1852년에는 고등교육 수석장학관으로 임명되었고 1888년까지 이 일을 계속했다. 그는 특히 미술교육을 개혁하는 데 노력을 기울였다. 1867년에는 당시 문교부 장관이자 롤랭 중등학교 동기였던 뒤뤼V. Duruy의 권유로 만국박람회에 출품할 저작을 완성하는데, 그것이 라베쏭의 세 번째 저서가 된 『19세기 프랑스철학』이다. 후에 베르그손은 이 일이 뒤뤼가 한 일 중 가장 훌륭한 일이었다고 평가한다. 1868년 다시 한번 '정신과학과 정치학 한림원'에 입후보하지만 꾸쟁 사후 1년이 되었음에도 불구하고 실패한다. 꾸쟁의 철학과 절충주의 학파를 다루는 방식이 당대의 경향에서 너무 독립적이라는 이유 때문이었다. 1870년에는 나뽈레옹 3세에 의해 루브르 박물관(고대 미술품과 현대 조각 부문)의 관장으로 임명된다. 라베쏭은 이 일을 열정적으로 수행했으며 이때부터 고고학에 몰두하게 된다. 또한 주형moulage 박물관을 만드는 데 앞장섰고 트로까데로Trocadéro 박물관을 세우기도 했다.

1881년 꾸쟁 사후 14년 만에 68세의 라베쏭은 '정신과학과 정치학 한림원'에 자리를 얻는다. 1887년에는 빠스깔B. Pascal에 관한 중요한 논문을 출판하고 1893년에는 자비에르 레옹X. Léon이 창간한 『형이상학과 도덕 잡지』에 「형이상학과 도덕」이라는 논문을 게재한다. 라베쏭은 1900년 5월 18일 빠리에서 사망한다. 자비에르 레옹은 『형이상학과 도덕 잡지』에 그가 『철학적 유언』Testamment philosophique이라 명명한 라베쏭의 단편들을 싣는다. 그 밖에 『아리스토텔레스 형이상학에 관한 시론』의 3, 4권을 위해 라베쏭이 틈틈이 메모해 놓은 미출간 원고는 나중에 드비베즈C. Devivaise에 의해 『아리스토텔레스 형이상학에 관한 시론 3권의 단편들(헬레니즘, 유대교, 기독교)』이라는 책으로 출판된다. 이외에도 조각 및 교육에 관한 다수의 논문과 단편들이 남아 있다.

2. 라베쏭 철학의 배경과 특징

삼십여 년 전 라베쏭에 관한 고전적 연구서를 낸 도미닉 자니꼬는 많은 사람들이 라베쏭을 베르그손을 통해 간접적으로만 알고 있다는 사실을 지적하며 유감을 표한 바 있다.[1] 그러나 어쩌면 베르그손이 그의 독특한 색채로 라베쏭의 초상화를 그려내지 않았다면 그는 철학계에서 영영 잊혔을지도 모른다. 사실상 라베쏭의 심층적인 사상적 영감이 19세기 중반 이후 지속적으로 프랑스철학에 영향을 미쳤음에도 불구하고 사람들이 그의 존재에 관심을 갖게 된 것은 베르그손이 1904년 「펠릭스 라베쏭의 생애와 저작에 관한 소고^{小稿}」라는 30여 쪽에 달하는 찬사 어린 글을 학회지에 낸 이후부터이다.[2] 이 소고는 베르그손이 라베쏭의 후임으로 '정신과학과 정치학 한림원'의 회원이 된 후 그의 전임자에게 바쳐진 형식으로 쓰여진 것이다. 그러나 이러한 외적 상황으로 인해 이 소고의 의미를 무시해서는 안 된다. 우리는 그것이 나중에 베르그손의 논문집 『사유와 운동자』의 마지막 장에 실리는 것을 본다. 베르그손은 강의록과 논문들을 포함하여 그의 생을 통해 쓴 많은 글들 중에서 자신이 출판하거나 출판을 허락한 것만이 자신의 철학적 입장으로 인식되기를 바랐다. 그는 이러한 의도를 자신의 비망록 속에 명시하여 그가 승인하지 않은 미출간 원고는 출판하지 못하도록 했다. 라베쏭에 관한 소고는 베르그손 자신이 논문집에 수록한 것이기에 베르그손의 다른 논문들과 나란히 그의 철학적 관점의 무게를 반영하고 있다고 보아도 좋을 것이다.

라베쏭에 관한 연구가 부진한 것은 그의 철학적 활동과 분명한 관련이 있다. 결정적인 이유는 라베쏭이 철학계에서 활동한 기간이 얼마 되지 않았기 때문이다. 라베쏭이 철학에 입문할 당시 철학계에서 지배력을 행사하던 꾸쟁은 라베쏭의 조숙한 천재성을 단번에 알아보았으나 그와 자신의 근본적인 차이를 감당하지 못했다고 전해진

---

1. Janicaud, *Une généalogie du spiritualisme français*.

2. Henri Bergson, "Notice sur la vie et les œuvres de Félix Ravaisson-Mollien", *Comptes rendus de l'Académie des sciences morales et politiques*, t. l, Paris, Alphonse Picard & Fils, 1904, p. 686.

다. 많은 증언과 자료들을 볼 때 순수한 철학적 열정을 가졌던 라베쏭과 달리 꾸쟁은 철학이 새 시대를 이끌 강력한 힘이 되기를 열망하는 일종의 정치적 야망을 가지고 있었으며 거창한 선언들과 그럴듯한 미사여구로 포장된 자신의 사상의 빈약함이 라베쏭의 천재적이고 신중한 태도에 투명한 거울처럼 반사되는 것을 견디지 못한 것으로 보인다. 그리하여 꾸쟁은 라베쏭의 공식 활동을 보이지 않게 저지했고 라베쏭은 자의 반 타의 반으로 철학계를 떠났다. 게다가 라베쏭은 자발적 의지로 철학을 한 멘 드 비랑P. G. de Maine de Biran과는 달리 주어진 상황 속 업무만을 수행하며 철학계를 떠나 있던 40년간(29세에서 68세까지) 단 한 권의 저서와 몇 편의 논문을 냈을 뿐이다. 꾸쟁은 죽기 직전 라베쏭에게 화해를 요청했는데 베르그손은 이 상황을 담담한 어조로 그려내고 있다.

　…이 두 사람은 그들 사이의 부조화를 드러낼 뿐이었던 만남 이후에는 자연히 서로 멀어지게 된다. 40년이 지나 노쇠하고 중병을 앓던 꾸쟁은 자신이 죽게 될 깐느로 출발하면서 라베쏭에게 화해를 원하고 있음을 알렸다. 리용역에서 기차가 떠날 준비가 되었을 때 그는 라베쏭에게 손을 내밀었다. 그들은 감동 어린 말들을 나누었다. 그렇다고 해도 라베쏭을 낙담시켜 굳이 말하자면 직업철학자가 되는 것을 방해하고 그에게 다른 길을 걷게 했던 것이 바로 그에 대한 꾸쟁의 태도였음은 부인할 수 없는 사실이다.(PM, 270)3

---

3. 베르그손이 여기서 말한 '40년이 지나'라는 표현이 정확히 어떤 기간을 말하는지는 분명하지 않다. 앞서 본 바에 의하면 라베쏭은 1842년 '정신과학과 정치학 한림원'의 회원이 되기 위해 입후보했을 때 꾸쟁에 의해 저지당한 후 40년간 철학계를 떠나 있었다. 한편 꾸쟁은 1867년, 라베쏭이 54세가 되던 해에 사망하는데 이 해는 라베쏭이 꾸쟁의 압력으로 철학계를 떠난 지 26년 만이다. 베르그손이 위 인용문에서 묘사하는 시기는

철학적 활동과 관련된 이러한 기본적인 한계로 인해 그의 작품에 대한 연구에는 상당한 어려움이 따른다. 우리는 그 어려움을 다음과 같은 세 가지로 요약할 수 있다. 첫째로 이 비밀스러운 사상가는 체계적 저술을 통해서보다는 자유로운 단편의 형태로 자신의 사상을 드러냈는데 이러한 저술방식은 특히 예술에 관한 그의 글들에서 진가를 보여 준다. 그의 철학적인 저술은 24세에 출판한 『아리스토텔레스의 형이상학에 관한 시론』 1권과 26세에 학위논문으로 제출한 『습관에 관하여』, 그리고 54세에 쓴 『19세기 프랑스철학』이 전부이며 이외에 몇 편의 논문과 단편적 수고手稿들이 있을 뿐이다.

두 번째 어려움은 매우 복합적인 근원을 가지고 있는 그의 사상 자체에 기인한다. 우선 아리스토텔레스의 영향을 들 수 있다. 그의 『아리스토텔레스 형이상학에 관한 시론』은 아리스토텔레스의 형이상학을 통일적으로 해석하라는 아카데미의 공모에 당선된 논문이다. 라베쏭은 여기서 자신의 조숙한 천재성을 유감없이 발휘하였고, 이 논문은 단순한 연구서가 아니라 독창적인 관점을 이미 엿볼 수 있는 철학서라는 평가를 받게 된다. 프랑스에서 주목받는 아리스토텔레스 해석가인 오방끄P. Aubenque에 의하면 라베쏭은 아리스토텔레스 해석에 최초로 이름을 남긴 프랑스 저자일 뿐만 아니라 '라베쏭의 아리스토텔레스주의'라고 말할 수 있는 독창적 입장을 세운다.[4] 이 독창적 입장은 『아리스토텔레스의 형이상학에 관한 시론』 이후 2년 후에

이때쯤이다. 꾸쟁이 소르본 대학의 교수로서 라베쏭을 만난 해부터 계산하면 1831년부터이니 36년 만이다. 내 생각에는 베르그손이 라베쏭이 철학계를 떠난 해부터 꾸쟁이 죽은 해까지의 26년의 기간을 라베쏭이 철학계를 떠나 있던 40년의 기간으로 착각한 것 같다.

4. Pierre Aubenque, "Ravaisson, interprète d'Aristote", Les Études philosophique, 1984, n°4, pp. 436~437.

출판한 『습관에 관하여』에서 본격적으로 드러나는데 이 책에는 이전의 책에서 해석된 아리스토텔레스 형이상학의 영향이 두드러지게 나타난다. 이 외에 18세기부터 꾸준히 프랑스철학과의 상호작용 속에서 발달한 생리학 및 의학 저술들을 지배하던 생기론은 라베쏭이 기계론을 배격하는 데 중요한 역할을 한다. 라베쏭에게 직접적이며 결정적인 영향을 행사한 철학자는, 생기론자들과 동시대에 활동했던, 라베쏭이 『습관에 관하여』를 쓰기 36년 전에 이미 습관에 관한 체계적인 저술을 출판한 멘 드 비랑이다. 또한 라이프니츠의 유심론, 그리고 꾸쟁을 통해 소개된 독일철학자 셸링의 자연철학도 라베쏭의 철학 형성에 빼놓을 수 없는 영감의 원천이다. 이러한 상황을 고려할 때 라베쏭 철학이 보여 주는 다양한 측면들은 그가 받은 다각적인 영향에 대한 심층적인 고려 없이는 이해되기 어렵다는 것을 알 수 있다.

마지막으로 우리는 베르그손이 자신의 소고에서 라베쏭 철학에 대한 어느 정도 편향된 이해를 보여 주고 있다는 사실을 지나칠 수 없다. 라베쏭 철학을 일반 대중에게 알린 이 글 속에서 베르그손은 라베쏭의 철학을 그 자체로서보다는 자신의 관점에서 해석하고 있음을 스스로 고백하고 있다. 비록 "그것이 라베쏭을 명확하게 이해하는 유일한 수단이었다."라는 그의 말을 일정 부분 인정한다 하더라도 그것이 동시에 라베쏭의 '진정한' 모습을 알기 어렵게 한 원인이었음은 부정할 수 없다(PM, 253). 이러한 일방적인 이해는 바로 라베쏭 철학이 베르그손 철학을 위해서만 의미를 갖는다는 메를로-뽕띠M. Merleau-Ponty의 중대한 오해로 이어졌고, 따라서 라베쏭 철학 자체를 탐구하려는 시도는 한동안 거의 실현되지 않게 된 것이다.

혁명의 잔해 속에서 19세기 초 프랑스 철학계는 유례없는 피폐를 겪게 된다. 이러한 지성의 황무지 상태를 재건하기 위해 철학 부흥의 기치를 내걸고 강단철학을 설립한 이가 바로 꾸쟁이다. 그러나 꾸쟁은 헤겔과 셸링의 독일 관념론을 무비판적으로 수용하고, 라베쏭이 '프랑스철학의 개혁자'라고 평가한 멘 드 비랑의 원고를 편집·출판하는 과정에서 불성실한 태도를 보였으며 결정적으로는 젊은 라베쏭의 조숙한 천재성을 시기하여 철학계를 떠나게 한 점에서 프랑스 철학계에 많은 오점을 남겼다. 참다운 의미에서 프랑스철학 재건의 시도는 라베쏭으로부터 시작된다. 18세기 철학을 풍미했던 데까르뜨R. Descartes의 후예들과 꽁디약E.B. de Condillac이 한결같이 전통과의 단절을 선언하고 완벽하게 새로운 철학적 입장을 수립하려 한 반면 라베쏭은 언제나 철학적 전통의 맥락 속에서 자신의 입장을 견지하였으며 고전과 선대 철학자들에 조회하기를 주저하지 않았을 뿐만 아니라 멘 드 비랑의 철학적 유산을 당대에 알린 공로자이기도 했다.

라베쏭 사상의 근원이 다면적이기는 하나 가장 기본적인 두 축은 아리스토텔레스와 멘 드 비랑이다. 라베쏭은 전자에서 자연철학의 이념을 후자에서 정신철학의 이념을 물려받는다. 그러나 라베쏭은 이 둘을 생명의 관점으로 종합한다. 생명은 라베쏭의 자연철학의 중심에 있을 뿐만 아니라 정신을 정초하는 원리이기도 하다. 라베쏭에 의하면 아리스토텔레스에게서 자연은 더 이상 플라톤에게서처럼 가지계의 불완전한 모방이 아니라 그 자체로 '내재적'immanente이고 '자발적인'spontanée 활동이다. "자신 안에 운동의 원리를 가지는 것"이라는 자연물의 정의와 "영혼은 형상의 가장 고차적 구현"이라는 아리스토텔레스의 언명으로부터 라베쏭은 "변화의 내적 원리 즉 자연은 영혼이다."라는 결론을 이끌어낸다.[5] 이처럼 라베쏭의 생명주의적 관점은 그의 아리스토텔레스에 대한 해석 전체를 일관되게 독해하는 주도적 이념이 되고 있다.

한편 멘 드 비랑의 '의지적 노력' 개념은 라베쏭에게서도 정신의 근본 특성으로 전제된다. 라베쏭은 정신에 대한 유물론적 견해를 받아들이지 않으나 그것을 데까르뜨나 독일 관념론에서처럼 순수한 실재로 정의하지 않고 의지적 노력 속에서 수동성과 결부되어 있다고 본 점에서 비랑의 충실한 제자이다. 게다가 그는 습관이 지적 능력과 감각에 미치는 이중적 영향으로부터 시작하여 생명의 본성에 접근하는 데서도 비랑의 절차를 그대로 따른다. 그러나 라베쏭의 독특한 점은 최종적으로 반성적 지성조차 생명성에 의해 기초될 수 있다고 본 점이다. 이렇게 해서 라베쏭은 멘 드 비랑의 인간학을 뛰어넘어 생명을 매개로 자연철학으로 나아간다. 이것이 라슐리에J. Lachelier, 베르그손으로 하여금 비랑보다는 라베쏭을 그들 철학의 직접적 선구자로 여기게 하는 계기가 된다.

결국 라베쏭이 '유심론적 실증주의'라고 부른 사조는 멘 드 비랑의 의지론적 정신철학과 생명주의적으로 이해된 아리스토텔레스의 자연철학을 대부로 하고 있는 셈이다. 이 두 철학자들로부터 라베쏭의 사상의 두 원천을 찾아내기 위해서는 그들이 공통적으로 다룬 습관의 개념에서 시작해야 한다. 따라서 나는 라베쏭의 철학에서 아리스토텔레스와 멘 드 비랑의 습관 개념이 어떠한 역할을 하고 있는지를 차례로 검토해 본 후 라베쏭의 고유한 자연철학을 조명하고자 한다.

2절 아리스토텔레스 철학에서 자연과 습관

5. Félix Ravaisson, *Essai sur la métaphysique d'Aristote*, t. I, Paris, Imprimerie royale, 1837, p. 419.

동양어권에서 자연自然이라는 말의 문자 그대로의 의미는 서양의 전통철학적 구분에서 볼 때 우리에게 나타나는 것으로서의 '현상'보다는 본래적으로 있는 모습을 지칭하는 '본질'의 의미에 가깝다. 즉 그것은 존재하기 위해 다른 원리를 빌지 않는 본래적 실재를 가리킨다고 할 수 있다. 고대 그리스의 자연physis도 그런 의미를 가지는데 이는 대부분의 철학에서 공통된다고 할 수 있지만 아리스토텔레스에게서는 훨씬 더 구체적 의미를 띤다. 아리스토텔레스는 『자연학』 2권에서 자연물을 "자신 안에 운동과 정지의 원리를 지닌 것"[6]이라고 정의하고 있는데 이것은 자연세계가 비록 운동 중에 있다 하더라도 다른 외적인 원리의 개입 없이 자족적으로 설명될 수 있다는 것, 그런 점에서 자연물은 실재를 표현하고 있다는 것을 보여 준다. 아리스토텔레스의 자연은 영원불변의 세계를 지시하는 파르메니데스의 존재나 플라톤의 이데아와 달리 구체적 실재를 지시하며 또한 생성·소멸하여 진리의 담지자가 될 수 없는, 파르메니데스와 플라톤의 현상계와도 다르다. 다른 한편 그것은 근대 이후 인간 주관과의 관계에서 비로소 포착되는 것으로서의 '현상'과도 대립된다. 아리스토텔레스의 실재론적 입장에서는 존재하는 것들의 전체가 자연이라는 말로 포괄될 수 있으며 이에 대한 인식 또한 이데아계와 같은 독립적 본질의 세계나 인간 주관의 모습에 필연적으로 조회할 필요가 없다.

우리는 아리스토텔레스 철학에서 자연계의 운동하는 모습의 핵심부에 자연이 우리에게 현현하는 양태로서 '습관'의 개념이 중요한 역할을 하고 있다는 것을 주목하고자 한다. 이는 라베쏭이 아리스토텔레스의 형이상학에 독창적인 해석을 내리면서 부각시킨 측면으로 이

---

6. Aristote, *Physique*, Paris, Les Belles-lettres, II, 1. 192b 13~14.

그리스의 거인을 이해하는 데에 구체적 생동감을 주었을 뿐 아니라 근현대 프랑스철학에서 나타난 습관에 관한 논의에도 근본적인 영감으로 작용하고 있으므로 그 의의가 작지 않다.

습관의 문제는 철학사에서 커다란 비중이 부여되지 않은 것처럼 보이지만 실상 아리스토텔레스와 더불어 철학적 논의의 대상이 되었으니 철학의 역사와 더불어 생겨난 문제나 다름없다고 하겠다. 물론 아리스토텔레스에게서 나타난 습관의 의미는 오늘날 우리가 생각하는 그것과는 많이 다르다. 이 개념의 본래 의미는 우리 시대에 이르면서 많은 점에서 잊히거나 변질되었다. 바로 이런 점이 아리스토텔레스의 입장에 접근하는 것을 어렵게 하고 있는데 이런 상황은 고대철학의 다른 여러 개념들에 대해서도 마찬가지이다. 잘 알려진 것처럼 우리가 어렵사리 '덕'으로 번역하는 아레테arētē의 개념은 사실 어떤 일에 있어서의 '능함'을 의미하는 것으로 현대 철학에서 사용되는 덕이라는 말보다 더 많은 내용을 포함하고 있다.

이와 같은 사정을 고려하면서 아리스토텔레스 철학에서 오늘날 사용되는 습관의 의미에 가장 근접한 것을 찾는다면 우리는 에토스ethos와 헥시스hexis의 두 가지를 들 수 있다. 에토스는 반복적 행위, 익숙해짐, 관습 등을 지칭하는데 이러한 의미는 오늘날의 습관 개념이 갖는 의미와 그리 멀지 않은 것으로 보인다. 헥시스는 어떤 것의 소유 또는 지속적 성향을 나타내는 말로서 얼핏 보면 우리가 가진 습관 개념과 관계가 없는 것 같지만 그것이 바로 아리스토텔레스의 철학 내에서 자연 또는 본성 개념과 긴밀한 연관을 맺고 다양한 용법을 통해 현대에도 습관에 대한 심층적 의미를 제시하는 개념이다. 따라서 우리는 에토스와 헥시스의 두 개념을 중심으로 아리스토텔레스 철학에서의 습관과 자연의 문제를 탐구하기로 하되 우선 아리스토텔레스의 텍스트에 나타난 그 쓰임새를 본 후에 근현대 프랑스철학에서 논의되고 있는 습관의 문제의 배경에 있는 아리스토텔레스적 문제의식을 조명하기로 한다.

1. 습관에 관한 초보적 정의

에토스와 헥시스

아리스토텔레스는 『니코마코스 윤리학』에서 덕의 형성을 고찰할 때 우선적으로 습관의 개념에 조회하고 있다. 그에 따르면 두 종류의 덕이 있는데 하나는 교육으로부터 유래하는 '지적인 덕'aretē dianoētikē이며 또 하나는 '도덕적인 덕'ēthikē으로 이 후자는 바로 습관ethos의 산물이다. 도덕적인 덕의 형성에 관한 그의 말을 들어보자. "우리가 건축가가 되는 것은 건축을 함으로써이고 키타라 연주자가 되는 것은 키타라를 연주함으로써이다."[7] 이런 방식으로, "우리는 정의로운 행동을 함으로써 정의롭게 되며 온유한 행동을 함으로써 온유하게 되고, 용기 있는 행동을 함으로써 용기 있게 된다."[8] 역설적이게도 덕은 덕스러운 행동에서 나오며 이것은 하나의 순환논법인 것처럼 보이기도 한다. 왜냐하면 덕스러운 행동을 하기 위해서 우리는 이미 덕스럽게 되어야 하기 때문이다. 그러나 이 문제는 그리 까다로운 문제가 아니며 아리스토텔레스의 탁월한 발명인 '가능태'의 개념에 의해 간단히 설명된다. 그에 따르면 우리 안에서 '자연에 의해서' 일어나는 일 즉 본성적인 것은 "가능태의 상태로" 주어지는 반면 덕을 습득하는 것은 훈련

---

7. Aristote, *Éthique à Nichomaque*, II, tr. par Tricot, Paris, Vrin, 1959, 1, 1103a, 11~20: "hē … ēthikē ex ethous perigignetai."
8. 같은 책, 1103a 30~1103d 5.

을 요구한다.[9] 자연에 의해 일어나는 것의 사례로는 감각적 기능들을 들 수 있는데 이것들은 훈련이 없이도 이미 어떤 형태로 주어진다. 반면 덕을 얻기 위해서는 일정한 목적에 도달하기 위한 노력을 들여야 하는데 매번의 노력의 행위들이 덕스럽다고 말해지는 것은 바로 그것들이 덕이라고 하는 하나의 목적에 참여하기 때문이다. 다시 말하면 덕의 형성은 하나의 완성을 향해 가는 일련의 행위들 또는 훈련을 '축적'하는 과정에서 가능하게 된다. 그런데 이러한 축적의 과정이 바로 아리스토텔레스가 에토스라는 말로 지칭하는 것이다. 이렇게 해서 습관은 덕의 형성에 본질적인 요소로 고려될 수 있다. 게다가 습관은 덕뿐만 아니라 악덕을 낳는 원인이기도 하다. 우리가 좋은 연주자가 되든 나쁜 연주자가 되든 그것은 악기를 연주하는 훈련을 함으로써이다. 마찬가지로 "우리가 정의로운 사람이 되거나 부정한 사람이 되는 것은 바로 타인과의 접촉 속에서 이러저러한 행위를 함으로써이다."[10] 즉 우리는 반복된 유사한 상황 속에서 덕스럽지 못한 행위를 하는데 익숙해질 때 악덕을 습관으로 갖게 된다.

덕이나 악덕을 습관으로 지니게 되는 과정에서 우리는 습관의 두 다른 모습을 볼 수 있다. 덕 또는 악덕이 덕스러운 또는 덕스럽지 못한 행위들의 축적으로부터 생겨난다고 할 경우 각각의 행위의 축적과 그것들이 산출하는 결과 즉 덕 자체는 구분되어야 한다. 전자가 에토스라 불리는 것이고 후자는 우리 안에서 하나의 지속적 성향으로 나타나는데 이것이 본래 헥시스의 의미이다. 그렇다면 에토스의 반복적 특성으로부터 상대적으로 안정적 상태인 헥시스가 유래한다고 볼 수

---

9. 같은 책, 1103a 26~27.
10. 같은 책, 1103b 5~10.

있다. 이렇게 얻어진 핵시스는 바로 아리스토텔레스가 "제2의 천성"이라고 부른 고정된 습관을 의미한다. 그것은 획득된 것이라는 면에서 오늘날 진화론에서 '획득형질'이라 부르는 것과 유사한 면이 있으며 더 나아가 행동의 내적 원리의 역할을 하기도 한다. 실제로 덕의 습관은 우리의 행위를 덕스럽게 이끈다는 점에서 행동의 원리로 작용하는 것을 볼 수 있다. 일반적으로 모든 습관은 항구적이며 반복된다는 점에서 본성 또는 자연과 유사한 면을 갖는다. 단지 그것은 존재자의 본성에 덜 종속된다는 것과 훈련에 따라 유연성을 갖는다는 차이가 있을 뿐이다. 이런 측면에서 습관은 획득된 '성향'이라고 표현할 수 있다.

아리스토텔레스에 의하면 "도덕적 '성향'hexis들은 그것들과 유사한 행위들로부터 유래한다."[11] 그렇기 때문에 우리는 좋은 성향들을 습득하기 위해 교육을 필요로 하며 아주 어린 시절부터 올바른 행위 습관을 들이는 것이 얼마나 중요한가 하는 것을 알 수 있다. 아리스토텔레스의 덕이론은 루쏘J.-J. Rousseau의 자연상태로의 회귀라는 이상과는 상반되는 면을 보여 준다. 루쏘는 자연교육의 이념을 제시한 『에밀』에서 "어린아이가 가져야 하는 유일한 습관은 어떤 습관도 들이지 않는 것이다."[12]라는 명언을 남기며 계몽주의자들의 교육론을 비판한 바 있다. 그러나 루쏘의 자연주의적 이상에 동의한다고 해도 행위들은 어떤 형태로든 축적이 될 수밖에 없고 그것들이 악덕으로 향하지 않도록 하기 위해서는 바람직한 목적성에 의해 조절되는 것이 필요할 것이다. 여기에 니코마코스에게 바쳐진 아리스토텔레스의 윤리학의 기본 태도가 있다.

---

11. 같은 책, 1103b 20~25 : "kai eni dē logō ek tōn homoion energeiōn hai hexeis ginontai."
12. 루쏘의 『에밀 또는 교육에 관하여』(*Émile ou de l'éducation*), I, XII.

습관과 자연적 본성

이제 습관의 형성과 자연적 본성의 관계에 대해 살펴보자. 우선 반복은 지속적 성향으로서의 습관hexis을 형성하는 데 필수적이다. 그런데 어떤 단순한 행위의 반복이 필연적으로 헥시스를 생겨나게 하는 것은 아니다. 행위는 그것이 우리의 본성에 합당할 때에만 헥시스로 될 수 있다. 예를 들면 아침에 일찍 일어나는 행위를 수없이 반복해도 그것이 습관으로 되지 않는 사람이 있다. 습관을 들이는 주체는 자신 안에 이미 어떤 자연적 경향을 가지고 있어서 이를 반복에 의해 완성하는 것이다. 아리스토텔레스는 말하기를, "우리는, 습관ethos에 의해 완성한다는 조건에서, 덕을 습득하도록 하는 자연적 경향을 갖는다."[13] 이와 같이 덕을 습득한다는 것, 즉 그리스적 의미에서는 어떤 대상에 대한 실천적 앎(노하우)을 가진다는 것은 어느 정도 자연적 조건에 의존한다. 우리의 삶과 행동 일반은 문화적 양식에 의해 지배될 뿐 아니라 그 근저에서 개인적 기질이나 인류라는 종적 특성에 의해 이미 얼마간 어떤 방식으로 결정되어 있다. 이는 오늘날 유전적 특질이나 또는 더 일반적으로 생물학적 본성에 해당하는 부분이라 할 수 있을 것이다.

아리스토텔레스에게서 자연(본성)과 습관의 관계를 좀 더 자세히 살펴보자. 아리스토텔레스는 반복적 행위 또는 관습을 의미하는 에토스가 개입하지 않은, 인간의 자연 상태에 대해 종종 언급하고 있다. 덕의 형성과 관련해서 그는 말하기를, "어떤 도덕적 덕도 우리 안에서 자연적으로 생겨나지는 않는다. 왜냐하면 자연에 의해 존재하는 것은

---

13. Aristote, *Ethique à Nichomaque*, II, 1103a, 20~25 : "alla pephykosi men hemin dexasthai autas, teleioumenois de dia toū ethous."

결코 습관ethos에 의해 다른 것으로 될 수 없기 때문이다."[14] '자연에 의해 존재하는 것, 즉 우리 안에 본성적으로 있는 것은 에토스가 그 경향을 강화하는 작용을 할 때만 헥시스로 될 수 있으며 그 반대의 시도는 아무런 결과를 낳을 수 없다. 그런 의미에서 인간의 본성은 자연계의 그것에 비유될 수 있는 항구성과 고정성을 갖는다. 아리스토텔레스가 드는 예에 의하면 "아래로 떨어지는 돌은 우리가 그것을 수백 번 공중으로 던진다 해도 위로 올라가려는 습성을 가지지 못한다."[15] 타성적 존재는 인위적 조작에 의해 일시적으로 그 양태가 변화할 수는 있으나 그것의 본성까지 변화하는 데 이르지는 못한다. 이것은 생명체도 마찬가지이다. 그럼에도 불구하고 습관을 형성하는 것은 생명체에 고유한 특성인데 그것은 생명체가 자기 안에 일어난 변화를 능동적으로 보존하고 또한 이 변화에 의해 자신을 변화시키는 유연성을 가지고 있기 때문이다. 결론적으로 말하면 헥시스로서의 습관hexis의 형성은 생명체와 같은 능동적 주체가 어떤 행위를 자신의 본성에 적합한 방식으로 연속시키거나 반복할 때 가능하다. 헥시스는 자연적 본성이 갖는 항구성과 고정성을 모방하지만 자연에 의해서가 아니라 에토스에 의해서 얻어지므로 본래적으로 자연에 함축되어 있는 것이 아니라 노력에 의해 획득되는 것이다. 아리스토텔레스의 다음과 같은 구절은 바로 그런 의미를 함축하고 있다. "그것들[hexis로서의 덕]이 우리 안에서 생겨나는 것은 자연에 의해서도 아니고 자연에 반反해서도 아니다."[16]

---

14. 같은 책.
15. 같은 책.
16. 같은 책 : "out' asa physei oute pasa physin egignontai hai aretai."

2. 헥시스의 다양한 의미들

여기서는 헥시스가 언급되는 아리스토텔레스의 원문들을 상세히 검토해 보기로 한다. 앞에서 에토스와 헥시스의 특성을 일별하기 위해 제시한 '덕'arete의 예를 다시 들어 보자. 사실 덕의 형성에 관한 아리스토텔레스의 독창적인 설명은 습관의 두 의미, 에토스와 헥시스의 이해에 달려 있다.

획득된 안정적 성향으로서의 헥시스

이미 본 것처럼 도덕적인 덕은 자연적으로 생겨나는 것이 아니고 습관ethos에 의해 형성된 항구적 성향hexis이며 그런 의미에서 본성에 가까운 '성격'hēthos과 구분된다. 그런데 에토스는 덕의 형성에 외적인 요인으로 작용할 뿐이므로 자연적 본성과 유사하게 되려고 하는 헥시스야말로 덕의 내적 존재방식이라 할 수 있다. 오늘날 우리가 습관이라는 말을 할 때는 아마도 에토스와 헥시스의 중간쯤에 위치하거나 아니면 두 요소를 다 조금씩 포함하고 있는 듯하다. 습관이 보여주는 단순한 반복, 때로는 무의식적으로 진행하는 반복의 특성은 에토스의 의미에 가까운 것처럼 보이지만 각 개인의 고유한 습관들을 살펴보면 주관적이기는 하지만 개별적 행동의 내적 원리가 되기도 하기 때문이다.

『니코마코스 윤리학』에서 아리스토텔레스는 덕이 영혼의 현상 가운데 하나라는 데서 출발하여 그것의 유적 정의를 다음과 같이 내리고 있다. 영혼의 현상들은 세 종류가 있으니 파토스pathos라 불리는 정념적 상태들, 그리고 정념들을 느끼는 영혼의 기능들dynamis 그리고 정념에 직면하여 좋거나 나쁘게 행동하게 하는 우리의 성향hexis들이 그것이다. 그런데 우리가 덕스럽다거나 부덕하다고 불리는 것은 정념 자체에 의해서도 그리고 그것을 느끼는 영혼의 기능들에 의해서도 아니다. 정념에 의해서 우리는 동요되며 격정적 행동을 하는 데 반해 덕이나 악덕은 우리 안에서 어느 정도 고정적으로 규정되어 있다. 또한 영혼의 기능들이 자연적으로 있는 것인 데 반해 덕은 자연적으로 생겨나지 않는다. 이런 이유로 덕은 정념도, 기능도 아니며 성향 즉 헥시스이다.[17]

그런데 여기서 문제가 되는 성향은 항구적인 것이지 '일시적 성향'이 아니다. 아리스토텔레스는 『범주론』에서 헥시스와 디아테시스dia-thesis라는 두 종류의 성향을 성질의 범주로 분류하면서 헥시스를 지속적이고 안정적이라는 면에서 일시적 성향인 디아테시스과 구분한다. 헥시스의 대표적인 예로서 언급되는 학문(앎)과 덕들은 과연 지속적이며 안정적 성격을 갖는다. 반면에 일시적 성향들인 열기와 냉기, 병과 건강 상태 등은 쉽게 동요되고 빠르게 변화하는 것들이다. 그러나 일시적 성향들은 시간이 지남에 따라 자연적이고 고정적인 것으로 될 수도 있다. 도덕적 덕과 마찬가지로 우리가 가진 단순한 성향들은 반복되고 연속됨에 의해 헥시스로 될 수 있다.

자연상태로서의 헥시스

우리는 위에서 비자연적인 상태에서 자연적인 상태로 되는 헥시스의 예들을 살펴보았는데 사실상 아리스토텔레스에게서 헥시스는 자연상태 그 자체를 가리키기도 하기 때문에 사태가 좀 복잡해진다. 예를 들면 아리스토텔레스는 눈이 자신의 고유한 기능을 소유하고 있

---

17. 같은 책, II, 4, 1105b 20.

을 때 그것의 헥시스가 있다고 한다. 자연적 기능의 소유라는 측면에서 본 헥시스는 『영혼론』에 잘 나타나 있다. 모든 자연물이 형상과 질료가 결합된 복합실체라면 이 결합은 생명을 가진 자연물 즉 생명체에서는 영혼과 신체의 결합을 의미한다. 생명체에서 신체는 기체이며 질료인 반면 영혼은 신체 안에 있는 활동적 힘 또는 형상이다. 따라서 아리스토텔레스는 영혼을 "생명을 가능태로서 가지는 자연물의 형상"이라고 정의한다.[18] 신체는 생명을 가능태로 가지며 영혼은 생명을 형상이자 현실태로 가진다. 생명체에서 형상이 드러나는 것은 오로지 그것이 현실화되었을 때 즉 생명체가 살아있을 때이다. 다시 말하면 영혼은 생명체를 살아있게끔 하는 활동태이자 현실태이다.

그런데 아리스토텔레스는 생명체 안에서 일어나는 간헐적 현상에 주목한다. 생명체는 어떤 것이든 간에 수면과 각성의 두 상태를 반복한다. 잠을 잘 때 영혼은 활동을 하지 않으며 깨어 있을 때 비로소 다양한 기능들을 통해 적극적으로 활동한다.[19] 그러므로 수면 시에 생명체는 단지 영혼을 소유함echein이라는 소극적 의미에서 살아있으며 각성 시에는 그것의 활동을 실현energein한다는 의미에서 즉 생명의 적극적 활동을 하고 있다는 점에서 살아있다. 이처럼 아리스토텔레스는 영혼의 존재양태로부터 현실태entelecheia의 두 의미를 구분한다. 이에 따르면 영혼은 '일차적 현실태'entelechie première 즉 소유의 의미로 정의된다. 왜냐하면 영혼은 언제나 자신의 기능들을 실행에 옮기는 것은 아니며 보다 근본적으로 영혼의 존재 자체가 생명을 보장해 주기 때문이다. 영혼을 규정하는 일차적 현실태는 자연적 기능의 소유를 의

---

18. Aristote, *De l'âme*, II, 1, 412a 20.
19. 이 책 1장의 주 60 참조.

미하는 헥시스와 같은 것이라는 점을 강조하도록 하자. 영혼이 현재 활동하지 않고 단지 존재함에 의해 생명체를 유지하는 경우에 그것은 성향 즉 헥시스로서 있다. 아리스토텔레스의 『영혼론』의 탁월한 해석가인 로디에G. Rodier는 현실태의 세 단계를 다음과 같이 구분하고 있다. 그 첫째가 방금 고찰한 일차적 현실태로서 어떤 능력을 단지 소유하고 있을 뿐 현재적으로 활동하지는 않는 상태를 말하며 이 상태가 바로 헥시스이다. 두 번째로는 헥시스를 활동하게끔 하는 단계로서 특별히 '에네르게이아'energeia라 불리는데 이것은 세 번째 단계의 엔텔레케이아와 대비된다. 세 번째 단계의 엔텔레케이아는 '이차적 현실태'이며 이것이 현실태의 본래적 의미이다. 즉 가능태가 완벽하게 실현되어 더 이상의 생성이나 운동이 있을 수 없는 상태이다. 따라서 현실태의 세 단계 중에서 엔텔레케이아는 에네르게이아의 전후에 있으며 그 첫째가 헥시스이다.[20]

가능태로서의 헥시스

헥시스가 자연적 기능이건 습득된 기능이건, 현재적으로 작용하지 않고 단지 기능을 소유하는 상태를 나타낼 때는 가능태dynamis의 의미에 접근한다. 아리스토텔레스에게서 가능태와 현실태의 개념들의 용법이 상대적이어서 이러한 복잡한 용도가 나타나는 듯하다. 가능태는 자연적 능력이건 습득된 능력이건 현실태로 될 수 있는 모든 상태를 말한다. 아리스토텔레스는 말하기를, "모든 가능태들 중에서 어떤 것들은 감각들처럼 선천적이며 또 다른 것들은, 마치 피리 부는 솜씨가 그러한 것처럼, 습관ethos으로부터 유래하고, 또 다른 것들은

---

20. Rodier, *Commentaire du traité de l'âme d'Aristote*, pp. 168~169.

기술적 능력이 그러한 것처럼 탐구에 의해 습득된다."[21] 여기서 알 수 있는 것은 가능태란 그 첫 번째 의미로서 어떤 규정된 형태를 지칭한다는 것이다. 예를 들면 지식을 많이 습득한 사람이 현재 그 능력을 행사하지 않는 경우 그는 가능태에 있어서 학자이다. 가능태가 이런 의미로 이해될 때 우리는 그것이 헥시스와 의미가 같다는 것을 알 수 있다. 그런데 거꾸로 아무런 능력도 갖지 않은 사람도 어떤 것으로 될 가능태를 지니고 있다. 예를 들면 학문을 막 시작한 사람도 역시 가능태에 있어서 학자이지만 위에서 말한 것과는 다른 의미에서 그러하다. 학문의 초보자는 자신의 가능태를 현실화하기 위해서 무지의 상태에서 그 반대의 상태로 부단히 나아가야 하며 여기서 반복과 학습은 필수적이다. 반면에 헥시스로서의 학문을 소유하고 있는 사람에게는 가능태의 현실화는 자동적으로 된다. 그의 능력을 현실화하는 것을 막는 장애물만 없으면 그는 자신의 학문을 실행하고 관조할 수 있다.

결국 가능태에서 현실태로 이행하는 데에도 세 단계를 구분할 수 있다. 그 첫째가 순수 가능태 혹은 '미규정적 가능태'puissance indéterminée로서 이러저러한 존재방식을 소유할 수 있는 기본 적성 같은 것을 말하는데 이것은 현실화되지 않을 수도 있다는 점에서 두 번째 의미의 가능태 즉 어떤 방식으로 이미 규정된 가능태와 다르다. 그다음에 '규정된 가능태'puissance déterminée는 첫째 단계를 지나 이미 현실화된 후 다시 한번 현실태로 될 수 있는 가능성으로서 즉 헥시스로서 존재하고 있다. 세 번째 단계는 헥시스를 실행하는 현실태 자체이다. 따

---

21. Aristote, *La Métaphysique*, tr. par Tricot, Paris, Vrin, 1986, H, 5, 1047b, 30~35. 기술적 능력으로는 건축술 같은 것을 들고 있는데 아리스토텔레스는 이러한 세 번째 종류의 가능태를 두 번째의 것으로부터 구분하고 있는 것을 볼 수 있다. 즉 피리 부는 솜씨를 단순한 에토스의 산물로 본 데 비해 건축술 같은 것은 고도의 탐구가 필요하다고 본 것이다.

라서 헥시스는 가능태의 심화된 형태인 동시에 현실태가 되기 직전의 상태로서 순수 가능태와 현실태의 중간에 위치한다. 이 경우가 앞서 본 '일차적 현실태'에 상응한다.

우리는 헥시스의 개념을 심화시켜감에 따라 이 개념에 아리스토텔레스의 형이상학 체계 자체가 관련되어 있는 것을 본다. 가능태에서 현실태로의 이행이라는 핵심적 도식은 비록 보조적인 기초로서라도 헥시스 개념에 조회하지 않고는 설명되기 어려운 것을 알 수 있다.

결핍과 헥시스

이제 헥시스의 의미에 좀 더 구체적으로 접근하기 위해 결핍steresis 개념과의 관계 속에서 살펴보기로 하자. 어떤 주체가 본성적으로 또는 습관적으로 소유하고 있는 속성을 결여하고 있을 때 우리는 그것을 단순한 부재不在가 아니라 결핍이라 부른다. 결핍은 소유와의 대립 개념이지만 단순 대립의 관계는 아니다. 아리스토텔레스는 『범주론』에서 네 종류의 대립 개념을 구분하고 있다.[22] 상대적인 것들의 대립(절반과 그것의 배), 반대들의 대립(선과 악), 소유와 결핍의 대립, 긍정과 부정의 대립(모순)이 그것들이다. 여기서 세 번째의 대립 즉 소유와 결핍의 대립은 하나의 주체와 관련하고 있다는 점에서 다른 세 종류와 다르다. 예를 들면 시각능력과 그것의 결핍은 이를 가지고 있는 주체 속에서만 말해질 수 있다. 그러나 좀 더 구체적으로는 소유와 결핍의 의미는 그것들의 정의에 의존하고 있다. 아래서 좀 더 상세한 설명을 보자.

---

22. Aristote, *Organon I. — Catégories* 10, tr. par Tricot, Paris, Vrin, 1977, 1022b 22~1023a 6.

『형이상학』 감마(Δ)편에서 아리스토텔레스는 결핍의 본성을 세 가지 방식으로 정의한다. "첫째로는 소유하는 것이 당연한 속성들을 소유하지 못하는 경우, 이것은 예를 들면 눈이 없는 식물처럼 주체가 한 속성을 소유하도록 타고나지 않은 경우에도 해당된다. 두 번째는 주체가 자신 안에 또는 자신의 종 안에서 나타나는 것이 당연한 속성을 결여할 때, 즉 한편으로 시각장애인과 다른 한편으로 두더지(왜냐하면 두더지는 동물종에 속하므로)는 똑같이 시각을 결여하고 있다. 마지막으로 한 존재자가 어떤 시기와 상황에서 당연히 가져야만 하는 속성을 소유하지 못할 때에도 역시 결핍을 말할 수 있다."[23] 이상에서 볼 때 결핍은 주체의 본성과 관련되는데 비록 주체가 본성상 어떤 속성을 갖지 못하게 되어 있다 하더라도 우리는 그것에 대해 결핍을 얘기할 수 있다.

이처럼 주체 안에 헥시스로서 있을 수 있는 모든 자연적 속성들에 대해 주체의 자연적 본성과 관련하여 소유 또는 결핍을 말할 수 있다. 더구나 자연적 소유의 경우 한 속성을 잃게 되면 당연히 헥시스에서 결핍으로 이행하게 되는데 그 역은 불가능하며 또한 둘 사이의 중간 상태도 있을 수 없다. 반대들의 대립에서는, 예를 들면 냉기에서 열기로 가거나 거꾸로 열기에서 냉기로 갈 수 있으며 그 중간 상태도 가능하지만, 자연적 속성들은 주체의 본성에 기반을 두고 있으므로 한 번 잃어버린 헥시스는 되찾을 수 없다. 예를 들면, "한 번 머리가 빠진 사람은 다시는 머리칼을 되찾을 수 없으며 일단 뽑힌 치아는 다시 새로 날 수 없다."[24] 그러나 에토스에 의해 습득된 헥시스는 다르다. 학문의

---

23. Aristote, *La Métaphysique*, Δ 22, 1022b 21~29.
24. Aristote, *Catégories* 10, 13b.

소유는 그것을 습득하는 과정 자체가 결핍에서 헥시스로의 이행이며 둘의 중간 상태도 있을 수 있다. 또한 일단 얻어진 헥시스도 그것의 실행을 소홀히 하면 잃어버릴 수 있고 잃어버린 후에도 또 다른 노력에 의해 되찾을 수 있다. 습득된 헥시스 즉 습관은 이처럼 존재자의 유연한 존재방식을 보여 준다.

아리스토텔레스의 원문에서 각 경우의 쓰임을 통해 본 헥시스의 의미는 자연적 기능과 상태 및 성질들과 관련되어 앞 장에서 본 획득된 고정적 성향으로서의 습관을 상당 부분 넘어서는 것임을 알 수 있다. 자연적이거나 획득되었거나 두 종류의 헥시스는 모두 정적이며 항구적인 상태를 지칭하는 공통점을 가지고 있으며 게다가 비록 정도차는 있지만 존재자의 본성에 귀속된다는 점에 있어서도 공통적임을 알 수 있다. 우리 시대에 와서는 습관을 곧 획득된 것과 동일시하게 되어 자연적 본성과의 차이를 극대화하는 경향을 낳았지만 아리스토텔레스에게서는 그 차이는 사실상 중요하지 않은 것으로 간주되고 있다. 왜냐하면 습관을 통해 드러나는 것은 곧 본성의 다양한 모습이라는 생각이 아리스토텔레스 철학의 근저에 있기 때문이다.

3. 아리스토텔레스의 습관 개념에 대한 현대적 고찰

아리스토텔레스의 습관에 관한 견해를 비판적으로 검토할 때 한 가지 주의해야 할 것은 그의 습관 개념이 오늘날의 의미에 정확히 상응하지 않는다는 것이다. 따라서 우리가 일상적으로 쓰고 있는 개념에 의해서만 접근해서는 안 되고 아리스토텔레스 당대의 용법을 두루 고려해야 한다. 이러한 점을 기억하고서 그에 관한 몇 가지 의문점을 이미 제시된 비판들을 토대로 검토해 보기로 한다.

우선 아리스토텔레스에게서 습관의 형성의 문제에 관하여 탁월한 비판을 가한 사람이 있다. 19세기 후반 르무안A. Lemoine은 그의 저서 『습관과 본능』1875에서 아리스토텔레스의 견해를 다음과 같이 요약하면서 이를 비판하고 있다. "습관은 자연적이지도, 선천적이지도 않은 하나의 운동이 빈번하게 반복됨으로써 조금씩, 조금씩 형성된다."[25] 르무안은 연속과 반복이 습관을 강화시키기는 하나 그것의 원인이거나 '내적 본질'은 아니라고 주장한다. 그에 따르면 한 행위의 반복은 차라리 습관의 결과이다. 왜냐하면 습관은 언제나 "어떤 정도의 가능성과 형성된 양태로서 선행하는 행위들 속에 있기 때문이다."[26] 우리가 반복된 행위들의 모든 중간 단계들을 거쳐 최초의 행위로 거슬러 올라간다면 이 최초의 행위만이 습관과 무관하다는 것을 알게 될 것이다. 따라서 그것이 바로 습관을 낳는 원인이고 반복은 이를 견고하게 할 뿐이다. 사실 수천의 서로 유사한 행동들이 상호 영향 없이 생겨나기도 한다. 르무안은 아리스토텔레스를 인용하며 말하기를, "'한 마리의 종달새가 봄이 오게 하는 것은 아니듯이 하나의 좋은 행위가 덕을 낳는 것도 아니다.' 그러나 적어도 습관을 싹트게 하기 위해서는 단 한 번의 행위로 충분하다."[27] 두 번째 행위는 이미 습관의 결과이며 그 나머지는 최초의 운동의 연속, 전파 또는 가속화에 지나지 않는다는 것이다.

과연 우리는 어떤 행위를 단 한 번 한 후에 무의식적으로 그것을 반복하는 경우가 있다. 반복은 매번 새로운 노력을 들이는 수고로운

---

25. Albert Lemoine, *L'Habitude et l'instinct*, Paris, Germer Baillière, 1875, p. 2.
26. 같은 책, p. 4.
27. 같은 책, p. 8. Aristote, *Ethique à Nichomaque* I, 6, 1098a 18.

작업이 아니라 일단 수행된 한 행위를 맹목적으로 따라가는 과정일 때가 종종 있다. 그러나 반복이 습관의 필요충분조건이 아니라는 르무안의 지적은 아리스토텔레스의 습관 개념을 설명하는 중요한 요소를 간과하고 있다. 아리스토텔레스에 있어 반복을 의미하는 에토스는 헥시스를 생겨나게 하는 충분조건이 아니다. 에토스가 항구적 성향으로서의 덕을 낳는 것은 우리가 이미 그것을 획득하게 하는 자연적 경향을 갖고 있기 때문이다. 이러한 자연적 경향이 없었다면 행위의 반복은 결코 헥시스를 낳지 못한다는 것을 우리는 이미 주목한 바 있다. 아리스토텔레스는 덕은 우리 안에서 자연적으로 생겨나지 않을 뿐더러 자연에 반(反)해서 생겨나지도 않는다고 말하였는데 이것은 덕이 저절로 형성되는 것은 아니지만 그것의 근원은 여전히 우리 안에 있다는 것을 의미한다. 르무안이 최초의 행위에서부터 드러나는 것으로 본 '습관의 내적 본질'이 아리스토텔레스가 말하는 자연적 본성과 다른 것인지 의심스럽다. 또한 반복은 아리스토텔레스에게서는 습관의 충분조건은 아니라 하더라도 여전히 필요조건이다. 덕의 최초의 행위가 자유이지를 따랐건 이저 압력에 익한 것이든 간에 그것을 지속시키는 것은 우리의 의지력에 힘입는 바가 크다. 덕스런 행위의 고정적 습관 즉 헥시스는 최초의 덕스런 행위를 능동적으로 반복할 때 가능하기 때문이다. 만약 르무안이 말하는 것처럼 최초의 행위로부터 이후의 습관적 행위들이 초래되는 것이라면 습관은 수동적이고 기계적인 것에 불과하며 아리스토텔레스에게서 보이는 능동적 성향의 획득은 설명하기 어려운 것이 되고 만다.

이와 같이 이해할 때 아리스토텔레스의 습관 개념은 르무안이 말하는, "변화가능하고도 상대적인 어떤 것"으로서 형성되는 도정에 있는 "임의의 정도의 힘" 또는 가능성으로 보기는 어려운 것이 사실이다.[28] 르무안의 습관에 대한 정의는 아리스토텔레스의 습관의 두 측면인 에토스에도 헥시스에도 적용되지 않는다. 르무안은 에토스와 헥시스의 의미 차이를 상대화하고 그것들을 역동적 관점에서 하나로 통합시켰다고 볼 수 있는데 이것은 흥미로운 관점이기는 하지만 아리스토텔레스의 관점에 대한 올바른 이해는 아니다. 라베쏭은 『아리스토텔레스의 형이상학에 관한 시론』에서 "습관hexis의 획득, 소유함은 더 이상 운동이 아니다."[29]라고 하였는데 이것이야말로 아리스토텔레스의 습관 개념의 기본 특징인 고정성과 항구성을 이해하는 올바른 태도라 하겠다.

이제 습관과 자연의 관계를 밝혀 보기로 하자. 잘 알려진 것처럼 아리스토텔레스는 "습관은 제2의 본성이다."[30]라고 말한 바 있는데, 이 말은 우리 귀에 익은 만큼 너무나 명백해서 더 이상의 분석을 요하지 않을 것 같다. 그러나 모리스 프라딘M. Pradines이라는 현대의 철학자는 이 구절의 분석에서 흥미로운 결론을 이끌어낸다. 그에 따르면 우선 '제2의'라는 말은 습관의 정의에서 중요한 구실을 하는 '종치'를 나타낸다. 그렇다면 본성이란 말은 유개념이 될 것이다. 유개념은 주어를 포함하는 것이므로 습관은 어떤 의미에서 본성의 일부분이라고 할 수 있다. 그러나 우리 상식의 관점에서 볼 때 습관은 본성 또는 자연을 모방하지만 본성 자체는 아니다. 이 상식적 견해가 중요한 이유는 자연은 결코 라마르끄주의자들이 주장한 것처럼 습관과 동일시될

---

28. 같은 책, p. 3

29. Ravaisson, *Essai sur la métaphysique d'Aristote*, t. I, p. 398.

30. Aristote, "De la mémoire et de la réminiscence", *Petits traités d'histoire naturelle*, 452a 28.

4장 의지에서 생명으로 — 라베쏭

수 없다는 사실 때문이다. 빠스깔은 우리가 알 수는 없는 일이지만 습관이 제2의 자연이라면 거꾸로 자연은 제1의 습관일지도 모른다고 하였다. 그러나 프라딘에 의하면 습관이 결코 모방할 수 없는 자연적 활동이 있으며 그 대표적인 것이 "고통과 쾌락의 느낌들"이다. 실로 감각적 느낌은 결코 모방할 수 없는 자연적 특성이라 할 수 있다. 습관이 자연과 동일시될 수 없다는 프라딘의 주장은 생리학적 예를 들지 않아도 명백한 것 같다. 그러나 우리가 보기에 프라딘은 "습관은 제2의 본성"이라는 말을 과장하여 해석한 것으로 보인다. 우선 그것은 습관의 정의가 아니라 단순한 유비類比에 불과하다. 따라서 여기서 '본성'이란 말도 유개념이 아니라 본성에 접근하는 습관의 성격을 나타내는 비유적 표현이며 '제2의'라는 말은 종차이기는커녕 오히려 습관과 본성의 본질적 차이를 드러낸다.

그런데 프라딘은 전술한 구절의 문자 그대로의 해석으로부터 아리스토텔레스가 자연과 습관을 동일시한 라마르끄학파와 같은 오류를 범했다고 주장한다. 게다가 아리스토텔레스는 자연과 습관의 유사성을 끝까지 밀고 나가 자연에도 헥시스를 부여하였다고 한다. 이 비판은 우리에게는 설득력 있는 것으로 보이지 않는다. 그것은 문제를 거꾸로 접근한 데서 비롯되는 오류이다. 아리스토텔레스는 획득된 것인 한에서 이해되는 헥시스를 본성 또는 자연에 부여한 것이 아니라 애초에 헥시스를 본성적인 것을 지칭하는 데도 사용했다. 그는 "헥시스는 자연에 기인하기도 하고 익숙함synḗtheia에 기인하기도 한다."고 명확히 말한다.[31] 만약 우리가 헥시스에 의해 획득된 상태를 우선적

---

31. Aristote, *Rhétorique*, t. III, tr. de Médéric Dufour et André Wartelle, Les Belles Lettres, coll.《Collection des universités de France Série grecque》, 1973-2003, 1354a 7.

으로 지칭하고 이후에 그것을 자연상태에까지 확장하였다면 그것은 부당한 의미 확장으로 습관과 자연을 동일시하는 오류에 이르게 될 것이다. 그러나 그것은 아리스토텔레스가 한 일은 아니다. 프라딘의 오해는 헥시스를 단지 현대어의 습관이라는 말로 번역한 데서 생겨난 것이다. 오늘날의 습관이라는 말은 사실상 고유한 개념의 역사를 가지고 있다. 서양어에서는 17세기까지 신체의 내적, 외적 상태를 가리키는 '신체 습관'habitudo corporis이라는 말이 사용되었다.[32] 이후 차츰 습관은 획득된 상태를 지칭하게 되었는데 결정적으로는 19세기 중엽에 주장된 라마르끄학파의 '획득형질의 유전'이 실험에 의해 부정되면서 습관은 생명체가 본래 가지고 있는 것과는 구분되는, 환경과 노력의 산물로서 이해되기 시작한 것이다.

물론 아리스토텔레스는 에토스가 우리 안에 항구적 성향을 낳는다는 사실에서 나타나듯이, 반복에 의해 고정적 습관이 형성되는 경우를 획득된 성질이 자연상태로 되는 것처럼 말하고 있기는 하다. 그런데 우리가 주의해야 할 것은 이때 자연이라는 말이 어떻게 이해되고 있는가 하는 것이다. 프라딘의 경우에 본성 또는 자연이란 습관에 의해 모방불가능한 것을 말한다. 그에 따르면 습관은 본능과 같이 선천적인 성향tendance을 만들어낼 수 없으며 거꾸로 습관이 자연적 성향의 영역 위에서 움직인다. 즉 습관은 자연의 근원이 될 수 없고 획득형질은 유전될 수 있는 약동이 아니다. 이에 따르면 본성의 개념은 선천성과 유전가능성으로 집약되는데 그것은 바이스만A. Weismann의 '생식질연계설'에서 시작하는 현대생물학에 기초한 입장이라 볼 수 있다.

아리스토텔레스의 경우 이와 같은 현대적 용어로 설명할 수 없는

---

32. 참고, Lalande, *Vocabulaire technique et critique de la philosophie*, p. 398.

맥락이 있지만 그가 본성과 습관을 혼동했다는 프라딘의 지적은 올바른 것이라 볼 수 없다. 우리가 이미 본 것처럼 아리스토텔레스에게, 본성적인 것은 습관에 의해 다른 것으로 될 수 없을뿐더러 습관hexis의 형성도 이미 자연적 경향이라는 조건을 필요로 한다. 다만 아리스토텔레스는 습관과 자연적 본성의 유사성을 더 강조하려 한 듯하다. 덕의 형성에서 알 수 있듯이 그는 획득된 헥시스를 무엇보다도 지속적이고 안정적인 상태로서 이해하였다. 단순한 일시적 성향이 시간과 더불어 헥시스로 될 수 있다고 할 때에도 강조점은 지속성과 부동성에 놓였다. 둘 중 어느 경우에도 헥시스는, 제2의 본성이란 말에서 드러나듯이, 본성과의 유비에 의해 설명된다. 이 유비가 단순한 유비를 넘어서는 것은 헥시스가 현대적 의미에서의 획득된 성질이 아니라 행동을 하게 하는 내적 원리가 되는 경우이다. 만약 이러한 내적 원리를 자연 또는 본성이라 부르고자 한다면 아리스토텔레스는 이를 거부하지는 않을 것이다. 그러나 헥시스가 행동의 내적 원리의 역할을 하는 것은 그것이 언제나 진정한 본성과 유사한 특성을 보여 주기 때문이다. 그것은 생득적인 것이 아니며 유전적인 것도 아니다. 왜냐하면 획득된 한에서의 헥시스는 감각기능처럼 자연에 의해 생겨난 것이 아니며 따라서 각 개체는 그것을 얻기 위해 그의 선조들이 했던 것과는 독립적인 노력을 해야 하기 때문이다.

결론적으로 볼 때 아리스토텔레스는 습관과 자연을 혼동한 것이 아니라 라베쏭이 잘 드러낸 것처럼 전자를 후자가 현시하는 양태로서 보았으며 둘 사이의 차이보다는 유사성과 동근원성에 강조를 두었다고 할 수 있다. 오늘날 우리는 그 차이를 강조하는 경향이 있으므로 아리스토텔레스의 입장을 올바로 이해하기는 쉽지 않다. 그러나 습관 개념의 변천 과정을 통해 알 수 있는 것은 모든 개념은 그것의 역사를 올바로 파악할 때 비로소 정확히 이해할 수 있다는 것이다. 따라서 이 오래된 근원을 찾아 거슬러 올라가는 일은 단순한 참조를 넘어서는 필수적인 과정이라 할 수 있다.

3절 라베쏭의 생명적 존재론

습관에 관한 저서를 통해 드러나는 라베쏭의 사상은 프랑스 최초로 아니 근대 이후 최초로 생물학의 성과를 반영하여 구축한 생명형이상학이라 할 수 있다. 17세기 과학혁명은 기본적으로 물리학의 영역에서 일어난 것이었고 그것이 철학에 미친 반향은 데까르뜨로부터 시작해서 영국 경험론과 계몽주의 그리고 칸트¹·Kant의 종합에 이르기까지 다양한 방식으로 나타나 근대철학의 문제의식을 결정하기에 이르렀다. 그동안 생물학은 물리화학적 관점에 종속된 형태로 해부학과 생리학, 의학의 영역에서 소극적인 방식으로 연구되어 왔다. 생명의 독자적인 원리를 주장하기 시작한 것은 18세기 중반 이후 등장한 생기론학파에 의해서였다. 본래 생기론은 철학적 입장이 아니라 생리학과 의학의 연구를 위한 가설로 등장하여 유기체organisme의 실제적이고 부분적인 현상들을 조명하는 데 몰두했을 뿐 '생명'이라는 거시적차원의 문제에 대해서는 무관심했다. 라베쏭은 바로 이러한 문제를 철학적으로 제기한 점에서, 그가 프랑스 생명철학의 원조라는 명성을 얻는 것은 정당하다고 하겠다. 라베쏭이 활동한 1830년대의 생물학적 배경을 보면 라마르끄의 『동물철학』1809이 나온 후이지만 그 영향은 아직 미미했고 다윈의 『종의 기원』1859이 나오기 이전이어서 생물학이 독자적 학문으로 인정되기 전이다. 생물학은 다윈의 진화론과 베르나르C. Bernard의 실험생리학 이후 비로소 자연사, 세포생물학, 발생학, 생리학, 해부학 등의 세부 분야를 통합하여 종합적 학문으로 탄생할 수 있었다.

『습관에 관하여』라는 책은 아리스토텔레스와 멘 드 비랑의 영감을 근원으로 하고 있으며 당대의 생물학적 지식 특히 생기론자들의 사상에 대한 철학적 반성을 통해 재구성된 자연철학이다.[33] 이 책은 박사논문으로서 매우 짧고도 밀도 있는 구성을 보여줄 뿐만 아니라 서술방식의 시적인 아름다움이 프랑스철학 특유의 미적 감성을 자극한다는 점에서도 후대의 철학자들에게 상당한 영향을 행사한 것으로 알려진다. 또한 이 책이 던진 도전적인 주제들과 대담한 논증방식은 라슐리에나 베르그손과 같은 독창적 사상가들에게 항구적인 영감으로서 사유를 일깨우는 자극의 역할을 했다. 이 책을 연구한 소수의 연구가들이 한결같이 보내는 찬사는 젊은 천재의 역량이 보여 준 부정할 수 없는 매력을 증언한다. 그것은 돕J. Dopp에 의하면 간결한 문체를 통해 진행되는 가운데 평정을 잃지 않는 조화로운 형식을 보여 주며, 자니꼬에 의하면 '거의 신탁적인'quasi oraculaire 글쓰기에 비유할 수 있는 가늠하기 어려운 내용의 깊이를 가지고 있고, 브뤼에르C. Bruaire에 따르면 주석을 달기도 어렵고 요약을 한다는 것은 불가능하며 고유한 의미에서 하나의 '주장'Thèse이라 할 수 있는 텍스트이다.[34] 물론 여기에 덧붙여 저자의 섬광과도 같은 영감이 필연적으로 동반하는 불연속성과 간결함으로 인해 행간에 남겨진 애매함도 이 책의 이해를 어렵게 하는 데 한몫을 하고 있다는 것도 지적해야 할 것이다.

---

33. 『습관에 관하여』(De l'habitude, nouvelle édition, Paris, Alcan, 1933)의 약어는 H로 표기하고 쪽수는 본문 내에 표시한다.

34. Dopp, Felix Ravaisson, La formation de sa pensée d'après des documents inédits, p. 225. Janicaud, Une généalogie du spiritualisme français, p. 105. Claude Bruaire, "La médiation de l'habitude", Les Études philosophiques, 1984, n°4, p. 467.

그럼에도 불구하고 이러한 어려움이 이 책의 매력을 감상하고 저자의 사유의 깊이와 책의 구도의 엄밀함을 발견하는 데 커다란 장애가 되는 것은 아니다. 우리는 이제는 여러 측면에서 고전이 된 이 책을 저자의 사유의 근원이 된 주요 사상들을 고려하면서 상세히 분석하고자 한다.

1. 존재자의 생성과 습관

습관에 관한 라베쏭의 저술은 가장 일반적인 존재자의 형식에서 점차로 개별적 존재자들로 나아가는 존재론의 일반 형식을 갖추고 있다. 이는 단순히 존재자의 분류학이 아니라 존재자들의 생성과정을 보여 주고 있어서 생성의 존재론이라고 부를 만하다. 여기서 습관은 존재자들을 구분하고 생성하는 원리의 역할을 하는데 이러한 의미는 일상적인 습관의 의미를 광범위하게 넘어선다. 아리스토텔레스의 헥시스나 가능태와 같은 의미를 참조할 경우 이해에 도움이 될 수 있으나 그것을 통한 존재의 탐구는 라베쏭의 독창적인 작업이다. 후대의 프랑스철학과 관련지어 생각해 보면 라베쏭이 존재자들의 생성을 추적하는 일은 베르그손이나 시몽동에게서 나타나는 생성철학의 선구적 작업으로 보이기도 한다.

습관과 가능태 – 아리스토텔레스와 베르그손 사이에서

단순화의 위험을 무릅쓰고 말하자면 아리스토텔레스와 베르그손은 생물학을 모범으로 한 형이상학을 구축한 면에서 공통점을 가지고 있다. 그러나 두 사상 간의 차이를 간과하면 오해도 그만큼 커진다. 우선 생물학적 맥락에서 볼 때 베르그손의 시대에는 진화론이 등장했고 이에 토대를 둔 생성의 형이상학이 베르그송 철학의 전 과정을 주도하는 것이 특징이다. 라베쏭은 아리스토텔레스적 자연관을 생명철학으로 재해석하는 데서 독자성을 보여 주지만 그 가운데 베르그송의 철학의 모태가 되는 몇 가지 주요한 개념을 발견한 데서 종종 그와 베르그송의 유사성이 지적되곤 한다. 따라서 라베쏭을 베르그송적으로 이해하는 사후적 해석의 위험에도 불구하고 철학사적 맥락에서 볼 때는 그의 철학을 아리스토텔레스와 베르그송 사이에 위치시키는 것이 합당한 이해라 생각된다. 그래서 나는 필요한 경우 라베쏭의 주장을 아리스토텔레스와 베르그송에 조회하면서 이해하고자 한다.

습관에 관한 고찰에서 라베쏭은 이 개념을 생각할 수 있는 가장 넓은 의미로 사용하기 시작하여 점차로 그 의미를 좁혀가는 방식을 취한다. 따라서 습관을 일상적 의미로 이해해서는 안 되고 존재자의 생성원리 또는 존재방식이라고 보는 것이 이해를 돕는다. 라베쏭에 의하면 "습관은 가장 넓은 의미에서 볼 때 일반적이고 항구적인 존재 방식manière d'être이자, 그 요소들 전체에 있어서 또는 그 시기들의 잇따름succession 안에서 고려된 존재existence의 상태이다"(H, 1). 라베쏭이 습관 개념을 통해 문제 삼는 것은 존재의 존재방식이다. 그러나 이 존재는 절대무와 대립되는 파르메니데스적 존재가 아니라 자연 속에 있는 특수한 존재자의 존재방식이다. 따라서 습관은 자연적 존재가 자신의 고유한 방식으로 존재하는 상태를 말한다. 우리는 이렇게 이해된 습관이 아리스토텔레스의 헥시스hexis 개념에서 유래한 것임을 곧바로 알 수 있다. 앞에서 본 바와 같이 헥시스는 존재자l'être의 항구적인 상태 혹은 성향이다. 그러나 그것은 자연에서 유래하기도 하고 내·외적 자극에 '익숙해짐'accoutumance에서 유래하기도 하기 때문에 제2

의 본성(자연)인 동시에 애초에 제1의 본성(자연) 즉 본질이기도 하다. 이런 면에서 라베쏭의 습관 개념은 현대적인 의미에는 낯설다. 에거^{V.} Egger에 따르면 이런 의미는 프랑스어에는 존재하지 않는다.[35] 그럼에도 불구하고 습관이라는 말을 존재자의 최초의 존재방식으로 삼고자 하는 라베쏭의 의도는 다음 구절에서도 명확히 드러난다. 습관은 "존재l'être의 제1의 법칙이자 가장 일반적인 형식, 즉 존재를 구성하는 현실태acte 안에서 영속되려는 경향"이다(H, 62).

라베쏭의 출발점이 존재 일반이라는 것은 명백하지만 이러한 일반적 정의는 습관의 핵심을 드러내지 못한다. 존재의 일반적 형식으로서의 습관은 '관성'inertie과 같은 물질의 본성에서 이미 나타나는 존재방식이다. 따라서 라베쏭은 일상적으로 통용되는 습관이라는 말을 '획득된acquise 혹은 길들여진contractée 습관'이라고 명시함으로써 좀 더 구체화된, 습관의 두 번째 의미를 규정한다. 그럼에도 불구하고 이는 우리가 앞에서 본 획득형질과 같은 것이 아니라 여전히 존재자를 형성하는 원리의 차원으로 남아 있다는 것을 기억해야 한다. 우선 "획득된 습관은 변화의 결과이다"(H, 1). 변화의 결과 획득된 습관 역시 "일반적이고 영속적인 존재방식"이지만 "하나의 습관을 낳은 변화 자체와 관련하여 이 변화의 결과로 들여진 습관"이야말로 이 책에서 탐구하고자 하는 주요한 의미이다. 한마디로 습관은 존재자의 변화와 생성을 설명하는 개념이다. 자연은 존재자들로 하여금 끊임없는 변화를 겪게하고 어떤 변화는 존재자에게 새로운 상태, 새로운 존재방식을 새겨넣게 된다. 즉 "변화는 일시적이지만, 습관은 자신을 낳은 변화를 넘어서서 존속한다." 그뿐만 아니라 습관은 "더 이상 존재하지 않는 변

---

35. Lalande, *Vocabulaire technique et critique de la philosophie*, p. 392.

화, 아직 존재하지 않는 변화, 즉 가능적 변화changement possible에 대해서 존속한다. 이 점이야말로 습관을 알아볼 수 있는 징표이다." 습관은 존재자의 변화가능성 또는 변화를 향한 성향과 관련이 있다. 그렇다면 습관은 단지 상태가 아니라 존재자 안에 "어떤 성향une disposition, 어떤 미덕une vertu"을 각인하는 것이다(H, 1). 이러한 성향의 형성 과정으로부터 습관에 관한 세 번째 정의에 이르게 된다. 존재자 안에 새로운 성향을 야기하는 것은 시간 속에서 이루어진다는 것을 고려하면 습관은 그것을 산출한 변화가 연속되고 반복될수록 그만큼 더 힘을 갖게 된다. 따라서 "습관은 하나의 변화와 관련하여 이 변화가 연속되고 반복됨으로써 한 존재자 안에 야기한 성향이다"(H, 2).

존재자의 형성 원리로서 습관은 변화와 변화의 결과인 생성 그리고 이로부터 나타난 존재자의 성향, 이 세 요소로 구성된다. 존재자의 성향이라는 말은 아리스토텔레스에게서 유래하는 것이어서 라베쏭은 계속해서 그를 따라 세부적 내용을 보완한다. 변화와 반복은 언제나 습관을 낳는 것은 아니고 일정한 성향을 낳을 수 있는 본성을 가진 것에 대해서만 그것이 가능하다. 라베쏭은 아래로 떨어지는 본성을 가진 물체는 공중으로 수백 번 던진다 해도 위로 올라가는 습성을 갖지 못한다는 아리스토텔레스의 예를 인용한다. 습관은 단지 변화가능성을 의미하는 것이 아니다. 변화는 '미리 존재하는 성향'prédisposition 안에서 일어날 때 습관을 낳는다. 이 자연적 성향은, "스스로는 변화하지 않으면서 변화가 그 안에서 지나가게 하는 가능태puissance이자 내적인 미덕"이다(H, 3). 라베쏭에게서 puissance라는 말은 주로 아리스토텔레스적 의미에서 가능태로 쓰이지만 때로는 단순히 잠재력, 힘을 의미하기도 하고 점차 생명에 고유한 내적 힘이라는 그 자신의 고유한 의미로 나아간다.

라베쏭은 위에서 고찰한 습관에 관한 기본적 규정으로부터 물질, 생명 그리고 의식에 이르는 존재자들의 존재방식의 차이를 추적한다. 이러한 기술은 일정한 형이상학적 원리에 의지하지 않고 진행되는데 자니꼬에 의하면 여기에 현상학적 기술 방식과 유사성이 엿보인다.[36] 우선 "존재자가 세계의 무대 위에 나타날 조건은 공간과 시간이다"(H, 3). 공간은 안정성stabilité과 항구성permanence의 조건이며 시간은 변화와 운동의 조건이다. 시공성에 종속된 가장 기본적인 존재의 형식은 "움직이는 연장"l'étendue mobile이며 이런 조건을 갖는 존재의 최초의 등급은 무기 물체이다. 모든 움직이는 물체는 자신의 운동 속에서 영속하려는 경향을 갖는다. 그것이 무기계를 지배하는 관성의 법칙이다. 관성은 움직이는 물체 안에서 항구성과 변화의 결합을 보여 준다. 그러나 이 조건은 여전히 습관이 형성되기에는 너무 일반적이다. 그것은 지속적인 경향을 낳을 수 있는 본성을 결여하고 있다. 지속적 경향은 "실재적 자기동일성"을 갖는 존재자 안에서만 산출될 수 있다. 라베쏭은 이제 무기물체에서 더 나아가 구체적인 자기동일성을 가진 존재자의 개념을 제시한다. 그것은 바로 개체성을 가진 존재자 즉 생명체와 관련된다.

무기물체는 자연의 계속적인 변화 한가운데서 자기 자신과 동일한 것으로 남아 있지 않고 변화와 더불어 그 자체도 변화한다. 그것은 결코 내적인 가능태puissance로 발전할 수 있는 개체적 자기동일성을 구성하지 않는다. "관성은 항상적 성향으로 전환될 수 있는 규정된 가능태가 아니다. 그것은, 운동 자체와 마찬가지로 무한정하게 변화가능하고 물질의 무한성 안에 무한정하게 퍼져 있는 가능태이다"(H, 4). 물

---

36. Dominique Janicaud, "Habiter l'habitude", *Les Études philosophiques*, 1993, n°1, p. 18.

질적 요소들의 다양한 종합은 무기적 존재의 변화가능한 본성을 완벽하게 보여 준다. 무기적 요소들은 단순히 그것들 간의 관계를 바꾸든(기계적 결합), 상호 균형을 이루면서 무화되든(전기적 결합), 아니면 공통의 결과물로 변형되든(화학결합) 간에 전체의 균일성 안에서 용해된다. 따라서 기계적이든 물리적이든 화학적이든 요소들의 결합은 완벽하게 동질적homogène이다. 그런데 동질적인 것의 특징은 무한히 분할 가능하다는 것이다. 물질의 분할은 결코 멈추지 않는다. 따라서 무기 물체에서 개체성individualité을 말하는 것은 불가능하다. 라베쏭은 이를 다음과 같이 표현한다. "동질적 전체 안에는 얼마간의 존재자들de l'être은 있을지 모르지만 하나의 존재자un être는 없다"(H, 6).[37] 우리는 나중에 베르그손이 『창조적 진화』의 1장에서 물체와 생명체의 개체성에 대해 유사한 입장을 개진하는 것을 볼 수 있다.

습관은 자기동일성이 성립할 수 없는 무기계에서는 형성되지 않는다. 모든 변화는 새로운 종합 안에서 상실되고 이 새로운 종합은 여전히 동질적이다. 물질적 요소들의 동질적 종합 안에는 "있을 수 있었던 것과 있는 것 사이에 어떤 중간도, 간격도 볼 수 없다. 그것은 가능태에서 현실태로의 직접적 이행passage immédiat이다. 현실태 밖에서 그것과 구분되어 존속하는 가능태는 남아 있지 않다"(H, 5). 라베쏭은 아리스토텔레스를 따라 습관을 현실태 안에서 완전히 사라지지 않는 '규정된 가능태'puissance déterminée로 파악한다. 아리스토텔레스에게서 규정된 가능태는 현실태로 되기 전 특정한 방식으로 규정되어 있

---

37. 여기서 '얼마간의 존재자들'이라 번역한 de l'être는 개별적 존재자의 합이 아니라 셀 수 없는 물질의 부정량(否定量)을 의미하는 부분관사이다. 예를 들면 '약간의 물'(de l'eau)과 같은 표현이다. 물체와 생명체가 똑같은 corps(體)로 표현되지만 내용상 본질적인 차이를 가지고 있음을 셀 수 있음과 없음 즉 개체성을 갖는가 그렇지 않은가를 통해 보여 주고 있다.

는 내적인 힘인 반면 무규정적 가능태는 오로지 무언가로 될 수 있는 가능성만을 말한다. 전자가 바로 헥시스이며 라베쏭은 이것을 습관의 본래 의미로 규정한다. 실제로 우리는 종종 습관의 힘에 의해 행동하지만 그로 인해 습관의 힘이 소모되기는커녕 오히려 강화되는 것을 본다. 이렇게 반복에 의해 더욱 견고해지는 성향이 헥시스로서의 습관이다. 헥시스는 가능태에서 현실태로의 이행의 매개médiation 역할을 하는데, 이러한 의미의 규정된 가능태는 무기계에는 존재하지 않는다. 거기에는 가능태에서 현실태로 직접 이행하면서 자신의 힘을 모두 소진하는 일종의 순수 가능태만이 존재한다. "습관은 이 무매개성 immédiation의 왕국에서는 가능하지 않다"(H, 6).

이처럼 변화와 더불어 획득된 습관의 개념은 라베쏭으로 하여금 물질계와 생명계의 명확한 구분을 가능하게 해 준다. 앞서도 지적한 바와 같이 라베쏭이 데까르뜨적 물질관 즉 기계론적 물질관에서 출발하는 만큼 이 구분은 더욱더 극단적으로 나타난다. 베르그손과 비교해 보면 흥미로운 지점을 알 수 있다. 베르그손은 기계론적 물질관을 비판하고 지속하는 존재로서 새로운 물질관을 제시하여 물질에도 어떤 의미에서 기억과 역사가 존재한다고 주장하기 때문에 거기에도 규정된 가능태로서의 습관이 존재한다고 말할 수 있다. 습관에 관한 심층 연구서를 낸 슈발리에J. Chevalier는 베르그손의 정신을 따라서 이와 같이 주장하고 있다. 그에 의하면 "물질에는 질점들의 체계와는 다른 것이 있다. 그것은 한정되고 불연속적이며 개체화된 속성들 또는 질들이며, 직접적인 방식으로 지나쳐 가는 것이 아닌 지속적인 변화의 자리일 수도 있다. 즉 물체는 고유한 의미에서 습관은 아닐지 몰라도 하비투스habitus의 형성과 유지를 위한 모든 조건을 보여 준다."38 만약 습관이 라베쏭이 말하는 엄밀한 의미에서의 개체성을 전제로 한다면 개체성이 없는 물질에는 생명적 존재에게 나타나는 것과 같은 습관은 가능하지 않다. 그러나 물질이 변화 중에서도 일정한 상태를 지속적으로 유지한다면 좀 더 포괄적인 의미에서 하비투스를 말할 수 있다. 아리스토텔레스나 라베쏭과 달리 베르그손의 입장을 따르는 슈발리에는 생명에서 볼 수 있는 획득된 습관이 물질에서도 가능하다고 본다. 그는 레옹 뒤몽L. Dumont이 제시한 재미있는 사례들을 보여 준다. "일단 한 번 입은 옷은 신체의 형태에 더 잘 맞는다. 자물쇠는 일단 한 번 사용하면 더 잘 작동한다. 바이올린은 사용할수록 소리가 좋아진다. 종이나 옷감의 주름le pli도 마찬가지다…."[39] 이 예들은 물론 열거된 대상들(옷, 자물쇠, 바이올린, 주름 등)이 일시적으로나마 사용자인 주체에 의해 개체성을 부여받았음을 가정할 때 타당하다. 베르그손에게서 물체의 개체성은 생명체의 욕구나 행동에 의해 주어진다. 그러므로 그것은 진정한 의미의 개체성은 아니고 일시적인 지속성에 기인한 인위적 개체성이다.

라틴어 하비투스는 그리스어 헥시스의 번역어이다. 아리스토텔레스에게서 헥시스는 기능태와 현실태의 매개 혹은 규정된 가능태를 의미하고 또한 그의 형이상학에서 가능태-현실태의 도식은 자연의 운동하는 방식 전체에 적용되는 것이므로 하비투스는 물질계의 운동방식이나 존재방식을 지칭하는 데 사용될 수 있을지도 모른다. 그러나 그것은 적어도 생명체에서 볼 수 있는 획득된 습관은 아니다. 아리스토텔레스가 돌은 하늘로 수천 번 던져도 올라가는 습성을 들일 수 없다는 사례를 제시할 때 그는 물체가 생명체와 같은 의미에서 습관

---

38. Chevalier, *L'Habitude, Essai de métaphysique scientifique*, p. 19.

39. 같은 책, p. 21 ; Léon Dumont, "De l'habitude", *Revue philosophique*, 1876, t. I, p. 321s.

을 획득할 수는 없다는 것을 명백히 하고 있다. 이와 같은 획득된 습관에 관해서 라베쏭은 아리스토텔레스의 생각을 따른다. 또한 그가 습관을 물질을 포함하여 존재자의 일반적인 존재방식이라고 주장할 때 아리스토텔레스에게서 안정적 자연상태를 지칭하는 헥시스의 의미를 따르고 있는 것처럼 보이기도 한다. 하지만 분명한 차이가 있다는 것을 지적해 두자. 아리스토텔레스에게서 물질은 생명과 마찬가지로 형상적 본성에 지배되며 가능태-현실태의 도식은 물질의 운동을 이러한 본성의 실현과정으로 파악하는 것인 반면 라베쏭은 물질에 관한 한 근대과학의 기계론적 관점을 물려받고 있기 때문에 거기서 가능태는 매개 없이 현실태로 직접 이행한다. 이것은 엄밀히 말해 물질에서 고유한 의미의 가능태를 제거하는 것이다. 베르그손의 관점에서는 이렇게 이해된 물질은 대상을 오직 현실태l'actuel로 파악하는 지성적 사유방식의 산물이다. 따라서 라베쏭에게서 가능태는 생명만이 가진 내적 힘과 같은 것으로 이해되고 이런 의미에서 존재의 본성을 가장 잘 구현하는 것은 생명이다. 결국 라베쏭은 가능태로서의 생명을 존재의 모범으로 확립하고 그 자연스러운 결과로서 물질에는 존재의 위상을 부여하지 않음으로써 라이프니츠의 유심론에 가까워진다.

생명과 자연

물질의 변화가 동질적 종합으로 귀결되는 반면 생명 현상에는 아주 다른 종류의 종합이 작용한다. 거기서 요소들은 더 이상 서로 간에 외적이지 않고 '이질적 전체'un tout hétérogène를 형성하면서 내적으로 상호 연결되어 있다. 유기적 조직의 신비는 아마도 이러한 이질적 결합 안에 존재할 것이다. 생명이 있는 곳에는 이질적인 요소들의 내재적 통일성이 있고, 고유한 의미에서의 잠재적 존재가 시간과 더불어 전개된다. 라베쏭에 의하면 변화가 더 이상 요소들의 직접적인 종합으로 용해되지 않을 때, "목적과 원리 사이에 측정할 수 있는 시간이 있을 때 종합은 더 이상 동질적이지 않다"(H, 6). 여기서 목적과 원리는 아리스토텔레스적 의미에서 이해되어야 한다. 원리는 출발점을 의미하는 아르케arche로 볼 수 있고 목적은 생명체를 특징짓는 목적인에 해당한다고 볼 수 있다. 측정할 수 있는 시간이란 출발점에서 목적인을 향해 가는 단계들이 요구하는 시간을 말한다. 생명의 과정은 시간 속에서 일련의 단계들을 필요로 하며, 공간 속에서는 일련의 수단, 기구, 기관들organes을 필요로 한다. "이러한 공간 속의 이질적 통일성이 바로 유기조직Organisation이다. 이러한 시간 속의 잇따르는 종합이 바로 생명la Vie이다. 그런데 잇따름과 이질성과 더불어 개체성이 시작된다. … 그것은 더 이상 얼마간의 존재자들de l'être이 아니라 하나의 존재자un être이다. 따라서 단 하나의 동일한 주체가 여러 형태로 그리고 서로 다른 시기에 자신의 내적 가능태를 전개하는 것처럼 보인다"(H, 7). 규정된 가능태로서의 습관은 이러한 개체존재들, 생명적 존재들의 세계에서 가능하다.

생명체는 외적 변화에 흡수되지 않는 자신만의 항구적 본성을 가진다. 바로 이러한 자기동일적 본성에 의해 그것은 자신이 겪는 변화를 스스로에 동화시키면서 제2의 본성을 만들어 낸다. 이러한 특성이 바로 생명이 가진 고유한 '자발성'spontanéité이며 이에 의해 생명은 자신의 본성(자연)을 구현함으로써 엄밀한 의미에서 하나의 존재자를 형성할 수 있다. 그렇다면 무기물체는 어떠한가? 라베쏭은 "존재하는 모든 것이 존재l'être 속에 있듯이 아마도 변화하는 모든 것은 자연 속에 있을 것이다."라고 말한다. 외적으로 존재하는 모든 것들을 자연물이라 할 때 물체나 생명체는 모두 자연물이다. 그러나 "생명체만이 하나의 존재자이듯 그것만이 구별된distincte 본성(자연)이다. 그러므로 존재자와 마찬가지로 본성(자연)도 생명의 원리로 이루어진다"(H, 7). 여기서 라베쏭은 자연이 본성이라는 뜻도 가지고 있는 데서 출발하여 약간의 언어적 유희를 하고 있는 것 같다. 물질은 하나의 본성(자연), 즉 개체를 만들지 못하기 때문에 진정한 의미의 자연이 아니라는 것이다. 자연의 진정한 의미는 자발성spontanéité이다. 스스로 그러한 것自然이자, 아리스토텔레스의 표현에 의하면, 운동과 정지의 원리를 자신 안에 가진 것이라는 의미를 강조할 때 진정한 자연(본성)을 구성하는 것은 생명체라는 것이 라베쏭의 생각이다. 그렇다면 물질의 위상은 어떻게 될까? 스피노자의 표현을 빌려 생명을 능산적 자연이라 하고 물체를 소산적 자연이라 한다면 그것들의 관계를 좀 더 이해하기 쉬울 것 같다. 그러나 여기서 라베쏭은 생명의 능동성, 자발성을 드러내는 데 역점을 두고 있으며 물체 존재의 위상에 대해서는 적극적 분석을 하고 있지는 않다.

생명체의 특성을 좀 더 살펴보자. 무기물은 외적 영향에 직접 노출되어 있지만 생명체는 자신의 고유한 방식으로 반응한다. "세계의 한가운데서 생명은 따로 하나의 불가분적 세계를 형성한다"(H, 7). 물론 생명체는 외적 세계의 영향으로부터 완전히 분리된 것은 아니다. 그것은 외적 영향에 종속되어 있고 외적 세계는 생명체의 생존 조건이기도 하다. 즉 각각의 생명체들이 엄밀한 의미에서 능산적 자연은 아니다. "유기조직은 무기계에서 질료를 취하며 거기에 자신의 형식을 부과"하기에 그것은 물질의 필연적 법칙에 종속되어 있다. 그러나 생명체를 물질보다 우월하게 만드는 특성이 있다면 그것은 "생명이 끊임없이 외부의 영향을 극복하고surmonter 거기서 승리한다triomper"는 것이다 (H, 8). 그것은 물질로부터 변화를 받아들이고 거기에 적응하는 가운데 자신의 본성에 적합한 변화를 만들어 낸다. 즉 "생명은 수용성ré-ceptivité과 자발성spontanéité의 대립을 함축한다"(같은 곳). 이 대립은 우리가 이미 본 습관의 이중적 결과와 관련이 있다. 가장 초보적인 수준에서조차 생명체는 위와 같은 대립을 보여 준다. 외부에서 야기된 변화는 생명체를 파괴하는 데 이르지 않는 한 생명체 내부에서 점차로 변질되고 약화된다. 한편 생명체가 능동적으로 야기한 변화는 반복됨에 따라 더욱더 손쉽게 산출되는 경향이 있고 점차 생명체에 고유한 특성으로 된다. 다만 자극의 약화가 반드시 수용성의 작용이고 능동적 반응이 반드시 자발성인 것은 아니다. 수용성은 단지 변화를 받아들이는 차원을 말하며 자극의 약화든, 운동의 산출이든, 둘 다 생명체의 적극적 활동을 보여 주는 점에서는 자발성의 작용이다. 그래서 점차로 "수용성은 감소하고 자발성은 증가한다"(H, 9).

이러한 기본적 특성으로부터 라베쏭은 식물적 삶, 동물적 삶, 지성적 삶을 차례로 고찰한다. 생명의 최초의 등급인 식물적 삶은 물질적 필연성을 겨우 극복한 상태이다. 외적 원인에 의한 변형métamor-phose은 매우 제한되어 있고 생명이 내적으로 보유하는 잠재력도 미미한 단계들로 나타난다. 습관은 여기서 생존 조건에 대한 적응 이외의 의미를 갖지 않는다. 이러한 식물적 삶 위에서 감각과 운동을 포함하는 동물적 삶의 단계는 훨씬 더 다양한 변형들과 더욱 복잡한 유기화, 더욱 고차적인 이질성을 보여 준다. 식물적 삶과 동물적 삶의 구분은 아리스토텔레스의 구분에서 유래하지만 라베쏭은 좀 더 직접적으로 생리학자 비샤X. Bichat의 '유기적 삶'vie organique과 '동물적 삶'vie animale의 구분에서 빌려온다.[40] 비샤는 동물의 생리적 현상만을 연구

---

40. 비샤의 입장은 생체의 기관들 각각에 절대적 자율성을 부여하고 개체(individu)는 이

했고 동물 내부에서 진행되는 순환과정과 소화, 호흡, 분비작용 그리고 미각과 후각 등의 작용을 '유기적 삶'이라 불렀다. 라베쏭의 식물적 삶은 순환, 호흡 등 생체를 유지하는 기본적인 생리학적 활동으로 이루어지며 비샤의 유기적 삶의 일부에 해당한다. 존재자들의 위계를 설정하는 점은 생기론이나 라베쏭이 여전히 아리스토텔레스적 전통을 따르고 있음을 보여 준다(H, 10, note 2). 물론 아리스토텔레스는 각각을 식물적 영혼, 동물적 영혼, 지성적 영혼이라는 말로 구분하여 표면상으로는 영혼이라는 말을 사용하지 않는 비샤와 같은 생기론자들과 구분된다. 그래서 아믈렝O. Hamelin은 아리스토텔레스가 영혼론자 animiste라는 것을 강조하지만 고대의 영혼이라는 말이 매우 넓은 의미로 쓰였고 본질적으로 생명 현상을 포함하기에 두 입장의 차이는 그렇게 크지 않다고 할 수 있다.[41] 반면 슈탈G. Stahl과 같은 근대의 영혼론자는 배의 발달과 기관들의 기능을 주도하는 것은 영혼이라고 주장하는데 18세기의 용법으로 볼 때 영혼은 일반적 의미의 생명과 구분되는 것이어서 표면상은 아리스토텔레스와 같은 용어를 사용한다고 해도 사실상 그 내용은 전혀 다르다.

그런데 여기서 라베쏭은 또 다른 생리학자 뷔쏭F. Buisson에 의존하여 식물적 삶과 동물적 삶 사이의 중간 단계를 제시한다. 동물은 삶의 유지에 필요한 요소를 흡수하고 자기 것으로 동화시키기 위해 그것을 준비하고 변형시키는데, 이를 위해서는 인상을 보존하는 기관들이 필요하고 적절한 운동을 할 수 있어야 한다. 그래서 동물적 삶

모든 살아있는 부분들의 결합에서 나오는 것으로 간주하는 점에서 다생기론(plurivitalisme)이라 불린다. Jean Cazeneuve, *La Philosophie médical de Ravaisson*, Paris, PUF, pp. 35~51.

41. Hamelin, *Le Système d'Aristote*, p. 364.

은 감각과 운동기능이 좀 더 고차적으로 분화된 후에 가능하고 동물
적 삶으로 넘어가기 전에 이를 준비하고 예고하는 무언가가 필요하다.
뷔쏭은 비샤와 달리 식물적 삶이라는 말 자체에 충실하여 거기에 순
환기능만을 부여하였고, 소화, 호흡, 분비 기능은 준비기관으로, 후각
과 미각은 탐색기관으로 분류하였다. 그는 감각들 중에서도 가장 낮
은 단계인 후각과 미각은 식물적 삶과 동물적 삶의 중간 단계를 점하
며 전자에서 후자로 이행하는 과정에 있다고 보았다. 그런데 식물적
삶과 중간 단계는 종종 주기성périodicité을 보여 주는데 주기성은 습관
의 최초의 형태이고 따라서 생명적 자발성의 출현을 나타내는 기능이
며 이런 점에서 라베쏭은 이를 주목한다.

　라베쏭은 시간과 공간 속에서 일어나는 운동의 양태들로부터 존
재자들의 특성을 관찰한다. 우선 연장을 본성으로 하는 물체의 가장
일반적 특징은 형상forme도 크기도 갖지 않은 공간 속에서의 한정되
지 않은 운동성이다. 데까르뜨에게서 물질과 운동을 생각해 보면 된
다. 그에게 물질의 본질은 연장이고 형태나 크기, 운동은 이차적인 특
성들이다. 이 경우는 물질적 주체를 말할 수 없기에 운동은 엄밀히 위
치 이동이기보다는 공간 자체의 움직임이다. 그것은 아무것도 생성
할 수 없다. 따라서 "그것은 무엇인가로 되는devenir 일이 없이 존재한
다. 그것은 말하자면 시간의 밖에 있다"(H, 11). 그다음에 형태를 갖춘
최초의 물체인 광물le minéral은 공간 속에서 제한된 방향으로 운동을
한다. 결정cristal 같은 것을 예로 들 수 있을 것이다. 셋째로 식물의 운
동은 "방향과 크기가 결정된, 공간 안에서의 성장accroissement이다." 그
것은 "자신의 잇따름succession으로 채울 일정한 시간을 요구한다." 마
지막으로 동물은 공간 내의 자유로운 운동 그리고 기관들의 간헐적
intermittente 작용으로 특징지어진다. 간헐적 작용은 맥박의 고동처럼

단속적인 운동을 말하는데 여기서는 공간 내의 이동운동locomotion과 대비하여 기관들의 작용의 시간성을 드러내기 위해 강조되고 있다. 동물적 삶의 기능들은 "휴식과 운동의 교체"를 겪는데 이 현상은 적어도 수면과 각성의 교차 과정에서 볼 수 있다. 동물 내의 식물적(유기적) 삶의 기능들과 중간 단계의 기능들은 연속적continues이거나 또는 규칙적인 주기를 갖는다.

이 다양한 존재자의 단계들은 시간성에 의해 규정된다. 이에 따르면 "무기적 존재는 시간과 어떤 규정된 관계도 갖지 않는다. 생명은 한정되고 연속적인 지속durée을 함축한다. 동물적 삶은, 빈 간격들로 중단되고 주기로 구분되는 한정된 지속 즉 나누어지고 이산적인 시간을 함축한다"(H, 12). 라베쏭은 생명의 중요한 특징으로 '지속'을 이미 언급하고 있으며 주기적 시간이라는 형태로 동물이 시간성에 종속된다는 것을 지적하고 있다. 물론 여기서 지속이라는 개념은 단지 생명이 일정한 시간을 점하고 있다는 아주 일반적인 의미로 사용된다. 그러나 라베쏭은 물질에서는 시간성을 말하지 않는다. 최초의 구체적 사물인 광물(결정)에서도 마찬가지다.

라베쏭은 동물적 삶에서 나타나는 간헐적 기능들로부터 '생명적 자발성'의 증거를 본다. 자발성의 특징은 무엇보다도 주도적인 운동과 관련이 있는데, "이러한 주도성initiative은 운동이 멈춘 후 내외적 원인들이 없을 때 다시 운동을 시작할 경우 명백히 나타난다. 약화되어 자기 자신 위로 다시 떨어지는 물질을 들어 올리기 위해서는 더 많은 힘과 노력이 필요할 것처럼 보이기 때문이다"(H, 13). 그러나 자발성은 단번에 능동적인 힘을 제시하는 것이 아니라 습관의 수동성을 경유한다. 우리가 수동적 습관에서 이미 본 것처럼 기관 내에서 흥분을 야기한 외적 자극은 점차로 약화되어 결국에는 더 이상 작용하지 않게 된다. 이것은 "수용성의 점진적 약화"이다. 그러나 변화가 야기한 어떤 현상들은 간헐적이고 규칙적인 출현 양상을 보여 주는데 라베쏭은 이것을 "자발성의 점진적 고양"이라고 한다. 라베쏭은 슈탈과 그 제자들이 든 예를 인용한다. "정맥이 한 번 이상 규칙적인 시간 간격으로 열렸을 경우, 동일한 간격 후에는 혈액이 그리로 향하고 거기에 스스로 축적된다. 염증, 경련, 발작은 유기체의 구성부분에 어떤 결정적인 원인의 외양이 없이도 규칙적인 회귀를 가진다"(같은 곳).[42] 따라서 "습관은 주기들의 규칙성 안의 자발성으로 나타난다." 이 차원에서 라베쏭은 명백히 생기론적 입장에 동조하고 있다.

멘 드 비랑은 습관에 의한 감각의 약화를 생명적 활동성activité vitale으로, 지각의 조직화를 운동적 활동성activité motrice으로 설명함으로써 인간성의 이원적 근원을 제시한 바 있는데, 라베쏭은 생명의 초보적 상태부터 나타나는 생명적 활동성의 이중적 특성, 즉 수용성과 자발성에 의지하여 두 현상을 동시에 설명하고 있다. 특히 생명의 하부적 기능들이 보여 주는 주기적 특성을 자발성의 고양으로 보는 점에서 라베쏭은 비랑이 보지 못한 부분을 드러내고 있다. 또한 이 차원에서 수용성의 감소와 자발성의 증대는 대립적인 것이 아니라 실은 단 하나의 원리 즉 생명적 자발성 혹은 비반성적 자발성이 전개되는 두 양상에 불과하다. 이것은 다음 절의 주제가 된다.

동물적 삶의 보다 높은 단계에서 운동은 공간 내의 장소이동으로 나타난다. 여기서 생명체는 시각이나 청각, 그리고 운동기능을 담당하는 기관과 같이 "외적 대상들의 인상을 점점 더 먼 거리에서 받아

---

42. 라베쏭의 슈탈 인용. Georg Ernst Stahl, Physiolog., p.298, in *Theoria medica vera* (Jenae, 1692, in-4°)

들이는" 기관들을 갖게 된다(H, 14). 라베쏭이 자주 참조하는 뷔쏭에 의하면 미각과 후각은 유기체를 유지하는 데 소용되지만 시각, 청각, 운동기관은 보다 능동적인 삶을 구성한다.[43] 이 단계에서 수용성과 자발성의 대립은 새로운 형태로 나타난다. 생명체는 고차적 감각기관들을 통해 인상을 받아들이면서 점점 더 복잡하고 폭넓은 운동으로 거기에 응답한다. 따라서 수용성과 자발성의 차이는 더욱 커지면서 습관은 눈에 띄게 대립되는 결과를 낳는다. 인상들은 반복되면서 본래의 힘을 잃게 되고 운동은 받은 인상들에 더욱 불균형적이 된다. 인상은 그것을 받아들인 기관의 물리적 구성에 점점 낯설게 되면서 그것의 약화는 더 이상 순수 '수용성'인 기관적 원인이 아니라 '초기관적 hyperorganique 원인', 즉 순수 '자발성'의 작용에 종속된다. '초기관적'이라는 말은 본래 멘 드 비랑이 기관을 넘어서는 의지의 작용을 묘사하기 위해 사용한 것인데, 라베쏭은 여기서 생명적 자발성의 특징을 의미한다. 다른 한편 자발성에 의해 시작된 운동의 발달 역시 그것이 의존하지 않을 수 없었던 기관의 물질적 원인에서 점점 벗어나게 된다.[44] 라베쏭 철학에서 수용성과 자발성의 대립은 멘 드 비랑의 감성적 활동성과 운동적 활동성의 대립과 동일한 것이 아니라는 사실에 주목해야 한다. 수용성은 변화를 받아들이는 능력을 말하는 것에 지나지 않는 반면, 변화에 수동적으로 종속되지 않고 이를 약화시키거나 변질시켜 스스로에 동화시키는 능력은 자발성의 특징이다. 따라서 라베쏭에게는 감성적이고 운동적인, 모든 생명적 활동이 자발성의 작용에 속한다.

43. Cazeneuve, *La Philosophie médical de Ravaisson*, p. 47.
44. Stahl, Physiolog., p. 214.

의식과 영혼

이제 라베쏭은 좀 더 고차적인 생명의 형태 즉 자유로운 행동의 중추centre를 갖는 생명 형태를 기술한다. 무기물체에서 시작하여 여기에 이르기까지 일종의 계층구조를 보여 주는 생명의 진보는 목적성의 원리가 아니라 하나의 주목할 만한 기준에 의거하는데, 그것은 바로 작용과 반작용의 원칙이다. 이 부분은 베르그손의 『물질과 기억』의 1장의 전개방식 그리고 그것을 이끄는 주도적 이념과 흥미로운 일치를 보여 주고 있어 상세히 고찰할 만한 가치가 있다. 자연계의 모든 존재자의 기본적인 형태는 움직이는 연장이고 그것은 일정한 시간과 공간을 점하면서 변화한다. 그런데 무기계에서 변화는 작용과 반작용의 동등함을 함축한다. 거기서 "반작용réaction은 작용action과 정확히 동등하다. 또는 다시 말하면 완전히 외적이고 피상적인 이 존재에게서 작용과 반작용은 뒤섞인다. 그것은 두 다른 관점에서 바라본 단 하나의 동일한 행위acte이다"(H, 14). 반면 생명의 영역에서 "외적 세계의 작용과 생명 자체의 반작용(반응)은 점점 달라지게 되고 점점 더 상호 독립적으로 된다"(같은 곳). 동물의 최초의 형태에서 이미 외적 자극들은 그것을 수용하는 생명체 내에 "미세한 정념들"affections imperceptibles을 야기한다. 점차로 반작용이 작용에서 멀어지고 서로 독립적이 되면서 "하나가 출발하고 다른 하나가 도착하는 그것들의 공통적 한계"로서의 '중추'가 필요하게 된다. 이 중추가 점차 스스로의 힘으로 조절되면서 "작용과 반응 사이에는 점점 덜 직접적이고 덜 필연적인 관계"가 형성된다(H, 16). 작용과 반작용, 행동과 반응 사이에서 직접성이 자유로운 매개로 대치될 때 중추의 활동은 "지렛대의 대립되는 힘"과 같이 중립적인 것이 아니라 "자신의 고유한 미덕에 의해 힘을 측정하고 소비하는" 능동적인 역할을 하게 된다(같은 곳).

베르그손의『물질과 기억』의 1장에는 물질과 생명 현상에 대한, 위와 유사한 고찰이 있다. 기본 의도는 작용 혹은 행동의 다양한 양태로부터 생명과 물질의 차이를 도출하고 생명 현상의 의미를 서술하는 것이다. 우선 물질적 이미지들은 필연적 법칙들에 따라 서로 "작용하고 반작용한다." 그러나 생명체에서 출현하는 '정념'이라는 현상은 기계적 반작용을 벗어나는 새로운 상태를 보여 준다(MM, 11~12). 단세포 원시생물에서 고등척추동물에 이르기까지 외적 지각의 진보를 관찰하면 전자에서는 외적 자극에 기계적이고 물리화학적인 반응으로 응답하는 것으로 보이고 후자에서는 자유로운 표상 작용이 출현하는 것처럼 보인다. 초보적 유기체에서 자극에 대한 반응은 지체되지 않고 '접촉'이라는 유일한 현상 안에서 뒤섞인다. 그것은 마치 기계적 반응처럼 나타나지만 이미 "감응irritable을 하고 수축할contrac-tile 수 있으며" 이런 면에서 생명의 특성을 나타낸다(MM, 24). '감응성'irritabilité 또는 '감수성'sensibilité 그리고 '수축성'contractilité은 비샤가 생명의 기본 특성을 정의하는 데 사용한 개념쌍인데 이미 18세기 생리학에서 널리 사용되고 있었다. 그러나 외적 조건이 복잡해지고 생명체의 반응이 더 불확실해짐에 따라 거리지각을 할 필요성이 생겨나고 동물은 시각과 청각에 의해 점점 더 멀리 떨어진 대상들과 관계를 맺게 된다. 고등동물의 뇌는 바로 지각과 반응 사이의 거리 즉 숙고와 주저hésitation에 남겨진 비결정성의 몫을 측정하는 역할을 핵심으로 갖는다. 따라서 뇌의 기능과 척수의 반사운동 사이에는 정도차만 있다(MM, 25~27).

물질과 생명의 차이, 그리고 생명의 초보적 형태에서 고차적 형태까지의 연속성과 차이를 고찰하는 라베쏭과 베르그손의 방식은 매우 유사하다. 고등동물의 지각과 행동의 중추를 설명하기 위해 라베쏭의 경우 뇌보다는 단순히 중추 또는 '영혼'이라는 말을 선호하지만 아직까지는 "밖으로부터 본 광경"이기 때문에 영혼은 내적, 실체적 의미를 함축하지 않는다(H, 16). 그러나 그가 여기서 멘 드 비랑을 인용하고 생리학자들의 논의를 끌어들이는 것을 볼 때 이 중추가 뇌와 관련된 것임은 분명하다. 이들은 모두 뇌가 공통감각의 기관, 혹은 중추라는 데까르뜨의 주장을 따르고 있기 때문이다. 멘 드 비랑의 경우 중추는 특히 기관적organique 저항과 초기관적 힘이 만나는 장소이며 이 둘은 운동적 힘, 의지적 노력 속에서 분리되지 않은 채로 의식의 원초적 사실을 구성한다. 라베쏭은 멘 드 비랑의 입장을 수용하면서 나중에 노력 개념의 의미를 일부 수정한다. 아무튼 지성과 의지, 한마디로 의식의 영역으로 들어오면서 우리는 더 이상 외부가 아니라 내부에서 습관의 형성을 고찰할 수 있다. 의식 내재적 영역은 "저자와 연극, 연기자와 관객이 하나가 되는" 곳이며, 습관이 작용하는 "양상과 이유를 알 수 있고 그 발생을 파고들 수 있으며 그 원인을 이해할 수 있는" 영역이기 때문이다(H, 17).

서두에서 지적했듯이 라베쏭의 생명철학은 복합적 근원을 가지고 있다. 우선 존재자의 위계적 관계에 대한 서술은 아리스토텔레스의 목적론과 유사한 면이 있다. 그러나 생명의 초보적 형태인 식물적 삶이나 유기적 삶의 개념은 비샤에게서 유래하는데, 이 점에서 라베쏭은 생기론자로 보는 것이 타당하다. 그런데 동물적 삶의 고차적 형태에서 나타나는 영혼 개념을 서술하면서 라베쏭은 아리스토텔레스를 인용한다. 사실 앞에서도 지적했듯이 아리스토텔레스에게서 영혼들은 생명과 밀접한 관련이 있어서 지적인 영혼을 제외하면 생기론과 내용상의 차이를 말하기는 어렵다. 그러나 라베쏭은 생명의 하위 단계에서는 비샤와 뷔쏭 등의 생기론자들을, 고차적 단계에서는 아리스토텔레스를 인용함으로써 생명과 영혼의 의미를 명확히 구분하는 셈이다. 이렇게 해서 라베쏭은 생명의 모든 형태에 영혼을 부여하는 슈탈의 애니미즘과도 구별되는데 기독교와 결합한 중세와 근대 이후에는 영혼의 의미가 더 이상 생명 전체가 아니라 의식 현상으로 제한되었기 때문에 라베쏭의 용법이 더 적합하다. 이런 면에서 라베쏭을 생기론자와 전적으로 동일시하는 것은 옳지 않다. 그러나 각 철학자가 속한 시대의 배경을 제외하고 사유의 내용만을 본다면 이들 모두가 물질과 구분되는 생명의 고유성을 인정하는 점에서는 공통점을 가진다고 볼 수 있다.

한편 존재자들의 위계를 설정하는 듯한 라베쏭의 서술방식에서 나타나는 목적론적 양상이 아리스토텔레스의 입장과 정확히 같은 것은 아니다. 무엇보다도 아리스토텔레스에게서는 생명의 원리인 영혼이 내적 운동의 원리로서 전제되어 있는 반면 라베쏭의 존재론은 이러한 전제된 원리 없이 일종의 현상학적인 방식으로 각 생명적 단계들의 기능적 연관을 탐구하고, 영혼의 문제에서도 그것의 출현을 단지 서술하고 있을 뿐이다. 베르그손의 『물질과 기억』의 초반부를 현상학적이라고 보는 연구가들의 지적이 있는 것처럼 이러한 서술방식은 두 철학자의 공통점이라고 할 수 있다. 이는 라베쏭의 존재론이 명백한 목적론이라고 말할 수 없게 하는 근거가 된다. 물론 베르그손의 『물질과 기억』은 『창조적 진화』로 연장되고 이 책은 '생명의 도약'élan vital에 근거하여 생명종들과 개체들의 폭발적 탄생을 설명하면서 전통적 목적론을 부정하는 베르그손 특유의 진화론을 전개한다. 베르그손과 라베쏭의 차이는 바로 여기서 두드러진다. 그러나 『물질과 기억』이 『창조적 진화』와 모순되지 않는 것처럼 라베쏭의 생명적 존재론이 진화론과 모순되는 것은 아니다.

라베쏭과 생기론, 아리스토텔레스, 그리고 베르그손의 관계를 좀 더 명확히 해보자. 아리스토텔레스의 세 단계 삶의 이론이 생기론과 구분되는 또 다른 이유는 생기론에서는 물질과 생명이 원리적으로 구분되는 반면 그의 철학에서는 그러한 구분보다 형상질료설이 더욱 근본적이기 때문이다. 아리스토텔레스는 물질과 생명을 구분하고 후자에 영혼을 부여하지만 양자가 형상과 질료의 결합으로 된 구체적 대상이라는 점에서는 동등하게 개별적 존재자의 지위를 갖는다. 영혼은 형상이자 현실태라는 그의 지적도 그것이 그의 형이상학 내에서 차지하는 위상에 의해 이해되어야 한다. 이런 입장에서는 사실 물질과 생명의 구획이 그렇게 명확한 것이 아니다. 그러나 생기론이나 라베쏭의 경우 물질은 형상질료설이 아니라 고전적 기계론에 의해 이해된다. 기계론의 '죽은 물질' 혹은 '타성적 물질'의 개념 속에서 물질과 생명의 공통점을 찾기는 어렵다. 이처럼 형상질료설보다는 생기론적 입장에서 생명과 물질의 대립이 그만큼 첨예하게 드러나는 것을 알 수 있다. 실제로 생기론자들이 생명의 독자적 존재를 주장하기 시작한 것도 데까르뜨 이래의 기계론적 생명관을 비판하면서 일어난 일이다. 그러나 라베쏭의 시대에는 생기론이 일정한 지지를 확보하고 있었기 때문에 라베쏭에게는 기계론적 생명관에 대한 비판보다는 생명형이상학을 구축하고 생명과 물질의 관계를 파악하는 일이 더 중요했던 것으로 보인다. 따라서 라베쏭이 생기론에 진 빚을 부정할 수는 없지만 그를 단순한 생기론자로 보면 안 되는 것은 그의 생명형이상학의 깊이 때문이다. 그는 습관 개념을 확장하여 그것을 물질과 생명의 구분 이전에 존재자의 항구적인 존재방식으로 전제한 후에 규정된 가능태로서의 획득된 습관은 생명계에서만 가능함을 주장하고 생명적 자발성의 고양이라는 개념에 의해 생명체들의 특성을 초보적 형태들로부터 고차적 형태들까지 체계적으로 설명한다. 아리스토텔레스의 형상질료설과 마찬가지로 라베쏭의 습관과 생명적 자발성은 이원론에 기초한 생기론의 좁은 틀을 뛰어넘게 해 준다. 한편 베르그손의 시대에는 다윈C. Darwin과 스펜서H. Spencer 등의 영향으로 기계론적 생명관이 공고해졌고 이를 비판하는 일이 베르그손의 주요한 과제가 된다. 따라서 베르그손 역시 기계론적 생명관을 비판할 때는 생명과 물질의 근본적 차이를 강조하지만 궁극적으로 기계론적 물질관을 극복하고 물질과 생명에 공통적으로 지속을 주장하면서 존재자들의 다양한 존재방식과 차이들을 설명한다.

2. 멘 드 비랑과 라베쏭의 의지 개념

'볼로 에르고 숨'의 의미와 모순

라베쏭 철학의 독특한 점은 그 의미를 다른 철학자가 아니라 그 자신이 정의하고 있다는 점이다. 앞서 지적한 바 있지만 그는 『19세기 프랑스철학』에서 활동적 의식을 원리로 삼는, '유심론唯心論적 실재론'réalisme spiritualiste 또는 '실증주의적 유심론'spiritualisme positiviste이라 불리는 철학적 시대의 도래를 예고하면서 스스로를 그 흐름에 위치시킨다. 라베쏭이 이 전통의 선구자로서 꼽는 멘 드 비랑의 철학은 실증주의적 유심론의 정의에 내용적 골자를 제공하는데 라베쏭은 이를 다음과 같이 규정하고 있다.

정신이 자기 자신 안에서 취하는 존재existence의 의식, 그 존재로부터 모든 다른 존재가 유출되고 의존하는 이 의식은 바로 행동action 이외

에 다른 것이 아니며 이러한 행동의 의식을 원리로 삼는 철학이 실증주의적 유심론이다.[45]

이와 같이 정의된 정신철학은 비랑의 의지적·운동적 노력이라는 실증적인 현상에 의해 기초되고 있다. 이 현상은 앞서 비랑의 철학을 고찰할 때 분석한 바 있지만 여기서는 라베쏭의 두 가지 근본 개념들을 중심으로 그 철학적 의미를 다시 밝혀보자. 첫째로 라베쏭이 철학의 원리로 강조한 '행동의 의식'이란 무엇인가? 내적 경험을 중시하는 비랑과 라베쏭에게서, 그것은 외적인 또는 객관화된 행동의 의식이 아니라 행동 주체가 갖는 '의지적 노력의 의식'la conscience de l'effort volontaire을 말한다. 비랑 철학에서 의지적 노력은 '운동의 의식'la conscience du mouvement과 동일한데 이때 운동은 신체를 가진 인간이 의지적으로 행사하는 근육운동을 지칭한다. 그렇게 해서 나타나는 운동은 외적으로 보면 하나의 자연 현상에 불과하지만 내적 관점에서 볼 때 정신의 능동적 양태인 의지를 수반한다. 그것은 신체운동으로 현시하면서도 운동하는 주체의 노력과 불가분적이어서, 신체적이며 동시에 정신적인 경험을 가능하게 하는 것이다. 게다가 이 근원적 노력의 의식은 '운동'하는 자아의 의식에 수반되는 것이므로 가장 구체적 경험이다. 비랑 철학이 갖는 실증성의 단초는 바로 거기에 있다. 이 실증성은 데까르뜨의 '코기토 에르고 숨'cogito ergo sum으로 표현되는 사유실체를 단번에 뛰어넘어 '볼로 에르고 숨'volo ergo sum으로 표현되는 인간 존재의 구체적 역동성으로 우리를 인도해 준다는 의미에서 실증주의적 유심론의 특징을 잘 보여 준다.

---

45. Ravaisson, *La Philosophie en France au XIXe siècle*, p. 313. 강조는 필자.

두 번째로 밝혀야 할 문제는 비랑에게서 존재existence가 행동action
에 의해 이해된다는 점이다. 여기서 행동이란 의지적 노력을 수반하는
운동을 의미하므로 존재는 좀 더 근원적으로 의지la volonté에 의해 정
초된다. 그러나 이렇게 이해된 존재는 의지적 노력을 하는 인간적 존
재에만 적용된다. 비랑 철학을 인간학anthropologie이라고 하는 이유가
여기에 있다. 따라서 그의 철학에서는 의지가 개입되지 않는 감성적
상태의 존재 더 나아가 초월적 사물로서의 외적 세계의 존재에 관한
문제가 자연히 제기된다. 비랑은 우선 의식 존재와 외적 세계의 존재
에 대한 이원론을 주장하고 존재론보다는 인식론, 그것도 인간 존재
의 능동적 참여를 강조하는 인식론적 문제들을 해명하는 데 주력한
다. 이때 가장 근본적인 문제는 주체와 세계의 상관성을 해명하는 것
인데 비랑은 의지적 노력의 이원성에 의해 이를 독창적으로 설명해 낸
다. 한편 감성적 존재 또는 무의식적·생명적 현상들 역시 설명해야 할
중요한 현상들이다. 비랑이 자신의 입장에 일관성을 부여하고자 한다
면 이 현상들을 의지적 노력의 퇴화 또는 잠자는 의식과 같은 방식으
로 설명할 수도 있었을 것이다. 그러나 실증적 정신에 충실한 비랑은
그렇게 하지 않고 생명적 활동성을 또 다른 존재로 인정한다.

생리적 현상을 더 고차적 원리에 의해 설명하는 방식은 비랑 이전
에 할레Halle에서 활동하던 생기론자 슈탈의 이론 속에서 집대성된다.
슈탈은 프랑스 생기론과는 달리 '사유하는 영혼'l'âme pensente을 가장
근원적인 것으로 보고 감성적 현상들이나 생명적 기능 속에서도 의식
되지는 못하지만 어떤 지성적 원인이 작용하고 있다고 주장한다. 이런
입장에서는 예를 들어 내장의 운동 같은 무의식적인 생명 현상에 의
식적 영혼이 어떻게 영향을 미치는가 하는 문제 그리고 기본적으로는
그러한 고차적 영혼으로부터 어떻게 생명적 기능들이 생겨날 수 있는

가 하는 발생론의 근본 문제가 설명되지 않는다. 나중에 라마르끄와 그의 후계자들이 내세운 진화론도 의식적 노력의 우선성을 주장할 경우 이와 마찬가지의 비판에서 벗어날 수 없다는 것을 알 수 있다. 생명 현상의 고유성과 인간 현상의 고유성을 각각 강조하는 비랑의 철학이 슈탈의 이론을 받아들이기 어려운 것은 당연한 것으로 보인다. 따라서 비랑은 의지적 노력으로 대표되는 인간성humanité과 무의식적 생명성vitalité을 극단적으로 대립시키는데 문제는 이러한 대립이 인간 존재 내부에서 해소될 수 없는 이원성으로 남아 있다는 것이다. 비랑은 뵈르하베H. Boerhaave의 "생명성에서는 하나, 인간성에서는 둘인 인간"Homo simplex in vitalitate, duplex in humanitate 46이라는 표현을 즐겨 인용하면서 생명적 현상이나 의지적 현상들의 독립성을 주장하지만 이것은 해결하기 어려운 또 다른 차원의 이원론으로 귀착된다.

노력 개념의 재정의

라베쏭이 습관에 관한 논문에서 부각시킨 것은 바로 이원성의 문제이다. 이 주수한 천재의 철학적 열정은 우선 존재론의 문제로 향한다. 라베쏭은 처음부터 존재를 정초하는 일원성l'unité을 찾는 데 주력하며 이것은 비랑에게서 물려받은 노력의 개념을 자신의 방식으로 재정립하는 데서 시작한다. 따라서 우리는 비랑이 제시한 '노력' 개념의 특이한 점을 먼저 보도록 하자. 노력은 내적 기관organe의 근육적musculaire 저항을 극복하는 데서 성립할 때 의식적 '자아'의 존재를 기초하며 무기적inorganique 대상의 저항과 대립하여 외부 대상의 존재를

---

46. Herman Boerhaave, *Praelectiones Academicae de morbis nervorum*, t. II, Leyden, Pieter vander Eyk, et Cornelius de Pecker, 1761, pp. 496~497.

기초한다. 바로 이 대립이 자아의 이중화를 초래하는 반성적 의식의 기원이다. 또한 노력은 반성적 인식이라는 독자적 기능만을 갖는 것이 아니라 고대로부터 수동적 인식기관으로 생각되어 왔던 감각기관의 능동적 작용을 가능하게 한다. 특히 능동적으로 운동하는 촉각^{le} toucher mobile의 작용은 외부 대상을 향하는 주체의 능동적·의지적 노력과 외부세계의 저항이라는 두 요소의 극명한 대립 속에서 '노력' 개념의 특징을 잘 드러내 준다. 결국 노력은 일종의 '지향성'^{intentionnalité}을 내포하며 우리의 명료한 인식에 자아의 적극적 개입이 있다는 것을 보여 준다. 이 개입은 곧 의지 행위에 의해 가능하므로 우리는 비랑에서 주의주의$^{主意主義, volontarisme}$적 인식론의 정교한 형태를 볼 수 있다.

이와 같은 관점에서 볼 때 비랑의 '노력'은 무엇보다도 능동성 l'activité의 양태이다. 그런데 라베쏭은 이 개념이 암시하는 의식 철학의 테두리에 만족하지 않고 그 아래서 더 깊은 갱도를 파는 것 같다. 우선 라베쏭은 의식의 본성이 반성적 행위$^{l'acte réflexif}$에서 가장 잘 드러난다는 생각에는 비랑에 동의하지만 의식의 외연을 거기에 한정시키지 않는다. 그는 비랑에게서 수동성을 나타내는 대표적인 현상인 감성적 변양들 그리고 무의식적 또는 비의지적^{involontaire} 현상들까지 의식에 포함한다. 이렇게 확장된 의식을 라베쏭은 통틀어 '노력' 개념에 의해 정의한다. 따라서 노력은 자신 안에 '수동성'을 필연적으로 포함하고 있다. 라베쏭에 따르면 노력은 행동^{action}과 정념^{passion}의 대립, 또는 고전적 의미를 살려 표현하면 능동과 수동의 대립 속에서 생겨난다(H, 22). 이 대립 속에서 평형이 유지되고 바로 그런 상태가 존재의 모든 형태의 기본이 된다. 물론 이렇게 이해된 존재는 생명체들을 의미한다. 따라서 우리는 비랑에게서 인간적 의식으로 한정된 노력 개념이 라베쏭에게서는 생명성 전체로 확장되는 것을 볼 수 있다. 사실 비랑에게서도 노력의 의식을 형성하는 두 대립항 중에서 무기적inorganique 혹은 기관적organique 저항은 순수한 의지적 능동성이 아니다. 다만 의지와 저항이라는 두 요소가 능동과 수동이라는 두 반대되는 요소로 대립하는 것이 아니라 두 가지가 함께 결합하여 노력에 독특한 능동성을 구현하는 것이다. 따라서 순수한 영혼의 작용이라는 의미에서의 의지라는 것은 존재하지 않으며 그것은 다만 원초적 사실의 이중성을 분해하여 나오는 관념적인 것에 불과하다. 라베쏭은 원초적 사실의 이원성 중 하나인 내적, 기관적 저항의 자리에 정념이나 감성적 양태들과 같이 비의지적 싱태 일반을 포함시키는 것이다. 이와 같은 의미 확장에 의해서 라베쏭은 존재의 일원성에 도달하고자 하는데, 그때 존재란 물론 생명체를 의미하기 때문에 이 과정이 순수 사변적인 과정에 그치지 않기 위해서는 당연히 생리학적 사실에 조회해야 한다. 비랑과 마찬가지로 라베쏭은 당대 한창 연구가 진전되던 생리학과 의학에 조예가 깊었고 이에서 나온 풍부한 예증들에 종종 의뢰하고 있다. 그러니 라베쏭의 출발점은 무엇보다도 비랑이 이미 심층적으로 탐구한 습관의 현상이다.

앞서 여러 번 고찰했듯이 습관은 두 상반된 결과를 보여 준다. 감각이나 감정, 정념적 상태들은 반복되고 연속됨에 따라 강도가 약화되고 결국에는 의식의 영역을 벗어난다. 반대로 지각이나 지성적 활동과 같이 의지가 개입된 활동은 반복에 의해 더욱 명료해지고 신속, 정확해진다. 비랑은 감성적이고 운동적인 두 종류의 활동성으로부터 이 두 결과를 설명한다. 자극된 감각이 약해지는 것은 이를 유기체의 전체적 기조에 동화시키는 감성적 활동성의 작용이고 정신의 고차적 기능들이 명료화, 체계화되는 것은 운동적, 의지적 활동성이 운동기능을 조직화하는 덕분이다. 그런데 문제는 지각과 지성의 고차적 활동도 습관에 의해 체계화됨에 따라 기저에 있던 노력의 인상은 점차로 약화되어 나중에는 거의 느껴지지 않게 된다는 것이다. 이러한 변화는 운동적 활동성이 마치 감성적 활동성에 종속된 것처럼 보이게 만든다. 비랑에게서 의지적 노력은 감성적 활동성과는 독립된 능동적 원리의 표현인 만큼 능동성에서 비롯한 노력 자체가 스스로 약화되어 수동적 감정으로 된다는 것은 이해하기 어려운 현상이다.

라베쏭은 이 문제가 비랑의 이원론의 핵심을 위태롭게 하는 어려움이라고 보고 이에 대해 다른 방식의 해결을 시도한다. 앞에서 라베쏭이 노력의 개념을 확장하여 그 안에 수동성을 이미 포함하고 있는 것을 보았다. 이 수동성은 감각, 감정 즉 정념passion으로 표현될 수 있는 모든 현상의 근원에 있다. 노력이 이러한 수동성을 극복하는 의식으로 정의되면 그것은 더 이상 비랑에게서처럼 능동성 자체인 의지la volonté에만 관련될 수 없다. 라베쏭은 「현대의 철학」이라는 한 논문에서 비랑을 비판하면서 의지만으로는 의식을 이해하는 데 충분치 않다고 말한다.[47] 이 말은 우선 의식이 의지와 대립되는 요소 즉 정념을 포함할 뿐 아니라 의지보다도 더 근본적인 원리에 관련되어 있다는 것을 의미한다. 즉 의식 속에는 의지를 정초하는 더 근원적 활동성이 있다는 것이며 라베쏭은 이 원리에 의해 의지와 정념을 동시에 설명하고자 한다.

다시 습관이 감각과 지각에서 보여 주는 이중적인 작용으로부터 출발하면 이는 라베쏭에 따르면 두 다른 활동성에서 비롯되는 것이

---

47. Félix Ravaisson, "La Philosophie contemporaine", *Revue des deux mondes*, pp. 424~425.

아니라 하나의 더욱 근본적인 원인에 의한다. 수동적 습관에서 감각을 약화시키는 것은 생명적 활동성이다. 라베쏭은 앞에서 뷔쏭을 인용하면서 기관 내에서 주기적으로 반복되어 나타나는 현상들조차 수동성이 아니라 생명적 자발성의 발현이라는 것을 강조한 바 있다. 데까르뜨적 동물기계론에서 기계적 작용으로 간주되던 것에 라베쏭은 명백한 능동성을 할당하는 셈이다. 한편 신체적 운동과 관련된 능동적 습관에서 신체 각 부분의 활동이 반복에 의해 신속, 정확해짐에 따라 노력의 감정이 수동적 습관에서와 유사하게 감소하는 현상에 대해 라베쏭은 그것은 운동이 더 이상 의지의 지배를 받지 않는 하나의 경향으로 되기 때문이며 이 경향은 바로 위와 같은 생명적 활동성에서 비롯한다고 한다. 라베쏭이 강조하는 것처럼 능동적 활동을 가능하게 한 노력은 그 자체 속에 이미 수동성을 내포하고 있다. 습관은 이 수동성을 약화시킴으로써 노력의 전체적 약화를 초래한다. 노력은 능동성과 수동성의 '대립'에서 생기기 때문에 수동적 요소들의 약화는 노력 자체를 약화시키고, 그 결과로 대립적 요소인 능동성이 더욱 고양된다는 것이다. 즉 약화된 노력의 감성 속에서 운동성이 더욱 효율적인, 하나의 경향이 되는 것은 바로 이러한 고양된 능동성 덕분이다. 이것은 생명적 자발성의 이중적 활동을 보여 준다. 습관은 능동적 요소들에 직접 개입하지 않고 수동성에만 관여하면서 점차로 우리를 생명의 일원적 원리에 가까워지게 해 준다. 이렇게 해서 습관은 능동성과 수동성의 대립을 관통하는, 존재의 숨겨진 활동성을 드러내 준다.

이러한 활동성의 존재를 알기 쉽게 이해하기 위해 라베쏭은 친숙한 현상을 예로 든다. 즉 균일하고도 연속적인 요람의 흔들림 또는 단조로운 소음은 그 반복성에 의해 우리 의식을 잠재우는 효과를 가져온다. 흥미로운 것은 그것들이 멈출 때 오히려 의식은 깨어나고 그것은 일종의 불안 상태에 놓이게 된다는 것이다(H, 33). 이것은 의식을 잠재우는 습관의 효과가 실은 우리 존재 내부에 하나의 무의식적 활동성의 전개를 촉진하고 있었으며 습관의 효과가 멈추자마자 그것이 불안 또는 욕구의 형태로 모습을 드러낸다는 것을 보여 준다. 멘 드 비랑도 지적한 바 있지만 수동적 습관의 측면에서 볼 때 고통이 아닌 모든 감각은 반복되어 약화될 때 더욱 강렬한 자극을 요구하는 하나의 맹목적 욕구로 된다. 이 무력한 욕구는 바로 운동이나 지각 속에서 노력을 약화시켜 운동을 하나의 무의식적 경향이 되게 하는 근원적 활동성의 이면이다. 라베쏭은 이 근원적 활동성을 '비반성적 자발성'spontanéité irréfléchie이라 부른다. 그래서 "습관의 법칙은 수동적인 동시에 능동적인 한 자발성의 전개에 의해서만 설명되며, 이 자발성은 기계적인 필연성과도 구분되고 반성적 자유와도 구분된다"(H, 35~36).

3. 생명적 자발성

이와 같이 기계적 필연과 반성적 자유의 중간에 위치하는 근원적 자발성은, 생기론자들이 생명을 지배하는 근본원리로 내세우는 '생명원리'le principe vital에 가까운 개념처럼 보인다. 그러나 라베쏭이 생기론자들의 사상을 일부 수용함에도 불구하고 그의 철학은 생기론을 훨씬 넘어선다. 우선 엄밀한 의미에서 이해할 때 생기론에서의 생명적 원리는 생명현상을 설명하는 데 한정되며 의식적 자유나 지성 활동을 포괄하지 못하는 반면, 라베쏭에게서 비반성적 자발성은 반성적 의식과 구별되지만 그것을 정초하는 활동성이다. 또한 라베쏭은 생기론과 달리 물질에 독립적인 실재를 부여하지 않는다. 물질의 본성에 관해 라베쏭은 체계적 이론을 제시하지는 않고 있으나 존재자의 조건으로 간주된 '개체성'individualité과 '가능태'puissance가 물질에 결여되어 있다는 점에서 물질은 진정한 존재의 본성을 구현하지 못하는 것으로 간주한다(H, 5~6). 반면에 생명체는 무엇인가로 '될' 수 있는 가능태를 자기 안에 지닌 개체존재이다. 비록 생명체는 자신을 구성하는 물질성에 의해 제약되지만 끊임없이 이 제약을 뛰어넘으려는 노력을 함으로써 생존 조건에의 '적응' 또는 적극적 의미의 '습관'을 형성하게 된다. 존재의 근원을 생명적 자발성에서 찾는 태도에서 물질에 대한 생명의 우위는 필연적인 것이므로 물질은 생명적 자발성의 퇴화로 이해된다. 이 부분은 베르그손이 물질의 운동과 생명적 운동의 관계를 설명할 때 두 철학자의 흥미로운 비교 지점이 될 수 있을 것이다.

직접적 지성

라베쏭 철학의 성공 여부는 생명적 자발성이 반성적 자유 또는 반성적 의식을 정초한다는 것을 설득력 있게 보여 주는 데 있을 것이다. 이때에만 그의 입장이 생기론을 넘어선다고 정당하게 말할 수 있기 때문이다. 하지만 거기에는 매우 이해하기 까다로운 내용이 있다. 비랑주의를 극복하고 존재의 일원적 원리를 제시하려는 라베쏭의 시도는 여기서 자신의 고유한 독창성과 어려움을 동시에 드러낸다. 우선 지성적 인식 자체보다는 이를 기초하는 생명적 자발성의 특징을 더 살펴보자.

생명적 자발성이 어떻게 반성적 의식을 기초하는가 하는 것은 우선 라베쏭이 생명적 자발성을 어떻게 정의하는가에 달려 있을 것이다. 그러나 단순한 정의의 문제라면 그것은 사변의 한계를 넘지 못할 것이다. 라베쏭은 여기서도 습관의 예에 조회하여 자신의 입장을 정교하게 다듬는다. 능동적 습관은 의지적이고 지적인 요소들에서 시작하여 무의식적이고 자동적인 정확성을 획득하는 과정이다. 라베쏭의 추론은 이러한 과정이 단절 없이 연속적으로 진행되기 위해서는 정신의 고차적 능력과 생명의 하부적인 능력 사이에 연속성이 존재한다는 것을 가정해야 한다는 데서 출발한다. 그에 의하면 생명적 자발성은 비록 의지나 지성의 활동에 대립되는 양상을 보여 준다 하더라도 근본적으로는 '지성성'을 포괄하고 있다. 능동적 습관에서 운동들이 조직화되고 노력의 감정이 약화되는 것은 단순한 무의식적 자동주의에 그치는 것이 아니다. 운동의 반복과 그에 따른 운동들의 조직화는 고유한 행동의 유형들을 만들어내는데 예를 들면 거친 근육운동에 종사하는 사람은 섬세한 글씨를 쓰는 능력이 부족하다든가 하는 것이다. 그런데 이렇게 다양하게 나타나는 습관의 유형들을 살펴보면 나름대로 체계화가 되어 있고, 설명하기 어려운 일종의 지성적 특징을 보여 준다. 라베쏭의 독창성은 바로 이런 현상들에서 어떤 종류의 합리적인 성격을 발견한 데 있다. 물론 이때의 합리성은 통상 이해하는 지성적 특징과 똑같지는 않다. 이를 설명하는 개념으로 라베쏭은 '직접적 지성'l'intelligence immédiate의 개념을 고안해 낸다(H, 58). 직접적 지성은 전통적인 의미의 지성 개념과는 매우 다르다. 그것은 생명의 역동성을 나타내는 일종의 가지성intelligibilité이다. 그것은 생명 현상과 반성적 지성의 대립 이전에 그것들을 가능하게 하는 근원적 생명적 특징이다.

라베쏭의 설명은 이제 다소간 사변적 형태를 띤다. 습관은 "실체적 관념"idée substantielle이며 그 속에 실재적인 것과 관념적인 것이 섞여 있는 "실재적 직관"intuition réelle이기도 하다(H, 37). 그 이유는 다음과 같다. 습관은 부단한 과정에 의해 의지적, 반성적 영역에서 우리 존재의 바탕을 이루는 무의식적 생명현상이나 본능 또는 본성la nature의 영역에까지 우리를 인도한다. 이렇게 도달한 습관의 마지막 지점이 바로 본성 혹은 필연성이다. 우리는 여기서 라베쏭의 유명한 비유에 마주한다. "습관은 말하자면 의지의 본성에 대한 미분이다"(H, 40). 풀어 말하면 습관은 본성에 다가가려는 의지의 무한한 노력이다. 능동적 습관의 출발점이 반성에서 유래하는 일정한 관념성을 의미한다면 본성은 자연상태를 의미한다. 라베쏭은 자연을 실재성과 관념성, 목적과 원리(출발점)가 매개 없이 만나는 지점으로 정의한다. 우리는 습관에 의해 인도된 자연상태를 '직접적 지성' 또는 '직접적 직관'에 의해 파악한다. 이와 같이 습관의 유비analogie에 의해 우리는 존재의 일원성을 나타내는 비반성적인 자발싱의 전개를 목격한다. 따라서 습관은 존재에 접근하는 유일하고도 강력한 유비이자 실제적 방법이다. 바로 거기에 "습관은 제2의 본성"이라고 한 아리스토텔레스의 명구의 의미가 있다. 또한 그것은 스피노자가 소산적 자연la nature naturée이라 명명한 것과 다른 것이 아니다. 우리가 능산적 자연la nature naturante에 도달하는 것은 소산적 자연을 관통함으로써이기 때문이다.

습관은 부단한 하상운동에 의해 우리 존재의 심층을 이루는 자연 상태를 밝혀줄 뿐 아니라 그 반대쪽 극단에 있는 의지적, 반성적 활동을 이해하는 열쇠가 되기도 한다. 아리스토텔레스의 예를 들자면 덕의 형성에 있어서 습관의 역할은 본질적이다. 습관은 반복ethos에 의해서 쾌락이나 고통의 감정을 약화시키고 영혼 안에 덕스러운 활동의 비의지적인 성향un penchant involontaire을 발달시키는데 도덕적 습관hexis 또는 덕은 이와 다른 것이 아니다. 윤리적 습관에 관한 한 라베쏭은 아리스토텔레스가 『니코마코스 윤리학』에서 주장한 내용을 계승한다. 우리가 이미 보았듯이 획득된 성향은 그 견고함과 안정성에 의해서 본성의 산물과 유사하다. 본성 또는 자연에 무한소적 접근을 하는 것으로 이해되는 라베쏭의 습관은 아리스토텔레스의 헥시스 개념과 크게 다르지 않은 것으로 보인다. 그런데 라베쏭에게서 이러한 습관의 형성은 생명의 본래적 자발성을 발달시킴으로써 가능하다. 따라서 도덕적 세계를 정초하는 것도 결국 비반성적 자발성 또는 자연적 자발성이다.

지성적 인식

우선 주목해야 할 것은 라베쏭에게 능동성은 수동성과 존재의 모든 정도에서 대립하고 있어 지성도 순수한 능동성이 아니라는 점이다. 그뿐 아니라 지성은 수동성을 극복하고 그 반대 방향으로 진행하므로 수동성은 능동성의 전개에 필수조건이다. 비랑의 후예답게 라베쏭은 지성이 순수 관조적 정신이 아니라 의지적으로 운동하는 활동이라고 전제한다. 그런데 비랑에게서는 바로 이러한 의지적 운동이 지성 활동의 능동성을 보장하는 반면 라베쏭에게 운동은 의지를 구성하지만 근본적으로는 수동성의 담지자이다. 이렇게 라베쏭은 비랑 철학에 고유한 의지적 운동의 개념을 자신의 방식으로 해석함으로써 고유한 관점을 수립한다. 비랑이 의지와 운동의 불가분성으로부터 구체철학을 정립하였다면 라베쏭은 더 근본적인 일원성에 이르기 위해 위 두 요소를 분리, 대립시키는 일종의 변증법적 태도를 취했다고 볼 수 있다.

습관은 운동 속의 수동성을 약화시켜 정신성의 상승을 촉진하는데 이것은 앞에서 본 것처럼 수동성이 비반성적 자발성에 의해 점차로 하나의 '경향'으로 되는 데서 기인한다. 이 경향은 그 자동성이 저지되었을 때 욕구를 자극하고 의식활동을 깨어나게 한다. 베르그손의 『창조적 진화』 2장에서는 몽유병 상태의 자동적이고 무의식적인 행동이 저지되었을 때 의식이 깨어난다는 설명이 있다. 두 철학자에게서 반성적 의식을 생명성으로부터 설명할 때 나타나는 설명방식의 유사성이 나타난다. 이 유사성은 더 고차적인 지성적 종합이나 관념 연합을 설명할 때도 나타난다. 이는 기계적 법칙도 우연도 아니며 자연적 자발성으로 표현되는 존재의 근원적 일원성에서 비롯하는 것이다. 라베쏭은 다음과 같이 말하고 있다. "운동 속에서 발달된 자연적 자발성은 하나의 빠른 흐름 속에서처럼 주의l'attention, 의지la volonté, 의식 자체를 이끌어내면서, 다중으로 확산된 하나의 삶처럼 지성의 단일성unité과 개체성을 무한히 다양한 독립적인 관념들과 이미지들로 분산시킨다"(H, 58). 우리는 베르그손의 『물질과 기억』 3장에서 관념들의 연합이 원자적 관념들의 이합집산에 의해 이루어지는 것이 아니라 더 근본적인 정신의 단일성에서 유래한다는 설명을 볼 수 있는데, 정신의 근원을 생명이라 보는 베르그손의 『창조적 진화』로 연결시키면 두 철학자 간에 유사한 설명방식을 보게 된다.

그러나 추상적 사유를 토대로 하는 지성은 관념성idealité에 의해 사물을 파악하므로 그것의 일반적인 윤곽과 한계만을 인식하며 이러한 인식을 무한히 배가시켜도 실재 자체에는 도달할 수 없다. 실재의 인식은 직접적 지성에 의해서만 가능하다. 이런 의미에서 라베쏭은 직접적 지성에 대립되는 지성 또는 추론적 지성을 '매개적 지성'intelligence médiate이라 부른다. 지성은 양적 인식에만 관계하며 양적 인식은 실재를 무한히 나눔으로써 행해진다. 이렇게 나누어진 부분들의 연속적 종합은 운동에 의해서 가능한데 여기서 운동은 의지적 자아의 몫이다. 비랑과 마찬가지로 라베쏭도 지성능력이 의지에 의해 기초되는 주의주의적volontariste 입장 위에 있다. 그런데 라베쏭에게서는 비록 지성적 종합이 의지에 의해 수행된다 하더라도 "실재의 구체적 연속성과 충만성"에 도달할 수 없다. 지성과 의지는 시작과 끝을 상정하고 그것들을 추상적 종합에 의해 표상한다. 따라서 라베쏭이 '중간'le milieu이라는 말로 나타낸 실재의 본모습은 극단에만 관계하는 매개적 지성을 무한히 벗어난다. 여기서 "중간의 지성'l'intelligence des milieux, 중도의 의지le vouloir des moyens"라고도 불리는 직접적 지성의 역할이 대두된다. 직접적 지성은, "극단들이 서로 접하고 대립자들이 구분되지 않는 하나의 불가분적 중간"에 관계하며(H, 60), 그 자체가 '움직이는 중간항'le moyen terme en mouvememt과 같은 것으로, 무한히 나누어진 항들을 '적분', 통합하여 하나의 실재로서 인식한다. 라베쏭은 이전에 습관을 미분법에 비유하였듯이 이제 실재의 인식을 적분법에 비유한다. 이러한 수학적 비유는 유동하는 실재의 인식을 도식적으로 나타내기 위해 사용된 것인데, 우리는 베르그손에게서도 동일한 비유를 볼 수 있다. 양자에서 실재는 구체적 역동성이고 지성적 인식은 근본적으로 양적인 학문인 수학을 향한다는 것 그리고 실재의 인식은 추론적 지성과는 다른 인식능력인 직접적 지성 또는 직관에 의해서만 가능하다는 공감대를 볼 수 있다. 우리는 직접적 지성 속에서 관념이 존재 속에 용해된 구체적 사유를 만난다. 실재는 욕구 또는 사랑으로 표현되는 '직접적 의지'volonté immédiate이며 이러한 다양한 표현들은 라베쏭 철학에서 하나의 본질적인 단어 속에 집약되는데 그것은 바로 자연 또는 본성을 의미한다(H, 66).

라베쏭 철학의 특징과 셸링의 영감

라베쏭의 일원론 철학은 존재의 신비를 벗겨보고자 하는 시도로서 몇몇 실제적 예증에도 불구하고 형이상학적 통찰이나 영감에 의해 진행되는 듯 보인다. 특히 『습관에 관하여』를 중심으로 진행되는 그의 철학은 그 짧고 암시적인 내용으로 인해 더욱더 그런 인상을 주는데, 이런 점에서 그것은 분석적 비판의 화살을 면하기 어려울 것 같다. 우선 지적해야 하는 것은 근본적 자발성의 특성이 어떻게 일관성을 유지하는가 하는 것이다. 라베쏭은 생명적 자발성을 의미하는 일원적 원리가 반성적 세계를 정초할 수 있도록 그것에 직접적이기는 하나 지성의 성격을 부여했다. 다른 한편 지성과 의지는 본래적 일원성에서 분리된 것이 아님을 주장하기 위해 그것들이 비의지적 욕구 혹은 무의식적 성향의 발달에 의해 개화된 것임을 보여 주었다. 이 일원적 교설에서는 지성이나 반성적 의식의 고유성은 우리 존재의 단일성에 융해된다. 여기에 일종의 순환이 내재하는 듯하다. 왜냐하면 지적 삶은 자연적 자발성 위에 기초되는 반면 이 자연적 자발성은 거꾸로 지성성에 의해 정의되기 때문이다. 그런데 라베쏭은 이러한 순환이 사실에 기초한다고 본 듯하다. 다시 말하면 실재 자체가 극단적인 양면성을 보여 주며 그것들 사이의 순환은 일원성의 전개가 나타내는 필연적 결과이다. 그렇다면 문제는 더 근본적인 형태로 제기된다. 실재는 왜 다양한 모습으로 자연적 직접성에서부터 이에 대립된 반성적 지성의 형태로 드러나는가? 만약 일원적 원리가 자족적인 것이라면 그것은 구태여 대립자들의 형태로 나타날 필요가 있는가? 우리는 여기서 라베쏭 철학의 또 하나의 근원인 셸링의 영감에 마주한다. 라베쏭은 존재의 운동을 나선적 전개로 표상한다. 꼭대기에 오성이 있고 밑면은 자연 상태를 나타내는 나선형으로 된 피라미드 형상을 상상해 보자. 아리스토텔레스의 존재의 계층구조에서 그러하듯이 습관은 이 피라미드 위에서 나선적 하강에 의해 우리를 지성에서부터 자연으로 부단히 접근시킨다. 그런데 습관이 보여 주는 존재의 연속성에도 불구하고 지성의 단절적 성격은 어디서 유래하는가? 아리스토텔레스에게서는 지성의 기능이 실재와 단절되거나 그것을 부정하는 계기가 아니다. 보다 근본적인 통일성을 찾기 위해 실재의 부정적 계기를 강조하는 것은 셸링으로 대표되는 독일 낭만주의 철학의 간접적 영향으로 볼 수 있다.

그렇다면 아리스토텔레스와 셸링의 영향은 라베쏭의 어떠한 독창적 관점으로 용해되는가? 라베쏭 철학에는 분석적 용어들이나 다른 철학자들의 영향으로는 포착하기 힘든 고유한 통찰이 있다. 분석적으로 접근하기 어려운 이유는 라베쏭 자신이 용어를 일의적으로 쓰지 않기 때문이다. 예를 들면 자연, 의지, 노력, 능동, 수동과 같은 주요 개념들이 전통적인 철학적 의미와 달리 매우 포괄적이며 심지어 상반되는 의미까지 포함하는 경우가 있다. 대부분의 경우 용어의 의미 확장은 기존의 용어들이 어떤 새로운 사상을 담아내기에 적합하지 않은 경우에 일어난다. 라베쏭 철학에서 보이는 듯한 용어들의 의미의 순환성은 그의 영감에 포착된 존재의 일원적 운동을 기존의 용어로 묘사하는 까다로운 작업의 필연적인 결과로 보인다. 얼핏 보이는 용어의 다양성에는 그러나 한 가지 규칙이 있다. 그것은 한 명사가 두 대립되는 형용사들에 의해 존재의 두 측면을 동시에 표현한다는 것이다. 예를 들면 대립자들을 표상하는 지성 즉 반성적 지성은 그것을 정초하는 것의 내면으로 들어가면 직접적 지성을 만난다. 지성이 내포하는 운동 속의 수동성은 점차로 전개됨에 따라 근본적 능동성임이 드러난다. 반성적 의지는 자발성 속에서 직접적 의지에 대치된다. 여기서 아리스토텔레스적 계층구조는 존재의 외양일 뿐이라는 것이 드러난다. 존재의 대립적 묘사는 이러한 외양의 이면을 함께 보여 주는 도전적 시도처럼 보이며, 존재의 상하, 사고의 고정성을 해체하는 성격을 담고 있다. 이렇게 해서 우리에게 나타나는 존재는 위아래, 안팎의 구분이 없는 뫼비우스의 띠를 따라 운동하는 실재의 이미지처럼 보인다. 바로 이렇게 이해된 존재 속에서 "관념적인 것과 현실적인 것의 동일화의 신비"le mystère de l'identification de l'idéal et du réel라는 라베쏭의 말의 의미를 찾을 수 있을지 모른다.

4. 맺는말 — 라베쏭과 베르그손

베르그손이 언급하고 있듯이 라베쏭의 사상은 "한 세대 전체에 영감을 주어 그의 독창성을 재구성하는 데에는 약간의 어려움이 있다."[48] 그러나 어떤 의미에서 이 지적은 누구보다도 베르그손 자신에 미친 라베쏭의 영향을 가장 적절히 표현한 것이라 여겨진다. 베르그손은 20세기 프랑스철학의 새로운 장을 열었다고 평가되지만 그의 독창성의 적어도 일부는 라베쏭으로부터 이어지는 철학적 전통과 관련이 있다. 물론 철학하는 방법이나 태도의 측면에서 두 철학자는 상반되는 경향을 보이고 있다. 라베쏭의 철학적 사유가 고전 형이상학의 틀 속에서 진행된다면 베르그손의 철학은 당대의 과학의 발전을 의식하고 수용하면서 고전 형이상학의 틀을 혁신하는, 철학적 방법의 '정확성'을 강조한다. 그럼에도 불구하고 두 철학자의 사상적 친화성은 이미 적지 않은 철학사가들에 의해서 인정되고 있는데, 우리는 세 가지 중요한 유사성을 지적하는 것으로 이 글을 끝맺기로 한다.

첫 번째는 존재의 모범을 역동적 생명성vitalité dynamique으로 잡은 점이다. 이 역동주의적 세계관은 라베쏭의 『아리스토텔레스 형이상학에 관한 시론』에서 이미 엿볼 수 있는, 신플라톤주의적으로 재해석

---

48. Henri Bergson, *La Pensée et le mouvant*, Paris, PUF, 2009, p. 267.

된 아리스토텔레스주의에서 근원을 찾을 수 있다. 이는 자연을 생명적 역동성으로 파악하는 관점이다. 우리는 라베쏭의 저술의 도처에서 이러한 고전 철학의 영감이 구체화되는 것을 볼 수 있다. 한편 베르그손은 비록 그가 고전 철학에 조예가 깊었다 하더라도 더 직접적으로는 근대과학, 특히 진화론의 체계적인 이론들을 접했고 이를 생명철학으로 해석하는 것이 주요한 철학적 과제였다. 물론 베르그손의 철학적 관심과 동기는 매우 넓은 영역에 걸쳐 있기는 하나 생명과 자연의 개념에 관한 한 라베쏭과 비교할 수 있는 여지가 많다.

두 번째 유사성은 두 철학자가 생명적 역동성으로부터 존재에 접근한 점은 공통적이지만 그들에게 역동성의 모형은 생명 자체인지 의식인지 구분하기 어렵다는 점이다. 이들은 생명을 종종 의식의 특성으로부터 설명하기에 생명과 의식 사이에서 개념적 상호순환이 나타난다. 이러한 애매함은 라베쏭의 생명적 자발성과 직접적 지성 사이에서도 나타나고 베르그손의 '생명의 도약'élan vital과 의식 사이에서도 나타난다. 라베쏭에게 생명적 자발성은 수동적인 동시에 능동적이며 그 핵심을 구성하는 직접적 지성은 다른 이름이 아니라 바로 지성이라 불리고 그렇기에 매개적이고 반성적인 지성 즉 의식을 정초할 수 있다. 한편 베르그손의 직관 개념은 라베쏭의 직접적 지성과 유사성이 있다. 베르그손은 반성적 능력인 지성은 역동적 실재를 파악할 수 없다고 단죄하는 반면 직관은 생명성에 무매개적으로 접근한다는 데서 지성과는 차원을 달리하는 인식방법으로 격상된다. 물론 직관은 지성에 의해 의식화되는 능력이라는 점에서 본능 자체가 아니라 어디까지나 의식으로 특징지어진다. 의식의 우선성을 강조하는 것을 유심론이라고 부를 수 있지만 베르그손과 라베쏭의 철학에서 생명과 의식 중 어느 하나가 우선한다고 말하기 어려운 것도 사실이다.

두 철학자의 마지막 유사성을 지적하자면 일원적 존재론의 추구를 말할 수 있다. 근본적인 개념적 층위에서 의식과 생명 개념의 순환성이라는 문제가 있기는 하나 두 철학자는 실재를 본래 이해할 수 없는 것으로 단죄된 지성적 인식조차도 결국 생명으로 표현되는 존재의 일원성에 그 뿌리를 둔다고 보는 점에서 일치한다. 우리는 라베쏭에게서 '자연(본성)'으로 표현된 생명적 자발성이 어떻게 그에 대립하는 성격을 지닌 지성의 모습으로 나타나는가 하는 문제에서 셸링의 영향을 지적한 바 있지만, 이 문제는 더 근본적으로 존재 자체의 순환운동에 뿌리를 둔다. 베르그손의 경우 존재의 운동은 '지속'이며 그 잠재력은 생명 진화 속에서 종과 개체들로 그리고 동물에서는 지성과 본능으로 나뉘어 발달한다. 또한 지속은 궁극적으로 정신적인 특성을 갖기에 생명을 낳는 것은 의식이라고 할 수도 있다. 그것이 의식이든, 생명이든, 두 철학자에게서 공통된 점은 자연과 인간, 생명과 정신, 지성과 직관은 겉보기의 대립에도 불구하고 하나의 근원에서 출발하고 있다는 뿌리 깊은 확신에 있다. 존재의 일원성에의 추구, 다시 말해서 일원적 존재론의 획립이야말로 두 사상가가 플로티누스 형이상학에서 공통으로 물려받은 유산이라 하겠다.

5장   시간과 지속의 형이상학 ― 베르그손

앙리 베르그손
Henri-Louis Bergson
1859~1941

1절 프랑스 유심론과 베르그손

베르그손은 라베쏭F. Ravaisson이 고안한 '유심론적 실재론'이라는 용어를 기꺼이 받아들이겠다고 말한 적이 있다.[1] 그러나 중요한 것은 베르그손이 이 말로써 무엇을 의미하고 있는가 하는 것이다. 베르그손이 자신의 글에서 명시하고 있지는 않지만 이 사조의 대표자인 멘드 비랑P. G. de Maine de Biran이나 라베쏭에 대한 베르그손의 평가를 보면서 우리는 베르그손의 생각을 우회적으로 짐작할 수 있다. 확실한 것은 베르그손이 그 말을 의식하기 시작한 것은 자신의 철학의 커다란 윤곽이 이미 형성된 후라는 것이다. 많은 연구가들이 지적하듯 베르그손 철학의 독창성에 의문의 여지가 없다면 나는 베르그손이 이해하는 저 용어의 의미 또한 베르그손 자신의 철학의 맥락에 의해 새롭게 조명되어야 한다고 생각한다.

"나는 단지 두셋의 철학자, 즉 플로티누스, 멘 드 비랑, 그리고 약간은 라베쏭에게 심대한 빚을 지고 있다고 확신한다."[2] 베르그손은 그의 제자 메르G. Maire에게 이와 같이 고백한 적이 있다. 플로티누스는 라베쏭과 베르그손에게 공통적인 영감의 원천이며 멘 드 비랑이 이 두 철학자에게 미친 영향의 크기도 그에 못지않다. 그런데 일반적으로는 멘 드 비랑과 베르그손보다는 라베쏭과 베르그손 사이에 더 커다란 친화성이 있다고 이야기된다. 그것은 두 철학자에게 공통으로 자연철학의 무게가 상당하기 때문이다. 어쩌면 라베쏭은 너무나 가까운 선배 철학자인 만큼 그의 영향이 자연스럽게 느껴져 다소 미약하

---

1. Isaak Benrubi, *Souvenir sur Henri Bergson*, Neuchâtel-Paris, Delachaux et Niestlé, 1942, p. 53.
2. Gilbert Maire, *Bergson, mon maître*, Paris, B. Grasset, 1935, p. 222.

게 표현된 것이 아닐까. 그러나 베르그손 자신이 멘 드 비랑에게 더 많은 빚을 지고 있다고 생각한다면 그것은 구체적으로 어떤 내용을 지칭하는 것일까.

[19]세기 초부터 프랑스는 한 위대한 형이상학자를 가지게 되었다. 그는 데까르뜨R. Descartes와 말브랑슈N. Malebranche 이래로 가장 위대한 형이상학자인 멘 드 비랑이다. … 멘 드 비랑의 학설은, 그것이 출현한 시기에는 거의 주목되지 않았으나 점차 영향력을 증대해 왔다. 우리는 이 철학자가 열어 놓은 길이야말로 형이상학이 결정적으로 나아가야 할 길이 아닌지 물을 수 있다. 칸트I. Kant와는 반대로(왜냐하면 사람들이 그를 '프랑스의 칸트'라고 부른 것은 잘못이기 때문이다) 멘 드 비랑은 인간의 정신이 적어도 한 지점에서는 절대에 접할 수 있고 그것을 자신의 사색의 대상으로 삼을 수 있다고 판단했던 것이다. 그는 노력의 인식이 순수한 '현상'을 넘어서서 실재 '자체'에 도달하는 특권적 인식이라는 것을 보여 주었다. ― 그런데 이 실재 자체야말로 칸트가 우리의 사변으로는 도달 불가능하다고 선언한 바로 그것이다. 요컨대 그는 의식이 내적 삶의 심층에서 아래로 더욱더 내려옴에 따라 정신 일반을 향해 점차로 더 높이 상승하는 형이상학의 관념을 생각했던 것이다. 이렇게 탁월한 관점으로부터 그는 변증법적 유희로 장난하지 않고 체계를 구축하지도 않은 채 성과를 이끌어냈다.[3]

베르그손의 많은 글을 통해 우리는 그가 과도한 찬사를 자제한다

---

3. Bergson, "La Philosophie française", pp. 1170~1171. 멘 드 비랑을 프랑스의 칸트로 부른 사람은 라슐리에(Jules Lachelier)이다.

는 도미닉 자니꼬의 지적에 동의할 수 있다.[4] 멘 드 비랑에 대한 그의 경외와 찬사는 특별한 것이다. 이것은 그가 멘 드 비랑의 철학을 그의 사색의 초기가 아니라 어느 정도 무르익었을 때 알게 된 만큼 그 자신의 철학적 이념을 앞서 제시한 이에게서 발견했을 때의 경탄이라 하겠다. 우리는 무엇보다도 근대철학의 아포리아를 해결하기 위해 일종의 현상주의에 머물게 된 칸트를 비판하면서 베르그손이 '적어도 한 지점에서는' 인식의 절대성을 주장하는 멘 드 비랑에게서 새로운 철학의 가능성과 방향을 읽어내고 있음을 알 수 있다. 게다가 그 지점이란 바로 의식의 운동적 노력이라는 구체적 경험을 말한다. 이 구체성의 경험은 베르그손의 지속의 철학 전체를 관통하는 이념이다. 그뿐만 아니라 운동적 활동성activité motrice의 개념은 베르그손의 심신이론 전체를 주도하는 실마리이기도 하다. 라베쏭의 정신을 따라 프랑스 유심론의 일반적 특성을 탐구한 마디니에G. Madinier가 그 전체를 일관성 있게 설명할 수 있었던 것도 멘 드 비랑의 운동성이라는 개념에 의지함으로써 가능한 일이었다.[5] 비랑과 베르그손의 구체성의 정신은 그들이 프랑스 심리학에 기여한 바에 의해 간접적으로 드러나고 있다.[6]

이처럼 멘 드 비랑의 정신은 의식을 구체적 실재에 접하는 지점으로 삼은 점에서 베르그손의 철학 정신과 정확하게 일치한다. 그러나 인간학에 한정된 비랑의 의식철학은 생명과 물질에 이중으로 대립하고 있는 면에서 자연철학을 지향하는 베르그손의 철학적 기획과는 차이가 있다. 라베쏭은 이미 자신의 생명철학에 비랑의 관점을 통합하려 시도한 바 있다. 그러므로 『창조적 진화』에 이르러 생명의 영역

---

4. Janicaud, *Une généalogie du spiritualisme français*, p. 7.
5. Madinier, *Conscience et mouvement*.
6. 이 점에 대해서는 인용된 마디니에의 책 결론부에서 상세히 논하고 있다.

으로 철학적 사고를 확장하는 베르그손의 좀 더 직접적인 선구자는 라베쏭임을 부정할 수 없다. 그러나 꾸쟁V. Cousin과의 갈등으로 철학적 활동을 중단한 라베쏭의 사상을 베르그손이 직접 접하는 것은 어려운 상황이었고 다행히도 라베쏭의 충실한 제자 라슐리에를 통하는 길이 열려 있었다. 베르그손은 꽁도르쎄 고교 시절 라슐리에의 책을 읽고 거기서 받은 감동을 다음과 같이 회상한다.

> 어느 날 나는 오늘날에는 잊힌 라슐리에의 『귀납의 기초』*Fondement de l'Induction*, 1871를 발견했다. 얼마나 멋진 책이던가! 나는 철학이 무언가 진지한 것일 수 있다는 사실을 깨달았다. 나는 라슐리에의 변증법에 막대한 빚을 지고 있다.[7]

사람들은 고교 시절에 받은 이 감동이 베르그손으로 하여금 철학을 자신의 삶으로 택하게 하는 데 결정적인 계기가 되었다고들 한다. 베르그손의 박사학위 논문이자 첫 저서인 『의식에 직접 주어진 것들에 관한 시론』1889은 라슐리에에게 헌정되었으며 베르그손의 전 저작들 중에 유일하게 헌사를 포함하고 있기에 의미가 깊다. 『귀납의 기초』는 자연철학을 전제하고 있는데, 거기서 의식과 자유, 발명과 같은 개념들은 인간 주관을 떠나 우주적 내재성으로 나아간다. 그가 "자연은 원인들로부터 결과를 끈질기게 연역하는 과학인 동시에 새로운 발명들을 끊임없이 시도해 보는 예술이기도 하다."라고 말했을 때 우리는 『창조적 진화』의 정신을 앞서 보는 것 같기도 하다.[8] 이러한 자연관이

---

7. Jean de La Harpe, "Souvenirs personnels d'un entretien avec Bergson", *Henri Bergson, Essais et témoignages recueillis*, eds. Albert Béguin and Pierre Thévenaz, Neuchâtel, Éditions de la Baconnière, Les Cahiers du Rhône, 1943, p. 358.

라베쏭, 라슐리에, 베르그손에게 공통적으로 내재하는 영감이라 할 수 있다. 라슐리에를 통해 전달된 라베쏭의 정신은 베르그손의 첫 저서에서 관찰된 의식상태의 지속이 자연스럽게 생명의 철학으로 나아가는 데 중요한 역할을 했으리라 추정된다.[9]

사실 라베쏭에 대한 베르그손의 평가는 비랑보다 더욱더 친근하고 호의적이며 감동적이다. "철학의 이 위대한 성자는 두 손에 가득 보물을 가지고 있었지만 그중 일부를 빠져나가게 하고 말았다."[10]라는 베르그손의 말에는 일찍이 철학계를 떠나 자신의 역량을 발휘할 수 없었던 라베쏭의 철학적 삶에 대한 안타까움이 배어 있다. 무엇보다도 『사유와 운동자』에 실린 「라베쏭의 생애와 저작」에는 베르그손이 할 수 있는 최대의 찬사와 감동 어린 표현이 넘쳐난다.

> 그의 인격 전체에는 극도의 사려 깊음이 배어 있었고 이는 그가 지닌 최상의 기품이기도 했다. 그는 절도 있는 동작과 과묵함 속에서 자신의 위에 살짝 걸터앉은 생각들이 너무 큰 소리에 날아가 버리지 않을 끼 두려워하기라도 하듯 생각을 표현할 때는 부드러웠고 힘주지 않고 낮게 말했는데 아마도 사람들이 순수한 소리를 내고 있을 때는 자신을 멀리까지 이해시키기 위해 너무 목소리를 높일 필요가 없다고 생각한 듯하다. 라베쏭만큼 그렇게 남을 지배하려 하지 않은 사람은 없었다. 그러나 또한 라베쏭만큼 그렇게 타인의 권위에 대해 자연스럽고 조용하면서도 거부할 수 없을 만큼 반기를 든 정신은 없었다.[11]

---

8. Jules Lachelier, *Du fondement de l'induction*, Paris, Alcan, 1896, pp. 96~97.

9. Gouhier, *Bergson et le Christ des évangiles*, pp. 31~34.

10. Jacques Chevalier, *Entretien avec Bergson*, Paris, Plon, 1959, p. 149.

11. Bergson, *La Pensée et le mouvant*, p. 270 (베르그손의 저서는 원전으로 PUF판과 번역본을 함께 이용하였으나 번역본의 경우 필요 시 수정을 하였으며 지면관계상 원전

우리는 이 글을 보면서 베르그손이 자신의 초상화를 그리고 있다는 느낌도 갖는다. 이러한 느낌은 같은 글 속에 있는 『아리스토텔레스 형이상학에 관한 시론』에 대한 평가에서도 나타난다. 아리스토텔레스는 체계를 세우기보다는 개념의 분석에 의해 사상을 전개하고 있는데 라베쏭은 이러한 전개 과정이 추상화와 일반화로 나아가는 대신에 실재적이며 구체적인 사물들의 영역 속에 머무르면서도 점차로 통일적인 정신적 직관으로 확대된다고 본다. 이로부터 베르그손은 "철학자는 일반적인 것에 자신의 사유를 희석시키지 말고 개체적인 것에 사유를 집중시켜야 한다는 주장이 그의 전 저작을 통해 울려 퍼지고 있다."(PM, 259)고 말한다. 이 이념이야말로 베르그손 철학의 핵심을 구성하는 것이다. 이러한 베르그손의 글이 라베쏭을 자신의 생각으로 재구성했다는 평가는 일리가 있는데 이는 멘 드 비랑에 대한 평가에서와 마찬가지로 여기서도 베르그손은 자신의 완성된 생각을 선배 철학자에게서 재확인하고 있는 것이다.

베르그손에 대한 멘 드 비랑과 라베쏭, 라슐리에와 같은 유심론 철학의 영향은 이처럼 직접적이지는 않지만 외면할 수 없는 중요한 기초를 이룬다. 데까르뜨나 칸트, 스펜서H. Spencer와 같은 근대적 사유를 비판하는 데서 보이는 베르그손의 단호한 태도에는 그들의 영감이 근본적으로 작용하고 있다. 베르그손의 철학에서 근대성의 비판과 극복은 구체적 실재성의 회복만큼이나 핵심적인 과제이다. 물론 베르그손의 독창성이 무엇보다 그의 지속의 형이상학에서 드러난다는 데

의 쪽수만 표기한다. 이후부터 베르그손의 저서는 다음의 약어들로 표시하고 본문에 쪽수를 표기한다. *Essai sur les données immédiates de la conscience* — DI / *Matière et mémoire* — MM / *L'Évolution créatrice* — EC / *Les Deux sources de la morale et de la religion* — MR / *La Pensée et le mouvant* — PM / *L'Énergie spirituelle* — ES / *Durée et simultanéité* — DS / *Mélange* — Mél.)

는 의문의 여지가 없다. 근대적 체계철학의 허구성을 드러내고 구체성으로 회귀하여 실재적 시간의 회복을 시도하는 베르그손의 태도는 현대 프랑스철학의 근본 태도로 이어진다. 그러나 여기에 신체, 의지, 의식의 구체적 경험을 강조한 멘 드 비랑과 라베쏭의 근본 정신이 배경을 이루고 있음을 간과할 수 없다.

우리는 베르그손이 선배 철학자들과 마찬가지로 의식의 순수경험을 가장 중요시하는 것을 본다. 그러나 베르그손은 여러 차원에서 이들을 뛰어넘는다. 특히 자연과학에 대한 숙고는 그가 신체와 정신의 새로운 관계 확립으로부터 생명의 진화와 물질의 현상을 구명하는 데 이르기까지 지속의 개념을 계속적으로 변형하고 살찌우는 데 근본적인 동력이 된다. 유심론과 과학적 사고는 베르그손의 철학을 부양한 두 줄기 원천이라 할 수 있다. 이 두 원천을 이해하는 것은 베르그손 철학의 내용적 깊이와 사고의 범위를 이해하는 것만이 아니라 철학자의 입장에 내재하는 모순과 이로부터 생겨나는 난제들을 이해하는 데도 핵심적이다. 나는 우선 베르그손의 주저 세 권에 걸쳐 전개되는 지속의 철학을 '자기지시적 논리와 창조'라는 제목으로 그 통일적 이해를 시도할 것이다. 다음으로는 근대철학의 전형으로서 가장 강력한 체계를 구축하였다고 평가되는 칸트의 공간 개념을 베르그손의 비판적 시각으로 조명하고, 마지막으로는 들뢰즈G. Deleuze라는 현대 철학의 거장이 새롭게 해석하는 베르그손주의를 고찰하고자 한다.

2절 지속의 자기지시적 논리와 창조

1. 지속의 자기지시적autoréférentiel 논리

진정한 시간을 발견하기 위해 베르그손은 첫 저서 『의식에 직접 주어진 것들에 관한 시론』(이하 『시론』으로 줄임)에서 의식의 심층에서 일어나는 일을 관찰하는 것으로 시작한다. 『시론』의 머리말에 언급된 베르그손의 의도는 형이상학과 심리학의 공통 주제인 자유의 문제를 해명하는 것이다(E, vii). 그런데 베르그손의 자유에 힘을 불어넣는 것은 바로 지속하는 시간의 모습이다. 베르그손은 이 책의 1장에서 의식상태들을 강도intensité의 개념을 매개로 양적 도식으로 파악하는 태도를 비판하고, 2장에 이르러 양적 도식에 종속되지 않는 시간 즉 그의 독창적인 지속의 개념을 다듬어 낸다. 지속의 논리라고 할 만한 것이 완성된 것이다. 자유에 대한 해명은 이 모든 과정의 결실로서 가능하게 된다. 시간이 진정으로 작용한다면 자유의 의미는 물을 필요도 없이 거기에 있다. 그러면 그것은 어떤 시간인가? 바로 의식의 존재 자체가 그 모범으로 주어진다. 물론 여기서 의식은 데까르뜨의 그것처럼 일관된 사유 실체가 아니다. 그것은 차라리 멘 드 비랑이나 라베쏭에게서처럼 역동적인 활동성 자체이다.

『창조적 진화』의 서두에서 베르그손은 의식의 존재를 다음과 같이 묘사한다. "의식적 존재자에 있어서 존재한다는 것은 변화하는 것이고 변화한다는 것은 성숙하는 것이며 성숙한다는 것은 자신을 무한히 창조하는 것으로 이루어진다"(EC, 7). 이 짧은 문장은 『시론』과 『창조적 진화』의 관계를 잘 요약하고 있다. 『시론』은 의식의 상태들이 질적으로 변화하는 과정을 관찰하고(1장) 질적 다양성이 매 순간 유기적 통일성을 유지하는 변화의 논리를 구축하며(2장) 이 풍부하고 역동적인 과정이 행위에 그대로 반영될 때 자유롭다고 한다(3장). 『창조적 진화』는 지속의 논리가 생명과 자연 속에서 어떻게 전개되는지를 생생하게 묘사하면서 그 과정의 결과는 새로움의 창조라는 것

을 보여 준다. 이 두 저서를 잇는 것으로 '성숙'maturation이라는 개념이
있다. 성숙은 변화와 창조의 개념들이 그 자체로는 내포할 수 없는 시
간의 작용을 엿보게 해 준다. 변화가 매 순간 지나가 버리지 않고 마
침내 무언가 새로운 것으로 재탄생하는 이유는 그것을 이루는 요소
들이 점진적으로 축적되는 가운데 심층적으로 혼합, 숙성되기 때문이
다. 바로 이 점이 자유행위와 생명의 진화에서 베르그손이 공통점으
로 주목하는 것이다(EC, 48).

그러나『창조적 진화』의 관점으로부터『시론』을 다시 보려고 하
기 전에 위에서 인용한 문장의 첫 부분, 즉 "의식적 존재자에 있어서
존재한다는 것은 변화한다는 것이다."라는 내용을 다시 주목하도록
하자.『시론』에서 베르그손이 하는 작업을 한마디로 요약한다면 그것
은 이 주장의 의미를 밝히는 것일지도 모른다. 그것은 지속 개념을 세
우는 초석을 마련하는 작업으로서 독창적 논리와 다양한 사례들로
풍부하다. 비록『시론』에서 발견되고 규정된, 변화로서의 지속이『물
질과 기억』을 거치면서 과거의 보존으로, 그리고『창조적 진화』에서
는 '자기에 의한 자기 창조'로 계속적으로 재규정되는 과정을 볼 수 있
다 하더라도, 이미 의식상태의 변화에 대한 심층적 숙고로부터 시작
되는 첫 저서에서 그 맹아가 나타난다. 나는 변화에 대한『시론』의 분
석을 '자기지시적'autoréférentiel 운동의 세 측면으로 구분하고 이것이
점차 확대되고 적용되는 과정을 보여 주고자 한다.

자기지시self-reference란 집합론에서 유래하는 개념으로 거짓말쟁이
역설을 통해 잘 알려져 있다. 즉 자신이 자신을 포함하는 내용의 명제
를 말할 경우 모순이 되는 상황을 가리킨다. 이후 이 개념은 논리학과
수학의 맥락을 떠나 폭넓게 쓰인다. 예를 들면 그림 속에서 자신(그림)
을 모사하는 상이 무한히 반복된다거나 문학작품 속에서 작품 스스

로를 지시하는 내용을 포함하는 경우가 그러하다.[12] 이런 경우 전체와 부분 간에 '자기유사성'self-similarity이 존재하고 또 서로를 지시하는 과정이 무한히 계속되기에 완성된 형태를 말할 수가 없다. 그런 이유로 고정된 자기동일적 주체를 가정하면 자기지시의 과정은 모순에 이르게 된다. 다시 말하면 '자기성'에서 출발할 경우 자기를 파괴하게 되기 때문에 자기성에 대한 유보가 요구된다. 베르그손의 지속의 개념에도 이와 유사한 현상이 나타난다. 우선 지속은 무엇보다 과정이며 이 과정은 그것을 이루는 요소들의 상호작용 자체로부터 정의되기 때문에 고정된 자기성은 부정된다. 의식상태의 잇따르는 과정에서는 요소들이 매 순간 변화하면서도 끊임없이 서로를 소환하고 심지어 과거로 돌아가 이를 참조함으로써 자신의 동일성을 역동적으로 유지하는 것을 볼 수 있다. 따라서 의식상태는 그것을 이루는 요소들이 전진하면서 매번 새로운 전체를 구성하는 과정, 달리 말하면 자기 자신의 운동으로부터 소급적rétroactive으로 자기동일성을 만들어내는 자기지시적 과정이다. 단, 여기서 요소들은 고정된 원자와 같은 것이 아니라 그 자체가 역동적 작용이며 그것들이 모두 함께 전체의 본질을 구성한다. 그리하여 전체 과정의 자기동일성은 그것을 이루는 요소들의 작용의 외부에서 정의될 수 없다. 베르그손에게 있어서 지속의 자기지시적 과정은 잇따르는 의식상태를 이루는 '요소들의 내밀한 유기적 결합'organisation intime d'éléments, '요소들과 전체의 상호반영성'co-réflexivité, '새로움의 탄생'이라는 세 측면을 가진다. 이 세 측면을 나는 베르그손의 텍스트에서 차례로 살펴보겠다.

---

12. Thomas Bolander, "Self-Reference", *Stanford Encyclopedia of Philosophy*, 2017년 8월 31일 수정, 2021년 3월 13일 접속, https://plato.stanford.edu/entries/self-reference.

변화 ─ 의식상태들의 유기적 결합

『시론』의 2장에서 의식상태들의 지속에 관해 베르그손이 제시하는 첫 번째이자 가장 두드러진 특징은 상태들이 잇따르는 방식이 '유기적organique 결합'을 이룬다는 것이다. 의식의 상태의 지속은 "명확한 윤곽도 없고, 서로에 대해 외재화하는 어떤 경향도 없이 서로 뒤섞이고 침투하는 질적 변화의 잇따름succession이다"(DI, 77). 이는 시간의 식에 대해 내적 관찰이 알려주는 원초적 사실이라 할 수 있고 풍부한 사례들로 정당화된다. 우선 1장에서 이미 잘 보여 주었듯이 의식상태들을 수적 방식으로 표상하는 것을 거부해야 한다. 양적 표상은 '상징적 형상화'에 지나지 않으며 상태들 자체는 질적 인상으로 나타난다. 나는 밖에서 지나가는 사람의 발자국 소리를 듣는다. 한 번, 두 번, 세 번… 나는 청각에 깊은 주의를 기울여 그 소리를 시간 속에서 헤아리지만 이는 외부 공간에 상응한다고 내가 가정하는 관념적 공간 안에서 그것들을 정렬하기 때문이다. 이 공간으로부터 벗어나면 내게 일어나는 일은 "소리를 세는 것이 아니라 그 수만큼의 감각이 나에게 미치는 이를테면 질적인 이상을 받아들이는 데 그친다"(DI, 65). 즉 잇따르는 발자국 소리들은 서로서로 유기적으로 결합하여 나에게 어떤 '곡조'air나 '리듬'을 상기시키는 인상들의 군groupe으로 나타난다.

의식상태들의 '유기적 조직화'에 관한 베르그손의 사례들은 대개 음악적 이미지에 호소한다. 음악은 시간예술에 고유한 질적 특징을 여실히 보여 주기 때문이다. 우리는 음악을 들으면서 지적으로 이해하려 노력하는 대신에 마치 자장가를 듣는 아이처럼 선율에 몸을 맡기고 "스스로를 흔들리도록 내버려 두는" 경우가 있다(DI, 77). 우리 몸과 마음이 이렇게 반응할 수 있는 이유는 선율의 잇따르는 음들 각각이 서로 역동적이고 유기적으로 결합하기 때문이다. 거기에는 우리가 의식하지 못하는 차원의 결합이 있다. 즉 음악적 이미지는 자아의 수동적 종합에 가까운 현상을 지시한다. 가령 추시계가 네 번의 종을 울렸을 때 다른 일에 몰두하던 나는 나중에서야 이를 알아차리고 소급하여 그 소리들을 종합한다. 그러나 무의식중에 울린 소리들은 "일종의 음악적 소절"처럼 서로 혼합된 전체를 구성하였고 뒤늦게 주의를 기울인 나는 이를 관념적 공간 속에서 재배열하여 네 번의 종소리들로 형상화한다(DI, 95). 이것이 상징적 형상화의 작업이다. 의식적 자아는 공간표상에 기초한 능동적 종합을 행하지만 내가 이렇게 감각인상들을 재구성하기 이전에 소리의 감각은 내 안에서 이미 유기적으로 조직되고 있었다. 그러므로 의식의 과정을 구성하는 요소적 상태들은 시간의 흐름과 더불어 사라지는 것이 아니라 어떤 형태로든 현재 속에 살아남아 어떤 방식으로든 작용하고 있다는 것을 알 수 있고 이 내용은 『물질과 기억』에서 '과거의 보존'이라는 새로운 관점에서 고찰된다.

위의 사례들은 지속의 경험이 수동적 자아의 경험이라고 말하는 것처럼 보인다. 특히 베르그손이 다음과 같이 말할 때 그러하다. "완전히 순수한 지속은 우리의 자아가 스스로를 그냥 살아가도록 내버려 두었을 때, 현재 상태와 이전의 상태들 사이에 구분을 세우지 않을 때 우리 의식 상태들의 잇따름이 취하는 형식이다"(DI, 75). 그러나 『시론』에서 해명하고자 한 궁극적 주제인 자유행위는 수동적 자아로는 설명되지 않는 지속의 중요한 특징을 증거한다. 이에 대해서는 나중에 볼 기회가 있으며 현재로서는 의식의 지속에서는 서로를 잇따르는 요소들이 단순히 서로 위에 쌓이는 것이 아니라 과거로 소급하고 회귀하면서 서로를 지시, 참조하여 유기적 통일성을 형성한다는 것을 강조하는 데 그치도록 하자.[13] 베르그손이 내적 상태들이 모두 함께 "유기적으로 조직화되고s'organiser", 강한 의미에서 "상호침투"한다고 할 때 의미하는 것은 바로 이러하다.

존재 — 전체와 부분의 상호반영성

의식상태들의 잇따름이 유기적으로 조직화된다는 것은 자연히 '통시적' 관점에서 본 지속의 모습이다. 우리가 지속의 자기지시적 성격의 두 번째 특징으로 지목한 '전체와 부분의 상호반영성'은 지속의 '공시적'synchronique 관점과 관련된다. 그런데 흐름으로 나타나는 지속에 대해 공시적 관점을 취한다는 것이 가능할지를 먼저 생각해 보자. 베르그손이 '양적 다양성'과 대립하는 '질적 다양성'multiplicité qualitative을 주장할 때 그 실마리를 찾을 수 있을 듯하다. 양적 다양성이 서로 외재적인 본성을 지닌 수들의 체계 속에서 산술과 대수학의 토대가 될 뿐 아니라 우리가 사물을 세고 명료하게 구별하는 활동을 가능하게 하는 원리라면, 질적 다양성은 우리가 양적 인상을 표상하고 정돈하는 활동의 이면에서 상호침투하는 의식상태들의 수동적 종합을 가능하게 하는 존재의 존재방식이다. 우리가 산술적 작업, 예를 들어 덧셈을 하고 있을 때도 "그 단위들 상호 간의 유기적 조직화가 영혼의 깊은 곳에서 계속되고 있지 않은가? … 가령 세 번째 단위가 다른 두 단위에 더해지면서 전체의 본성과 국면aspect 그리고 리듬 같은 것을 변화시킨다. 그러한 상호침투와 이를테면 질적인 진전이 없다면 어떠한 덧셈도 불가능할 것이다. — 그러므로 우리가 질 없는 양의 관념을 형성하는 것은 양의 질 덕분이다"(DI, 91~92). 양과 질에 대한 『시론』 1장의 분석에서 이미 결론이 내려졌듯이 실재성은 질의 쪽에 있다. 양의 질이란 표현은 양이 질을 이미 소유한다는 의미가 아니라 양의 배후

---

13. 다음 단원, 2의 '잠재태의 현실화 속에서의 창조적 자유'(310쪽 이하).

에 더 근본적인 실재인 질이 있다는 것이다. 질적 다양성은 아리스토텔레스의 표현대로 '가능적'으로만 수를 포함하며 이는 본래 "의식이 질들을 센다든가 심지어 그것을 여럿으로 만들려는 속셈이 없이 질적인 구별을 행하기 때문이다. 그때는 분명히 양이 없는 다양성이 존재한다"(DI, 90).

질적 다양성이 존재한다는 주장은 새로운 존재론의 토대를 제시하는 것과 같다. 이는 말하자면 시간적 실재를 일시적으로 고정하여, 말하자면 이를 공시적으로 구조를 들여다보는 작업이다. 이 개념들이 리만B. Riemann의 연속적 다양체와 불연속적 다양체의 구분에서 유래한 것임을 상기하면 공간적 이미지와 일정 부분 관련된다는 것을 알 수 있는데, 베르그손은 요소들의 유기적 상호침투와 시간적 잇따름만으로는 지속의 존재방식을 표현하는 데 충분치 않다고 생각했을지도 모른다. 마치 베르그손이 직관을 강조한다 해도 지성을 빌려서 표현하지 않을 수 없는 것과 같다. 사실 전통적 어법으로 볼 때 지속이 존재한다는 것은 생성이 존재한다는 것과 같이 어색한 표현이다. 하지만 질적 다양성은 양적 다양성이 그러한 것처럼 '존재한다'고 말하는 데 별문제가 없어 보인다. 물론 베르그손은 『시론』에서 양과 질의 대립을 강조할 때 질에 대해서는 '있다', '존재한다'는 표현을 사용하지만 양에 대해서는 그렇게 하지 않는다. 따라서 양과 질, 공간과 시간이라는 이원적 대립에서 실재성은 언제나 후자 쪽에 있다. 그렇다면 질적 다양성은 어떤 형상을 하고 있을까.

질적 다양성이라는 개념으로부터 우리는 지속을 이루는 요소들의 다양성이 어떤 모습인가를 그려볼 수 있을 듯하다. 이것을 위해서는 특히 요소들과 전체의 관계에 주목할 필요가 있다. 질적 다양성은 요소들이 전체와 혼융되어 서로 간에 외적인 방식으로 분리할 수 없는 상태이다. 즉 전체는 부분들의 산술적 합이 아니고 부분들이 서로 간에 침투하고 유기적으로 결합하듯이 부분들과 상호작용하면서 하나를 이룬다. 베르그손은 지속을 공간 속의 병치와 구분하기 위해 자주 음악의 선율에 비교하지만, 이 시간적 이미지는 전체라는 것을 표상하기 어렵게 만든다. 따라서 드물게 제시되기는 하지만 생명체의 비유를 참조하는 것이 도움이 될 수 있다. 한 선율^{mélodie}의 잇따르는 음들 전체는 "생명체, 즉 그 부분들이 비록 구분되지만 그것들의 유대의 결과 자체에 의해 상호 침투하는 생명체에 비교될 수 있다"(DI, 75). 하나의 생명체는 부분들의 단순한 합이 아니면서도 그것들의 동시적 표상이 가능한 개체여서 음악의 선율보다는 전체에 대한 표상을 더 잘 떠올릴 수 있게 해 준다. 다만 거기서도 베르그손이 강조하는 것은 부분들의 상호침투와 전체적 연대이지 부분들이 계층구조 속에서 전체의 생존에 종속된다는 일반적인 유기체적 사고방식을 제시하는 것은 전혀 아니다. 대부분의 철학에서 그러하듯이 의식을 지적 사유 실체로 보는 입장에서는 유기적 결합의 전형은 생명체이지만 베르그손에게 이 같은 결합은 의식에 고유한 특징이다.

전체와 부분의 관계에 대해 베르그손이 제시하는 흥미로운 사례들은 그것들 사이의 '자기유사성'을 잘 보여 준다. 베르그손에 의하면 "의식의 사실들은 비록 순차적이라^{successif} 해도 상호침투하며 그것들 중 가장 단순한 것 안에도 영혼 전체가 반영된다"(DI, 73). 거기서 "요소들 각각은 전체를 나타내며 추상할 수 있는 사유에 대해서만 전체로부터 구분되고 고립된다"(DI, 75). 예를 들어 모호한 욕망이 점점 깊은 열정이 되는 경우, 처음에 그것은 고립되어 있었으나 점점 많은 심리적 요소들에 침투하여 자신의 색조로 물들인 다음 마침내 영혼 전체를 지배하게 된다(DI, 6). 당신은 이제 완전히 다른 시각으로 세상을 보게 된다. 다른 한편 "알케스티스의 분개에서처럼 개인의 전 역사가 거기에 반영되어 있는" 열정도 있다. 또한 "영혼 전체에서" 나오는 행위야말로 자유로운 행위다(DI, 125). 이처럼 의식상태에 있어서 요소와 전체는 뚜렷이 분리되지 않는다. 요소들은 전체에 침투하며, 역으로 전체도 요소들에 침투한다. 전체와 부분은 서로 반영하고 서로를 지시하는 관계이다. 사실 이런 일이 가능한 것은 여기서 전체라는 것이 분명한 윤곽을 가진 것이 아니라 모호한 가장자리로 둘러싸여 있어서 매 순간 잇따르는 과정을 통해 갱신되기 때문이다. 질적 다양성은 이러한 모호한 윤곽을 가진 전체를 의미한다. 과거의 모든 응축된 기억이 끊임없이 새로워지며 현재적 요소 안에 반영된다. 요소가 전체에 내재되어 있을 뿐 아니라 무엇보다도 전체가 요소에 내재한다. 요소가 전체를 포함하기에 전체는 자신의 요소가 된다. 이렇게 전체와 부분이 상호반영하는 관계, 이것이 지속의 자기지시성의 두 번째 특징이다.

생성 – 새로움의 탄생

이제 우리가 앞서 제시한 자기지시적 논리의 세 번째 특징, '새로움의 탄생'은 어떻게 가능하게 될까. 그것은 지속이 연속적인 변화를 통해 의미 있는 결과를 낳을 때 가능할 것 같다. 베르그손에 의하면, 앞에서 본 두 가지 특성 즉 요소들의 유기적 결합과 전체와 요소의 상호반영성은 "동일하면서도 동시에 변화하는 존재자가 스스로의 지속에 대해 가질 법한 표상이다"(DI, 75). 변화하는 동시에 자기동일성을 유지하는 존재자는 통상적 의미의 존재자와 달리 역동적 과정과 분리될 수 없다. 왜냐하면 여기서 자기동일성은 변화의 과정 자체에 의해 스스로 형성되는 것이지 고정된 주체의 자기동일성이 아니기 때문이다. 변화하는 동시에 동일한 것으로 남아 있는 지속은 곧 생성과 동일시될 수 있다. 생성은 피상적으로는 어떤 것이 다른 것으로 된다는 것을 의미하지만 이때 주어의 자기동일성을 분명히 규정하면 동일자로서의 존재가 생성에 앞서게 된다. 그래서 "어린아이가 성인이 된다"고 말하면 안 되고 "어린아이에서 성인으로 가는 생성이 있다"고 말해야 한다(EC, 312). 두 번째 문장에서 주어는 생성이며 어린아이와 성인은 실체가 아니라 상태들에 불과하다. 다만 이 생성이 일정한 결과를 낳기에 우리는 이전과 이후의 상태를 구분할 수 있게 된다. 의식상태들의 진행 과정도 마찬가지다. 거기에는 상태에서 상태로의 변화가 있고, 부분이든, 전체이든, 어느 것에 주체로서의 특권을 부여할 수 없다. 그럼에도 불구하고 그것이 생성인 이유는 이러한 진행이 새로운 결과를 낳기 때문이다.

　『시론』은 새로움 또는 창조라는 개념을 강조하지는 않으나 의식상태의 진행이 무언가를 낳는 생성임을 보여 주는 사례들은 풍부하다. 이미 1장에서 관찰하는 의식상태들의 질적 변화 하나하나가 어떤 수준에서 새로운 결과를 낳는 생성이라고 볼 수 있다. 예를 들어 신체의 일부에 힘을 가하는 노력의 감각은 점점 신체 전체로 퍼져 나간다. 이러한 긴장된 근육의 양적 팽창과 더불어, 우리 의식은 압박에서 피로로 그리고 피로에서 고통으로 질적 변화를 하는 것을 느낄 수 있다 (DI, 19). 이보다 더 두드러진 사례가 있다. 앞에서 의식상태들의 유기적 조직화에서 유래하는 수동적 종합의 몇 가지 사례를 보았는데, 이번에는 그러한 종합이 낳는 흥미로운 결과 한 가지를 보자. 시계추의 규칙적인 진동을 들으며 잠이 들게 될 때 "이런 효과를 일으키는 것은 마지막 진동 소리를 들었기 때문인가? 아니면 추의 마지막 운동을 지각했기 때문인가?"(DI, 79) 당연히 어느 쪽도 아니며 그것은 운동과 소리들이 유기적으로 결합하여 나타난 질적 변화에 나 자신의 의식이 동일화되었기 때문이다. 베르그손은 "계속되는 약한 자극의 효과"도 마찬가지로 설명하는데 사실 이런 사례들은 멘 드 비랑과 라베쏭 그리고 그 시대의 심리생리학자들이 이미 제시한 '수동적 습관'의 사례들이다. 수동적 습관이란 감각이나 운동이 의지와 무관하게 반복될 경우 점차로 강도가 약화되면서 우리 의식이 거기에 동화되어 무의식적이 되는 과정이다. 이런 과정은 의식상태들의 유기적 조직화 그리고 그것이 일정한 결과를 낳는다는 것을 잘 보여 준다. 그러나 이 결과는 없던 것이 나타난다기보다는 있던 것이 쇠락하는 현상으로 보이며, 새로움의 창조라는 지속의 마지막 특징을 설명하기에는 아직 불충분해 보인다.

『창조적 진화』의 1장 서두에서는 바로 이런 부분이 보완되는데 그 방식은 두 측면에서 급진적이다. 우선 위에서 살펴본 질적 변화들은 우리 의식의 느낌으로 포착이 가능한 것이기에 우리는 한 상태에서 다른 상태로의 변화 혹은 생성을 말할 수 있었다. 그러나 실은 "한 상태에서 다른 상태로 이행하는 것과 같은 상태 안에 머무르는 것 사이에 본질적인 차이는 없다." 왜냐하면 각각의 의식상태는 그 내부에서 또한 부단히 변화하고 있기 때문이다. 감정, 표상, 의지와 같은 모든 내적 상태들은 단 한 순간도 변화를 멈추지 않는다. 왜냐하면 "영혼의 한 상태가 변화하기를 멈춘다면 그 지속은 흐르기를 멈추게 될 것이기 때문이다"(EC, 2). 바로 이 때문에 우리가 지속의 첫 번째 특징으로 제시한 상태들의 상호침투와 유기적 조직화 자체가 의식 아래 미시적 차원의 작용인 한에서 그것들을 이루는 요소들은 고정된 것이 아니라 모두가 작용이며 그것들 각각은 무한소적 생성이라 말할 수 있을 것이다. 그러므로 의식에 드러날 정도로 유의미한 질적 변화 역시 이 같은 생성의 연속성을 기반으로 한다. 베르그손은 이제 단지 의식

상태의 관찰 혹은 체험에 머무르지 않는다. "영혼의 한 상태가 변화를 멈춘다면 지속은 흐르기를 멈출 것"이라는 추론으로부터 생성의 연속성을 이끌어내는 것이다. 이렇게 시각을 바깥으로 옮길 때 비로소 지속은 존재자의 생성을 설명하는 원리로 부상한다.

다른 한편 이 부단한 변화는 그 자체로 창조이다. 어떻게 그러한가? 과거의 보존은 이미 『시론』에서도 암시되었으나 『창조적 진화』에서는 색다른 뉘앙스를 보여 준다. "내 기억이 거기 있어서 그것은 이 과거의 무언가를 현재로 밀어 넣는다. 내 영혼의 상태는 시간의 길 위를 전진하면서 그것이 끌어모으는 지속으로 끊임없이 부풀어 간다. 그것은 말하자면 자기 자신을 가지고 눈사람을 만든다"(EC, 2). 과거는 현재 안에 보존될 뿐만 아니라 현재와 상호침투하며 그 속에서 살찌워지고 풍요롭게 된다.[14] 이 현재라는 새로운 시간적 요인이 『물질과 기억』의 고찰을 이어 『창조적 진화』에서도 중요하게 부상한다. 그래서 "우리의 인격은 끊임없이 뻗어 나가고 성장하며 성숙한다. 그것의 각 순간[현재]은 새로운 것으로서 이전에 있던 것에 덧붙여진다"(EC, 6). 현재는 자아가 외부와 접하는 지점을 지시한다. 『시론』에서는 그것이 어디까지나 의식에 주어진 것으로서만 고찰되었고 그 때문에 이 첫 저서는 외부세계의 존재에 대해 유보적이다. 의식적 지속의 자기지시적 운동이 새로움을 창조할 수 있는 이유는 외적 현재로 끊임없는 열림을 통해 자기 자신을 넘어서는 데 있다. 다음 인용은 현재라는 열림의 지평 위에서 새롭게 정의된 지속의 창조적 의미이다.

---

14. 구이예는 『시론』에서도 이미 등장하는 이 살찌워짐(enrichissement)이라는 표현이 상호침투와 동의어가 아니라 "좀 더 많은 것, 심지어는 훨씬 더 많은 것"을 의미함으로써 『창조적 진화』에서 전개되는 창조 개념으로 연결된다고 본다. Gouhier, *Bergson et le Christ des évangiles*, p. 59.

[우리 삶의 각 순간에서] 우리는 우리 삶의 제작자들이다. 그리고 화가의 재능이 그가 만든 작품의 영향으로 형성되거나 왜곡되고, 어쨌든 변형되는 것과 마찬가지로 우리의 각 상태들도 우리가 방금 형성한 형태로서 우리로부터 나오는 동시에 우리의 인격을 변형시키기도 한다. 따라서 사람들이 우리가 무엇을 하는가는 우리가 무엇인가에 달렸다고 말하는 데는 일리가 있다. 그러나 여기에 덧붙여 우리는 어느 정도까지는 우리가 만드는 것이며, 우리는 끊임없이 우리 자신을 창조하고 있다고 말해야 한다.(EC, 7)

2. 이미지와 현재, 순수기억과 정신

베르그손의 첫 저서는 의식에 직접 주어진 것들을 대상으로 하기에 내적 과정의 외적 조건을 명시하지 않는다. 다만 동질적 표상을 거부하는 의식 심층의 감정들은 소통과 사회적 삶의 필요성에 의해 표층으로 다가갈수록 질적 본성을 뒤덮는 제2의 자아로 대치된다고 함으로써 표면과 심층의 대립관계를 암시할 뿐이다(DI, 93, 103). 외적 세계의 존재와 인식은 『물질과 기억』에서 이미지 이론을 중심으로 전개된다. 여기서 베르그손은 현재의 차원에 위치하여 물질과 신체의 관계를 독특한 방식으로 조명하면서 전통적인 관념론과 실재론의 대립이 제기하는 문제점을 해결 또는 해소하려고 한다. 한편 기억이론에서는 과거의 차원을 부각시켜 정신적 실재성을 주장하고 과거와 현재의 관계, 즉 무의식과 의식의 관계로부터 심신이론의 문제를 해결하고자 한다. 그러나 무엇보다 이미지 이론과 현재에 대한 사색은 베르그손의 지속 개념이 자기지시적 순환성 속에서 외부를 어떻게 수용하는지를 보여 준다. 여기서 나는 『창조적 진화』에서 생명체와 물질적 조건과의 상호작용을 다룰 때 나타나는 닫힘과 열림이라는 대립 개념의 구도가 이미 드러난다고 생각한다.

현재 ― 이미지와 신체

『물질과 기억』의 1장은 매우 독특한 이미지론으로부터 시작한다. 이 책의 제7판 서론에는 『시론』이 그러하듯 분명한 목적이 제시되어 있는데, 이미지론은 바로 그 목적 즉 '정신과 신체의 이원론이 제기하는 문제의 해결'을 위한 보조 가설 정도의 위치를 점한다. 물론 그 의미는 책의 의도와는 다르게 심층적인 해석에 열려 있다. 이미지는 근대철학에서 관념과 물질의 이원적 대립이 야기하는 어려움을 극복하기 위해 제시되었으며 "사물과 표상 사이의 중간 길에 위치한 존재"로서 이 책에서는 물질과 표상에 두루 사용된다(MM, 1). 같은 용어가 물질과 정신의 양측에 모두 사용됨으로써 처음에는 이해의 어려움을 가중시키는 측면이 있다. 기억을 다루는 2장과 3장에서는 신체와 정신의 구분에 기초하여 습관기억과 이미지기억으로 용어가 구분되고 사용되기에 이러한 문제가 없지만 1장에서는 물질과 신체를 이미지들로 부르고 정신 속에 형성된 표상도 이미지라고 하기 때문에 이는 애초에 정신과 물질의 이원성을 거부하는 철학적 태도를 전제하고서야 작동할 수 있는 개념이 된다.

『물질과 기억』의 1장에서 전개되는 이미지론은 어떤 의미에서 '현재의 존재론'이라고 부를 수 있다. 베르그손은 지속의 세계를 잠시 떠나 현재의 세계에서 일어나는 일들을 이미지들의 운동과 그것들의 관계 맺음으로 묘사하고 있다. 이미지들에는 두 종류가 있다. 물질적 이미지들과 내 신체의 이미지이다. 이것들은 각각 과학의 세계와 의식의 세계를 대표한다. 베르그손은 양자가 지각을 통해 서로 관계 맺는 과

정으로부터 주관과 객관의 대립에 의해 야기되는 근대철학의 이율배
반의 고리를 풀고자 한다. 물질이미지는 신체이미지를 포함하기에 신
체가 지각을 할 때 신체가 특권적 중심이 되어 산출되는 표상의 세계
가 어떻게 가능한지를 설명해야 한다. 이 부분이 고전적 실재론에서
난제로 지적되는 것이어서 이미지론이 제시하는 해법의 중요성이 커
질 수밖에 없다. 베르그손은 이미지와 표상 사이에 본성상의 차이는
존재하지 않으며 표상은 물질적 이미지들의 연속된 운동 속에서 이
연속성을 끊고 지각의 대상을 고립시켜 "그것의 외피를 따로 분리"할
때 나타난다고 설명한다. 표상은 마치 대상이 빛을 발할 때 그 빛을
내 신체이미지가 거울같이 반사하는 데서 나타나는 것과 같은 "잠재
적virtuelle 이미지"로 비유된다(MM, 34). 형이상학과 비유가 혼합된 매
우 독특한 설명이다. 핵심은 이미지들 사이에 외재성의 관계를 넘어서
는 특별한 관계를 인정하지 않는 것이다. 그래서 순수지각이 나타날
때 거기에는 "지각이 지각된 대상과 일치하는 비개인적 기초가 있고
이 기초는 외재성 자체이다"(MM, 69). 표상의 탄생을 내 신체를 중심
으로 하는 의식의 세계가 아니라 이미지들 서로 간의 관계로부터 해
명하는 것이다.

그렇다면 이미지들 자체의 세계는 어떤가? 우선 물질적 이미지들
이 묘사되는 방식을 보자.

이 모든 이미지들은 내가 자연의 법칙들이라고 부르는 항구적인 법칙
들에 따라, 그것들의 모든 요소적인 부분들 속에서 서로에게 작용하
고 반작용한다. 그리고 이 법칙들에 대한 완벽한 과학이 이 각각의 이
미지들 속에서 일어날 일을 아마도 계산하고 예측하도록 해줄 것이
기 때문에, 이미지들의 미래는 그것들의 현재 속에 포함되어 있어야

만 하고, 현재에다 어떤 새로운 것도 덧붙여서는 안 된다.(MM, 11)

여기까지는 일반적인 과학적 대상들의 세계와 같다. 거기서 물질은 그것을 이루는 요소들끼리 상호작용하며 이는 법칙에 의해 기술되고 이로부터 예측이 가능한 것으로 간주된다. 그런데 베르그손은 3장에서 이 물질적 현재 즉 이미지들의 세계를 데까르뜨의 물질계와 유사하게 묘사하기도 한다. 그가 "공간 속에 연장되어 있는 한에서 물질은 끊임없이 새로 시작하는 현재로 정의되어야 한다."고 말할 때가 그러하다(MM, 154). 이렇게 규정된 세계는 단순한 과학의 세계를 넘어서서 기계론이라는 극단적인 형이상학으로 구현된다.

다른 한편 이러한 물질세계는 나의 신체이미지와 직접적 관련 속에 있다. 나의 현재mon présent는 언제나 감각과 운동으로서 직접 과거와 직접 미래를 연결하는 지속을 점유하지만 외부와 접하는 순수지각 속에서는 물질의 현재와 일치한다.

> 따라서 나의 신체는 나의 생성의 현실적 상태, 나의 지속 속에서 형성 중에 있는 것을 나타낸다. 더 일반적으로는 실재 자체인 생성의 이 연속성 속에서 현재적 순간은, 흐르는 유동체 속에서 우리의 지각이 실행하는 거의 순간적인 절단coupe에 의해서 구성된다. 그리고 이 절단면이 바로 우리가 물질적 세계라고 부르는 것이다.(MM, 154)

순수지각이 사물과 접촉한다는 것은 또는 그것이 생성의 연속성속에서 순간적 절단을 행한다는 것은 내 신체가 외부세계의 순간성을 공유한다는 뜻이다. 즉 내 현재가 외부로 열려 있다는 것을 말한다. 이로부터 우리는 물질세계에서 다른 이미지들과 동시대적contemporain 존재가 된다. 이미지들은 서로 공존하며 상호작용하기 때문이다. 그런데 이는 순수공간을 이루는 부분들의 절대적 '동시성'simultanéité 이 아니다. 왜냐하면 내 신체는 다른 이미지들의 자극에 의해 정념af-fection을 느끼기 때문이다. 특히 생명적 이미지들의 작용은 단지 외적 상호작용인 것만이 아니라 상호침투의 경험이기도 하다. 그렇다면 이렇게 묘사된 외부세계는 데까르뜨적인 세계 또는 고전역학의 세계일 수만은 없다. 연속성이 없이 순간순간 나타나는 데까르뜨의 세계는 부분들이 서로 외재적이고 동시적으로 공존하는 세계로서 곧 순수공간의 세계다. 거기에 뉴턴I. Newton처럼 질점의 운동을 삽입해도 운동은 위치 변화로 이해되기 때문에 동시적 공존이 가능한 공간의 본성은 변하지 않는다. 이러한 공간은 『시론』에서 그 실재성을 거부한 바 있고 외부로의 열림을 위해서 재도입될 수 없는 것이다. 따라서 나의 신체와 동시대적인 외부세계를 순수공간인 것처럼 묘사하는 베르그손의 표현에는 본질적인 애매함이 존재한다고 하지 않을 수 없다.

더구나 이미지의 개념이 근대철학의 관념과 물질의 중간자의 역할을 위해 도입된 것을 생각할 때 위와 같은 극단적 묘사는 과장된 것이라고 생각된다. 왜냐하면 이미지는 관념이 아니지만 우리가 지각하는 내용과 분리된 것도 아니기 때문이다.

그것은 우리 정신의 상태들이 아니고, 우리 존재와 독립적인 존재를 구성하는 요소들이다. 따라서 상식에 있어서 대상은 그 자체로 존재하며, 다른 한편으로 대상은 그 자체로 우리가 지각하는 대로 그림같이 펼쳐져 있다. 즉 그것은 하나의 이미지이지만, 그 자체로 존재하는 이미지이다.(MM, 2)

그렇다면 이러한 중간자로서의 이미지를 어떻게 이해해야 할까? 한 가지 방안은 일부 연구자들처럼 현상학적 독해를 도입하는 것이다. 일종의 베르그손식의 지각의 현상학을 구성하는 것이다.[15] 의식은 언제나 무엇인가에 대한 의식이며 이미지들에 대한 순수지각도 예외일 수 없다. 그렇다면 나의 현재의식과 일치하는 외부세계의 현재도 의식에 의한 구성이라고 해야 할 것이다. 이것은 베르그손의 의도와 일치한다고 보기 어렵기에 나는 동의할 수 없다. 이러한 접근은 외부세계의 실재성에 대해 언급하지 않는 『시론』의 작업에는 들어맞을 수 있지만 외부로의 열림을 위해 의식을 벗어나는 이후의 과정을 설명할 수 없다. 이후의 베르그손의 철학은 의식의 역량이 아니라 지속 자체의 역량을 계속적으로 확장하여 신체, 생명체 일반 그리고 물질까지 지속 속에 포괄하는 입장으로 나아가기 때문이다. 이는 당장 『물질과 기억』의 4장에서 물질의 시간적 본성을 주장할 때 드러난다. 거기서 베르그손은 말한다.

비록 당신이 나의 의식을 제거한다 하더라도, 물질적 우주는 본래대로 존속한다. 단지 당신이 사물들에 대한 나의 행동의 조건이었던 지속의 이 특별한 리듬을 제외했기 때문에, 이 사물들은 과학이 구분하는 그만큼의 순간들로 분절되면서 자기 자신으로 되돌아가고, 감각적 성질들은 사라지지는 않지만, 비교할 수 없을 정도로 더욱 분할된 어떤 지속 안에서 펼쳐지고 용해된다. 이처럼 물질은, 모든 것이 중단 없는 연속 속에서 연결되어 있으며 모든 것이 서로 연대적인, 수없

---

15. Frédéric Worms, *Bergson ou les deux sens de la vie*, Paris, Quadrige/PUF, 2004, pp. 125~126.

는 진동들로 용해되는데, 이 진동들은 그만큼의 떨림들frissons처럼 모든 방향으로 퍼져 나간다.(MM, 233~234)

위 인용문에서 나타난 것처럼 물질은 의식과 무관하게 존속한다. 게다가 물질이 과학이 구분하는 순간들로 분절된다고 해도 그 순간들은 잇따르는 진동이라는 형태로 지속하는 존재들이며 서로 외적으로 고립된 이상적 극한이 아니다. 물론 베르그손이 물질의 연속성을 적극적으로 주장하기 위해 운동에 대한 의식적 '경험'으로부터 출발하는 것도 사실이고 그렇게 해서 그는 물질에도 의식의 지속에 비교할 수 있는 지속이 있음을 주장하기에 이른다. 하지만 이것은 물질을 '정신화'하기 위해서가 아니라 물질이 의식과 완전히 대립하거나 무관한 것은 아니라는 것을 보이기 위해 고안된, 이미지의 중간자적 특징과 연관된다.[16] 결정적으로 물질의 연속성을 입증하는 자리에서 베르그손은 당대의 물리학, 즉 패러데이의 장이론과 톰슨, 맥스웰 등의 이론을 인용한다. 이는 물질의 존재에 의식의 경험만으로 접근하는 일이 전부가 아님을 보여 준다.[17]

베르그손에게 있어서 이미지들의 세계라는 것은 데까르뜨적 우주와 버클리G. Berkeley의 의식을 동시에 넘어서려는 하나의 사고실험의 결과이며 그의 전체 철학의 구조를 볼 때 그것은 결국 지속하는 물질과 동떨어진 것이라고 볼 수 없다. 그럴 경우 물질적 이미지들의 세계

---

16. 보름스는 베르그손이 의식의 경험으로부터 물질의 형이상학적 실재성에 접근하는 과정을 강조하며 '물질의 정신화(spiritualisation de la matière)'의 위험이 있다고 언급하는데 이는 그가 외부로의 열림이라는 주제를 간과하고 있기 때문이다. Worms, *Bergson ou les deux sens de la vie*, pp. 123~124.

17. 다음 논문 참고. 황수영, 「베르그손과 근대물리학 : 비판과 영향」, 『철학연구』 제128집, 2020년 3월.

를 데까르뜨를 연상시키는 방식으로 묘사한 것, 즉 "생성의 순간적 단면" 혹은 "끊임없이 새로 태어나는 현재"라는 표현은 문제적이라는 것을 지적하지 않을 수 없다. 들뢰즈는 이미 이것을 예리하게 간파한 바 있는데 그에 의하면 "베르그손의 용어법이 지닌 어떤 모호함에도 불구하고 그것은 부동적이고 순간적인 단면이 아니다. 그것은 동적 단면이며 시간적인 단면 또는 시간적인 조망perspective이다."[18] 이런 해석은 이미지들의 세계가 결국 지속의 세계에 융합된다는 것을 주장하는 것일까? 그러나 그 경우 지속은 더 이상 의식에 고유한 것이 아닌 확장된 시간적 의미로 즉 물질의 현재를 적극적으로 포괄하는 의미로 이해되어야 할 것이다.

순수기억과 정신의 실재성

앞 절의 논의와 정신의 실재성이라는 주제가 어떻게 연결되는지 알기 위해 한 인용으로 시작해 보자. 『물질과 기억』의 결론의 말미에는 이 책의 전체에서 이미지들로 표현된 물질적 우주의 양면성을 처음이자 마지막으로 제시하는 구절이 있다. 양면성이란 물질적 우주의 기계론적 성격을 실천적 타당성의 이유로 정당화하는 동시에 그 가설의 절대적 성격을 완화하는 태도를 동시에 보여 주는 것이다.

절대적인 필연성은 서로를 잇따르는 지속의 순간들의 완전한 등가성에 의해 표현될지 모른다. 물질적 우주의 지속이 그러한가? 그것의 순간들 각각은 선행하는 것으로부터 수학적으로 도출될 수 있는

---

18. Gilles Deleuze, *Cinéma 1, L'image-mouvement*, Paris, Les Éditions de Minuit, 1983, p. 87. [질 들뢰즈, 『시네마 1 : 운동-이미지』, 유진상 옮김, 시각과언어, 2002.]

가? 우리는 이 저작 전체에서 연구의 편의를 위해 그렇다고 가정해 왔
다.…자연의 흐름의 우발성은 우리에게는 실천적으로 필연과 등가적
임에 틀림없다. 따라서 완화시킬 여지는 있지만 우리의 가설을 보존
하도록 하자. 그때조차도 자유는 자연 속에서 왕국 속의 왕국과 같지
는 않을 것이다. 우리는 이 자연이 하나의 중화된neutralisée 의식으로,
따라서 숨어있는latente 의식으로, 그것의 우발적인 현시들이 서로 상
충해서 그것들이 나타나려는 정확한 순간에 무화되는 의식으로 간
주될 수 있다고 말한 바 있다.(MM, 279)

이 인용문에서 베르그손은 양립불가능한 것으로 보이는 두 가지 가
설을 동시에 제시하고 있다. 이미지로 표현된 물질적 자연의 흐름이
거의 필연과 동등하다는 것, 다른 하나는 그것이 동시에 일종의 의식
으로 즉 그것을 이루는 요소들이 서로 상쇄되는 중화된 의식이라는
것이다. 전자는 물질적 관점, 후자는 정신적 관점에서 본 이미지들의
세계이다. 이 두 관점은 데까르뜨적 실체이원론과는 거리가 멀다. 그
러나 그것들의 관계는 아마도 베르그손의 전 철학을 섭렵한 후에야
그 의미를 파악할 수 있는 최종적 문제에 해당한다. 지금으로서는 정
신적 관점에 도달하기 위한 과정을 먼저 살펴보자.

우리 의식은 심층에서 반복이 불가능한 개별적 기억들을 보존하
고 있는데 베르그손은 이를 순수기억souvenir pur이라고 부른다. 순수
기억은 현실화되지 않고 있는 측면에서 무의식이라 불린다. 베르그손
에게서 무의식의 개념은 심신이론에서 심리적 삶의 다양한 층들의 극
단을 형성하면서 정신의 실재성을 기초하는 시간축을 이룬다. 신체
와 정신의 상호작용은 순수기억, 이미지기억Image-souvenir, 습관기억
souvenir-habitude 그리고 지각과 행동이 현재 속에 투사되어 순환적 상

호작용을 하는 가운데 이루어진다. 순수기억은 현재 작용하는 기억이 아니라 우리가 체험한 모든 내용들이 보존된 과거 그 자체이다. 순수기억은 그 자체로는 의식에 나타나지 않지만, 역동적 운동 속에서 현재 의식 속에 나타날 기회를 노린다. 그 기회는 지각에 의해 마련된다. 즉 외적 자극이 주어지고 습관기억으로 문제 해결이 불가능한 경우 심리적 삶의 마지막 층에 호출이 던져진다. 이때 순수기억으로부터 현재적 삶으로 내려와 지각을 대치하는 이미지가 형성되는데 이는 순수기억이 물질성을 띠고 현실화된 이미지기억이다. 이미지기억은 심리적 삶의 다양한 수준에 따라 일정 정도에서 개별적이거나 종적인 특성을 나타내는데 현재 지각에 가까워질수록 더욱더 일반적인(종적인) 형태로 된다. 따라서 그것은 과거 그 자체가 아니라 현재적 삶의 요구에 맞게 변형을 거친 기억이다. 현재적 요구에 맞는 기억들은 기억 전체에 비해 아주 일부에 지나지 않기 때문에 대부분의 기억들은 개별성을 간직한 순수기억으로 보존되어 의식에 나타나지 않는다.

그러므로 진정으로 현재로부터 자유로운 정신적 활동은 순수기억에서 유래한다. 우리가 과거를 그 자체로 떠올리고자 할 때 일어나는 일은 우선 현재로부터 벗어나 과거 속에 위치하는 것이다. 사진을 찍을 때 우리가 공간 속에서 특정한 장면에 사진기의 초점을 맞추듯이 과거를 상기하는 작업은 시간 속에서 원하는 장면이나 사건을 특정하여 단번에 거기에 위치해야 한다. 베르그손이 역원뿔 도식에 의해 종종 제시하듯이 여기서 현재와 과거, 공간과 시간은 수직적 구도로 그려진다. 과거 기억들을 형상화한 역원뿔의 꼭짓점과 닿아 있는 평면은 우리 신체가 다른 이미지들과 동시대적으로 공존하며 상호작용하는 평면이다. 기억의 무수한 층들과 이미지들의 평면이 이루는 수직적 구도의 뒤에는 더 근본적인 대조가 있는데 그것은 잠재태le virtuel와 현실태l'actuel의 관계이다. "과거는 본질적으로 잠재적이어서, 그것이 어둠으로부터 빛으로 솟아나오면서 현재적 이미지로 피어나는 운동을 우리가 따르고 채택할 때만 우리에게 과거로 포착될 수 있다"(MM, 150). 과거가 우리에게 포착되는 것은 이미지의 형태 즉 이미 현실화된 형태이며 과거 자체를 찾으려는 시도는 "빛 아래서 어둠을 찾으려는 것과 같은 것일지도 모른다." 관념연합론을 비롯하여 현재 우리가 가진 관념들로부터 출발하여 정신의 활동을 설명하는 모든 심리학적 시도가 바로 그러하다. 그것은 주어진 것으로부터 주어지지 않은 존재를 연역하는 것이고 이미 만들어진 것으로부터 생성의 과정 자체를 연역하는 시도이다. 그렇다면 순수기억이 실재한다는 것은 어떻게 알 수 있을까? 빛 속에서 어둠의 실재성을 어떻게 증명할 수 있을까?

베르그손은 우선 심리생리학적 사례들에 조회한다. 어떤 꿈이나 몽유병적인 상태에서 과거에 완전히 잊혔던 기억들이 떠오르는 경우가 있다. 특히 죽음의 목전에서 짧은 시간에 나타나는 파노라마 기억, 자신의 인생의 모든 역사가 단번에 순서대로 펼쳐지는 듯한 현상을 보는 것은 과거가 있는 그대로 보존되어 있다는 것을 증명하는 사례들이다. 그러나 이런 사례들은 아직도 충분히 알려지지 않은 뇌의 구조와 기능에 대한 연구를 통해 설명할 길이 있을지도 모른다. 베르그손식으로 말하면 이러한 설명은 여전히 현실태로부터 잠재태를 찾는 시도일지 모른다. 현실화된 것 안에서 답을 찾고자 하는 한 과학에 모든 것을 맡기게 될 우려가 있고 그 경우 정의하기 어려운 잠재태는 단지 분명한 윤곽을 가진 요소들의 가능한possible 선택지들로 환원될 것이다. 그렇다면 『물질과 기억』에서 기억의 심리생리학적 사례에 주목하는 3장보다는 지속과의 연관성 아래 의식과 물질의 통일을 시도하는 4장에서 그 열쇠를 찾아야 할지도 모른다. 그러나 그 경우에 순수기억이 대표하는 정신의 고유한 실재성은 더 확장된 지속 속으로 연기처럼 사라져버릴 우려도 있다. 대체 베르그손에게 정신적 실재성의 의미는 무엇이고, 그것과 넓은 의미의 지속과의 관계는 어떠한 것일까? 베르그손의 충실한 계승자이며 1세대 해석가에 속하는 구이예 H.Gouhier의 설명을 들어 보자. 좀 긴 인용이지만 들어볼 가치가 있다.

1896년의 『물질과 기억』은 새로운 유심론의 독창성을 빛내 주었다. 너무도 새로워서 사람들은 그 책의 제목에서 오래된 전통의 소환을 더 이상 식별하지 못할 정도이다. 왜냐하면 그것은 플라톤주의에까지 거슬러 올라가기 때문이다. 정신을 물질에 대립시키기 위해 정신을 기억으로 간주하는 전통 말이다. 사실 레미니상스의 이미지는 영혼의 과거의 삶이 현재의 삶에 남아 있다는 것, 그리고 정신은 그것의 과거의 모습을 계속 유지하고 있다는 것 외에 무엇을 의미하겠는가? 『메논』의 젊은 노예는 기하학을 배운 일이 없지만 그가 이를 안다는 것을 확신하기 위해서는 소크라테스가 상세히 가르쳐주는 것으로 충분했다. 그것은 의식 속에서 깨어나는 듯한 기억들이다. 마치 영혼이 육체 속에 떨어지기 전에 이데아의 세계를 고향으로 가지고 있기라도 한 것처럼 그리고 자신의 실체 자체 안에 그것들의 형상들을 보이지 않는 각인으로서 소유하고 있기라도 한 것처럼 말이다. 플라톤주의에서나 베르그손주의에서나 기억의 보존은 심리학적 기능이 아니라 존재론적 속성이다. 기억은 존재자를 정신적인 한에서 규정한다. 그럼에도 불구하고 플라톤주의에서 상황을 변화시키는 것은 그것[기억]이 인지가능한 것들로 가득한 지성과 일치한다는 것이다. 그것은 영혼의 무시간적 부분이 시간적인 생명으로 단죄된 것이다. 그것은 각 개인 속에 존재하는 무시간적인 것을 나타낸다. 반대로 베르그손주의에서 기억은 지성을 벗어나는 지속과 일치하며 바로 이 지속에 의해 나는 과거의 나와 동일하게 된다. 이것이 의미하는 바는 시간적인 것이 정신적인 것의 실체를 구성한다는 것이다.[19]

순수기억이 프로이트의 무의식과 달리 존재론적 의미를 갖는 무의식이라는 것은 들뢰즈가 주장한 것으로 잘 알려져 있지만 우리는 그보다 몇 년 전에 구이예가 순수기억의 존재론적 의미를 탁월하게 설명하고 있는 것을 볼 수 있다. 문제는 양자에게 존재론이라는 말이 어떤 의미를 갖고 있는가 하는 것이다. 구이예에게 이는 정신적인 것만이 존재론적 실재성을 갖는다는 것을 의미하는 것처럼 보인다. 플라톤과의 비유는 베르그손의 잠재적 기억의 위상을 해명하기 위해 모호함을 제거하고 극단적 입장으로 표현한 것이다. 이는 결국 정신적 실재의 존속이라는 주제의 가장 고전적 형태인 플라톤의 영혼불멸설에 이르게 된다. 이 비유의 결과로서 전통적 의미의 유심론적 해석이 완성된다. 우선, (1) 지속과 정신의 동일성을 확립하고, (2) 신체성과 물질성의 동일성을 확립하여 베르그손의 이원론은 잠정적으로 네까르뜨의 이원론에 가까워지며, (3) 최종적으로 물질성은 약화된 지속에 참여함으로써 유심론이 승리하게 된다. (3)으로 결론이 나면 (2)의 데까르뜨적 물질관은 약화된 지속의 극단적 양태에 지나지 않을 것이다. 물질이미지를 생성의 순간적 단면으로 보고 지속하는 생성을 정신적인 것으로 본다면 물질의 위상을 정신의 위상에 비해 이차적인 것에 머무르게 하는 유심론적 해석에 이른다. 이 입장은 물질이 잠자는 정신이라는 라이프니츠적인 유심론에 가까워진다. 이런 해석은 라베쏭으

---

19. Gouhier, *Bergson et le Christ des évangiles*, p. 55 (강조는 필자).

로부터 베르그손을 이해하는, 전통적인 해석 중 하나로 알려져 있으나 베르그손 철학의 전모를 보여 주는 것은 아니다.

『물질과 기억』의 1장에서 전개되는 이미지 가설의 중요성은 이미지들이 물질의 현재성을 대표하며 우리가 신체라는 특권적 이미지를 통해 그것과 접촉한다는 것을 확립한 것이다. 나는 이를 현재의 존재론이라고 표현함으로써 지속이 현재의 물적 조건을 향해 열려 있다는 것을 강조하였다. 그런데 이에 덧붙여 순수기억의 존재론을 말하게 되면 결국 두 종류의 존재를 인정하게 되어 존재론이라는 말의 의미가 복잡하게 된다. 두 가지 대립하는 존재론이 있다는 것은 이원론적 입장을 최종적으로 인정하는 것인데 이 경우에는 이미지들과 순수기억의 관계를 해명하는 일이 난제에 부딪히게 된다. 『물질과 기억』에서 시도하는 심신문제의 해결은 이원론을 완화하는 데서 비로소 가능하다는 것을 상기한다면 물질과 정신을 소통불가능한 방식으로 구분하는 것은 문제가 있어 보인다. 따라서 베르그손이 보통 그렇게 하듯이 양극단에서 대립하는 두 항들을 완화시킬 필요가 있다. 『물질과 기억』에는 정신과 물질이라는 전통적인 대립자들 외에 이들을 표현하는 여러 가지 개념들이 등장한다. 차이와 반복이 그러하고 잠재태와 현실태의 개념들이 그러하다. 특히 다음 절에서 좀 더 심화된 의미를 살펴볼 잠재태와 현실태의 관계는 무엇보다 순수기억과 신체이미지의 상호작용을 설명하기 위해 고안된 개념틀이다.

베르그손의 텍스트를 따라가 보면 이미지들과 순수기억의 관계는 실재적 공간과 실재적 시간의 관계이지 동질적 공간과 이질적 시간의 대립은 아니다. 후자는 대립으로 규정되지만 전자는 그렇지 않다. 우선 실재적 공간은 물질이미지와 신체이미지가 상호작용하는 동시대적 공간이며 상호외재적인 동시적 공간이 아니다. 나의 주변에 위치한 대상들은 내 가능적 행동의 대상들이며 이 대상들은 나에게 위협이 될 수도 있고 장밋빛 미래를 약속할 수도 있다. 그러므로 "공간 속에서의 거리는 시간 속에서 위협 또는 약속의 근접성의 척도를 나타낸다"(MM, 160). 이와 같이 신체를 매개로 하는 이미지들의 세계는 공간과 시간의 밀접한 상호관계 속에서 서술될 수 있다. 위협이나 약속으로서의 거리는 데까르뜨적 순수공간일 수 없다. 그것은 물리적 공간이라고는 할 수 없다 해도 실재적 공간인 것은 분명하다.

게다가 순수기억도 물질이미지에 비해 배타적인 실재성을 갖는 것은 아니다. 베르그손이 두 가지를 동시에 언급한 맥락에서, "내가 물질적 대상들을 지각하기를 멈출 때 그것들도 존재하기를 그친다고 가정할 이유가 없듯이, 일단 지각된 과거가 사라진다고 말할 이유도 없을 것이다."(MM, 157)라는 말의 핵심은 정신적 실재만 존재한다는 것이 아니라 정신적 실재는 물질적 실재와 동일한 자격으로 존재한다는 것이다. 즉 사건들은 현재 속에서만 움직이는 자동인형들의 놀이가 아닌 것처럼 정신의 자기지시적 논리에 의해 진행하는 자족적 과정인 것만도 아니다. 현재와 과거는 서로 씨줄과 날줄이 되어 연속적으로 사건들을 직조한다. 이런 이유로 나의 "체험된 현재는… 대부분 직접과거로" 이루어질 뿐만 아니라(MM, 166), 다음 절에서 볼 수 있듯이 가장 정신적인 행위인 것처럼 보이는 자유행위 또한 단지 외적 현재로의 열림이라는 조건을 매개로 해서만 실현될 수 있다.

잠재태의 현실화 속에서의 창조적 자유

나는 앞에서 『시론』의 내용을 논의하던 중에 의도적으로 자유에 대한 논의를 제외했었다. 이제 이 주제를 잠재태와 현실태의 관계 속에서 본격적으로 살펴보고자 한다. 이를 통해 우리는 가능태le possible,

잠재태le virtuel, 현실태l'actuel 그리고 창조création라는 개념들의 관계의 윤곽을 볼 수 있을 것이다. 사실 베르그손의 잠재태 개념을 철학사적으로 조명할 경우 라베쏭의 생명에 대한 묘사를 참조해야 한다. 나는 앞에서 라베쏭이 아리스토텔레스의 자연을 생명적 본성을 가진 것으로 재해석했다는 것을 강조한 바 있다. 라베쏭은 생명의 특징을 근대의 관성적 물질과 대비하여 어떤 성향, 변화가능성, 잠재력, 모호한 힘을 가진 것으로 묘사한다. 물질이 '가능태에서 현실태로' 어떠한 숨은 과정도 없이 무매개적으로 이행한다면, 생명은 그 진행 과정이 분명하게 결정된 것이 아니라 외부와의 상호작용 속에서 변화를 수용하기도 하고, 거기에 능동적으로 대처하는 과정에서 예기치 않은 능력을 발휘할 수도 있는 존재이다. 이러한 생명의 힘을 묘사하는 것으로 라베쏭이 택한 것이 아리스토텔레스의 가능태를 번역하는 데 사용되던 프랑스어 puissance인데, 이 용어는 가능태 외에도 힘, 역량, 잠재력, 권력 등 다양한 의미를 가지고 있다. 점차로 라베쏭은 물질이 '내적인 가능태'를 결여하고 있다고 주장하는 가운데 이 용어를 단지 생명에 대해서만 전유하게 하면서 본래 아리스토텔레스에게서 나타난 의미를 뛰어넘는다. 라베쏭이 묘사한 생명의 의미는 『창조적 진화』에서 나타나는 생명의 의미와 유사한 데가 많다. 베르그손은 그러한 의미를 '잠재적'virtuel이라고 표현한다. 이는 『물질과 기억』에서 사용된 잠재태와 연속선상에 있는 것이어서 이 자리에서 미리 지적을 해 두었다.

우선 창조 개념과 관련된 중요한 텍스트들을 소개해 보자. 『시론』에서 지속의 개념은 상태들의 잇따름과 유기적 조직화의 양상을 밝히는 데 집중되어 있는 반면, 자유행위는 '심리적 인과성'이라는 소제목 아래 새로운 것의 창조와 관련된 내용을 보여 준다. 물론 『시론』에서는 창조라는 용어는 아직 사용되지 않는다. 그러나 『물질과 기억』

의 말미에서 베르그손은 "다소간 자유롭게 전개되는 존재자는 매 순간 새로운 어떤 것을 창조한다"고 함으로써 자유와 창조의 연관성을 언급한다(MM, 251).『창조적 진화』에서도 자유행위는 창조의 한 사례임을 분명히 말하고 있다. "창조는… 신비가 아니다. 그것은 우리가 자유롭게 행동하자마자 우리 안에서 체험하는 것이다"(EC, 207). 우리는 베르그손의 창조적 인과성을 멘 드 비랑의 '생산적productrice 인과성'과 비교할 수도 있을 것이다. 비랑은 내적 의지는 무언가를 산출할 수 있는 인과적 힘을 갖는다고 주장한 바 있다. 그러한 의식은 일반화되지 않고 "스스로 단순해지고 개별화되면서 원인 또는 작용하는 힘과 동일한 자아의 의식에 이르게 된다"(FP, 55). 마지막으로『사유와 운동자』에서 베르그손은 "정신이 자기 자신으로부터 자신이 지닌 것보다 더 많은 것을 이끌어내는 것"을 창조라고 정의함으로써 창조의 정신적 성격을 강조하는 것을 볼 수 있다(PM, 31). 그러나 비랑과 베르그손이 공유하는 유심론에서 정신은 진공상태의 순수상태가 아니라 무엇보다 운동 또는 행동의 의식을 의미한다. 비랑에게 그것은 의지적이고 운동적인 노력의 의식이며 베르그손에게도 유사하다.『창조적 진화』에서 베르그손은 "행동은 비현실적인irréel 것 속에서 이루어질 수는 없을 것"이라고 말한다(EC, vii). 결국 자유의 의식이 창조적인 것이기 위해서 그것은 행동 속에서 현실화되지 않으면 안 된다.

자유행위는 무엇보다도 의지적 결정으로 이루어진다. 하지만 문제는 이런 결정이 가능태들의 세계에서 이미 수행된 임의의 추론을 따라 일어나는 선택이 아니라는 것이다(PM, 115). 그것은 심층의 심리 상태를 반영하는 '영혼 전체'로부터 나온다(DI, 125). 가능태는 추론의 영역으로서 거기서 행해진 선택은 원칙적으로 무시간적인 반면 자아의 숙고 행위는 과정 자체에 속하며 이 과정을 이루는 요소들은 진정으로 우발적인 세계 안에서 전개된다. 또한 자아가 순차적으로 겪은 내용은 모두 현재 속에 남아 작용하며 이로 인해 자아는 매 순간 변형된다. 자아가 무엇을 하는가 그리고 그것이 무엇인가는 상호적으로 결정된다. 그것의 역동적 과정은 "상호침투하고 상호 강화하면서 자연적 전개에 의해 자유행위에 도달하게 될 일련의 상태들"로 구성되기 때문이다(E, 129). 이 점에서 자유행위는 점차로 전개되어 가는 과정 혹은 '성숙'으로 나타난다. 이는 의식의 모든 상태들을 유기적으로 조직화하면서 창조적으로 자기동일성을 만들어가는 과정이다.

자유행위에서 심적 상태들의 전개는 단순한 행로를 따르지 않는다. 그것은 상태들이 인격 전체를 반영하는 정도에 따라 매 순간 자아의 다양한 층들에 관련된다. 자유행위는 원칙적으로 의식의 가장 심층에 기원을 둔 근본적 자아를 표현하는 것이다. 따라서 그것은 필연적으로 무의식을 내포할지도 모른다. 하지만 베르그손이 강조하듯이 이는 매우 어려운 일이며 자유행위는 표층자아로부터 심층자아에 이르기까지 다양한 양태를 띨 수밖에 없고 이는 베르그손이 제시하는 다음과 같은 위계적 이미지로 표상이 가능하다. "자유행위는 정도들degrés을 받아들인다"(DI, 125). 이 정도들 각각은 주관성의 일부를 구성한다. 왜냐하면 자유는 어떤 의도나 힘이라기보다는 무엇보다도 "행동 자체의 어떤 뉘앙스 또는 질"이기 때문이다(DI, 137). 주관성은 특히 현재 속에서 체험된 과거의 현존으로부터 온다. 행동의 질이 표현되는 정서는 기억들로 가득 채워져 있다. 『물질과 기억』은 기억의 작용에 의한 주관성의 발생을 더 명확히 설명하고 있다. 기억은 "직접적 지각의 지반을 기억들souvenirs의 보로 덮"는 동시에 "다수의 순간들을 응축한다"는 점에서 주관적이다(MM, 31).

자유행위는 무의식에서 의식까지 확장되고 있으므로 문제는 기억의 기능 혹은 능력이 자유의 정도들에 상응하는 심리상태들의 다양한 층들 사이에서 맺는 관계를 어떻게 밝혀내는가 하는 것이다. 우리는 이 의식의 층들을 『물질과 기억』의 역원뿔 도식으로 형상화할 수 있다. 자유행위의 전개는 지각들에서 기억들로 가는 혹은 그와 반대의 방향으로 가는 수직적 운동이다. 역원뿔 도식에서 모든 심리적 활동은 원뿔의 횡단면들로 상징된 의식의 평면들을 경유한다. 수평면을 이루는 동심원들 각각은 축약된 수준에서 매번 기억들의 총체를 반영하고 있는 반면 이 원들 전체는 우리의 심리적 삶이 다양한 층들에서 반복되는 것을 나타낸다. 이 원들 전체의 공존은 기억이라는 잠재태의 복잡한 존재방식을 그려주는데 동심원 하나하나는 심리적 삶의 일부를 이루면서도 전체를 압축적으로 대표하기에 여기서 전체는 자기 자신의 요소가 된다. 즉 우리는 이제 지속의 자기지시적 과정의 두 번째 특징으로 앞에서 지목했던 전체와 부분의 상호반영성을 볼 수 있다.

이제 잠재태는 어떻게 현실태와 관계를 맺게 되는가? 잠재태를 정신적 실재성을 주장하는 존재론적 입장에서 본다면 그것이 지각이든, 사건이든, 무언가 기존재한 내용이 기억 속에 보존되고 이것이 나중에 현실태로 드러나는 것으로 생각할 수밖에 없다. 이는 어떤 고정된 형상, '가능태'와 같은 것으로 오해될 소지가 있지 않은가? 따라서 이러한 생각을 벗어나 잠재태가 현실태와 맺는 관계를 본다면 여기서는 엄밀히 선후관계가 존재하는 것이 아니라 차라리 순환적인 관계, 그러면서도 언제나 열린 관계가 존재한다는 것을 알게 된다. 잠재태의 현실화는 '삶에 대한 주의'에 의존하는, 기억의 상기 속에 존재한다. 임의의 수준에 존재하는 기억을 지각에 삽입되게 해 주는 것은 현재적 의식에 대한 호소이다. 물론 기억도, 지각도 일직선적인 방식으로 진행하지는 않는다. 그것들은 주의 깊은 식별을 가능하게 하는 이중동심원의 도식이 보여 주는 것처럼 '잘 닫힌 회로' 안에서 서로를 반영한다(MM, 114). 하지만 이 회로는 현재에 대한 호소로부터 생성된다는 점에서 열려 있다. 습관적 식별과 같이 자동적으로 완수되는 행동도 있지만 의식의 심층에 호소하는 잠재태의 현실화는 현실태 이전에 존재하고 있던 가능태의 출현이 아니다. 그것은 차라리 '가능태의 창조'로 이루어지는데 이는 지각이든, 행동이든, 일단 현실적 세계 속에서 사건이 일어난 후에만 가능태로서 표상될 수 있다(PM, 112~113). 그래서 잠재태의 현실화는 창조와 다른 것이 아니며, 따라서 그것은 현재의 우발성 자체에 참여한다.

이러한 열린 조건이 행동을 위한 자유로운 결정을 주도한다. 이렇게 해서 자유행위는 비록 의식의 심층에 기원을 둔다 하더라도 꿈과 다르다는 것이 드러난다. 꿈이 무의식의 원환 안에 갇혀 있다면 자유행위는 현재적 행동을 향해 스스로를 열기 때문이다. 자아가 결정을 해야 할 때 어떻게 행동하는지를 베르그손은 다음과 같이 보여 준다. "자아는 자신이 경험의 총체를 우리가 그것의 성격이라 부르는 것 속에서 끌어모으고 조직화하면서 그것을 행동들을 향해 집중시킨다. 그 안에서 당신은 행동들을 위한 재료로 이용되는 과거와 더불어 인격이 그 행동들에 각인시키는 예측하지 못한 형태를 발견하게 될 것이다"(DI, 192). 이처럼 자유행위는 가능성들 사이에서 선택하는 것이 아니라 기억 전체를 반영하는 현재 속에서 행동을 통해 이루어질 때 진정한 창조적 행위가 된다. 기억 전체가 현재 속에 반영된다는 것은 고정된 실체로서 거기에 구현되는 것이 아니라 역동적이며 통일적인 작용으로서 거기에 참여하는 것을 의미한다. 그러므로 잠재태의 현실화는 분리된 두 차원으로서가 아니라 상호 의존적으로 작용하고,

그 작용을 완성하는 데 있어서 현재의 참여를 필수적인 것으로 요구하는 생성의 과정이다. 그렇다면 정신과 신체의 상호작용은 두 대립된 실체의 관계나 동일한 실체가 낳는 위계적 관계가 아니라, 동일한 실체가 생성 속에서 스스로의 동일성을 갱신시키는, 상호의존적인 두 작용으로 볼 수도 있지 않을까?

자유행위는 다음과 같은 근본적인 질문을 제기한다. 무의식에서 의식으로의 이행은 어떻게 가능한가 하는 것이다. 의식의 '발생'은 바로 『창조적 진화』의 주제가 된다. 또한 우리는 이 책을 경유하며 정신과 신체의 이원성, 그리고 보다 일반적으로 정신과 물질의 관계를 더욱 심층적으로 숙고할 기회를 갖게 된다.

3. 의식과 생명 – 열린 순환과 닫힌 순환

『시론』에서 제시된 의식적 지속의 자기지시적 특징으로 다시 돌아와 보자. 의식의 지속은 그것을 이루는 요소적 작용들이 잇따르면서 전진하는 가운데 서로를 지시하고 소환하여 소급적으로 자기동일성을 구성하는 역동적 과정이다. 이는 의식에서는 과거와 현재가 구분되지 않으며 과거가 현재 속에 생생히 살아남아 현재와 하나를 이룬다는 것을 보여 준다. 이처럼 의식의 지속은 자신을 고리로 하는 일종의 순환을 이루는데 이 순환이 새로움을 가져오는 선순환이기 위해서는 외적 현재에 열려 있어야 한다. 『물질과 기억』에서 이미지론은 현재의 실재성을 논증하는 것이라면 『창조적 진화』에서는 지속이 외적 현재로의 열림이라는 조건에서 진정한 창조로서의 미래로 나아간다는 생각을 보여 준다. 이렇게 해서 지속의 자기지시적 과정은 비로소 새로움의 탄생을 포함하는 선순환적 창조의 과정으로 재규정된다.

『창조적 진화』는 유기체의 삶과 생명 전체의 진화라는 두 측면에서 생명이 의식의 지속과 유사하게 변화하고, 자신을 보존하면서 궁극적으로 새로움을 창조한다는 주장을 전개한다. 새로움의 창조는 자족적인 과정이 아니다. 무한한 자기지시적 과정은 같은 것의 순환에 지나지 않을 것이다. 창조를 가능하게 하는 외적 조건들이 있고 이를 통해 현재는 부단히 새로워진다. 행동은 자신의 원환 속에서 순환하는 것이 아니라 자신을 둘러싸는 물질적 환경 속에서 끝없이 갱신된다. 의식이든, 생명이든, 주체는 외부 환경에 자신을 열어놓는다. 그것들의 현재는 이러한 개방으로부터 양분을 섭취한다. 과거로부터 잔존하는 모든 것들이 주체를 항구적으로 살찌우는 것도 바로 주체 자신을 개방하는 현재 속에서이다. 현재의 요동은 존재자 전체를 동요시킨다. 따라서 존재자의 미래는 결정된 계획을 실현하기를 기다리는 것이 아니라 이 동요에 기인하는 예측불가능성 자체와 하나가 된다. 정신과 생명의 창조적 자유는 외부 세계의 예측불가능성을 조건으로 한다.

　물론 주체는 외부로 자신을 열어놓은 후에 자기 자신 속에 다시 함몰되기도 한다. 내부 세계가 항상 명료한 의식인 것은 아니다. 그것은 때때로 주체가 스스로를 그저 내버려두어 자신이 다른 곳에서 한 것을 단지 반복하는 무대가 될 수도 있다. 그리하여 주체는 일정한 방향 속에서 안정화된다. 앞에서 본 의식의 수동적 종합, 습관, 잠, 꿈, 몽유병 등 무의식적 행태들과 유기적이고 본능적인 과정들이 바로 그러하다. 이는 자연히 생명의 과정으로 연결된다. 생명의 과정은 유기체의 삶과 생명 전체의 진화로 분류할 수 있다. 미시적 차원에서 거시적 차원에 이르기까지 생명은 외부에 스스로를 열어놓고 물질적 조건과 상호작용하면서 자기동일성을 이루고 변화하고 성장하며 진화해

간다. 물론 열림과 닫힘은 『도덕과 종교의 두 원천』(이하 『두 원천』)에서 주제적으로 다루는 개념들이다. 하지만 『창조적 진화』에서 이미 논의가 시작되고 있으며 이 개념들은 선순환적 창조라는 지속의 궁극적 특징을 이해하는 데 필수적이다.

유기체의 지속에서 생명의 진화로

유기체에서도 과거는 사라지지 않고 현재 속에서 작용한다고 말할 수 있다. 한 유기체가 살아가면서 겪는 모든 과정은 그것의 구조와 성격, 행태에 반영되어 그것의 본질을 이룬다. 의식의 지속과 마찬가지로 과거의 잇따르는 요소들은 상호침투하며 유기적으로 결합되어 생명체의 부단한 변화 속에서 새로운 상태들을 야기한다. 그것들은 발생과 변태 및 성숙이나 노화의 사례들에서 보이는 것처럼 뚜렷한 단계들로 형상화된다. 이로부터 유기체의 두드러진 특징인 나이와 역사를 말할 수 있게 된다. 사실 "무언가가 살고 있는 곳에서는 언제나 시간이 기입되는 장부가 어딘가에 열린 채로 있다"(EC, 16). 생명체에 있어서 시간의 진정한 의미는 그것이 자신의 과거를 현재로 소환할 뿐만 아니라 또한 끊임없이 갱신되는 현재를 통해 미래로 열려 있다는 것이다. 이런 이유로 생명체에게 절대적 단일성이 있다고 말하기에는 어려움이 있다. 예를 들면 생식의 현상에서 볼 수 있듯이 그것은 하나이면서 동시에 여러 개일 수도 있다. 이는 유기체의 현상을 수적 다양성의 개념으로 접근할 경우 당장 부딪히게 되는 어려움이다. 결국 생명 현상은 부분들을 더해서 전체가 되는 방식으로 진행하지 않는다. 그것은 닫힌 공간에서 일어나는 셈법이다. 생명은 '요소들의 연합'association에 의해서가 아니라 배아의 발달 과정이 그러하듯이 "분리 dissociation와 분열dédoublement"에 의해 진행한다(EC, 90). 분리나 분열은 어떤 폭발적인 힘의 존재를 가정한다. 바로 '생명의 도약'élan vital이다.

열림의 조건은 자연히 공간의 차원을 필요로 한다. 이는 생명체가 처해 있는 구체적인 장소를 말한다. 생명의 과정이 폭발적인 힘의 전개라고 하더라도 유기체는 또한 물질과의 '타협안'modus vivendi이기도 하다. 유기체는 주변의 무기물을 동화하여 조직을 구성하는 활동 외에도 외부의 영향에 항구적으로 노출되어 그것을 자신의 고유한 방식으로 전유하기를 멈추지 않는다. 이러한 유기체의 활동은 그것이 "서로서로 보완하는 이질적 부분들"과 "서로서로 내포하는 다양한 기능들"을 갖는 데 기인한다(EC, 12). 그것은 매 순간 열려 있으면서도 고유한 기작에 의해 스스로 고립됨으로써 자기성을 유지한다. 이처럼 환경과의 상호작용은 자기로 돌아오는 회귀작용을 통해 이질적 타자를 자기화하기에 이른다. 거기에는 자기성과 타자성의 융합이 존재한다. 이로부터 물질계와 다른 생명에 고유한 '개체성'individualité이라는 관념을 생각할 수 있다. 생명체는 자기 자신으로부터 시간적인 동시에 공간적인 역동성을 통해 자신의 고유한 동일성을 만들어내는 점에서 개체이다. 생식 현상은 이러한 동일성의 재생산을 잘 보여 준다. 그것은 시간적으로 자신을 영속화하는 작용인 동시에 공간적으로 자신과 동일하거나 유사한 "전체를 새로이 산출할 수 있는 힘"을 보여 주고 그렇게 해서 "부분들의 일정한 체계화"를 통해 새로운 전체를 낳는 작용이다(EC, 14). 생식기능이 성세포라는 일부에 한정된 경우 우리는 부분이 전체를 내포하고 마침내 그것을 산출하는 극적인 과정을 볼수 있다. 게다가 이를 일반화할 수도 있다. 세포분열을 통해 생식을 하는 단세포 생물이 그러하고 유기체의 일부가 떨어져 나와 전체를 낳는 '재생'régénération이라는 현상도 그러하다. 여기서는 전체가 요소들을 조절할 뿐만 아니라 요소 자체가 전체를 조절한다. 이런 경우 "한 요소 혹은 일군의 요소들이 … 전체와 동등한 것으로 간주될 수 있다"(EC, 42). 전체와 부분의 상호반영이라는 현상은 우리가 지속의 두 번째 자기지시적 특징으로 제시한 바 있다. 이처럼 『시론』에서 살펴본 지속의 자기지시적 특징은 유기체에서도 마찬가지로 나타나는 것을 볼 수 있다.

물론 개체성은 결코 완벽하지 않다. 개체는 자기 자신만을 위해 생겨난 것이 아니라 그것을 낳은 대물림 과정의 산물이기도 하다. 생명의 속성들은 개별 생명체들에서는 완성될 수 없는 '경향'들이며 따라서 개체의 것보다 더 우월한 차원의 시간을 요구한다. 그러므로 유기적 기억은 필연적으로 생명의 일반적 흐름 속으로 연장된다. 배아와 성체 사이에 연속성이 있는 것처럼 종과 개체들 사이에는 연속성이 있다. 베르그손이 우리에게 제시하는 생명은 "자신이 차례로 유기화한 물체들을 관통하면서" 개체들을 경유하여 배에서 배로 가는 흐름이다(EC, 26~27). 연속적이면서도 열려 있는 이 흐름은 의식과 유기체의 삶과 마찬가지로 종들의 삶에도 급진적인 변화를 가능하게 한다. 그렇게 해서 진화가 가능하게 된다. 즉 과거의 형태들의 배경 위에서 새로운 종들이 출현하는 것이다.

생명 진화의 과정에는 당연히 시작이 있다. 베르그손에게 그것은 생명의 약동의 원초적 폭발과 더불어 일어난다. 이것은 구체적 시간 속에서 나타난 힘이다. 게다가 생명의 유한성이라는 속성에 주목해야 한다. "유기계를 통해 진화하는 힘은 제한된 힘이다"(EC, 127). 생명은 절대적인 원리가 아니라 그 한계에 의해 정의된다. 그것은 바로 외부 세계의 조건에 의해 제한된다. 이 관점에서 생명의 운동은 의식의 그것보다 훨씬 더 외부를 향해 열려 있다고 볼 수 있다. 생명은 무엇보다 "무기 물질에 작용하려는 경향"이다(EC, 97). 생명이 이에 도달하는 것은 내적 지속의 심층에 자리 잡음에 의해서가 아니다. 그와 반대로 생명은 내적으로 체험된 지속에서 나와 이를 확장해야만 한다. 생명은 물질적 현재가 자신에게 제공하는 모든 것을 끌어모아야 한다. 생명이 진화 속에서 창조해 낸 다양한 형태들은 환경과의 상호작용의 결과이다. 생명은 자신의 환경에 우연히 노출되지만 이 환경은 새로운 형태들을 산출하는 조건들 자체를 주조해 낸다. 생명과 그 조건들의 상호작용의 의미는 일반적으로 생각하는 것보다 훨씬 더 깊다. 생명이 물질적 조건을 수단으로 하여 하나의 계획이나 청사진을 실현한다든가, 반대로 물질적 법칙에 의해 엄밀히 결정된다고 보는 생각은 매우 단선적인 생각이다. 그렇게 진행되기는커녕 생명과 그 조건들은 일종의 선순환 과정에 의해 서로를 반영한다. 왜냐하면 새로운 형태가 나타날 때 그것의 조건들은 "생명이 그때 자신의 역사에서 처해 있는 순간의 특징이며, 새로운 형태와 합치하고 심지어는 그것과 일체가 될 뿐"이기 때문이다(EC, 28). 이는 생명이 자신의 도정 위에서 전유하게 된 모든 것들과 더불어 자기 자신으로 회귀하여 자기동일성을 만들어 낸다는 의미와 같다. 그러므로 생명의 진화과정의 자기동일성은 유기체가 이미 그러하듯이 물질세계의 타자성을 전유하는 작용으로부터 구성된다고 할 수 있다. 생명의 작용은 현재 속에서 수행되며 현재는 물질적 기초 위에서 나타난다. 지각과 행동은 이러한 현재의 물질적 첨점에 집중한다. 현재가 야기한 동요와 더불어 진화는 불가피하게 그리고 직접적으로 열린 과정, 우발적 과정이다. 그것은 사건의 모든 우발적 특징을 반영한다.

생명의 진화 속에서 열린 순환과 닫힌 순환 그리고 의식과 생명의 순환성

생명 진화를 지속의 논리로 설명할 경우 진화는 우리가 본 바와

같은 자기지시적 특징 혹은 선순환적 창조의 과정을 내포한다. 그런데 베르그손이 지속을 발견한 것은 의식의 체험에서이기에 진화가 의식의 과정과 어떤 관계인지를 밝히는 것이 베르그손의 진화론과 생성철학을 이해하는 데 있어서 핵심을 이룬다. 베르그손은 유기체이든 종들의 진화이든 간에 생명이 "의식과 같은 방식으로" 진행한다고 기꺼이 말하곤 한다. 양자 모두에서 현재에 대한 과거의 작용이 새로운 형태들을 낳기 때문이다. 의식과 생명의 이러한 유비analogie는 여러 연구가들에 의해 논의된 바 있으며 그 의미는 단순하지가 않다. 베르그손에게 있어서 생명과 의식 사이에는 유비를 넘어 일종의 순환성이 있다. 우선 생명의 진화 과정에서 각 생명체들의 의식이 깨어나는 것은 그것들이 영위하는 운동적 활동 덕분이다. 생명체는 운동의 자유를 소유하거나 정복함에 따라 무한한 선택지를 확보할 수 있고 의식은 이러한 선택의 자유에서 나타난다(EC, 112~113 ; ES, 10~12). 단적으로 말하면 의식을 낳는 것은 생명이다. 그런데 반대로 베르그손은 생명은 의식과 동일한 본성에 속한다고도 말하는데 그것은 생명이 기억이자 창조이기 때문이다. 의식과 생명은 과거 기억으로 소급하여 자신의 동일성을 유지하며 기억은 현재로 연장되어 현재와 더불어 새로움을 산출한다. 이러한 수수께끼 같은 순환성의 의미는 무엇인가? 문제를 좀 더 분명하게 하기 위해 우리는 베르그손에게서 보이는 생각을 둘로 나누어 논의하고자 한다. 첫째는 생명보다 의식을 우위에 두는 관점으로 전통적인 유심론적 해석이다. 두 번째는 생명과 의식의 개념적 순환성에 대한 필자의 지적으로 이는 유심론적 해석에 의문을 제기하는 논거가 될 수 있다.

i. 의식과 생명 사이의 관계를 해명해줄 수 있는 개념으로 '경

향'tendance의 개념을 주목할 필요가 있다. 이 개념은 생명이 의식과 마찬가지로 분명한 윤곽을 가진 실체라는 것을 거부하기 위해 채택되었고 자주 강조되는 개념이다. 생명은 "막대한 경향들이며 수천의 경향들의 상호침투이다"(EC, 259). 진화는 처음에 상호침투하다가 이윽고 여러 방향들로 분기되는 다양한 경향들로 구성된다. 생명의 과정과 의식의 과정의 유사성을 설명하는 핵심적 내용은 다음과 같다. 생명의 한 형태는 자신 안에 과거 전체를 내포하고 있으므로 그것은 "초보적인 상태에서 혹은 잠재적인 상태에서 다른 [생명] 형태들의 특징들을" 이미 보여 주는데 이는 마치 의식의 상태들 각각이 "자신이 그 안에 속해 있는 인격 전체를⋯잠재적으로 내포하고 있는" 것과 같다(EC, 119). 예를 들면 식물 속에서 잠자고 있는 운동성과 의식의 경향들은 예외적인 상황에서 깨어날 수 있다. 그러므로 단지 잠재적일 뿐인 '경향들'은 시간을 통해서만 전개되고 점차 모습을 드러낸다. 그것들은 초기부터 분명한 싹으로 미리 존재하는 것이 아니며 목적성의 원리에 의한 것도 또는 적응의 기작에 의해 살아남는 것도 아니다. 기억의 적극적 현존은 경향으로 존재하기에 생명은 결코 어떤 방식으로 결정된 가능태un possible의 실현으로 나타나지 않고 현재 속에서 새로움으로 나타난다. 그러므로 생명이 의식과 어떤 유비를 가진다면 그것은 잠재성인 한에서, 기억의 수준에서이다.

베르그손은 생명의 약동을 분석하는 자리에서도 계속해서 의식과 진화를 상호 접근시킨다. 그러나 여기에는 앞서 말한 것처럼 열림과 닫힘의 조건이 중요하게 등장한다. 열림의 조건은 전진하는 진화의 커다란 노선들과 관련되고 닫힘의 조건은 자신의 성공에 함몰된 특수한 종들의 운동과 관련된다. "진화는 가능한 한 직선으로 이루어질지도 모르지만 각각의 특수한 진화는 순환적 과정이다"(EC, 129).

여기서 문제되는 순환적 과정이란 각 종의 특수한 진화를 나타내는데 그것은 닫힌 순환성이라는 것이 핵심이다. 그것은 베르그손이 식물적 방향에 고유한 특징으로 지목한 망각, 무의식 그리고 마비와 같은 닫힌 상태로 생명을 이끈다. 반대로 진화의 커다란 노선들은 전진함에 따라 예측불가능한 형태들을 창조하는 열린 과정이다. "생명의 진화 앞에서 미래의 문은 커다랗게 열려 있다. 그것은 최초의 운동 덕분에 끝없이 계속되는 창조이다"(EC, 106). 이러한 창조의 과정을 베르그손은 의식의 과정에 접근시킨다. 이 경우 의식이라는 용어는 불가피하게 개인적 의식보다 훨씬 더 일반적인 의미를 띠게 될 수밖에 없다. 생명의 원초적 폭발은 일련의 분기현상들을 야기하는데 그중 하나는 의식의 방향이고 다른 하나는 무의식의 방향이다. 진화는 비록 창조적이라 하더라도 다양한 수준에서 깨어난 의식과 잠든 의식, 자유와 자동성 간의 대립을 보여 준다.

이로부터 동물 계열의 진화 한가운데서 지성과 본능의 대립이 나타난다. 지성은 무엇보다 의식이다. 비록 그 역은 성립하지 않지만 말이다. 그것은 의식적 노력을 대가로 해서만 만족시킬 수 있는 결핍이나 욕구를 행동의 동인으로서 갖는다. 이 결핍과 욕구는 동물이 열린 세계에서 완전한 행동의 자유를 누리게 될 때까지 무한히 재생된다. 이와 반대로 본능은 동물의 행동이 자동적으로 수행되는 곳에서 "행동의 원환"을 닫아버린다(EC, 142). 그 경우 동물의 행태는 무의식적이다. 무의식은 행동이 자동적이 될수록 그만큼 더 심층적이 된다. 베르그손은 본능적 행동을 표현하기 위해 독창적인 이미지를 제시한다. 본능은 무한한 장으로 확대되는 대신에 중심을 향해 수렴하는 '원주' 위의 점들로 단순화된다(EC, 172). 거기서 본능을 주도하는 생명적 힘은 그것을 자신의 장 속에 가두는 부분적 충동에서 멈춘다. 본능과 지성의 이러한 차이에도 불구하고 그것들은 서로를 보완한다. 이 상보성의 심층적 출처는 그것들의 공통적 기원에 있으며 그것들의 현재적 존재방식에서도 드러난다. 지성과 본능은 개체 안에서도 비율만 달리하면서 공존한다. 그것들은 동일한 원초적 경향의 분리된 두 요소들이다. 그렇다면 생명체는 분리된 생명의 현시들의 배후에서 동일한 원천에 도달할 수 있을까? 베르그손에 의하면 본능은 비록 그것이 특수한 생명 형태 위에 집중할 때라도 자신의 과거의 총체와 공감하기를 멈추지 않는다. 이것은 바로 "생명의 단일성"에서 유래하는 것이며 베르그손이 플로티노스에게서 빌려온 표현에 따르면 본능적 인식은 "자기 자신과 공감하는 하나의 전체"un tout sympathique à lui-même가 된다(EC, 168). 우선은 무의식적인 본능에 속하는 이 공감 능력은 지성에 의해 의식의 세계로 깨어날 때 직관으로 재탄생한다. 본능과 직관은, 본래 생명의 일부분만을 나타낼 뿐인 생명체의 능력이 각각 무의식과 의식의 영역에서 다시 생명 전체를 자신 안에 반영하는 능력이라 할 수 있다. 전체와 부분의 상호반영을 나타내는 지속의 자기지시적 특성은 여기서도 나타난다.

이처럼 의식은 진화를 이끌어가는 가설적 원리처럼 작용한다. 이 경우 의식은 『물질과 기억』에서 제시한 개별적 의식을 넘어서는 보편적 원리의 자격을 갖는다. 특히 깨어난 의식과 잠든 의식 사이의 이분법에 의해 우리는 베르그손적 유심론에 상당히 분명한 형태로 도달하게 된다. 다음의 인용을 보면 그러하다.

모든 일이 일어나는 양상은 마치 한 광대한 의식의 흐름이 물질을 관통하고, 모든 의식이 그러하듯이 상호침투하는 막대한 양의 잠재성으로 가득 차 있었던 것처럼 보인다. 그 흐름은 물질에 유기화 작용을 초래하였으나 그 운동은 그 때문에 무한히 지체되기도 하고 동시에 무한히 나누어지기도 했다. 한편으로는 실제로 의식은 외피 속에서 날개를 준비하는 번데기처럼 잠들어야만 했고 다른 한편으로 그것이 간직한 다양한 경향들은 유기체의 다양한 계열들로 나누어졌다(EC, 182).

생명의 기원을 의식에서 찾는 이 가설을 따른다면 의식과 생명 사이에서 우리가 앞서 지적한 의심스러운 순환성은 존재하지 않을지도 모른다. 진화의 커다란 노선은 원초적 의식의 깨어남으로 설명되고 각종이나 개체 속에서 자동적이고 무의식적인 현상을 나타내는 닫힌 순환은 의식의 잠듦으로 설명된다. 한편 진화 도중에 개별적 생명체를 매개로 일어나는 의식의 탄생은 각 생명체들의 운동을 기회로 하여 원초적 의식이 깨어나는 현상인 셈이다. 생명에 대한 이러한 보편적 의식의 우선성은 명백한 것으로 보인다. 베르그손은 "이런 측면에서 고찰해 보면 생명의 진화는 더 명백한 의미를 띤다"고 말한다(EC, 182). 이 관점에서는 생명적 지속의 자기지시적 선순환의 과정으로부터 동물의 방향에서 의식이 출현한다고 설명할 수 없다. 반대로 생명의 지속이 자신의 추동력을 진화를 통해 깨어나는 우주적 의식, 원본적인 정신적 지속에 의존한다고 해야 한다.

ii. 하지만 여기서 생명과 의식 사이에서 존재론적이기보다는 논리적이고 언어적인 차원의 새로운 형태의 순환성이 나타난다. 이는 우선 의식을 정의하는 문제로부터 시작된다. 대체 의식이란 무엇인가? 철학자들은 의식을 관찰함으로써 거기서 최초의 직관에 따른 원초적 사실을 찾는다. 원초적 사실은 각자의 철학을 확립하는 토대가 된다. 베르그손은 의식의 관찰로부터 질적 변화의 역동성을 발견하고 이를 존재의 모범으로 볼 것을 제안한다. 그러나 그가 이 역동성을 더욱 구체화하면서 의식은 점차로 생명적 현상을 닮아간다.

베르그손이 의식을 구체적으로 무엇이라고 생각하는지에 대한 단서는 1911년의 논문 「의식과 생명」에서 찾을 수 있다. 우리는 여기서 베르그손이 의식을 생명과 밀접한 관련 아래 정의하는 과정을 따라가 보자. 더 정확히 말하자면 베르그손은 의식은 경험에 항상 현전하는, 매우 구체적인 현상이기 때문에 어떤 정의를 하더라도 이보다 부정확할 것이라고 본다. 그러나 의식의 가장 두드러진 특징을 제시하는 것은 가능하다. 베르그손은 이를 세 단계로 제시한다. 첫째로 "의식은 우선 기억mémoire을 의미한다"(ES, 5). 물론 기억은 불완전하고 의식 속에 남아 있는 기억은 지나간 과거 전체에 비해 아주 미미한 부분일 수도 있다. 그럼에도 불구하고 의식이 시간 속에서 경험을 축적하는 작용을 하지 않거나 축적하더라도 매 순간 그것을 잊어버린다면 이는 죽은 의식이거나 매 순간 죽고 다시 태어나는 의식에 지나지 않을 것이기에 결과적으로 기억 없는 의식은 물질과 어떤 차이도 갖지 않을 것이다. 두 번째로 의식은 '미래에 대한 예상anticipation'이기도 하다. 의식은 언제나 다가올 미래를 향해 있으며 의식이 시간 속에서 계속 전진하는 것도 미래가 행사하는 인력에 의해서이다. 그런데 이러한 미래의 힘은 다른 것이 아니라 바로 살고자 하는 의지와 연관되어 있다. 『물질과 기억』의 3장에서도 지적한 바 있듯이 의식적 존재에 있어서 현재는 수학적인 순간으로 환원되지 않고 구체적인 지속의 두께를 가진다. 즉 그것은 직접과거를 반영하고 근접미래를 향해 있다. 이처럼 의식은 "과거와 미래의 사이에 놓인 다리"이다(ES, 6). 그런데 이 다리는 무엇에 소용되며, 결국 의식은 무엇을 위한 것인가? 이 질문에 대한 답이 의식의 마지막 특징을 구성한다. 즉 의식은 선택이다.

의식이 과거를 붙잡아두고 미래를 예상한다면, 그것은 분명히 의식이 선택을 행하기 위해 요청되었기 때문이다. 선택을 하기 위해서는 무엇을 할 수 있는지를 생각해야 하고, 이전에 했던 것이 갖는 이롭거나 해로운 결과들을 떠올려야 한다. 예상해야 하며, 기억해야 한다.(ES, 15)

이 모든 특징은 바로 생명의 본질 자체를 구성한다. 생명체에 있어서 과거와 미래는 현재에 의해서만 구분된다. 현재는 의식의 지속에 참여하는 동시에 물질세계와 접촉한다. 이것이 바로 생명체에게 행동하게끔 자극하고 주어진 문제를 해결하게 하는 것이다. 그렇기 때문에 베르그손에 의하면 "삶에 대한 어떤 주의 없이는 의식은 존재하지 않"으며 결국 "의식은 선택과 동의어"가 된다(ES, 11). 의식은 생명의 활동을 통해 정의된다. 그렇다면 의식보다 생명이 더 근원적이라고 보아야 할 이유가 생긴다. 선택의 필요성에 의해 의식이 물질적 현재에 참여하는 것이라면 이 선택은 단지 삶이라는 목적을 위해서, 신체를 통해서 이루어지는 것이다. 자유행위가 진공 상태에서 나타나는 순수한 정신적 행위가 아니라 현실 속에서 다양한 '정도들'을 받아들이는 것도 주체가 행동을 통해 물질적 현재와 접촉하는 생명체이기 때문이 아닌가? 또한 베르그손은 의식은 뇌라는 특정한 기관의 존재 유무를 떠나 살기 위해 행동하는 모든 존재자에게 그 의미를 갖는다고 주장하는데 이 역시 의식의 생명적 특징을 강조하기 위해서이다. 베르그손에 의하면 뇌의 본질적 기능은 명료한 표상을 떠올리는 능력이 아니라 행동을 위한 선택을 숙고하는 기관이다. 의식적 표상을 할 수 있는 능력이 없다고 해도 행동하기 위해서는 선택해야 하고, 선택하기 위해서는 지나간 것을 참조하면서 미래에 일어날 일을 예상해야 하기 때문이다. 뇌가 없는 아메바도 외부의 영양물질을 선택적으로 흡수한다. 이는 그것이 위가 없어도 소화를 할 수 있는 것과 같은 이치이다.

이런 모든 사실에도 불구하고 『창조적 진화』에서 나타나는, "생명은 물질 속에 던져진 의식"(EC, 182)이라는 표현에서 보듯이 베르그손은 여전히 의식의 우선성을 주장할 수 있을까? 이에 답하기 위해 베르그손은 다시 의식의 깨어남과 잠듦이라는 이중의 특징을 소환한다. 식물이건 동물이건 모든 생명체는 선택의 능력을 원리적으로^{en} droit 소유한다. 그래서 "의식은 사실적으로는 아니라 하더라도 원리적으로 생명과 공외연적^{coextensive}"이다(ES, 13).[20] 물론 실제로는 많은 생명체가 마비, 부동성, 무의식에 빠져 의식의 선택하는 능력을 포기한다. 고착된 삶을 영위하는 식물이나 부동성과 마비에 빠진 갑각류, 기생생물들이 그런 사례들이다. 이런 이유로 의식과 생명을 동일시할 수 없으며 생명에 대한 의식의 우선성을 인정하는 것이 불가피하다는 것이다. 그럼에도 불구하고 의식을 정의하는 데서 생명현상에 의존하는 순환성을 피할 수는 없을 것 같다. 의식과 생명의 외연을 같은 것으로 전제해도 그것들의 내포적 의미가 같은 것은 아니기 때문이다. 이러한 순환은 라베쏭과 베르그손, 두 철학자에게서 공통적으로 나타나는 특징인데, 베르그손의 경우 의식현상에서 역동적 지속이라는 독보적인 직관을 발견하였기에 이를 다시 생명현상에 의지하여 설명할 경우 우리는 두 가지 중에 어느 것에 우선성을 두어야 하는가 하는 문제에 직면하게 된다. 이 문제는 나중에 더 논의할 기회가 있으니 지금으로서는 생명현상과 연관된 문제들에 집중해 보자.

---

20. 의식이 생명과 공외연적이라는 주장은 의식의 배타적 우선성을 주장하는 유심론과는 차이가 있다. 이는 『창조적 진화』(1907)에서는 뚜렷이 나타나지 않는 주장이다. 「의식과 생명」에서 베르그손은 의식이 생명에 의해 정의되는 사태의 불가피성을 인지하고 일종의 타협책을 제시한 것 같다.

보통의 생명체에 있어서 선택의 행위는 완벽한 의식적 행위인 것만은 아니다. 아메바의 선택적 흡수는 당연히 무의식적이라고 할 수 있을 것이다. 그렇다면 새롭게 제기할 수 있는 의문은 무의식적 활동을 포함하는 선택의 행위가 의식의 전형이 될 수 있을까 하는 것이다. 베르그손이 예로 든, 뇌가 없는 생물의 행동이나, 뇌가 있어도 명료한 의식적 표상의 과정을 거치지 않는 선택 행위는 본능적 행위가 그러한 것처럼 무의식적이라 할 수 있다. 이러한 무의식은 의식의 잠듦이 분명하고, 따라서 의식보다는 생명현상에 가까운 것 아닌가? 이에 대한 대답은 베르그손이 의식의 개념을 매우 폭넓게 사용하는 태도에서 찾을 수 있을 듯하다. 베르그손은 뇌가 없어도 아메바와 같이 '운동'할 수 있는 생명체에는 모호하게 의식이 있다고 주장한다. 그러므로 이런 것들은 의식의 본질에 해당하는 기억과 예상(기대) 그리고 선택의 행동을 할 수 있는 것으로 인정된다. 의식의 개념을 이렇게 확장해서 사용하는 것이 불가능한 것은 아닐 것이고, 실제로 많은 동물들이 이러한 삶을 영위한다. 문제는 고착된 삶을 영위하는 식물이나 부동성과 마비에 빠진 갑각류, 기생생물들이다. 이 사례들은 베르그손에 의하면 명백히 의식의 잠듦이라는 진화의 방향을 의미한다(ES, 12). 그러나 여기에는 애매함이 있다고 하지 않을 수 없다. 이런 생명체들도 어떤 식으로든 영양물질을 선택적으로 흡수하는 행위를 통해 삶을 이어간다. 더 정밀한 생물학적 연구가 필요하겠지만 그것들에도 기억이나 예상과 유사한 과정이 존재할 수 있다. 그러면 그것들에 비해 아메바의 행위가 더 의식적이라는 주장의 근거는 무엇인가? 무엇보다 식물이 지구 위에서 차지하는 엄청난 규모와 역할을 볼 때 그리고 다른 생명체들과의 밀접한 관계를 볼 때 그것이 운동성을 결여하고 있다고 해서 의식과 생명의 본질을 구현하지 못한 닫힌 생명이라고 볼 근거는 불분명해 보인다.

한편 인간과 같은 고등동물에게도 잠과 꿈, 몽유병, 습관과 같은 현상들은 의식의 영역을 벗어나 있다. 베르그손이 의식의 개념을 아무리 광의로 사용한다고 해도 능동성을 결핍한 이러한 현상들은 그가 의식의 잠듦이라 표현한 현상에 가깝다. 이처럼 의식의 깨어남과 잠듦은 한 생명체 내에서도 나타나는 현상이다. 그러나 이런 현상들은 유기체가 기억하고 예상하며 선택하는 기본적 생명 활동의 바탕을 이루며 때로는 그것과 하나가 되는 것들이다. 실제로 베르그손은 『시론』에서 지속의 본질적 특성인 요소들의 상호침투하는 유기적 결합을 설명할 때 꿈을 포함하여 의식의 수동적 종합, 따라서 대부분 무의식적으로 이루어지는 종합을 사례로 든다. 결국 「의식과 생명」에서 베르그손이 의식의 구체적 내용을 해명하기 위해 생명 현상에 조회했을 때 이러한 참조가 이미 의식의 본질을 규정하였고, 생명 현상이 무의식적 과정을 필수로 포함하기에 의식의 내용도 필연적으로 확장된다. 베르그손은 생명의 핵심부에 의식을 놓고자 하지만 그 반대도 마찬가지인 것이다. 다시 말하면 의식과 생명은 서로를 참조함으로써만 정의되는 관계이다. 결국 의식과 무의식의 대립을 통해, 즉 의식의 깨어남과 잠듦을 통해 의식과 생명을 구분하고 의식을 생명보다 우월한, 보편적 원리의 위치에 올리려는 시도는 설득력을 갖는 것으로 보이지 않는다.

베르그손이 의식의 깨어남과 잠듦이라는 두 원리의 대립을 강조하는 것은 그것이 더 근본적인 이원성을 전제하는 데서 기인한다. 그것이 지시하는 현상들, 즉 마비와 무의식, 심지어 습관 같은 부정적 현상들은 궁극적으로 물질에 그 원인을 가진다. 이것은 생명의 도약을 물질과 대립하는 힘으로 구상한 이원적 발상에 기인한다. 마치 화약의 폭발적 힘과 금속의 저항하는 힘이 대립하듯 말이다. 생명은 끝없이 스스로를 열어젖히는 힘이고 물질은 스스로를 폐쇄하는 힘이며 전자는 깨어남에 후자는 잠듦에 비유된다. 그 경우 생명은 의식과 원리적으로 동의어가 될 것이고 생명이 나타내는 무의식, 부동성, 마비와 같은 수동적 특징들은 물질적 원리에 사로잡힌 현상이 될 것이다. 유기체와 생명의 진화는 두 가지 원리의 타협안으로서 생명을 깨어나게 하는 의식의 특성과 그것을 잠들게 하는 물질의 특성을 공유한다. 이러한 이원적 발상은 베르그손이 의식의 체험으로서의 지속을 넘어서서 그것을 우주 전체로 확장하려는 일관된 시도 속에서 어떤 의미를 갖는 것일까? 이 문제를 해명하는 것은 다음 절의 주제이다.

사실 의식과 생명, 물질의 본성을 전제하기 이전에 우리가 지속의 자기지시적 과정으로 돌아간다면 여기에 열림이라는 조건이 필수적이기에 닫힘 또한 열림의 조건으로서 따라 나올 수밖에 없다고 해야 한다. 정신현상에는 많은 무의식적 현상들이 있고 이는 의식 내의 닫힌 순환을 구성한다. 마찬가지로 생명의 진화에서 마비나 부동성, 무의식의 방향으로 나아간 생명체들도 닫힌 순환 속에 있다. 진화는 전체가 하나의 충력에서 유래하기에 열린 순환이 있다면 닫힌 순환도 있을 수밖에 없다. 베르그손이 말하듯이 자연은 그 모든 것을 포용한다. 자연은 선택의 대가로 다른 것을 버릴 필요가 없다. 그것은 "성장하면서 분기된 다양한 경향들을 보존하고 있다"(EC, 101). 생명 진화 앞에서 미래는 커다랗게 열려 있다는 표현이나 의식은 끝없는 창조라는 표현은 마치 순수한 창조, 순수한 열림 자체라는 것이 존재하는 듯한 인상을 준다. 그러나 순수한 열림이 존재할 수 있을까? 창조가 계속되기 위해서는 현재의 물질성에 의지해야 하고 열림이 계속되기 위해서도 역시 계속적인 닫힘이 필요하다. 열림과 닫힘은 상호 의존적 관계에 있다. 이는 앞 절에서 본 것과 같이 생명 진화를 의식에 기초한 유심론적 일원론으로 설명할 때 근본적 난점에 이르게 된다는 것을 보여 준다.

4. 물질의 자기지시적 선순환은 가능한가?

의식과 생명에서 나타나는 지속의 자기지시적 선순환을 물질에서도 발견할 수 있을까? 의식과 생명의 지속 그리고 물질의 지속에 대해서 어떤 관계를 세울 수 있을까? 베르그손에게 물질의 위상은 의식과 생명의 위상보다 하위의 실재성을 갖는 것처럼 묘사되며 이 묘사는 종종 부정적으로 나타난다. 이런 측면을 보여 주는 텍스트는 풍부하다. 이미 보았듯이 『물질과 기억』에서 "연장된 물질"은 "그 안에서 모든 것이 서로 균형을 이루고 상쇄되고 중화되는 어떤 의식처럼 존재한다"고 서술된다(MM, 247, 264). 『창조적 진화』에서 물질은 "적극적 실재[의식]의 중단 또는 전도"이다(EC, 209). 베르그손의 섬세한 주석가로 알려진 장껠레비치는 물질은 일종의 "불완전한 원인"에 불과하기 때문에 베르그손에게 진정한 실체의 이원론은 없다고 말한 바 있다.[21] 장껠레비치 역시 실체성은 정신에 있다는 전통적인 유심론적 해석의 대표적인 입장이다.

그러나 더 상세히 살펴보면 베르그손의 텍스트가 오직 유심론적 해석에 유리하게만 서술되어 있는가 하는 것은 명백하지 않으며 그렇게 해석할 경우 몇 가지 문제들이 출현하는 것을 보게 된다. 의식에 주어진 것들로부터 출발하는 『시론』에서도 외부세계의 존재에 대해

---

21. Vladimir Jankélévitch, *Henri Bergson*, Paris, PUF, 1931, p. 179.

언급하는 부분이 있다. 자아와 추시계로 이루어진 작은 세계가 있다고 가정해 보자. 자아가 추시계의 진동에 대응하는 시곗바늘의 운동을 좇을 때 자아 안에는 지나간 진동들의 표상들과 현재적 진동의 지각들을 보존하는 심리적 요소들의 상호 침투와 유기적 조직화가 있다. 반대로 자아 밖에는 현재적 진동에 대응하는 시곗바늘의 위치만 있는데 이는 현재적 진동이 나타날 때 지나간 진동은 더 이상 없기 때문이다. 그래서 베르그손은 자아와 외부세계 사이에 아무 접촉도 없다고 가정할 경우 "우리의 자아 안에는 상호외재성 없는 잇따름succession이 있고 우리 밖에는 잇따름 없는 외재성이 있다"고 결론을 짓는다(DI, 81). 이러한 가정을 통해 그는 우리 안에서 체험된 지속과 우리밖의 동시적 운동들 사이에서 절대적인 이분법을 주장하는 것처럼 보인다. 그렇게 이해된 물질적 현재는 순수공간 속에서 다른 점들과 맺는 동시성의 관계로 완벽하게 정의된 수학적 점에 가까워질지도 모른다. 따라서 의식의 지속과 물질적 사물들 사이에는 어떤 필연적 관계도 없을지 모른다.

이 간단한 사고실험은 우리에게 두 가지 질문을 제기하게 만든다. 우선 이 작은 세계 안에서 자아가 자신 속에 함몰되어 시계추와 그것의 진동들이 없다고 가정할 경우 의식이 체험하는 고유한 지속은 어떤 것이 될 것인가? 의식의 상태들은 어떻게 현재 속에서 전체로서 유기적으로 결합될 수 있을 것인가? 물론 그것은 지나간 과거로부터 남아 있는 표상들을 재료로 삼을 것이다. 자아가 물질적 현재에 눈을 감는다고 해도 자아의 내적 과정을 구성하는 것은 기억이다. 기억은 비록 변형된다고 할지라도 과거 속에서 이미 생겨난 사건들과 관련된다. 심층적인 의식 상태들을 표현하는 꿈조차도 애초에 다양한 종류의 지각들을 수단으로 하여 물질적 현재와 접촉하는 과정이 없다면 생겨날 수 없을 것이다. 그러므로 외부 세계와 근본적으로 단절된 지속이라는 가정은 어떤 의미도 가질 수 없다. 다른 한편 시계추의 진동들은 우리의 지각행위와 상관없이 규칙적으로 되돌아온다. 시계추의 진동들에 해당하는 물질계의 운동들이 과연 의식처럼 유기조직화되는지는 알 수 없지만 순차적으로 잇따른다는 것은 분명하다. 바로 이 반복되는 운동에 의해 우리는 그것이 진동임을 알 수 있기 때문이다. 물론 그것조차도 자아가 구성해 낸 것이라면 이야기는 달라진다. 하지만 그 경우는 자아의 밖이라는 가정 자체가 불가능하고 베르그손은 이러한 관념론적 방향을 취하지는 않는다. 그렇다면 베르그손이 말하는 대로 우리 밖에 운동은 전혀 없고 상호외재적 위치들의 병렬만 존재한다고 가정한다면 어떨까? 이것이야말로 순수공간이 아닌가? 그런데 순수공간은 실제로 존재하는 것인가, 우리의 상상인가? 베르그손은 이미 첫 저서에서 순수공간과 구체적 연장l'étendue concrète을 구분한 바 있다. 전자는 정신의 형식에 가깝고 후자는 명백히 외적 지각의 일부를 구성하는 것이다. 그렇다면 다시금 상호외재성 없는 잇따름과 잇따름 없는 상호외재성이라는 이분법 자체는 의문에 붙여질 수밖에 없다. 사실 『시론』이 이러한 엄격한 이분법을 견지한다고 분명히 말할 수는 없다. 이는 일종의 가설적 상황이고 또 이어서 베르그손은 자아의 지속과 순수공간 사이에 일종의 삼투압 현상이 있다고 말하기 때문이다. 아무튼 여기서 베르그손은 문제를 제기하는 데 그친다.

베르그손은 두 번째 저서에서 이 두 가지 문제를 심층적으로 재검토한다. 『물질과 기억』에서 그는 우선 공간과 물질을 명백히 구분한다. 공간은 모든 사물을 완벽하게 상호외재적으로 병렬시키는 장이다. 그것은 물질에 근사적으로만 적용되는 "무한한 분할가능성의 도식"이다(MM, 232). 분할의 도식, 다시 말해 지성의 형식이라는 것이다. 이미지론과 독립적으로 이 책의 4장에서는 물질 자체를 연속적 운동들로서 고찰한다. 그것은 공간 속에서 이동하는 원자들처럼 운동하는 사물들 자체가 아니라 전자기장의 작용 속에서 나타나듯이 전체적으로 이루어지는 과정의 운동성 자체이다. 자연히 이 과정은 분리된 순간들로 이루어지는 것이 아니라 시간 속에서 전개되는, 따라서 "이전과 이후를 가정하며 시간의 잇따르는 순간들을 연결하는" 분할 불가능한 운동들로 이루어진다(MM, 227). 이러한 잇따름이 바로 요소적인 물질적 사건들을 규칙적으로 되돌아오게 하는 것이다.

베르그손에게 운동은 시간 속에서 전개된다고 말하는 것으로 불충분하다. 그것은 무엇보다도 요소적인 사건들의 잇따름 자체와 다른 것이 아니다. 이 요소적인 물질적 사건들을 가리키기 위해 베르그손은 '요소적 진동들'vibrations élémentaires이라는 표현을 사용한다. 베르그손의 물질관의 자연과학적 의미를 심층적으로 연구한 차펙M. Čapek은 이 용어가 원자 내부의 세계를 가리키는, 즉 미시세계microcosmos를 구성하는 '미시시간'microchronos이라고 해석하면서 베르그손의 관점이 "시공간과 그 물질적 내용 사이의 구분, 생성과 실체의 구분을 폐기하는 새로운 물리학의 경향"과 일치한다고 지적한다.[22] 차펙의 해석을 빌지 않아도 베르그손에게서 요소적 운동들 또는 진동들은 물질의 구체적 내용과 분리됨이 없이 일체를 이룬다는 것은 명백하다. 그러므로 물질은 순수한 의미에서 연장된 것이 아니라 언제나 그 내용으로서 질을 갖추고 있다. 물질과 정신의 실체적 이원론 또는 동질적

---

22. Milič Čapek, "La Théorie bergsonienne de la matière et la physique moderne", *Revue philosophique de la France et de l'étranger*, t. CXLIII, janvier-mars, 1953, n° 1~3, pp. 32, 45.

공간과 심리적 지속의 이원론이라는 가설은 이런 상황을 설명할 수 없다. 이러한 대립자들은 가장 넓은 의미의 생성 속에서 즉 "실재 자체인 생성의 연속성" 속에서 용해된다(MM, 154). 여기서 우리는 처음으로 "우주 전체에 내재적인 지속"이라는 관념을 발견한다. 베르그손은 이를 한편으로 "시간 일반"이라고 부르고 다른 한편으로는 "물질적 잇따름"이라고 하기도 하는데, 이 잇따름의 현상은 우리의 고유한 지속과 유비적으로 생각할 수도 있으나 명백히 그 자체로서 존재하는 연속적 진동들이다(MM, 231).

물질이 그렇게 이해될 경우 우리는 이를 자신이 활동하는 과정으로부터 자신의 동일성을 이끌어내는, 그리고 전진하면서 끝없이 새로운 형태들을 창조하는 지속의 한 형식에 비교할 수 있을까? 그렇다고도 아니라고도 대답할 수 있다. 우선 긍정적인 대답은 우리가 의식 자체를 자연 속에 존재하는 여러 지속들 중의 하나로 고찰할 경우 가능하다. 『물질과 기억』은 지속의 다양한 리듬들, "비동등한 탄력을 갖는 지속들"을 받아들인다(MM, 232~233). 지속의 리듬은 그것의 가속화나 지연에 의해 존재자들의 계열 안에서 "의식의 긴장과 이완relâchement의 정도에 필적하는" 지속의 척도가 된다(MM, 232). 이 가설에서 긴장과 이완은 존재자들의 현재 모습을 가능하게 하는 동일한 역동성의 두 국면이 된다. 긴장의 상위의 정도에서 일어나는 일은 현재 속에서 적극적으로 과거를 보존하면서 그것을 기억 속에서 응축하고 그렇게 해서 새로운 것을 창조하는 것인 반면 그것의 최소한의 역할은 사물들 사이에서 잇따르는 순간들을 연결하는 것이리라. 의식과 생명의 모든 형태들은 바로 이러한 긴장이나 강도의 다양한 정도에 상응하는 데서 각각의 존재를 부여받을지도 모른다. 그렇다면 의식과 생명은 각각이 물질적 현재의 일부를 이루면서 회귀적으로 자신의 동일성을 구성하는 두 가지 커다란 범주의 과정존재자들이다. 게다가 물질의 나머지도 우리 지속의 극단적 이완이 아니다. 우리의 지속과 물질적 지속 사이에 극단적인 차이는 존재하지 않으며 그것들은 모두가 우주적 생성에 참여한다. 따라서 연장된 물질은 어떤 방식으로든 실재의 긴장에 참여할 것이다. 즉 그것은 구체적 연장l'étendue의 특징을 잃지 않고도 "지속의 일반적 구조를 소유하는 실재적 과정"일지도 모른다.[23] 적어도 『물질과 기억』은 그러한 가능성을 부정하지는 않는다. 게다가 우리가 물질현상의 역동성을 증명하는 현대과학의 사례들에 의지한다면 이 가능성은 현실성으로 될 수도 있을지 모른다. 나는 복잡계의 현상들에 대해 생각하고 있지만, 이 문제를 더 파고 들어가는 것은 상당한 지면을 요구하며 그것은 또한 철학사적 고찰을 넘어서는 것이기에 나중의 과제로 남겨 두겠다.

다른 한편 의식을 물질과 근본적으로 구분되는 독립적 실재로 놓는다면 상황은 더 이상 그와 같지 않을 것이다. 『창조적 진화』는 이러한 입장을 취하는 것 같다. 이 책에서 베르그손은 여전히 "우주 전체에 내재하는 지속"을 강조하기는 하지만 그것은 우주적 지속에서 여러 리듬의 존재를 강조하기보다는 "하나는 '하강'에, 다른 하나는 '상승'에 해당하는 두 대립된 운동"을 또는 두 대립된 경향들을 구분한다(EC, 11). 이렇게 물질과 의식을 반대되는 방향의 운동으로 보는 생각은 역설적으로 열역학 제2법칙에 대한 숙고로부터 강화된다. 베르그손에 의하면 이 법칙은 물질계 안에서 퍼텐셜에너지의 끊임없는 하락으로 이루어지는 비가역적 과정이 있다는 것을 보여 준다. 즉 시간의 화살이 존재하는 것이다. 이 법칙은 시간의 방향을 보여 준다는 점

23. 같은 글, p. 35.

에서 추상적이 아닌 구체적 시간의 의미를 드러내 주지만 물질의 운동이 필연적으로 도달하는 어떤 한계를 보여 준다. 반대로 의식과 생명은 하락하는 물질계의 운동을 거스르는 운동을 한다. 『물질과 기억』에서 주장한 지속의 다양한 리듬은 이제 우주적 시간을 특징짓는 긴장과 이완détente의 이중운동으로 환원된다. 물론 이러한 이중운동 역시 『물질과 기억』 속에 싹으로 존재하였으나 『창조적 진화』에서 우주적 지속의 이완은 물질적 질서를 낳는 "의지le vouloir의 이완"이라는 형태를 취하는 점에서 다르다. 물질적 연장은 여전히 순수공간이 아니라 어떤 종류의 긴장이기는 하나 그것은 의지의 이완에 의해 "스스로 중단되는 긴장" 혹은 방향을 역전시키는 긴장이다(EC, 246). 의지라는 요소가 개입할 때 상승운동과 하강운동의 대립은 분명한 위계적 성격을 띤다. 물질은 공간성도 아니고 기억도 아니며 단지 하나의 경향이다. 그러나 이 경향은 어떤 창조도 나올 수 없는 반복에의 경향에 지나지 않는다. 그것은 "무한히 반복되는 요소적 진동들의 상대적 안정성"이다(EC, 244). 생명은 물질의 운동을 늦출 수 있으나 이는 자신을 넣은 의지의 칭조적 약동이라는 힘을 빌려서 가능하다.

이로부터 우주적 생성은 물질과 우주적 의식(또는 초의식supracon-science)의 두 흐름으로 분리된다. 우주적 생성은 초의식의 원리와 동일시되며 물질은 이로부터 나타나는 역전된 운동으로 설명된다. 즉 물질은 생성하는 운동에 대립하는 해체되는 운동이다. 생명은 "해체되는 운동을 통해 생성되는 실재"이다(EC, 248). 그것은 정신적 실재와 물질적 실재 사이의 일종의 '타협안'modus vivendi이며 "물질을 관통하여 던져진 의식"이다(EC, 182). 의식은 그 궁극적인 심급에서 창조적 전진이다. 물질은 우주적 의식의 역전이며 지속의 가장 이완된 정도이다. 그것은 단지 전진함에 따라 자신의 순간들이 서로를 잇따른다는 의미에서만 지속한다. 이 순간들은 상호침투하고 상호 응축됨으로써 새로운 형태를 창조하는 적극적 기억에 이를 수는 없다. 잇따름으로써의 지속과 기억으로서의 지속 사이의 분명한 구분을 정당화하기 위해서는 모종의 정신적인 혹은 생명적인 힘이 필요할지도 모른다. 따라서 의식을 실체화하고 물질을 이에 종속시키는 경향이 나타나게 된다. 여기에 베르그손의 유심론을 부양한 원천들 중 하나가 있다.

> 이로부터 그러한 사물이 생성되는 과정은 물리적 과정과는 반대 방향을 향하며 따라서 그것은 정의상 비물질적이라는 것 외에 다른 어떤 결론이 나올 수 있겠는가?(EC, 246)

5. 맺는말

서론에서 지적했듯이 베르그손에게서 지속의 근본 특징은 『시론』에서 다양한 사례들과 더불어 심층적으로 관찰되고 분석되어 있으나 그 주요한 특징들은 『창조적 진화』의 초입에서 부단한 변화, 과거의 보존, 새로움의 창조라는 세 가지로 명료하게 부각된다. 이 특징들 중 뒤의 두 가지는 『시론』이 의식상태들의 연속적 변화를 독창적인 방식으로 서술할 때는 암시적으로 전제되어 있었으나 과거의 보존은 『물질과 기억』에서, 새로움의 창조는 『창조적 진화』에서 명시적으로 주제화된다. 나는 변화에 대한 『시론』의 분석을 이끄는 지도적 이념을 지속의 자기지시적 논리로 명명하고 이것이 의식상태만이 아니라 생명과 물질의 세계로 확대되어 동일하게 적용될 수 있기 위해서는 물질적 현재로의 열림이 필수적임을 주장했다. 이는 물질의 존재가 지속 밖에 있다는 것이 아니라 의식상태로만 고려된 지속의 밖에서 물질적 지속이 가능하다는 것을 보여 주려는 시도이다.

물질적 현재를 수용하는 첫 번째 시도가 『물질과 기억』의 1장에서 전개되는 이미지이론이며 이미지와 신체의 접촉을 통한 순수지각의 형성이 그 구체적 단초가 된다. 이미지들의 세계는 지성적 사고의 극한에서 전제된 순수공간과 달리 현실태l'actuel의 세계이고 잠재태와 상호 순환적 작용을 통해 정신적 세계와 관계를 맺는다. 이 관점에서 볼 때 잠재태를 순수한 정신적 실재성, 이미지를 순수한 물질로 정의한다면 양자의 관계 맺음은 불합리하게 된다. 베르그손이 이 책의 초입에서 이원론자임을 표방하지만 엄밀한 이원론을 견지할 경우 심신관계를 해명하려는 시도는 실패한다. 따라서 베르그손은 4장에서 물질을 '시간 일반'으로 명명하고 물질과 정신이 모두 시간의 질서에 속하며 그것들은 단지 지속의 긴장과 이완에 따른 리듬의 차이를 갖는 것으로 제시한다. 지속으로 재규정된 시간이 물질과 정신의 공통분모가 되며 그 위에서 양자의 상호작용이 설명된다. 기억이 무엇보다 정신적 속성이라고 해도 물질은 단지 순간들이 아니라 잇따름으로서 시간성을 유지하여 긴장과 기억에 참여한다. 이 책의 말미에서 베르그손은 물질의 지속은 단지 과거의 반복이며 정신의 지속이야말로 창조라고 함으로써 양자의 차이를 설명한다. 이때 물질의 지속을 어떻게 해석하는가에 따라 베르그손의 철학은 유심론적 일원론으로 또는 지속의 일원론으로 말할 수 있게 된다. 기억의 존재론적 의미를 강조하여 정신의 실재성을 우선시하고 지속과 정신을 동일시할 경우, 물질을 베르그손의 용어로 '중화된 의식', 라이프니츠의 용어로 '잠자는 정신'으로 간주하는 전통적인 유심론적 해석에 머무르게 된다. 반대로 시간의 적극적 의미에 기초하여 물질과 정신의 지속의 공통성을 강조할 경우 지속의 의미가 확대되면서 물질을 포함하는 지속의 일원론을 말할 수도 있다. 『물질과 기억』은 양자의 가능성을 모두 열어놓은 듯하다. 전자가 라베쏭으로부터 물려받은 유산이라 한다면 후자는 들뢰즈의 해석으로 나아가는 방향이다.

『창조적 진화』 역시 진화의 다양한 경향들의 창조적 분기를 말할 때는 물질과 생명의 이원적 원리로부터 출발한다. 생명의 약동은 물질적 현재에 의해 제한될 수밖에 없다. 그래서 생명체의 삶과 진화는 사건으로서 드러나는 현실태이다. 그것은 절대적 의식으로부터 단번에 출발하는 것이 아니라 사건의 외부성과 하나가 된다. 사건은 현재의 본질 자체를 구성한다. 그러나 베르그손은 여기서 앞의 저서와는 달리 생명과 물질적 현상의 배후에 더 근본적인 의식의 원리를 놓음으로써 지속의 정신적 색채를 감추지 않는다. 물론 이 의식은 더 이상 『시론』에서 출발한 개별적 의식은 아니다. 그렇다고 해도 『시론』에서 의식은 단지 출발점에 불과한 것이었기에 나는 그 자기지시적 생성이라는 특성만을 추상하여 지속의 특징을 자연화하고자 했다. 그러나 베르그손이 『창조적 진화』에서 이러한 지속의 자기지시적 특징을 전 우주로 확대하면서도 물질과 의식을 구분하여 두 반대되는 운동으로 규정하고 창조라는 지속의 궁극적 특징을 확대된 정신적 특성과 동일시함에 따라 『창조적 진화』는 초의식의 일원론, 혹은 초의식으로부터 유래하는 물질과 생명의 이원론으로 끝을 맺는다. 이 책이 자연과학에 대한 심층적 반성에도 불구하고 이러한 태도를 고수하는 것은 정신과 의지의 힘을 우위에 놓는 유심론의 영향이다.

물론 기억은 잠재적 경향들의 형태로 모든 사건들 속에서 작용한다. 심지어 바로 그런 이유로 인해 사건은 자신의 유일한 성격을 지니게 된다. 그러나 기억은 사건들로부터 형성된다. 기억의 존재론을 확립하기 위해 플라톤으로 거슬러 올라가는 것은 과장된 해석이 아닌가 한다. 현실화된 것은 결정론의 세계가 아니듯이 기억인 것만도 아니다. 사건은 현재의 요동에 자극받고 잠재태와 상호작용하면서 비로소 예측불가능성의 세계를 연다. 잠재태의 현실화가 예측불가능한 창조이기 위해서는 현실태의 의미가 극소화되어서는 안 된다. 창조적 과정은 자기와 타자가 교착되어 지속의 요소들이 되고 그것들이 서로 침투하고 결합하며 점차로 부풀어가는 생성 자체이다. 지속은 자기지시적 과정이지만 그 자기는 타자라는 요소들로 이루어져 있으며 자기성은 그 타자들을 융합하여 살찌워 가는 과정 자체이기 때문이다. 그러한 것이 질적 다양성의 모습이기도 하다. 물질적 현재에 대한 분명한 강조와 지속의 자연화에 대한 단서들 그리고 새로운 자연과학에 깊이 경도되어 그 성과를 철학적으로 재사유하고자 하는 베르그손의 의도를 생각해 볼 때, 그의 철학을 유심론적 입장에 머무르게 하는 것은 이를 암시하는 그의 일부 텍스트들에도 불구하고 그 자신의 의도를 충분히 반영한다고 보기 어려운 점이 있다.

3절 공간과 인식 — 칸트와 대적하는 베르그손

베르그손이 철학적 반성을 시작한 계기가 칸트가 기도한 인식론적 혁명과 직접적 관련이 있는 것은 아니다.[24] 스펜서가 제시한 새로운 과학철학에 경도된 젊은 베르그손의 초상은 오로지 자신이 피부로 감지할 수 있는 생생한 문제들에 열정을 기울이는 사심 없는 과학자의 그것과 유사하다. 거기에는 자신이 몰두하는 문제의 해결가능성에 대한 낙관이 있고 자신의 태도에 대한 확신이 있다. 그러나 그를 이

---

24. de La Harpe, "Souvenirs personnels d'un entretien avec Bergson", pp. 358~9.

무관심의 잠에서 깨어나게 한 사건, 시간에 대한 새로운 관점의 탄생을 예고하는 사건과 더불어 베르그손은 점차로 이 근대의 거인에게 보이지 않는 발걸음으로 다가가기 시작한다. 그 사건이란 바로 스펜서의 과학주의에서 진정한 시간에 대한 어떤 성찰도 발견할 수 없었다는 깨달음이다. 스펜서에 대한 신뢰가 깊었던 만큼 베르그손이 베르그손주의자로 되는 결정적 계기는 그 자신의 과거에서 벗어나는 순간이기도 하다.[25] 게다가 그 순간은 다행히도 일찍 도래한 편이다. 시간에 대한 새로운 조망을 일거에 펼치면서 그에게 다가온 영감은, 그 자신이 확고하게 말한 바 있듯, "직관의 노력에 의해 구체적 실재의 내부에 자리 잡는" 것이다(PM, 224). 많은 사람들이 베르그손 철학의 핵심적 명제로 꼽고 있는, 그러나 오늘날 너무 많이 인용되어 정작 의미와 맥락을 파악하기 쉽지 않은 이 문구는 인식에 대한 칸트의 입장과 비교할 때 의외로 잘 드러날 수 있을지도 모른다. 이 절은 이러한 희망 섞인 예상에서 시작한다.

잘 알려져 있는 것처럼 칸트는 모든 인식을 감성적 인식과 지성적 인식의 두 종류로 나누었고 각각에 선험적 형식을 부여함으로써 인식이 구성되는 양상을 완벽하게 보여 주는 이론 체계를 제공했다. 우리의 지성을 매료시키는 그의 건축술은 그러나 이 두 종류를 벗어나는 인식을 합법적인 인식의 영역에서 제외함으로써 인간 능력의 한계를 제시하고 우리가 접근할 수 있는 인식의 영역을 축소시키기에 이르렀다. 여기서 과학의 상대성과 형이상학의 불가능성이 유래한다. 고대의 그것처럼 파괴적인 것은 아니지만 이번에는 입법가의 권위에 의해 일

---

25. Henri Bergson, "Lettre à William James", 9 mai 1908, *Mélanges,* Paris, PUF, 1972, pp. 765~766.

종의 불가지론, 인식회의주의가 부과된다. 실천이성의 영역을 보호하기 위해 이론이성은 자신의 한계를 넘어서서는 안 된다. 이 보호주의의 장벽 아래 각각의 인식능력은 제자리에서 임무를 수행하는 데 머물러야 하고 실재의 메시지는 길을 잃는다.

베르그손은 인식의 절대성을 확신하는 철학자다. 그러나 그에게 인식은 개념화 작업을 거쳐 명제로 표현된 잘 구성된 이론 체계만을 의미하는 것은 아니다. 그것은 무규정적인 다양성도 아니고 선험적으로 주어진 형식이 다양성이라는 질료로 구성한 제작물은 더더욱 아니다. 칸트가 뉴턴 물리학을 모범으로 삼아 이를 정당화하는 방식으로 인식의 형성을 고찰한 것이 문제는 아니다. 어떤 철학이든 당대의 신뢰할 수 인식을 모범으로 삼는 것은 자연스러운 일이다. 그러나 베르그손은 철학에 좀 더 많은 것을 주문한다. 철학은 확립된 인식의 정당화에 머물러서는 안 되고 그 근원으로 거슬러 올라가야 한다. 이 작업은 궁극적으로 형이상학을 외면할 수 없다. 근대과학은 실재를 그대로 재현하는 인식이 아니라 추상의 극한에서 성립한다. 이 극한에서 빗겨나간 실재는 사심 없는 내적 관찰에 의해서만 우리에게 그 모습을 드러낸다. 그것은 바로 실재적 시간이다. 시간은 예측불가능한 창조적 흐름으로서의 실재의 모습 자체이다. 이 사실을 전제로 할 때 인식의 의미는 새롭게 드러난다. 인식은 그 근본적 층위에서 실재와의 직접적 접촉 즉 직관이다. 추상적, 지적 인식은 그것을 양분으로 삼아 구성되는 한에서 의미를 가질 수 있다. 그러나 여기에는 전제가 있다. 지성적 인식은 실재를 고정화하는 작업이고 이 작업의 동력은 실용적 동기이다. 따라서 지적 인식과 관련한 베르그손의 인식론은 지성의 실용적 기원을 파헤치는 발생학적이고 생물학적인 연구 성과를 기반으로 삼고 있다.

이와 같은 근본적 입장 차이에도 불구하고 시간과 공간의 본성에 대한 해명에서 출발하는 점에서 베르그손과 칸트는 동일한 입지점을 갖는다. 둘 다 이 문제가 과학적 인식의 본성을 구명하는 데 본질적이라는 점을 간파하고 있기 때문이다. 17세기 이후 과학의 발달이 가져온 인식론의 문제들은 직간접으로 모든 철학자들의 관심사가 되었다. 데까르뜨와 칸트는 그 대표적인 경우이고 영국 경험론자들과 라이프니츠, 스피노자 같은 합리론자들도 마찬가지이며 프랑스의 꽁디약E.B. de Condillac, 멘 드 비랑 같은 철학자들도 예외가 아니다. 베르그손의 경우에도 외면적으로 알려진 바와 달리 기본적인 철학적 문제는 과학적 인식의 본성을 해명하는 데 있다는 것, 그리고 바로 이 점에서 그가 플라톤, 아리스토텔레스, 데까르뜨, 칸트의 문제들에 합류한다는 것을 인지할 때 그의 진면모가 드러난다고 할 수 있다. 이 점은 형이상학의 가능성 및 윤리학의 근본 전제들을 조명하는 태도까지 좌우한다는 점에서 그만큼 중요하다. 칸트에 대한 비판을 통해 조명되는 베르그손은 무엇보다도 인식론자이다. 베르그손은 근본적인 점에서 칸트를 비판하고 수정하지만 칸트 이론의 문제점들 중에는 18세기의 과학적 소여들을 절대화한 데서 유래하는 것들도 있는 것이 사실이다.[26] 이런 점에서 후대인의 유리한 입지를 인정하지 않을 수 없지만 나는 가능한 한 두 철학자가 다루는 주제들을 동일선상에 놓고 논의하고자 한다.

1. 칸트의 「초월론적 감성론」에서 공간과 시간

칸트는 경험론과 합리론의 논의들과 전제들에 대한 충분한 사색

---

26. Madeleine Barthélemy-Madaule, *Bergson, Adversaire de Kant*, Paris, PUF, 1966, p. 60.

을 통해 인식 능력의 이원성을 인정하기에 이른다. 두 입장을 종합하는 것을 자신의 철학의 소명으로 본 점에서 그는 시대의 아들이기도 하다. 그가 감성적 인식과 지성적 인식을 나누었을 때 실제로 전자는 경험론의 주장들을 수용한 것이고 후자는 합리론의 입장을 수용한 것이다. 물론 칸트의 독창성이 두 입장의 단순한 합성이나 전체의 논리적 구성의 미학에 그치는 것이 아니라는 것은 말할 필요가 없다. 나는 그가 감성적 인식의 형성에 있어서 시간과 공간이라는 선험적 형식이 갖는 의미를 강조하는 데서 논의를 시작하겠다. 칸트적 전환의 특징은 무엇보다 공간을 지성이 아니라 감성적 인식과 관련하여 논의하는 데 있다. 이 문제에서 칸트는 합리론보다는 경험론을 더 의식하고 있는 것으로 보인다.

인식 문제의 해명은 데까르뜨 철학의 핵심적 관심사지만 감각적 지각에 대해서는 학문적 의미를 거의 부여하지 않고 지성의 선험적 인식을 우선시하는 점에서 데까르뜨는 어디까지나 플라톤주의자이다. 이원론자인 데까르뜨에게서 세계는 수학적 법칙들로 움직이는 연장된 물질들로 이루어져 있고 이에 대한 인식은 지성의 본유관념들이 담당한다. 감각적 인식은 정신이 신체와 결합된 데서 유래하는데 여기서 외적 사물은 감각을 야기하는 힘으로 작용할 뿐이어서 감각은 사물을 그대로 반영하지 않는다. 이처럼 연장에 대한 인식과 감각적 인식을 분리하는 데까르뜨의 인식론은 감각들과 공간의 관계를 별로 중요하게 다루지 않는다. 해명해야 할 문제는 차라리 지성과 감각들 사이의 관계이다.

반면 본유관념을 부정하는 경험론자들에게 이 문제는 중요한 것으로 등장한다. 그러나 데까르뜨의 영향 아래 물체의 제1성질과 제2성질을 구분하고 전자를 물체 자체에 속하는 것으로 본 로크^{J. Locke}

에게서는 연장의 인식과 감각적 성질은 여전히 필연적 관계 속에 있지 않다. 우리는 두 성질의 본성 차이에 의문을 제기함으로써 실재론의 전제에 일격을 가한 버클리에게서 이 문제가 새로운 의미로 부상하는 것을 볼 수 있다. 버클리에게 실재는 오로지 지각된 것이며 지각은 주관의 성질이다. 그렇다면 연장의 인식도 예외일 수 없다. 다만 감각적 인식은 오관이라는 특정 기관들에서 유래하는데, 시각에서 직접적인 공간지각은 가능하지 않다. 버클리는 입체지각이나 거리지각 등의 공간지각은 촉각에 의해서만 가능하며 나머지 기관들은 촉각과의 연합습관에 의해서 이차적으로 그것을 할 수 있다고 주장한다. 이렇게 볼 때 공간지각은 감각들 상호 간의 외적인 관계에 불과하다. 프랑스 경험론자들인 디드로D. Diderot와 꽁디약의 경우 공간지각에 있어서 촉각의 우월성을 인정하지만 시각에도 모호하게나마 공간지각이 있다고 주장한다. 앞 장에서 본 것처럼, 버클리는 선천적 시각장애인이 백내장 수술을 받았을 때 최초의 시각인상들로부터 곧바로 거리지각을 할 수 없었던 사실을 관찰한 의사 체즐든W. Cheselden의 사례를 증거로 제시한다. 그런데 시각의 공간지각능력을 인정하는 디드로에 의하면 이것은 시각 자체가 정돈되기 위해 시간을 필요로 하기 때문이다. 이 주장이 입증되기 위해서는 시각 자체에 공간적 질서를 인정해야 하고 그러한 질서가 감각적으로 인식되는 것인지도 증명해야 한다. 이런 배경 위에서 칸트의 시공간 이론이 공간과 감각의 관계 문제를 어떻게 해결하는지 살펴보자.

감성적 인식과 공간

칸트는 시각과 촉각을 넘어서서 모든 감각이 인식으로 되기 위해서는 공간적 질서를 가져야 하며 이때 공간 자체는 감각적 인식이 아니라 감성의 형식이라는 것을 주장하는 데서 감각과 공간의 관계에 대한 오랜 논의의 종지부를 찍었다고 할 수 있다. 실제로 『순수이성비판』의 「초월론적 감성론」에서 진행되는 공간 관념의 '형이상학적 구명'에서 칸트는 버클리류의 심리적 관점을 제일 먼저 비판하고 있다.

> 공간은 외적 경험에서 이끌어낸 경험적 개념이 아니다. 왜냐하면 어떤 감각이 내 밖에 있는 어떤 것(즉 내가 있는 장소와는 다른 공간의 지점에 위치한 어떤 것)에 관계하기 위해서, 즉 내가 사물들을 서로의 외부에 (그리고 나란히) 있는 것으로 표상하기 위해서, ─ 따라서 그것들이 서로 다를 뿐만 아니라 다른 장소에 있는 것으로 ─ 내가 표상할 수 있기 위해서는 그 근저에 공간의 표상이 먼저 있어야 하기 때문이다. 따라서 공간의 표상은 외적 현상의 관계들로부터 경험적으로 이끌어낼 수 없고 외적 경험 자체가 무엇보다도 공간 표상에 의해서만 가능하다.[27]

간가인상들은 어떻게 지각되는가? 시각이든, 청각이든, 촉각이든, 어떤 대상을 지각하기 위해서는 대상을 특정한 위치에 지정할 수 있어야 한다. 그렇지 않다면 우리는 혼란된 느낌을 가질 뿐인데, 시각이나 촉각과 같이 일정한 정보를 주는 감각들은 단순한 느낌의 차원에 머무르지 않는다. 이것은 경험론자들과 멘 드 비랑이 잘 분석한 바 있다. 즉 감각이 인식의 기초 작용인 지각에 이르기 위해서는 서로 간에 구별되고 정돈이 되어야 한다. 그런데 칸트는 감각을 정돈하고 그것

---

27. Immanuel Kant, *Critique de la raison pure*, Traduction par Tremesaygues et Pacaux, Paris, PUF, 1944, pp. 55~56 (이후부터는 *Critique*으로 줄임). [임마누엘 칸트, 『순수이성비판』, 최재희 옮김, 박영사, 1972.] / KdrV. B 38.

을 어떤 '형식' 속에 포섭할 수 있게 하는 것이 감각 자체일 수는 없다고 한다. 따라서 그는 공간을 감각들이 서로 구별되는 원리로 제시한다. 어떤 감각들이 서로 다르다는 것은 일차적으로 그 내용의 차이에 관련되지만 그 이전에 논리적으로 생각해 보면 그것들이 공간의 서로 다른 위치를 점하고 있다는 것만으로도 서로 간에 구별될 수 있다. 따라서 구별의 원리로서의 공간의 힘은 필연적으로 인정해야 할 것이다. 즉 이론적으로 공간은 경험에 선행해야 한다. 공간의 '선험성'은 이렇게 해서 주장된다.

공간은 모든 외적 직관의 근저에 있는 필연적인 선험적a priori 표상이다. 공간 안에 대상이 없다는 것은 충분히 생각할 수 있지만 우리는 공간이 없다는 것은 결코 생각할 수가 없다. 공간은 [외적] 현상에 의존하는 규정이 아니라 현상의 가능성의 조건condition de la possibilité으로 여겨진다. 즉 그것은 외적 현상의 근저에 필연적으로 있어야 하는 선험적 표상이다.[28]

공간은 선험적 표상일 뿐만 아니라 현상의 가능 조건이다. 이것이 '초월론적transzendental 감성론'의 의미를 규정한다. 이렇게 해서 공간은 데까르뜨의 외적 실체로서의 공간과도 다르고 버클리의 감각들 간의 관계로서의 공간과도 다른 주관의 형식으로 규정된다.[29] 한편 칸트는

---

28. 같은 곳.
29. 형식이라는 말은 라틴어로 쓰인 『1770년의 논문』에는 forma로 되어 있고 "감각적인 것들의 종(species)"이라는 말로 설명되어 있다. 라틴어의 forma와 species는 둘 다 그리스어 eidos의 번역어이기 때문에 유사한 의미로 쓰였다. 그것들은 아리스토텔레스와 스콜라 철학에서 감각이 대상의 형상을 그대로 받아들인다는 의미를 함축한다. 그러나 칸트는 위의 논문에서 forma 혹은 species가 감각 안에 포함되는 것은 정신의 "자

공간이 라이프니츠가 말하는 사물들 사이의 관계에 관한 일반개념도 아니라는 것을 보여 주면서 공간이 '순수직관'reine Anschauung임을 주장한다. 왜냐하면 개념은 일정한 개별적 대상들 전체에 적용되고 그 것들을 "자기 아래unter sich 포괄"하지만, 공간은 부분들로 이루어져 있고 그것들은 단 하나의 동일한 공간에 귀속되며, 공간은 이러한 부분들을 "자신 안에in sich 포함"하기 때문이다.[30] 개념이 대상들을 자기 아래 포괄하는 것은 종적 분류를 수행하기 때문이며 이는 지성이 사물을 체계적으로 인식하기 위해 사용하는 방식이다. 그러나 공간은 이런 일을 하지 않는다. 공간이 부분들을 자기 안에 포함한다는 말은 공간이 그 부분들과 내적으로 하나라는 말이다. 이 때문에 유일한 공간의 직관이 가능할 뿐 여러 부분들을 포괄하는 공간이라는 개념은 불가능하다.

개념과 직관의 차이는 『1770년의 논문』과 『프롤레고메나』에서 제시하는 대칭적 대상의 역설에서 극적으로 나타난다. "거울 속의 왼손과 실제의 오른손은 양쪽 다 비슷하지만 같은 경계 속에 들어갈 수 없다. 한 손의 장갑은 다른 손에 사용될 수 없다. 왼쪽으로 감긴 나사와 오른쪽으로 감긴 나사는 서로 바꿀 수 없다. 이런 사정들을 개념은 판별하기 어렵지만 공간적 직관은 곧바로 판별한다."[31] 이런 일은

연적 법칙 또는 원리(Principio)"에 따라 질료로서의 감각이 정돈되는 한에서라고 말한다. 여기서 시간과 공간은 아직 형식(forma)이 아니라 원리나 법칙으로 표현된다. 그것들은 『순수이성비판』에 와서 주체의 형식이라는 말로 자리 잡는다(*La Dissertation de 1770*, Traduction, introduction et notes par Paul Mouy, Paris, Vrin, 1985, p. 37). 오늘날 우리는 form이라는 용어로 대상의 종적 특질로서의 형상이 아니라 추상적 형식을 의미하는데, 이것은 바로 칸트 이후부터라고 할 수 있다.

30. *Critique*, p. 57 / KdrV. B 40.
31. Kant, *La Dissertation de 1770*, p. 67 ; *Prolègomènes à toute métaphysique future*, Traduction par J. Gibelin, Paris, Vrin, 1967, ph. 13.

순수한 공간이 감각적(경험적) 직관과는 다르면서도 그 자체로 규정을 갖는 순수(선험적) 직관이기 때문에 가능하다. 이러한 규정을 탐구하는 것이 순수기하학의 분야이고 그것은 칸트의 용어로는 선험적 종합판단의 영역이다.

이와 같이 공간은 그 자체 순수직관이면서 경험적 직관의 형식으로 작용한다. 이러한 공간의 이중적 특성이 당연한 것으로 보이지는 않으나 둘 사이에 직관이라는 매개작용이 존재한다는 데서 설득력 있는 통찰로 보인다. 적어도 우리는 여기서 공간의 표상이 객관적 실재로부터 주관적 실재로 전환되는 과정을 잘 볼 수 있다. 무엇보다 공간이 개념이 아니라 직관이라는 것은 그것이 지성이 아니라 감성과 관련된다는 것이다. 합리론의 본유관념에 해당하는 연장의 관념은 객관세계와 일치하는 지적인 대상인 반면 칸트의 공간은 주관의 순수형식으로서 감각인상들이 경험으로 정돈되는 데 직접 관여한다. 경험에 대한 칸트의 신뢰는 뉴턴 역학에 대한 그의 신뢰를 반영한다. 연구가들은 뉴턴이 '신의 감각기관'sensorium dei이라고 불렀던 절대공간의 이념이 칸트에게는 인간의 선험적 감성형식으로 구현된다는 것을 지적한 바 있다.[32] 비록 그에게 공간이 객관적 실재가 아니라 해도 경험의 가능조건으로서의 인간 주관은 그 보편성에 있어서는 신적 주관에 비견될 만한 것이다. 이런 점에서, 비록 칸트가 공간을 주관 속으로 가져왔다고 해도 우리가 현상의 세계에 머무는 한 공간은 독립적 실재성을 갖는다는 주장이 정당화된다.

칸트에게 공간이 실재적인가, 형식적인가 혹은 관념적인가 하는 물음은 표현상의 애매함을 함축하는 듯 보이는데, 이는 현상계와 물

---

32. 무이의 지적, Kant, *La Dissertation de 1770*, pp. 10~12.

자체의 이중적 체계와 관련된 것이고 베르그손의 칸트 비판을 보기 전에 명료화할 필요가 있다. 잘 알려져 있듯이 칸트는 공간이 감각적 현상들에 관해서는 "경험적 실재성"을, 물자체에 관해서는 "초월론적 관념성"을 가진다고 주장한다.[33] 만약 우리가 주어지는 것의 전부가 현상임을 인정하고 그 밖으로 나가지 않는다면 공간은 실재적réel인 것이다. 여기서 실재적이라는 표현에 대해 칸트는 "객관적 타당성"이라는 부연설명을 첨가하고 있다. 모든 인간 주관에 대해 타당하다는 의미다. 반대로 우리가 물자체로서의 세계를 표상하고자 하면 공간은 관념적인 것에 머물 것이다. 후자의 의미는 물자체의 인식에 공간은 아무런 역할을 하지 못한다는 것이다. 『1770년의 논문』에서는 데까르뜨의 실재론, 경험론의 감각주의, 라이프니츠의 관계론을 비판하는 맥락에서 "공간은 실재적인 것이 아니라 정신의 본성에서 유래하는 주관적이고 관념적인 것"이라고 말한다.[34] 이때 실재적이 아니라는 말은 역시 그것이 물자체의 인식에 관여하지 않는다는 의미다.

시간과 공간의 동형성

시간은 공간과 마찬가지로 직관의 형식이다. 시간 관념의 규정은 공간과 동일한 방식으로 이루어지는데, 이것은 시간이 공간과 동형적 구조를 가지기 때문이다. 시간은 내감의 형식으로서 한 사물이 다른 사물과 동시에 존재하는지(동시성simultanéité), 그 자체로 일정한 시간 속에 계속해서 존재하는지(잇따름 succession)를 알게 해 준다. 그것은 모든 내적 직관의 기초에 있는 선험적 표상이다. 시간으로부터 현상

---

33. *Critique*, p. 59 / KdrV. B 43.
34. Kant, *La Dissertation de 1770*, p. 69.

을 추상할 수는 있지만 현상으로부터 시간을 제거할 수는 없기 때문이다. 그러나 이 내적 직관은 아무런 형태도 없는 순수형식이기에 칸트는 다음과 같은 유비로 설명한다.

우리는 시간의 계속succession을 무한히 연장되는 선線이라고 표상하며 이 선의 다양한 부분들은 일차원만을 갖는 계열을 구성한다. 이러한 선의 속성들로부터 우리는 시간의 모든 속성들을 이끌어낸다. 단지 선의 부분들은 동시적으로 존재하는 반면 시간의 부분들은 연달아 일어나는 것successive이라는 사실만을 예외로 한다.[35]

이 인용문에서는 시간을 표상하기 위해 공간적 이미지가 도입된다. 따라서 공간이 가진 특권은 분명하며 시간은 이에 종속적으로 규정되고 있다. 칸트는 『1770년의 논문』에서 "시간을 일직선으로 표상하고 그 경계들(순간들)을 점들로 표상할 때 공간이 시간 개념 자체의 유형typus으로 이용된다."고 말한다.[36] 공간과 마찬가지로 시간은 개념이 아니라 직관이다. 이것은 우선 공간이 그러한 것처럼, 시간의 부분들이 단 하나의 시간에 귀속된다는 데서 유래한다. 시간의 부분들은 시간이라는 종적 개념으로 포섭되는 개별자들이 아니라 시간 그 자체와 하나를 이룬다. 그런데 공간의 직관적 성격을 잘 보여 주는 대칭적 대상의 역설과 같은 사례를 시간에서도 찾을 수 있을까. 칸트가 시간을 표상하기 위해 공간적 이미지를 사용한 것이 시간이라는 "내적 직관이 아무런 형태figure도 주지 않기 때문"이라고 하는 것을 보면 그

---

35. *Critique*, p. 63 / KdrV. B 50.
36. Kant, *La Dissertation de 1770*, pp. 72~73. 이 논문은 라틴어로 작성되어 있음.

와 같은 독특한 현상은 발견할 수 없었던 모양이다.[37] 그러나 그는 일직선으로 형상화된 시간에서 시간이 되돌릴 수 없는 진행이라는 점에 자연스럽게 주목한다. 시간의 부분들이 공간적으로 표상된다고 해도 상상에서가 아니라면 우리는 과거, 현재, 미래를 자유자재로 넘나들 수 없게 되어 있다. 그래서 칸트는 "서로 다른 시간들은 동시적으로 존재할 수 없다"는 명제로부터 시간표상의 종합적이고 직관적인 성격을 이끌어낸다.[38] 이처럼 시간 자체의 순수한 규정으로부터 그것은 공간과 마찬가지로 개념이 아니라 직관이라고 말할 수 있다. 그러나 사실상 이 점은 시간과 공간의 동형성의 구조 안에 포섭될 수 없는 시간의 독특성을 구성하는 것이다. 대칭적 대상의 역설은 공간의 속성 중에서도 특별한 경우이지만 되돌릴 수 없는 흐름이라는 것은 시간에 본질적인 것이다. 그러나 칸트는 이러한 차이를 크게 강조하지는 않는다. 나중에 보겠지만 베르그손의 비판은 바로 여기에 초점을 맞추고 있다.

칸트에게서 공간과 시간 관념의 동형성은 「원칙의 분석론」에서 진행되는 연장적 크기extensive Größe 및 강도적 크기intensive Größe의 개념을 비교하면 더 명료하게 알 수 있는데, 이 내용은 다음 절에서 고찰할 베르그손의 주장과 밀접하게 관련되어 있다. 「원칙의 분석론」은 독창적이면서도 난해한 「도식론」으로 구체화된다. 지성과 감성을 매개하는 의도로 창안된 이 부분은 구상력의 '초월론적' 산물로서 지성의 범주가 어떻게 감성적 현상에 적용될 수 있는지를 보여 준다. 이 작업의 주요한 단계로 제시된 것이 '원칙의 체계'이다. 여기서 칸트는 순

---

37. *Critique*, p. 63 / KdrV. B 50.
38. *Critique*, p. 60 / KdrV. B 47.

수지성의 원칙을 수학적 원칙과 역학적 원칙으로 분류하는데, 수학적 원칙이 현상에 적용될 가능성을 보여 주는 부분에서 시간과 공간의 양적 규정이 등장한다. 이 부분은 양과 질의 범주에 의해 성립하는 순수지성의 원칙, 즉 "직관의 공리"와 "지각의 예견Antizipation"이라는 표제하에 논의된다. 전자는 시간과 공간의 선험적 형식 아래 나타나는 양적 규정을 고찰하는 것이고 후자는 감각이라는 경험 내용이 가지는 양적 규정을 선취하는 것이다.

우선 '직관의 공리'에 따르면 "모든 현상은 직관의 관점에서는 연장적 크기이다."라는 원리가 도출된다. 연장적 크기란 "부분의 표상이 전체의 표상을 가능하게 하는 것"이다. 즉 부분을 차례로 더함으로써 전체의 표상이 완성된다. 이러한 종합이 가능하기 위해서는 당연히 부분들은 모두 동질적인 것l'homogène이어야 한다. 이 내용은 직관의 모든 대상에 대해 적용된다. 왜냐하면 직관의 대상은 공간과 시간의 표상에 의해 정돈되고 시공적 표상은 부분의 표상이 전체를 가능하게 하는 방식으로 형성되기 때문이다. 칸트는 경험적 의식에 있어서 다양성의 통일은 곧 시공직 직관의 통일에 의해서만 가능하다고 하면서 다음과 같은 예를 든다.

아무리 작은 선이라 하더라도 사유 속에서 그어보지 않고서는, 즉 한 점에서 출발하여 차례로 모든 부분을 산출하고 그렇게 해서 그것의 직관을 그려보지 않고서는 나는 선을 표상할 수 없다. 모든 시간의 부분들에 대해서도, 그것이 아무리 짧다 하더라도, 사정은 정확히 동일하다. 나는 시간 속에서 단지 한 순간에서 다른 순간으로 가는 순차적 진행만을 생각한다. 그리고 [이렇게 해서] 부가된 전체 시간의 부분들은 일정한 시간의 양을 산출한다. 모든 현상에서 단순한 직관은 시간이

거나 공간이므로 직관인 한에서의 모든 현상은 연장적 크기이다.[39]

결국 시간과 공간은 연장적 크기로 모든 현상을 재단하는 형식인 셈이다. 그런데 근본적인 질문을 던져 보자면 시간과 공간이 왜 반드시 연장적 크기와 관련되어야 할까. 베르그손의 생각대로 그것들은 애초에 질적 특성을 갖는다고 할 수 없을까? 칸트가 「감성론」에서 이미 경험적 직관과는 다른 '순수직관'으로서의 공간의 규정을 제시하고 이로부터 수학의 가능성을 시사한 것을 떠올려 보아도 그는 수학에 기초한 인식의 가능성을 전제하고 있는 것이 분명하다. 사실 도식론의 작업 즉 경험적 자료를 지성의 범주에 맞추는 작업은 뉴턴 물리학의 진리를 확인하려는 의도라는 것이 중론이다. 따라서 문제는 시공적 직관의 통일성을 전제로 하여 수학적 원칙이 현상에 적용되기 위한 조건을 상술하는 것이다. 여기서 시간은 여전히 공간과 동일한 본성을 갖는 것으로 설명되고 있다. 선의 이미지는 무엇보다 공간적 속성인데, 시간은 이러한 이미지를 단지 순차적으로 적용한 것에 지나지 않는다.

다음으로 '지각의 예견'의 원칙은 "모든 현상에서 감각은 그리고 대상 속에서 감각에 상응하는 실재는 강도적 크기 즉 '도'Grad를 갖는다"는 것이다. 이 원칙은 현상의 내용적이고 질적인 측면에 내재하는 선험적 인식을 규정하는 것이다. 수학적 인식이 현상에 적용된다는 것을 밝히는 작업에서 중요한 것은 감각내용 자체가 갖는 양적 본성을 찾아내는 일이다. 연장적 크기의 형식인 시간과 공간의 직관이 감각내용을 정돈하기 위해서는 감각들에도 그와 같이 될 수 있는 무언

---

39. *Critique*, p. 165 / KdrV. B 202~204.

가가 있어야 할 것이기 때문이다. 그러나 시공에 의해 정돈되기 이전의 감각 자체는 객관적 표상이 아니므로 감각은 연장적 크기를 갖지는 않는다. 칸트는 경험의 질료에 관한 것을 경험에 앞서서 취한다는 것은 얼핏 모순되는 일이라고 스스로 언급하면서도 예의 비범한 독창성으로부터 다음과 같은 규정을 이끌어낸다.

경험적 의식에서 실재적인 것이 완전히 사라지고 시간과 공간 속에서 다양의 형식적인(선험적) 의식만 남게 되는 경우 경험적 의식에서 순수의식에 이르는 단계적 변화가 가능하다. 따라서 순수직관인 영(0)에서부터 원하는 만큼의 양에까지 감각의 양을 산출하는 종합 역시 가능하다. … 따라서 감각은 강도적 크기를 가질 것이다.[40]

감각이 겪는 점진적 변화는 순수의식의 부정성과 경험적 의식의 실재성 사이에 존재하는 중간 단계의 감각들의 연속적 연관으로 나타난다. 이 중간 단계들은 강도적 크기, 즉 도를 갖는다. 강도적 크기는 "단일성으로서만 포착되는 양이자 부정성 즉 영(0)에 접근함으로써만 다수성을 표상할 수 있는 양"이다. 경험적 의식의 다양성의 통일 속에서도 점진적으로 약화되거나 강화되는 크기가 있으며 그것이 '도'로 표상된다. 가령 색이나 열, 운동량 등은 각각 단일한 감각으로 나타나지만 그 안에 다소간 강하거나 약한 정도를 가질 수 있는데 그것이 강도적 크기이다. 그러나 칸트는 감각은 더 낮은 강도의 감각들을 더해서 생성되는 것이 아니기 때문에 "부분들로부터 전체로 나아갈 수 있는" 연장적 크기가 아니라는 사실을 잊지 않고 지적하고 있다.

---

40. *Critique*, p. 168 / KdrV. B 208.

수가 양의 범주에서 지성과 감성을 매개하는 초월론적 도식이라면 도는 질의 범주에서 양자를 매개하는 초월론적 도식이다.[41] 질의 도식은 내감의 형식인 시간과 관련하여 성립한다. 이렇게 볼 때 강도적 크기는 시간의 내용을 채우는 감각의 강약의 정도를 의미한다. 도는 시간 속에서 동질적인 것을 부가하는 작용의 척도이다. 비록 일정한 도의 감각은 "순간적으로" 포착되지만, 그 내용은 시간 속에서 점진적으로 채워진다. 그런데 시간은 공간과 더불어 모든 현상을 연장적 크기로 파악하는 직관이다. 결국 강도적 크기는 질을 양화하는 개념이다. 『프롤레고메나』에서 도를 "질의 양"Quantitas qualitatis이라고 하는 것도 같은 맥락이다.[42] 그렇다면 강도적 크기와 연장적 크기의 관계는 어떠한가? 강도적 크기는 분명 어떤 종류의 양이라고 칸트는 말하고 있는데 대체 그것은 어떤 종류의 양인가? 베르그손의 강도 개념에 대한 비판의 핵심이 바로 여기에 있다.

2. 베르그손의 칸트 비판

강도량 개념 비판

공간과 시간에 대한 분석은 베르그손의 박사논문이자 첫 저서인 『시론』의 기본 주제이며 이는 칸트와의 대면으로부터 시작된다. 나중에 발전되고 변형되는 측면도 있으나 이 시기에 확립된 생각은 여전히 그의 생각의 기본 틀을 구성한다. 박사논문을 준비할 당시에 베르그손이 칸트를 연구하고 그를 논의의 상대로 삼게 된 것은 칸트주의

---

41. *Critique*, p. 154 / KdrV. B 182~183.
42. Kant, *Prolègomènes à toute métaphysique future*, Ph. 26, note, p.79.

가 지배하던 당시 소르본 대학의 분위기 때문이었다는 지적도 있다.[43] 하지만 이러한 외적 상황으로 인해 칸트와 베르그손의 첫 대면의 중요성이 격하되는 것은 아니다. 베르그손은 처음부터 상당히 일관되게 칸트의 사상을 비판적으로 고찰하면서 자신의 생각과 대비시키고 있는데, 이 태도는 마지막 저서까지 이어지면서 심화되고 있어 이를 우연적 계기로 간주할 수만은 없다. 특히 모쎄-바스띠드R-M. Mossé-Bastide 는 첫 저작 『시론』에 관해 그것은 어떤 의미에서 "'초월론적 감성론'을 지속과 관련하여 수정하고 개작한 것"이라고까지 말할 수 있을 정도로 칸트와의 심층적인 대면 위에서 구성되고 있다고 지적한다.[44]

이 책은 여러 부분에서 칸트를 비판적으로 고찰하고 있는데 명시적으로 나타난 내용은 첫째 칸트가 공간을 양적 도식으로만 파악했다는 점, 따라서 구체적이고 질적인 연장에 대한 지각을 도외시했다는 점, 둘째로 이와 같이 이해된 공간의 개념 아래 시간을 포섭하고 있다는 점이다. 따라서 문제는 순수직관으로서의 공간의 본성과 발생을 해명하는 일이고, 다른 한편으로 시간과 공간의 평행성 혹은 동형성이 잘못된 근거 위에 설정되었다는 점을 보여 주는 일이다. 그러나 이 모든 문제들의 해결은 순수한 시간의 경험인 지속의 발견으로부터 도출된다.

앞서 본 것처럼 칸트는 연장적 크기와 강도적 크기를 구분하면서 두 종류의 양이 있다는 것을 암시하는데 전자는 선험적 직관형식인 공간과 시간에 의해 정돈되는 순수 수학적 양이라 할 수 있고 후자는 감각의 질료적 특성이 갖는 강약의 정도를 양으로 나타낸 것이다. 베

---

43. Barthélemy-Madaule, *Bergson, adversaire de Kant*, p. 34.
44. Rose-Marie Mossé-Bastide, *Les Études bergsonniennes*, t. II, 1968, pp. 11~12.

르그손의 의문은 후자의 경우에서 양quantité이라는 말이 올바로 사용되고 있는가 하는 것이다. 연장적 크기는 말 그대로 풀이하면 일정한 공간을 점유하는 크기이다. 따라서 그것의 대소는 "포함하는 것"le contenant과 "포함된 것"le contenu의 관계가 된다(DI, 2). 즉 어떤 양이 다른 것의 두 배라고 하면 그것은 후자보다 갑절의 공간을 차지하는 이미지로 표상된다. 오직 이 경우에만 정확한 수학적 계산이 가능하다. 그런데 강도적 크기grandeur intensive 혹은 강도량quantité intensive이라는 것은 이와 같은 방식으로는 표상할 수 없다. 칸트 자신도 말했듯이 부분의 합이 전체가 되는 것과 유사하게 요소 감각들의 합으로부터 하나의 완결된 감각이 나오는 것이 아니기 때문이다. 이런 의미에서 감각의 강도량은 엄밀한 의미에서 측정이 불가능하다. 그렇다면 연장적 양과 비연장적인 감각 사이에는 근본적인 차이가 있음에도 불구하고 왜 우리는 둘 다 동일하게 크기 혹은 양이라는 이름으로 부르는 것일까?

동일한 이름으로 두 가지를 규정하는 것은 그것들이 공통된 무언가를 가지고 있다는 전제를 가지고 있다. 양이라는 것은 나누어질 수 있음을 전제한다. 연장적 크기는 공간을 차지하는 만큼 가분성을 필연적 속성으로 가진다. 그런데 물리적 존재자들도 사실상 무한히 나누어질 수는 없다. 이 때문에 아리스토텔레스는 물리적 가분성과 수학적 가분성을 구분하고 있다. 무한분할 가능성은 엄밀히 말해 수학적 관점에서만 타당한 것이다. 수학은 대상의 추상적 형식에 관한 학이기 때문이다. 그렇다면 이러한 분할가능성을 감각에 적용하는 것은 과연 유효한 시도일까? 칸트는 경험이 가진 질료적 특성에 충실하기 위해 공간적 직관 이전에 감각 자체가 현시하는 방식을 고찰한다. 감각은 본래 나누어질 수 없지만 강도라는 관점에서는 크고 작음을 말할 수 있다는 것이다. 그렇다면 나누어질 수 없는 감각에서 강도의 크고 작음은 무엇을 의미하는가. 그것은 극단적으로 말해 연장적 크기를 위장한 것이 아닐까. 베르그손의 강도량 비판은 이러한 주장을 내포하고 있다.

> 이제 그러한 관념[강도적 크기]이 무엇으로 이루어졌는지를 자문해 보면 의식이 우리에게 제공하는 것은 여전히 포함하는 것과 포함되는 것의 이미지이다. 우리는 가령 더 큰 강도의 노력을 더욱 길게 감긴 실이나 풀리면 더 큰 공간을 차지할 태엽으로 표상한다. 강도라는 관념 그리고 심지어는 그것을 번역하는 단어 속에서도 현재의 응축, 따라서 장래의 이완이라는 이미지, 잠재적 연장성과 이를테면 압축된 공간이라는 이미지가 발견될 것이다.(DI, 3)

사실 이와 같이 강도적 크기가 연장적 크기로 환원된다는 명시적 전제에서 출발하는 것은 칸트가 아니라 정신물리학자들이고 베르그손의 직접적 공격 대상은 바로 그들이다. 칸트연구가인 필로넨꼬A. Philonenko에 의하면 19세기 말 독일 정신물리학자들의 시도는 칸트의 강도적 크기 개념을 의식의 영역에 적용한 것이다. 당대에 이미 코헨 H. Cohen과 나토르프P. Natorp 같은 마르부르크학파는 칸트가 이 점에서 충분히 멀리까지 나가지 않았다고 비판했다고 한다. 따라서 필로넨꼬는 정신물리학에 대한 베르그손의 비판이 칸트의 강도적 크기 개념에 대한 비판의 시작이라고 간주한다.[45] 실제로 정신물리학자들에 대

---

45. Alexis Philonenko, *Bergson, ou de la philosophie comme science rigoureuse,* Paris, Cerf, 1994, pp. 23~24. 동저자의 *L'École de Marbourg,* Paris, J. Vrin, 1989 및 Hermann Cohen, *Kant Theorie der Erfahrung,* Berlin, F. Dümmler, 1885 참조. 다른 한

한 베르그손의 비판을 면밀히 살펴보면 우리는 칸트의 분류 안에 이미 두 종류의 양을 동질화하는 숨은 전제가 있음을 알 수 있다.

정신물리학자들이 감각의 강도를 측정가능한 양으로 표현할 수 있다고 주장하는 것은 감각을 외적 원인의 크기에 연관시키기 때문이다. 가령 색의 감각은 빛의 강도와 분리되지 않는데, 빛의 강도는 광원의 수의 증감으로 측정할 수 있다. 델뵈프J. Delboef의 정신물리학은 빛의 양을 연속적으로 증가시킬 때 점진적으로 나타나는 색의 차이는 지각가능한 최소의 증가량 즉 일정한 차이역difference threshold에 의하며 우리의 감각은 "영으로부터 이전 단계의 감각들을 서로 구별하는 차이들의 합계와 동일한 크기로 만들 수 있다."는 것을 가정한다(DI, 45). 페히너G. Fechner는 여기서 더 나아가 감각들에서 질적 요소를 제거하고 동등한 크기로 설정하여 감각 자체의 측정을 시도한다. 자극이 연속적으로 증가함에 비해 감각은 갑작스런 도약에 의해 변한다는 것을 이용하여 특정 감각이 나타날 때의 자극의 양에 따른 두 감각의 차이를 최소 차이로 놓고 이 차이역 안에 있는 감각은 동일한 것으로 간주한다. 그러나 이러한 차이를 과연 산술적인 것으로 간주할 수 있는가? 게다가 이렇게 되면 동일한 감각으로 간주된 상태 내의 질적 차이들, 뉘앙스들은 무시된다. 그러나 베르그손은 이러한 질적 차이를 제거한 후에 무엇이 남아 있을지를 묻는다. 물리학에서 현상의 질적 측면을 제거하는 것은 양적 측면을 측정하기 위해서지만 심리학에서 감각의 측정이란 바로 이 질적 측면과 관련된 것이 아닌가? "열

편 이미 베르그손의 시대에 칸트적 주지주의에 물든 사상가들 특히 레비 브륄(Lévy-Brühl)과 빠로디(Parodi) 같은 이들이 「원칙의 분석론」의 '지각의 예견'에서 전개되는 강도 개념에 대한 고찰에서 베르그손에 맞서 칸트를 옹호한 것으로 알려져 있다(François Heidsieck, *Henri Bergson et la notion d'espace*, Paris, Le Cercle du Livre, 1959, pp. 91~92).

의 감각을 온도로 측정하는 것을 방해하는 것은 없다고 해도 그것은 규약convention일 뿐이며 정신물리학은 바로 그러한 규약적 특성을 버리고 온도가 변할 때 어떻게 열의 감각이 변하는가를 탐구하는 것으로 이루어진다"(DI, 47~48).

우리는 이러한 질문을 칸트에 대해서도 제기할 수 있을 것이다. 칸트가 모든 감각들은 더 작은 감각들의 총합으로 표상되지 않는다고 한 것은 전적으로 옳다. 감각들이 연장적 크기가 아니라는 그의 지적은 감각들을 물리적인 방식으로 측정할 수는 없다는 단언이다. 그러나 그는 감각의 경험적, 질료적 특성 때문에 그것으로부터 무언가를 예견하는 것은 '기이한' 일이라고 하면서도 모든 감각이 도를 가진다는 것은 선험적으로 인식될 수 있다고 한다.[46] 이때 선험적 인식이란 무엇인가? 그것이 감각으로부터 질적 특성을 제거한 후에 양적 기준을 적용하는 것이 아니라면 무엇인가? 이러한 도의 관념이야말로 정신물리학자들로 하여금 감각 자체를 측정하게 하는 기준으로 사용된 것이 아닌가? 강도적 크기 즉 도는 질의 범주의 도식이다. 그것은 시간의 내용을 채우는 것으로 말해진다. 앞서 언급했듯이 우리가 일정한 도의 감각을 포착하는 것은 '순간적으로' 일어나지만, 감각의 존재방식은 강도가 낮은 상태에서 높은 상태로(혹은 그 반대로) 시간을 따라 점진적으로 드러난다.

각각의 감각은 도나 양을 가지며 이에 의해서 동일한 시간을, 즉 한 대상의 동일한 표상에 대한 내감을 무(영 즉 부정)에 이르기까지 다소간에 채울 수 있다. … 그리고 어떤 것이 시간을 채우는 한에서 그

---

46. *Critique*, p. 173 / KdrV. B 217~218.

어떤 것의 양으로서의 실재성의 도식은 바로 시간에 있어서의 그 실재성의 연속적이고 균일한 산출이다. 거기서 우리는 시간 속에서 일정한 도를 가지는 감각에서 그것의 완전한 소멸에까지 내려가거나 감각의 부정[영]으로부터 이 동일한 감각의 일정한 양에까지 점차로 올라가는 것이다.[47]

다시 말하면 우리가 의식하건, 의식하지 않건 감각은 부정성에서 실재성에 이르기까지 미분적이라고 할 수 있는 시간의 흐름을 균일하게 채우고 있으며 우리의 지각은 그중 하나의 두드러진 차이만을 의식한다고 해석할 수 있을 것이다. 이 점에서 그것은 라이프니츠의 미소지각에 대한 설명과 유사하다. 감각내용을 미분적 양과 같은 것으로 보는 점에서 이미 그것의 양적 측정은 예견되어 있다고 할 수 있을지 모른다. 페히너의 비판자인 따느리P. Tannery는 그에 대해 다음과 같은 말을 하고 있다. "가령 50도의 감각은 감각이 없는 상태에서 50도의 감각까지 계속되는 미분적 감각들의 수에 의해 표현된다고 말할 것이다. … 나는 거기서 합법적인 만큼 자의적이기노 한 정의定義 이외에 다른 것이 있으리라 보지 않는다"(DI, 50).

감각이 시간을 균일하게 채우고 있다는 칸트의 설명에서 시간은 여전히 일직선적인 공간적 이미지로 드러난다. 칸트는 공간을 지성이 아니라 감성적 인식과 관련된 것으로 봄으로써 합리론의 관점을 벗어나지만 감성계 내부에서 공간이라는 직관형식과 경험적 직관내용을 구분함으로써 버클리식의 지각주의를 벗어난다. 전통적으로 제1성질에 해당하는 물체의 연장적 특성은 공간적 직관(형식)의 대상으로 보

---

47. *Critique*, p. 154 / KdrV. B 182~183.

고 제2성질에 해당하는 감각은 질료적인 것과 관련시킨 점에서 칸트도 두 성질은 명백히 구분한 셈이다. 그러나 여전히 감각을 공간적 구도에 종속되는 것으로 고려하는 점에서 칸트는 감성론 내부에서도 주지주의를 견지한다. 에직F. Heidsieck의 지적대로 의식conscience과 과학science의 일치는 데까르뜨나 스피노자에게서처럼 더 이상 신에 의해 보증되는 것은 아니지만, 의식으로 하여금 오직 과학의 대상만을 타당한 것으로 사유하게 한 칸트의 초월론적 논리학에 의해 다시금 보호받는다고 할 수 있다.[48] 결과적으로 칸트에게서 시간과 공간의 동형성은 선험적 형식에 대한 규정만이 아니라 경험적 내용에 대한 고찰에서조차 유지되고 있는 것이다. 정신물리학의 시도는 그러한 전제 위에서만 성립한다. 강도량에 대한 베르그손의 비판은 감각을 양화하는 작업 혹은 양적 도식으로 파악하는 태도가 의식상태의 진정한 존재방식을 왜곡한다는 주장으로 이어진다. 강도량이 시간을 채우는 것이고 시간이 공간과 마찬가지로 균일한 장이라면 진정한 시간의식은 실종된다. 베르그손에게서 시간은 의식상태의 질적 존재방식과 관련되기 때문에 칸트의 강도량 개념은 재고될 수밖에 없는 것이다.

연장의 지각과 순수공간의 개념화

강도량과 달리 공간 관념에 관한 한 베르그손은 직접적으로 칸트를 겨냥한다. 우선 그는 공간이 감각질로부터 추상된다는 경험주의자들의 주장과 직관의 형식이라는 칸트의 입장을 비교하면서 칸트의 손을 들어준다. 선험적 형식으로서의 공간은 순수직관으로서 감각들로부터 분리되어 감각 경험을 가능하게 하는 형식적 실재성을 갖는

---

48. Heidsieck, *Henri Bergson et la notion d'espace*, p. 76.

다. 베르그손은 이러한 칸트적 전환이 우리의 상식과 어긋나지 않는다고 본다. 칸트는 공간에 감각들과 독립적인 실존existence을 부여할 뿐만 아니라 "우리 각자가 사실상 분리하고 있는 것을 권리상en droit 고립될 수 있는 것으로 선언"했다(DI, 69). 결과적으로 칸트는 "공간의 실재성에 대한 우리의 믿음을 흔들기는커녕, 그것의 정확한 의미를 결정했으며 그것에 대해 정당성을 부여하기까지 했다"(DI, 69). 앞서 본 바와 같이 칸트의 공간 개념은 이중성을 지닌다. 공간은 감각적 현상들에 대해서는 '경험적 실재성'을 가지며 물자체에 대해서는 초월론적 관념성을 갖는다. 주어진 현상의 범위를 넘어서지 않는다면 공간은 우리에게 실재적인 것이다. 상식이 물자체에 대해 숙고하지 않고 주어진 경험에 만족한다고 하면 칸트의 공간 개념은 상식과 대립하지 않는다.

그러나 당연히 한 걸음 더 들어가야 한다. 경험적 실재성이 의미를 갖는 것이 현상 안에서라면 사실상 실재성이라는 말의 의미는 퇴색될 수밖에 없다. 칸트에게 현상은 비록 가상이 아니라 해도 물자체와 대조적으로 이해되기 때문이다. 베르그손은 칸트의 순수공간이 어디까지나 정신의 형식이라는 데 초점을 맞춘다. 우선 그는 칸트의 입장에 대립하는 것으로 보이는 당대 심리학의 논의를 논박하는 방식으로 칸트의 주장에 도달한다. 제1성질과 제2성질의 차이를 무화시킨 버클리의 고전적 경험론(관념론)에서는 연장은 감각(촉각)의 일종이며 추상적 연장성(공간)은 이로부터 추출된extrait 것에 불과하고 이는 "이해불가능한 것"이다.[49] 그러나 베르그손 당대의 경험주의 심리학자들, 로체Lotze, 베인Bain, 분트Wundt는 이와는 다른 생각을 보여 준다. 이들이 감각들을 오로지 질적 특징들만을 가진 것으로 간주하고 연장성

---

49. 조지 버클리, 『새로운 시각 이론에 관한 시론』, 이재영 옮김, 아카넷, 2010, pp. 160~161.

이 감각들의 결합에서 유래한다고 주장할 때 연장은 단지 감각질로부터 추상되는 것이 아니라 일종의 화학결합에서 나타나는 것처럼 감각들 사이의 관계로부터 새롭게 나타나는 특징이다. 이들이 말하는 연장은 (추상적) 공간에 가깝다. 공간의 기원을 경험적으로 설명하는데는 어려움이 있는 것이 사실이다. 이들에 대한 베르그손의 비판의 요지는 논리적으로 볼 때 수동적이고 비연장적인 것(질)으로부터 연장(양)이 나타날 수는 없으며, 만약 감각들 간의 관계가 추상적 연장즉 공간을 산출한다면 감각들을 동시에 병치된 것으로 표상하는 정신의 능동적 작용을 인정할 수밖에 없다는 것이다. 이러한 공간은 "동일하면서 동시적인 여러 감각들을 서로 구별하게 해 주는 것이다. 따라서 그것은 질적인 구별différenciation과는 다른 구별의 원리, 즉 질 없는 실재이다"(DI, 70~71). 이렇게 비연장적인 감각들을 한꺼번에 어딘가에 병치시키는 행위는 "칸트가 감성의 선험적 형식이라고 부른 것과 상당히 유사하다"(DI, 70).

이 지점에서 베르그손이 경험론과 칸트를 대비시키는 것은 칸트에 대한 비판을 염두에 둔 것이 아니라 칸트 입장의 강점을 보여 주려는 것이다. 우리는 칸트의 관점에 베르그손이 동의하는 대목을 『시론』의 결론부에서 발견할 수 있다. 그는 "우리는…동질적 공간을 가정했으며 칸트와 더불어 이 공간을 그것을 채우는 물질로부터 구분했다. 그와 함께 우리는 동질적 공간이 우리 감성의 형식이라는 것을 인정했다"고 말하기 때문이다(DI, 177). 그러나 이제부터 정작 중요한 것은 그를 칸트로부터 구별하는 차이점이다. 베르그손에 있어서 중요한 것은 공간의 선험성도, 실재성도, 심지어 초월론적 의미도 아니다. 베르그손이 칸트에 동의하는 것은 감각들을 서로 구분하는 원리인 공간의 순수한 형식성 그리고 직관 속에 있는 모종의 능동적 작용이다. 그러나 잊지 말아야 할 것은 감각들 간의 질적 차이 자체도 서로를 구별하는 원리라는 사실이다.

베르그손에 의하면 경험주의 심리학자들, 특히 '국부 기호'signes locaux 이론가들의 입장에서는 동시적으로 나타나는 감각들이라 해도 그것들이 자극하는 신체의 부위에 따라 서로 다른 인상을 낳기 때문에 질적인 구별로 충분하며, 이와 다른 원리 즉 공간적 구별이 필요 없다고 반박할 수도 있다. 예를 들면 동질적 평면에 두 개의 점이 있다고 하자. 그것들이 우리 망막에 주는 인상들은 서로 다르다. 동일한 두 개의 인상이라고 해도 그것들이 차지하는 위치 자체로 인해 다른 인상을 주기 마련이다. 의식 상태의 원초적인 질적 본성을 주장하는 베르그손이 이를 인정하지 않을 리 없다. 다만 우리 의식은 질적 차이를 지각하는 동시에 그 차이를 공간적 차이로 해석한다는 것도 역시 사실이다. 우리는 주어진 인상들의 서로 다른 위치를 당장 식별하며 이 차이가 여러 면에서 중요하게 부각된다. 가령 베르그손이 제시한 것과 같이 양들 50마리를 세는 경우를 상상해 보자. 초원 위에서 뛰어노는 양 50마리가 있을 때 우리는 양들의 개별적 차이 그리고 그것들이 위치한 배경의 질적 특징은 고려하지 않고 단지 그것들이 순수히 공간상에서 차지하는 위치에 따라 동일한 방식으로 헤아린다. 이런 이유로 만약 경험주의자들이 말하는 대로 감각들이 공간을 산출한다면 여기에는 분명히 수용된 모든 감각들을 동질화하는 정신의 작용(행위acte)이 있다는 것이다.

그런데 칸트의 감성의 선험적 형식이 상대적으로 정적인 것으로 묘사된 반면, 베르그손은 공간 표상을 가능하게 하는 정신적 행위의 역동적 특징을 주장한다. 공간 표상은 감각질의 차이를 동질화하는 작용이기 때문에 주어진 인상들이 서로 이질적일수록 그것들을 동질화하는 정신의 노력은 더욱더 심화된다. 즉 공간을 표상하는 정신의 행위는 '고정된' 형식이 아니라는 것이다. 이 말은 "동질적 공간의 표상이 지성의 노력un effort de l'intelligence에 기인한다면, 거꾸로 두 감각을 구별하는 질 자체 속에 그것들이 공간에서의 이러저러한 특정한 위치를 차지하는 이유가 있어야 한다"는 것을 확인해 주고 이는 결국 '연장의 지각'perception de l'étendue과 '공간의 개념화'conception de l'espace를 구분하는 단서가 된다(DI, 71). 『시론』의 결론부에서 베르그손이 칸트에게 동의를 표시하는 지점으로 다시 돌아가 보자. 거기서 베르그손은 그가 칸트에 동의하는 것은 동질적 공간의 형식이 인간에 고유한 것이라는 전제하에서라고 덧붙이는데 이 전제는 연장의 지각과 공간의 개념화를 구분하는 맥락과 연관된다(DI, 177).

지각은 자연적인 것이고 동물에게도 있지만 개념화 작용은 인간에 고유한 것이다. 공간의 개념화라는 표현은 공간이 개념이라는 의미가 아니라 그것이 지성의 개념화 작용에 기원을 갖는다는 것이다. 엄밀히 말하면 연장은 지각되는 것이고 공간은 사유되는 것이다. 이렇게 베르그손은 구체적 연장을 순수공간과 구분하지만 철학사에서 연장과 공간의 혼동은 상당히 일반적이다. 물질을 연장실체로 보는 데까르뜨에게서 연장의 개념은 공간과 동일시된다. 다만 데까르뜨의 공간은 수학적 공간이기 때문에 물질 자체도 수학화된다. 구체적 연장과 공간을 구분한 것은 버클리이다. 비록 그가 구체적 연장을 여전히 공간이라는 말로 표현하기는 하나 그것의 감각적 특징을 강조하며 추상적 공간은 상상의 산물이라고 말하는 것을 보면 이를 알 수 있다. 칸트에게서 다시 연장과 공간은 같은 것으로 가정된다. 감각적 다양성 즉 연장성이 배제된 질적 다양성을 공간이 정돈하는 구도에서 감각질과 연장은 질료와 형식의 관계이며 이 형식에 대한 순수직관이 수학적 표상을 만들어 낸다. 이와 달리 베르그손에게 수학적 공간은 위에서 지성적 노력의 산물이라 규정한 동질적인 순수공간의 전형이다. 한편 연장은 우리가 경험하는 대상들, 혹은 그것들 간의 관계에서 직접 지각되는 것이다. 감각들의 질적 특성은 공간에 간접적으로 관계할 뿐이지만 연장에는 직접적이고 구체적인 방식으로 관련되어 있다. 감각들이 비연장적 질들로서 순수공간 안에 배열된다는 주장은 상당히 난해한 철학적 문제를 야기하는 반면, 그것들이 구체적 장소를 차지한다는 것 즉 연장되어 있다는 것은 상식적으로도 자연스럽게 느껴진다. 그래서 상식은 또 다른 측면에서 연장을 공간과 동일시하며 그것이 실재한다고 보는 것이다. 이 관점은 버클리의 관점과 유사하다. 다만 버클리는 공간(연장) 역시 지각된 한에서만 실재한다는 입장이고 특히 연장을 지각하는 특권적 기관으로서 촉각을 강조한 점이 다르다.

『물질과 기억』에서 베르그손은 감각들이 비연장적 질이라는 것을 거부하고 모든 감각은 그 자체로 연장되어 있으며 그러한 연장이 감각의 질적 특성에 본질적이라고 주장한다. 대상이 공간에서 차지하는 위치가 감각의 질 자체에 내포되어 있다는 『시론』의 주장과 같은 맥락이다. 버클리는 촉각과의 연합습관에 의해서 다른 감각에 공간지각이 가능하다고 주장했으나 당대의 심리학적 탐구는 모든 감각들에 연장의 특성이 침투해 있다는 것을 제시하기 시작했다.[50] 예를 들면 베르그손은 제임스W. James와 같은 심리학자를 따라 시각에도 위치와 부피, 깊이와 같은 공간지각이 가능하다는 것을 적극 인정한다. 그는

---

50. MM, 244, note 2.(베르그손이 인용한 윌리엄 제임스의 저서는 *Principles of Psychology*, t. II, New York, Holt, 1890, p. 134 et suiv.)

연장이 촉각만이 아니라 모든 감각에 속한다는 제임스의 주장이 칸트의 관점과 어떤 점에서 차이가 있는지도 지적하고 있다. 칸트의 「초월론적 감성론」도 다양한 감각들은 무차별적으로 공간 속에 연장되는 것으로 설명하기는 하나, 이는 제임스가 제시하는 심리상태에 대한 관찰 사실들과는 차원이 다르다. 그래서 "『순수이성비판』의 관점은 심리학의 관점과 전적으로 다르며 이 저서의 목적을 위해서는 지각이 그 결정적인 형식에 도달했을 때 우리의 모든 감각들은 결국 공간 속에 국재화된다는 것으로 충분하다"(MM, 244). 칸트에게 중요한 것은 지각의 결정적인 형식 즉 공간의 선험적 형식성이며 이는 경험의 가능 조건을 탐구하는 초월론적 작업을 목적으로 하기에 심리학의 경험적 탐구와 다르다는 것이다.

결국 베르그손은 연장의 지각을 경험적 사실로 인정하며 형식으로서의 공간에 대해서는 관념성 혹은 도식성만을 인정한다. 『시론』에서 베르그손은 연장의 지각이 자연적 사실이라는 것을 보여 주기 위해 당시의 자연학자들을 따라 동물의 놀라울 정도로 발달한 공간지각을 예로 든다. 어떤 동물의 뛰어난 방향감각은 그것이 인간과는 다른 종류의 공간지각을 가지고 있음을 증명해 준다. 따라서 동물에게는 방향이 인간만큼 동질적이지 않으며, "그 뉘앙스와 더불어 즉 고유한 질과 더불어" 나타날 것이다.[51] 흥미로운 것은 인간에게도 오른쪽과 왼쪽의 구분은 자연적인 것이며 고유한 "질적 차이"를 나타낸다는

---

51. 여기서 말하는 자연학자는 러복(J. Lubbock) 경, 파브르(J-H. Fabre), 월리스(Wallace), 다윈(C. Darwin)이다. 그러나 이들이 방향감각을 여전히 기계론적 설명에 맡기는 반면 베르그손은 그것을 '질적인 것'이라고 함으로써 그 점에 대한 무지를 고백한 또 다른 자연학자 로메인스(G.J. Romanes)의 정신을 따른다. 이벳뜨 꽁리의 지적. Yvette Conry, *L'Évolution créatrice d'Henri Bergson*, L'Harmattan, 2000, pp. 251~252.

것이다(DI, 72). 그런데 이것이야말로 칸트가 공간에서 나타나는 대칭적 대상의 역설로 제시한 것이 아닌가? 칸트는 대칭적 대상의 역설을 공간이 개념이 아니라 순수직관임을 주장하기 위해 예로 들었다. 베르그손에게서 그것은 공간의 질적 특성 즉 연장의 지각을 증명하는 사례가 된다. 일반적으로 평가하듯이 칸트가 경험론과 합리론의 영향으로부터 감각적 다양성과 감성의 형식을 결합했다면 베르그손은 연장된 질의 감각 전체를 경험의 영역으로 간주하며, 형식은 지성의 도식으로 보고 이의 발생과 기작mécanisme을 설명하는 것은 생명철학에 남겨 놓았다.

『창조적 진화』에서 지성과 본능의 구분에 의하면 연장의 지각은 지성이 아니라 본능 쪽에 가깝다. 반면 공간은 지성에 의한 고정화 작업과 "무한분할 가능성의 상징"이다. 『물질과 기억』에서도 "구체적 연장, 즉 감각적 성질들의 다양성은 공간 안에 있는 것이 아니다. 우리가 이 감각적 성질들의 다양성 안에 놓는 것이 바로 공간이다"(MM, 244). 이러한 공간은 우리가 경험에 앞서 그 배후에 던져 놓는 일종의 "그물망"이라는 점에서 '선험적'a priori이라고는 할 수 있을지언정 칸트적 의미에서 경험 일반의 가능 조건이라고는 할 수는 없을 것이다(MM, 260). 이처럼 베르그손에게서 공간 표상은 그 운명적 함의를 벗어난다. 그것은 자연적인 "이질성에 대한 일종의 반작용"으로서 지성화된 '인간적' 경험을 가능하게 하는 조건에 지나지 않는다(DI, 72). 베르그손에 의하면 진정한 경험은 이러한 인간적 한계를 벗어난 지점에서 즉 우리의 지성과 공간적 형식을 벗어나는 직관에서 비로소 가능하기 때문이다.

시공의 동형성 비판과 공간의 실용적 기원

칸트에게서 감성의 순수형식으로서의 시간과 공간은 동형적 구조를 가지고 있는데 여기서 더 근본적인 것은 공간이다. 시공의 동일한 본성을 논증하는 베르그손의 유명한 근거는 다음과 같다.

> 공간이 동질적인 것l'homogène으로 정의되어야 한다면, 거꾸로 모든 동질적이며 한정되지 않은 장소는 공간일 것이다. 왜냐하면 여기서 동질성은 모든 질의 부재로 이루어지기에 동질적인 것의 두 형태가 어떻게 서로 구별될 것인지를 알 수가 없기 때문이다.(DI, 73)

동질적 공간espace homogène은 "모든 질의 부재"로 이루어진다는 말을 동질적이라는 말이 실제로 하나의 동일한 질을 가진 것인가, 아니면 질이 아예 없는 것인가를 따지는 것은 문제가 되지 않는다. 질은 구체적 맥락에서 나타나는 것을 특징짓는 것이어서 순수하게 동일한 질로 존재한다는 것은 불가능하다. 그런 이유로 그것을 질이 없는 상태와 동일시할 수 있고 이것이 바로 순수공간의 본질적 특성을 이룬다. 그런데 동질적 장은 그것을 채우는 대상이 공존하는가, 순차적으로 전개되는가에 따라 두 가지 형태 즉 공간과 시간으로 말해진다. 이에 따라 칸트는 시간을 감각들이 그 안에서 순차적으로successivement) 전개되는 동질적 장場, milieu으로 취급한다. 그러나 베르그손은 이렇게 이해된 시간은 "순수의식의 영역에 공간의 관념이 침입한 데 기인한 사생아적 개념"이 아닌가 묻는다(DI, 73). 시간과 공간이 둘 다 동질적인 장이라면 그중의 하나가 더 근본적인 것이어야 하고 다른 하나는 그것의 적용에 불과할 것이기 때문이다. 그런데 공간은 그 부분들의 외재성을 특징으로 하는 양적 구별의 원리이고 시간도 결국 의식사실들이 균일한 방식으로 잇따라 전개되는 것이라면 시간은 공간의 외재적 특성을 그대로 간직한 채 순차적으로 풀어낸 것뿐이다. 이렇게 볼 때 동질적 시간의 비밀은 바로 공간 속에 있다.

> 칸트의 잘못은 시간을 동질적 장소로 간주한 것이었다. 그는 실재적 지속이 서로에게 내적인 순간들로 이루어진다는 사실, 지속이 동질적 전체라는 형태를 띨 때 그것은 지속이 공간에서 표현되기 때문이라는 사실에 주목한 것으로 보이지 않는다. 따라서 그가 공간과 시간 사이에 확립한 구분 자체는 사실상 시간을 공간과 그리고 자아의 상징적 표상을 자아 자체와 혼동하는 것으로 귀착된다.(DI, 174)

실재적 지속을 이루는 의식 상태들은 비록 순차적으로 전개된다고 하더라도 서로에 내적이며, 상호침투하고, 가장 단순해 보이는 상태들에도 과거 전체가 반영된다. 이러한 사실로 인해 의식 상태들은 감각이건, 감정이건, 의지이건, 공간에서 점들이 공존하듯이 시간 속에서 잇따라 병렬되어 있는 것이 아니다. 이것이 우리가 의식상태를 관찰할 때 가장 직접적으로 느끼는 것이다. 의식에 주어지는 소여를 원자와 같은 단순 감각으로 보는 점에서 합리론과 경험론, 칸트뿐만 아니라 모든 종류의 주지주의적 관점이 일치하고 있다. 이런 입장이 의식 상태를 과학적 분석과 재구성의 대상으로 삼을 수 있는 것은 단지 실제로 지속하는 실재를 외면하기 때문이다. 따라서 베르그손이 칸트의 본질적인 문제로 지적하는 것도 바로 의식상태의 지속을 느낄 수 있는 능력을 애초에 배제한 점이다. 칸트가 물자체의 영역을 설정하고 인식을 감성과 지성능력의 대상인 현상계에 국한했을 때 그는 경험의 가능 근거를 제시한다는 원대한 기획을 수립했지만 그렇게 형성된 경험은 감성형식에 의해 가공된 학적 인식의 재료일 뿐, 실제적 경험과는 무관하다. 우리의 지성이 이러한 경험을 통해 대상을 고찰한다 하더라도 "우리는 언제나 순수 지속 속에 다시 자리 잡을 수 있다"(DI, 175). 게다가 순수지속의 경험은 절대적 인식에 속하며 칸트에게서 물자체라는 불가지의 영역과 현상계의 상대적인 인식으로 이분화된 체계를 단번에 뛰어넘어 새로운 형이상학의 가능성을 엿보게 해 준다.

이와 같이 실재를 보는 관점을 전환시킬 때 공간의 본성의 문제는 사람들이 생각하는 것보다 덜 중요하게 된다. 특히 공간이 실재적인가, 감각들 간의 관계인가, 감성의 형식인가 하는 것은 공간 관념의 기원을 추적한다면 더 이상 본질적인 문제가 아니다. 공간의 기원의 문제는 인식의 문제로 무거워진 저울의 한쪽을 삶과 행동이라는 다른 쪽으로 균형 잡을 때 비로소 조명된다. 동질적 공간은 인식의 기초에서 근본적인 틀로 작용하지만, 그 기원은 생명체의 삶 속에서 실용적인 목적과 깊이 연관되어 있다. 동질적 공간과 구체적 연장의 구분이 중요한 것은 이런 이유 때문이다. 우리가 경험하는 연장은 질적 차이들의 연속이며 물질이 그러하듯이 불가분적인 지속의 일부이다. 인간의 행동은 합리적인 도식에 따라 이루어지는 한에서, 이와 같은 이질성을 배척한다. 텅 빈 순수공간의 개념은 "우리 경험의 배경 자체를 형성하는 그러한 이질성에 대한 일종의 반작용réaction을 요구한다"(DI, 72). 이 반작용은 지각으로 하여금 물질을 독립적 대상들로 분할하게 하고, 기억으로 하여금 사물의 연속된 흐름을 감각적 성질들로 응결시키게 한다. 결국,

> 동질적 공간과 동질적 시간은 사물의 속성들도 아니고 이 속성들을 인식하는 우리의 인식능력의 본질적 조건들도 아니다. 그것들은 우리가 실재의 움직이는 연속성에 받침점들을 확보해 주기 위해⋯ 실재로

하여금 받아들이지 않을 수 없게 하는 응결solidification과 분할이라는 이중적 작업을 나타낸다. 즉 그것은 물질에 대한 우리의 행동의 도식들이다.(MM, 237)

3. 공간과 지성적 인식

데까르뜨가 물질을 연장실체로 정의했을 때 이는 기하학적 공간을 모범으로 하여 물질을 공간과 동일화하는 일종의 범공간주의를 낳았다. 칸트는 감각질들로 가득 찬 경험론자들의 구체적 연장에서 다시금 순수공간을 분리해서 이것을 감성의 형식이라는 위치로 독립시켰다. 형식이 없는 감각적 다양성은 경험으로 성립할 수 없을 뿐 아니라 공간은 그 자체가 연장의 성질을 파악하는 순수직관이기도 하기에 칸트에게 순수공간의 위상은 특별한 것이다. 그러나 베르그손은 공간 우위의 사고방식에서 벗어나 순수공간과 구체적 연장을 다시 구분하고 양자를 각각 자신의 위치로 돌려놓는다. 이는 순수공간과 지성적 인식의 동근원성을 주장하는 동시에 그것들의 생명적 기원을 밝히는 작업으로 이어진다.

베르그손은 우선 데까르뜨나 칸트의 순수공간의 관념성을 주장하고 이것이 학적인 대상으로서의 감성적 경험이나 수학적 관념들의 세계에서 유효하다는 것을 인정한다. 여기에 베르그손은 지성적 인식과 관련하여 또 하나의 중요한 역할을 공간에 부여한다. 그것은 공간이 감성의 형식인 것만이 아니라 지성에 고유한 추상적 활동의 기반이기도 하다는 것이다. 그에 따르면 추상작용이 질적 감각들로부터 그것들을 포괄하거나 분류하는 개념들을 추출하고 또 개념들 사이에 명백한 구별을 행하는 것은 그것이 이미 양적 구별의 원리인 공간의 직관을 내포하고 있기 때문이다(DI, 72~73). 베르그손의 공간이 칸트의 공간과 극명한 대조를 이루는 곳은 바로 이 지점이다. 칸트가 지적한 것처럼 공간은 부분들을 자기 아래 위계적으로 포괄하는 것이 아니라 그것들 자체와 일체를 이루기에 개념이 아니라 직관이다. 하지만 공간의 부분들 상호 간의 관계는 서로 외재적이기 때문에 이러한 관계가 개념들의 추상적인 구별의 바탕이 될 수 있다. 공간이 개념적 작업의 바탕이 된다는 것은 또한 개념적 활동이 수학적 작업과 동일한 종류의 본성에 속한다는 생각으로 이어진다. 이렇게 해서 베르그손은 논리학과 수학의 동질적 기원을 암시한다. 아래 긴 인용에서 우리는 개념과 기호, 논리와 기하학의 관계를 볼 수 있다.

> 개념들은 사실상 공간 속의 대상들처럼 서로 간에 외재적이다. 그리고 그것들은 자신들이 만들어질 때 원본의 구실을 한 대상들과 동일한 안정성을 가진다. 개념들이 결합하여 '가지적 세계'le monde intelligible를 구성하는데 이것은 본질적인 성격상 고체들의 세계와 유사하지만 그 요소들은 구체적 사물들의 순수하고 단순한 이미지보다 더욱더 가볍고 투명하며 지성에게는 더 조작하기 쉽다. 그것들은 실제로 더 이상 사물들의 지각 자체가 아니라 지성을 사물들에 고정시키는 행위의 표상이다. 따라서 그것들은 더 이상 이미지가 아니라 기호signe들이다. 우리의 논리는 기호들을 조작할 때 따라야 하는 규칙들의 총체이다. 이 기호들은 고체들을 조작할 때 나오는 것이고 기호들 상호 간의 결합규칙들은 고체들 사이의 가장 일반적인 관계들을 표현하기 때문에 우리의 논리는 물체들의 고체성을 대상으로 삼는 학문, 즉 기하학에서 승승장구한다.(EC, 161~162)

이 인용문에는 지각과 이미지에 대한 언급도 나오는데 이것들은 개념의 구성에서 빼놓을 수 없는 요소들이다. 전통적으로 경험론자들은 감각경험 이후에 마음속에 남는 이미지를 지시할 때 관념이라는 용어와 혼용하였고 그것들로부터 순수한 지적 내용을 추상한 것을 개념으로 지칭하였다. 17, 18세기의 사상가들은 주로 관념이라는 말을 선호하는 경향이 있었고 개념concept이라는 용어를 엄밀히 지성의 사유와 관계시켜 사용하기 시작한 사람은 칸트이다.

칸트에게 개념의 발생은 경험론자들에게서처럼 감각들로부터 추상되는 것이 아니다. 잘 알려진 「초월론적 논리학」의 서두에서 칸트는 우리 인식의 두 원천으로 "표상을 받아들이는 능력faculté, 즉 인상들의 수용성"과 "이 표상을 통해 대상을 인식하는 능력, 즉 개념의 자발성spontanéité/Spontaneität"을 제시한다.[52] 표상을 받아들이는 능력이 감성이고, 대상을 사고하는 능력인, 개념의 자발성이란 "표상들을 산출하는 능력"으로서 바로 지성의 능력이다. 이 개념의 자발성이라는 표현에는 다소 애매한 점이 있다. 개념의 범주들로 알려진 '순수개념들' 과는 달리, 일반적인 개념들은 선험적으로 주어진 것은 아니다. 예를 들어 우리가 여러 개의 꽃을 보고 꽃이라는 일반적 개념을 떠올린다면, 이는 감성과 지성 그리고 상상력의 종합에 의해 산출된다. 하지만 분명한 것은 칸트에게 있어서 개념은 경험적 표상들로부터 추상된 것이 아니라는 점이다. 그것은 무엇보다도 사유하는 주체인 정신의 '능력'faculté에 기원을 둔다. 이 능력이라는 번역어는 우리말로는 '무언가를 잘 하는 힘' 정도의 의미인데, 이러한 의미는 모든 일에 적용될 수 있는 일반적인 힘과 같은 느낌을 준다. 그러나 서양어에서 그것은 상

---

52. *Critique,* p. 79 / KdrV. B 74.

당히 특수한 용법을 갖는다. 어원을 살펴보면 그것은 아리스토텔레스가 동물적 영혼의 감각과 운동의 능력, 지성적 영혼의 추론 능력 등을 지시할 때 사용한 뒤나미스^{dynamis}로 거슬러 올라간다. 뒤나미스 자체는 가능태라는 말로서 아리스토텔레스의 형이상학에서는 존재자 전체를 아우르는 일반적 용법을 갖지만, 그것이 생명과 영혼에 적용되었을 때는 생명의 자연적(본성적) 기능이라는 특수한 의미로 고정된다. 따라서 감각이나 운동, 지성 등이 그 내용을 이룬다. 이러한 의미가 서양 근대에도 여전히 남아 있으며, 거기서 능력이라는 표현은 인간이 가진 본래적이고 자연적인 기능을 지시한다. 경험론은 대체로 감각만을 인간의 자연적 능력으로 인정하였고, 합리론은 거기에 지성을 포함하며, 데까르뜨는 본유관념들까지 인정하기에 이른다. 칸트의 경우, 경험론과 합리론을 종합하겠다는 그의 의도에도 불구하고 선험성에 대한 그의 강조는 분명하다. 물론 그가 데까르뜨에게서처럼 본유관념들을 인정하는 것은 아니지만, 감성의 형식이든, 지성의 형식이든, 인식의 근원으로 주어진 것은 선험적이라고 보는 점에서 그는 직관의 형식인 공간과 별도로 개념형성의 타고난 능력을 인정하고 있다.

영국 경험론은 꽁디약과 멘 드 비랑과 같은 프랑스 철학자들에게서는 일종의 발생론으로 전환된다. 꽁디약은 감각의 능력만을 생명체의 유일한 인식능력으로 주장하면서도 다른 한편으로 생명체의 본능적이고 자연적 운동이 있다는 것을 인정하여 그로부터 능동적 운동이 발생하는 과정을 서술하였다. 이를 비판적으로 받아들인 멘 드 비랑은 인간에게 감성적 능력과 운동적 능력이라는 두 근원이 있다고 주장한다. 이들에게 능력이라는 말은 여전히 자연(본성)적으로 주어진 것이라는 함의를 갖지만 그들은 적어도 그러한 기본적인 능력으로부터 다른 무수한 고차적인 정신기능들이 발생하는 과정을 보여 주려 한 점에서 고정된 본성에 대한 전통적 관점을 거부하는 것을 알수 있다. 이러한 태도는 인간의 인식 능력에 대한 베르그손의 입장으로까지 이어진다. 더불어 베르그손은 진화론을 철학적 사유에 깊이 끌어들임으로써 감성, 운동, 지성에 대한 매우 급진적이고도 독창적인 관점을 제시한다.

베르그손에 있어서 개념의 형성은 두 단계로 설명된다. 첫 단계는 일반관념에, 두 번째 단계는 언어의 유동성에 각각 기초하고 있다. 우선 『물질과 기억』의 3장에서 베르그손은, 개념들이 일반관념에서 유래한다는 것, 그리고 일반관념은 대상들의 유사성ressemblance을 지각하는 구체적 행위에 바탕을 두고 있다는 것을 보여 준다(MM, 174~180). 여기서 주목할 것은 우리는 뚜렷한 개별적 대상들로부터 출발하는 것이 아니라 "눈에 띄는 성질들qualités marquantes 또는 유사성이라는 모호한 감정"으로부터 출발한다는 것이다(MM, 176). 지각은 분리된 개체들의 모든 차이들을 인식하는 것이 아니다. "초식동물을 끌어당기는 것은 풀 일반"인 것이지 특정한 풀의 개별적 특징이 아닌 것처럼 말이다(MM, 177). 인간에게 있어서 반성적 행위는 이 모호한 유사성의 감정을 분석하여 거기서 개별적인 것들을 분리해 내고 이것들을 다시 공통적인 성질로 묶는다. 즉 개별성은 차이를 내포하는 순수기억들에 의해 드러나고, 공통성은 유사한 것들을 묶고 반복하는 습관기억으로부터 시작하여 지성의 영역으로 넘어간다. 결국 일반성은 차이들을 무시하고 유사한 것들에 반응하는 자연적이고 생명적인 작용으로부터 유사성을 지적으로 사유하는 지성에 이르러 일반관념으로 정제된다. 이제 지성이 언어기호를 사용하여 일반개념들을 만들어낼 준비가 된 것이다. 순수기억과 습관기억 그리고 지각 사이를 왕래하는 정신의 역동적 작용에서 일반관념은 이미지기억들의 덕분에 대상들의 풍부한 형태와 의미를 포함하게 되어 지적 사유의 재료가 될 수 있다. 지성은 그것을 언어기호의 무한한 조작을 통해 명료화를 거친 개념들로 재탄생시킨다. 이러한 설명은 정신이 고정된 형태로 감각을 받아들이고 어떤 형식에 의해 그것을 정돈한다는 단면적 관점으로는 설명되지 않는 복잡성을 내포한다. 그것의 핵심은 무엇보다도 다양한 기능들이 함께 정신 활동의 역동성을 이룬다는 것을 강조하는 데 있다. 『물질과 기억』에서는 정신 활동의 바탕을 이루는 능력들의 발생에 관해서는 아직 다루지 않고 있다.

『창조적 진화』에서 베르그손은 각도를 달리하여 언어기호에 초점을 맞추어 개념의 특징을 설명한다. 칸트가 개념과 공간을 구분할 때 이미 지적했듯이 개념들 상호 간에는 종종 유와 종의 관계로 인식되는 위계적 질서가 있는데, 이는 각 개념이 가진 일반성의 서로 다른 정도에서 유래한다. 개념들의 범주들도 결국 이러한 일반성들의 체계와 관련된다. 그런데 『창조적 진화』 2장에서 베르그손은 언어기호들의 '유동성'mobilité이라는 특징에 주목하면서 이를 일반성보다 더 중요한 것으로 간주한다. 개념들은 언어기호들로 표현되며 인간 언어의 특징은 그 기호가 "한 대상에서 다른 대상으로 전이하는 경향"에 있다(EC, 159). 더 나아가 기호들의 전이는 사물들로부터 기억으로, 이미지로, 관념으로 확대된다. 그렇게 해서 기호의 유동성에 의해 세계에 대한 지적인 재구성이 가능하게 된다. 이처럼 『창조적 진화』는 우리가 개념들을 조작할 때 실재 자체보다는 지성의 논리에 기초해 있다고 주장한다. 기호들을 통한 개념의 무차별적 조작은 대상의 내적 성질을 무시하고 균일하게 수학적 법칙으로 취급하는 근대의 학문적 태도와 공통점을 가진다. 이와 같이 일반개념들의 형성과 작용의 바탕에는 순수공간의 동질화, 외재화라는 작용이 개입되어 있다.

이와 같은 일반적인 개념들과는 달리 조작의 대상이 될 수 없는 개념들도 있다. 칸트가 제시한 개념의 선험적 범주들이 그러할 것이다. 그것이 무엇이든, 그리고 몇 가지이든 지성이 세계를 보는 선험적 범주들이 있다는 것을 부정하기는 어렵다. 그러나 베르그손이 주장하듯이, 만약 공간이 행동의 실용적 기원을 갖는다면 지성과 그 형식도 결국 같은 기원을 갖게 될 것이다. 일상적으로 질료 없는 형식적 인식이 존재한다는 것은 어떤 방식이든 인정되고 있다. 베르그손은 "선생님이 분수를 받아쓰라고 할 것을 알고 있는 학생은 분자와 분모가 무엇인지 알기도 전에 줄부터 긋는다."라고 말하면서, 그러나 그것은 이러한 형식적 인식이 "소유된 사물이기보다는 길들여진 습관이고 상태이기보다는 경향이라는 조건에서"라고 덧붙인다(EC, 149). 여기서 습관 혹은 경향이라는 말은 베르그손의 발생론적 입장을 대변하는 용어들이다. 그것들은 개체의 삶을 통해 형성되는 것이 아니라 생명의 진화선상에서 이루어지는 기나긴 과정의 산물이다. 개체의 삶에서 나타나는 현재적 차원에서 볼 때 "지성은, 마치 우리 각자가 자신의 얼굴을 가지고 태어나듯이, 자신의 형식을 가지고 하늘에서 떨어진" 것처럼 보일지도 모른다(EC, 154). 이와 같이 지성이 절대적인 것으로 주어지면 인식은 불가피하게 지성 형식에 상대적인 것이 된다. 베르그손은 이 점을 칸트 인식론의 가장 큰 난점으로 본다. 칸트는 아리스토텔레스가 정리한 판단들의 종류로부터 지성의 개념들(범주들)을 끄집어내고, 이것들로부터 구성되는 인식은 실재 자체를 보여 주기보다는 현상에 관계할 뿐이라고 주장했지만, 그러한 지성의 형식 자체는 절대적인 것으로 믿었다.

그러나 베르그손에 의하면 지성의 형식은 사물의 실재에도 현상에도 관계하지 않고 단지 행동의 필요성과 관련된다. "행동을 놓아 보라Posez l'action. 지성의 형식 자체가 거기서 도출된다"(EC, 153). 이 언명은 베르그손의 진화론적 인식론의 핵심을 보여 주는 주장이다. 베르그손은 갈등과 투쟁으로 묘사되는 다원적 자연관의 어두운 일면을 외면하지 않는다. 대부분의 생명체들에 있어서 삶은 위험의 연속이다. 미지의 상황에 대처하기 위해 동물은 다양한 종류의 본능에 의존한다. 그러나 적절한 본능이 결핍된 존재인 인간에게서 결핍을 보완하는 것은 바로 지성이다. 자신을 위협하는 대상의 수와 힘의 정도, 그것의 공격가능성 등을 숙고하는 일은 지성의 본성에 속한다. 철학자들이 분류한 지성에 고유한 몇몇 형식은 진화적 기원에서는 '생존 전략'에 불과할 수 있다.

따라서 베르그손은 지성이 사변적 능력을 갖는다는 철학의 뿌리 깊은 태도를 단호히 거부한다. 그것은 생명이라는 기원과 분리될 수 없으며 생명의 전개 과정은 무엇보다도 무기물질에 작용하는 경향으로 나타난다. 베르그손은 진화선상에서 나타난 지성의 원초적인 형태를 "자연의 손에서 갓 나온 지성"이라고 부른다(EC, 154). 이 초보적인 지성은 무기적 고체 위에 작용하여 무언가를 얻어내려는 생명적 노력의 연장이다. 따라서 완성된 지성은, 유기적 도구를 사용하고 구성하는 능력인 본능을 대신하여 무기적 도구를 제작하고 사용하는 능력을 주요한 기능으로 가지고 있다(EC, 141). 도구 제작의 능력은 물질을 조작하는 기술이다. 이런 능력은 대상의 유동적 특성을 피해 그것을 고정된 도식 안에서 표상할 필요가 있다. 따라서 지성은 사물의 질적 특성을 최대한 배제하고 그 요소들을 동질적인 도식 안에 병렬하여 결국 자신의 방식으로 인공물을 조작하기에 이른다. 역으로 이 조작의 기교가 지성의 능력을 배가시키고, 그것이 가진 잉여적 힘에 의해 우리를 사변적 위치로까지 올라가게 해 준다. 고도로 정제된 지성의 사변적 능력은 우리로 하여금 종종 그것의 실용적 기원을 망각하게 한다. 그러나 지성은 어디까지나 행동의 요구에 기원을 가지며, 따라서 그것은 행동에 상대적이고 그 형식은 환원불가능한 것으로 주어진 것이 아니다. 그렇기 때문에 "철학자들은 행동을 위해 만든 사고방식을 사변의 영역에 옮겨 놓을 때 오판하는 것이다." 사변을 본성으로 하는 지성의 특징은 플라톤이 말한 "좋은 변증론자, 즉 뼈를 부러뜨리지 않고 자연적으로 그려진 마디articulation에 따라 고기를 자르는 숙련된 요리사"에 비유될 수 있을지 모른다(EC, 156). 그러나 지성이 존재의 본질을 있는 그대로 직관한다는 플라톤의 입장은 칸트에 의해 결정적인 방식으로 거부되었다. 그럼에도 불구하고 칸트에게서 지성은 여전히 우리가 알 수 있는 모든 것의 총체를 떠맡고 있다. 반대로 베르그손에게서 실재의 인식은 지성에 의존하는 것이 아니다. 지성은 자연적 관절을 따르기는커녕 "대상의 내적 구조"를 제거하기를 바라고 물질 전체를 "인공적이고 잠정적인" 재료와 같이 간주하여 우리의 필요에 따라 분석과 재구성을 행한다. 순수공간의 무한분할가능성은 바로 이러한 작업을 가능하게 하는 근본적인 힘이다. 물질을 우리 마음대로 분해하고 재구성하는 능력은 "실재적 연장 뒤에서 그것을 떠받치고 있는 무차별적이고 동질적 공간"을 거기에 "투영"함으로써 가능해진다(EC, 157~158). 행동의 도식으로서의 순수공간은 이와 같이 지성의 개념들에 우선한다.

플라톤의 지적 직관의 능력만이 아니라 칸트에 의해 현상계로 축소된 지성능력조차도 일반적으로 인식을 위한 인식을 목표로 하는 점에서는 사변적 기능으로 간주된다. 지성에서 실재에 도달하는 능력을 제거한 점에 있어서 칸트는 베르그손과 일치하는 면이 있다. 베르그손에게서 지속하는 흐름으로서의 실재는 지성에 의해 포착될 수 없다. 그러나 칸트는 지성의 한계로부터 곧바로 실재에 대한 불가지론을 이끌어냈다. 마치 우리에게 지성 이외에는 어떤 능력도 없다는 듯이. 따라서 지성의 거대한 구축물로서의 인식 체계는 오직 지성능력에 상대적인 것으로 된다. 베르그손은 플라톤이나 칸트가 제시하는 사변적 인식은 사실상 행동을 목표로 하는 지성의 산물이라는 것을 보여 주는 비판적 태도로부터 실재의 직관이 가능하다는 것을 보여 주는 적극적 태도로 나아간다. 유동적이고 지속하는 실재를 포착하고자 하는 베르그손의 직관은 고정된 영원한 실재를 명상하는 플라톤의 지적 직관과는 비교불가능하다. 플라톤에게서 지적 직관과 분석능력으로 혼합되어 있던 인식능력은 칸트에 와서 단지 분석적 능력으로 축소되면서 여기에 보편적 의식의 통일과 구성적 능력이 부가된다. 베르그손은 바로 이러한 의식의 통일성 혹은 구성 능력의 인위성과 모호함을 비판하면서 지성은 통일보다는 분할을 주된 기능으로 한다고 주장한다(EC, 153). 이것은 지성의 개념들보다 순수공간의 우선성을 주장하는 베르그손에게는 자연스러운 결과다. 지성이 오직 수학적 능력으로 축소된 상황에서 직관은 지성이 포착할 수 없는 실재의 인식을 가능하게 하는, 혹은 실재와 하나가 되는, 적극적인 능력으로 재탄생하여 지성의 불완전함을 보완하고 인도하는 기능을 맡게 된다. 이때 "인식은 지성의 산물이기를 멈추고 어떤 의미에서는 실재를 이루는 부분이 될 것이다"(EC, 153).

이처럼 베르그손의 직관 개념은 지속의 존재론을 전제하고 그것의 인식가능성을 보여 주는 개념이다. 그런데 그것은 다른 한편 칸트로 인해 빈약해진 세계인식을 비판하는 과정에서 베르그손 자신이 축소시킨 지성의 의미를 보완하는 맥락에서 탄생한 것이기도 하다. 근대과학의 눈부신 성공으로 인해 플라톤의 이데아의 직관 못지않게 신적인 위치로까지 올라갔던 지성은 칸트 인식론의 철퇴를 맞으며 그 인간적 근원에 마주하게 된다. 베르그손은 인간이 뿌리내린 생명의 갱도를 찾아 더욱더 깊이 내려간다. 지성은 생명성 자체가 아니라 그것의 일부에 지나지 않는, 혹은 그것을 왜곡하는, 실용적인 근원에서 잉태된 능력이다. 따라서 지성적 실재의 반대쪽 극에서 생명성 전체를 반영하는 지속의 직관에 호소하지 않을 수 없게 된 것이다. 베르그손은 플라톤의 숙련된 요리사의 비유를 지성이 아니라 직관 개념을 설명하기 위해 원용한다. 직관이야말로 '사실의 선'을 따르는 행위이며, 이것은 지성이 인위적으로 재단하고 분할한 실재의 자연적 마디들을 찾는 탐구이다. 결국 직관의 이념은 플라톤의 독단론과 칸트의 불가지론을 극복하는 이중적 목표를 가진 것이라고 볼 수 있겠다. 이와 같은 철학사적 맥락을 고려하지 않는다면 베르그손의 직관이라는 말은 신비적이고 불가해한 것으로 남아 있을 것이다.

4절 베르그손과 들뢰즈 – 들뢰즈의 베르그손 해석

베르그손 철학은 생명과 시간이 시대의 중요한 화두로 자리 잡은 19세기의 상황을 고려하지 않고는 이해하기 어렵다. 고전적 기계론에 대한 반발과 새로이 등장한 진화론에 대한 숙고 그리고 프랑스의 유심론 전통을 고려할 때, 베르그손에 대한 기존의 해석은 자연스럽게 생명과 정신성을 강조하는 경향으로 기울어진다. 생명과 물질, 자유와 필연, 직관과 지성, 시간과 공간, 예술과 과학, 심층자아와 표층자아, 동적 도덕과 정적 도덕 등 베르그손이 제시한 이분법에서 전자가 더 높은 가치로 평가되는 경향은 사상사적으로 볼 때 피할 수 없는 것이기도 하다. 그러나 들뢰즈의 해석은 이와 같은 베르그손 연구의 역사에서 하나의 전환점을 이룬다. 들뢰즈는 베르그손의 전통적 이분법을 단번에 뛰어넘어 대립되는 요소들 간의 관계를 새롭게 조명하는 통일적 관점을 제시하고 있는데, 이러한 해석은 들뢰즈가 베르그손 연구에서 기존의 계보를 잇기보다는 당대의 자연과학이나 문학, 예술, 정치 문제에 대한 심층적인 숙고를 통해 독창적인 사유를 시작하는 것과 관련된다.

흥미로운 것은 고전철학의 도덕적 동기를 드러내는 니체적 작업의 연장선상에서 다수의 철학자를 해부하는 들뢰즈가 베르그손의 경우에는 통상적으로 알려진 가치론적 이해를 넘어서서 일종의 자연주의적 해석을 시도하고 있다는 점이다. 따라서 생명과 정신 그리고 종교의 본성과 같은 주제들은 거의 들뢰즈의 주목을 끌지 않는다. 이것은 베르그손에게 바친 들뢰즈의 두 개의 연구, 「베르그손에게 있어서 차이의 개념」1956이라는 밀도 있는 논문과 『베르그손주의』1966라는 연구서 사이에 니체 연구가 자리 잡고 있는 것을 고려할 때 더욱더 이해하기 어려운 상황이다.53 『니체와 철학』1962은 다음과 같은 서두로 시작한다. "니체 철학의 일반적인 기획은 철학에 가치와 의미의 개념을 도입하는 데 있다." 들뢰즈가 베르그손 철학에서 가치를 벗겨낸 것은 현대연구가의 입장에서 볼 때는 오히려 다행스러운 일이라 하지 않을 수 없는데, 그것은 베르그손에 대한 기존의 연구들이 겹겹이 걸쳐놓은 갖가지의 장식을 벗겨냄으로써 베르그손 철학의 순수한 존재론적 골격을 보여 주는 데 탁월한 기여를 한 것으로 보이기 때문이다.54 들

---

53. Gilles Deleuze, "La Conception de la différence chez Bergson," *Études bergsonienne* IV, 1956, pp. 79~112. 앞으로 이 논문은 본문에서 「차이에 관한 논문」으로 표기하며, 쪽수 표시는 CD라는 약어와 함께 본문 안에 표시한다. 그 밖에 『베르그손주의』는 B, 『차이와 반복』은 DR, 『니체와 철학』은 NP로 본문 안에 쪽수를 표시한다.

54. 하트의 경우 베르그손에 대한 들뢰즈의 존재론적 해석에서조차 정치적인 의도를 보

뢰즈에 의해 베르그손은 유심론 전통에서 해방됨으로써 현대 프랑스 철학의 전통을 새롭게 창조하는 선구자적 면모를 드러내는 것처럼 보인다. 게다가 이와 같이 새롭게 드러난 베르그손의 존재론은 나중에 들뢰즈의 『차이와 반복』1972에서 커다란 수정 없이 채택된다.

나는 들뢰즈라는 현대 철학의 거장이 되살려낸 베르그손이 이전의 베르그손에 비해 더 진정한 베르그손에 가까운가, 그렇지 않은가 하는 문제를 다루려고는 하지 않는다. 기존의 해석이 여러 측면에서 베르그손에 충실하다고 해도 들뢰즈의 해석 역시 핵심에 있어서는 베르그손의 정신을 잘 드러내고 있다고 평가될 수 있다. 들뢰즈의 철학사 연구는 그 자신의 독창적 관점에 의한 재창조라는 평가가 일반적인데, 칸트나 스피노자, 라이프니츠 등의 해석에서 나타나는 그러한 변형과 재창조가 베르그손 해석에서는 현저하지 않다. 물론 위에서 지적했듯이 시대적인 상황과 과학의 진보를 반영하는 문제들에서는 불가피한 차이가 나타나기도 한다. 예를 들면 유전구조의 해명, 정보이론의 등장, 물질의 역동성에 대한 심도 있는 과학적 발견 등으로 인해 변화한 과학적 배경을 업고 들뢰즈는 베르그손의 생명-물질의 이분법을 차이의 존재론에 용해시켜 그 유심론적 색채를 가리고 있는 것을 볼 수 있다. 그러나 이러한 해석조차도 이미 베르그손의 지속의 일원론 안에 그 싹이 들어 있다고 할 수 있어서 베르그손과 들뢰즈의

는데, 이것은 좀 지나친 해석이라 하지 않을 수 없다. 들뢰즈는 단지 정치철학자이기 이전에 이미 존재론과 인식론의 근본 문제들을 섭렵하는 정통철학자이다. 차후에 들뢰즈가 이와 같은 기반에서 정치철학적 문제들을 논한다고 해도 들뢰즈의 베르그손 해석 안에 그 모든 것이 이미 있다고 전제하는 것은 무리가 있다. 게다가 정치철학의 경우에는 베르그손보다는 니체나 스피노자의 철학이 더욱 기본적인 토대가 되는 것을 볼 때 들뢰즈의 베르그손 해석은 존재론적 문제들에 국한하는 것이 적절할 듯하다. 마이클 하트, 『들뢰즈 사상의 진화』, 김상운·양창렬 옮김, 갈무리, 2004, 1부 1장.

존재론적 차이는 사실상 그렇게 현저하지 않다. 그 밖에 일부의 주제들 해석에서 들뢰즈가 자의적으로 베르그손에 니체적 관점을 투사한 경우도 있기는 하다. 그러나 우리는 주로 들뢰즈가 조명해 낸 베르그손의 존재론적 문제들을 집중적으로 다루고자 한다.

1. 베르그손 철학의 방법과 이념 – 직관과 초월론적 경험론

들뢰즈의 베르그손 해석에서 「차이에 관한 논문」이 가지는 중요성은 『베르그손주의』보다 결코 덜하지 않다. 이 깊이 있는 논문에서 들뢰즈는 자신의 베르그손 해석의 실마리를 마련했을 뿐만 아니라 앞으로 전개될 내용의 굵직한 선들을 미리 그려놓았다. 이 윤곽은 『베르그손주의』에서 구체적으로 모양새를 갖추고, 『차이와 반복』에서도 그대로 유지되면서 여러 관찰들과 풍부한 내용들로 살찌워진다. 이 세 가지 연구는 들뢰즈의 베르그손 해석만이 아니라 들뢰즈 자신의 사상의 기본 골격과도 하나를 이룬다.

내적 차이와 진정한 경험론

「차이에 관한 논문」에서 들뢰즈는 베르그손의 철학의 두 측면, 즉 방법론과 존재론을 나누고 이 두 측면을 차이의 개념으로 종합하는 까다로운 작업을 시도한다. 방법론적 측면은 "사물들 간의 본성적 차이를 정하는 일"과 관련되고 존재론적 측면은 "사물들의 존재가 그 본성차에 있으며" 따라서 "차이 자체가 존재를 드러낸다"는 사실과 관련된다(CD, 79). 사물들 간의 본성 차이를 파악하는 것은 사물의 내적 차이를 파악할 때만 가능하다. 칸트에 의해 사물 자체에 도달하는 것이 불가능하다고 선언된 이후 이와 같은 이념은 무모한 것으로 간주된다. 그러나 들뢰즈는 베르그손의 철학 안에서 이 이념이 살아있음을 본다. "철학이 사물들과 적극적이고 직접적인 관계를 갖는 것은 오직 사물 자체를 있는 그대로의 모습으로부터, 그것이 그것 아닌 모든 것과 구분되는 차이 속에서, 즉 그것의 내적 차이différence interne 속에서 파악하는 한에서이다"(CD, 80). 만약 이러한 내적 차이가 없다면 사물들을 본성적으로 구분한다는 것은 불가능한 작업이 된다. 우리는 개체들을 종이나 유로 즐겨 분류하지만 사실 개체들 간에 본성차가 있다면 이 차이는 종적 차이나 유적 차이를 넘어서는 내적 차이라고 할 수 있다. 들뢰즈는 이처럼 종적 특질에 전적으로 지배되지 않는 개체의 고유한 특성을 내적 차이라고 규정한다. 베르그손이 일반관념의 기원에서 유사성의 지각이라는 실용적 기원을 강조한 것도 일반관념이 이러한 내적 차이들을 은폐하기 때문이다. 베르그손의 철학적 이상은 어디에나 두루 적용되는 기성복과 같은 개념을 비판하고 대상의 고유한 성질을 포착하고자 하는 직관을 강조하는 데 있다. 직관은 진정한 경험이며 그것에 기반을 둔 철학이야말로 '경험론'이라 불릴 자격이 있다. 진정한 경험론은 "대상에 대해 그 대상에만 적합한 개념을 재단하는 것이어서, 그것은 단지 그 사물에만 적용되기 때문에 여전히 개념이라고 부르기는 어려울 것이다"(PM, 197). 들뢰즈는 베르그손이 참된 경험론이라 부른 것을 셸링의 '우월한 경험론'empirisme supérieur에 비교하면서 동시에 칸트의 '초월론적 특징'transcendentalité과의 차이를 언급한다. 즉 참된 경험론은 "경험의 가능 조건"이 아니라 "실재적 경험의 조건들"을 탐구하는 것이다. 그런데 이 조건들이야말로 직관 속에서 파악된다(CD, 85~86). 직관은 본성적 차이들을 규정하여 "사물들 안에서 그것들을 분배distribution하는 것"이다. 사물들 혹은 사실들은 우리에게 언제나 혼합된 것mixte으로 나타나는데, 올바른 직관은 그것 안에서 플라톤이 인용한 훌륭한 요리사처럼 "실재의 마디들"articulations du réel을 분절해내는 능력이다(CD, 81).

이처럼 들뢰즈는 베르그손 연구에서 직관을 중시하는 드문 해석가 중 하나로 평가된다. 베르그손 자신이 직관을 지속에 비해 이차적인 개념이라고 주장한 탓인지 이에 대한 본격적인 연구는 드물다. 베르그손은 『사유와 운동자』를 중심으로 직관 개념이 실재의 인식을 가능하게 해 주는 철학적 방법이라 말하지만, 그것에 대한 적극적이고 명시적인 내용을 보여 주는 텍스트는 많지 않고, 대부분의 경우 다른 주제 속에서 영감의 작용을 하는 것으로 보인다(PM, 33). 그렇다고 해서 그 의미가 무한정하게 확대 해석되어서는 곤란하다.

> 직관에 대한 단순한 기하학적 정의를 요구하지 않기를 바란다. 이 말이 수학적으로 상호 연역될 수 없는 여러 함의로 사용된다는 것을 보여 주기는 너무도 쉬운 일일 것이다. 한 탁월한 덴마크의 철학자[회프딩]가 그중 네 가지를 지적한 바 있다. 우리는 그 이상을 발견할 수도 있을 것이다. … 신이여, 우리가 하찮은 것을 위대한 것에, 우리의 노력을 거장들의 노력에 비교하지 않도록 지켜 주시기를! 그러나 우리가 묘사한 바와 같은 직관의 다양한 기능과 측면은 스피노자에게서 '본질'과 '존재'라는 말들이나 아리스토텔레스에서 '형상', '잠재태', '현실태' 등등의 용어들이 갖는 의미들의 다양성에 비하면 아무것도 아니다.(PM, 29~30)[55]

---

55. 베르그손은 자신의 주장을 주로 일인칭복수(nous)를 사용해서 표현한다. 그리고 이 광래가 옮긴 『사유와 운동』(종로서적, 1981)에서 이 문장의 마지막 부분은 오역임을 지적해 둔다. "… 의미들의 다양성에 비할 바가 못 된다"로 내용이 거꾸로 되어 있음. 28~29쪽.

베르그손에게 직관이라는 말은 단순히 진리를 관조하는 지적 직관이 아닐뿐더러 감각적 다양성을 수용하는 능력도 아니다. 그것은 물론 모호한 공감이나 투시능력과도 전혀 관련이 없다. 핵심은 '실재의 지속'에 직접 접근하는 능력이라는 점이다. 이 때문에 직관은 지속이라는 존재론적 상황을 전제하는 능력이라는 점에서 매우 분명한 한정을 가진다. 사유와 운동자에서는 "직관적으로 사유한다는 것은 곧 지속 속에서 사유하는 것이다."라고 말하고 있다(PM, 30).

방법의 규칙으로서의 직관

한편 『베르그손주의』는 직관의 방법을 논의의 서두에 위치시키면서 그 역할을 강조하고 있다. 들뢰즈에게 직관 개념의 중요성은 다음의 사실에서 유래한다. "만약 직관이 베르그손의 고유한 의미에서 방법으로 존재하지 않았다면 지속은 일상적인 의미에서 직관적인 채로 남아 있었을 것이다"(B, 2). 게다가 들뢰즈는 다음과 같은 정당한 문제제기를 한다. "방법은 본질적으로 하나 또는 여러 가지의 매개과정을 내포한다고들 하는데 무엇보다도 직접적 앎을 가리키는 직관이 어떻게 방법을 형성할 수 있는가?"(B, 2) 이에 대한 그의 대답에는 상당히 중요한 내용이 있다. 직관은 베르그손에게서 종종 단순한 행위로 제시되지만 "그에게서 단순성은 질적이고 잠재적인 다양성multiplicité과 그것이 현실화되는 여러 다양한 방향들을 배제하지 않는다"(B, 3). 단순성과 질적 다양성, 그리고 그것의 현실화 이 세 가지 내용의 조화야말로 들뢰즈가 베르그손 존재론의 핵심으로 규정하는 것이다. 직관은 이 내용을 따라서 존재의 질적 구분을 행하는 원리이고 그런 한에서 매개 없이도 실재의 인식에 도달한다. 직관의 단순성은 행위의 단순성이고 그 행위가 포착하려는 실재 자체는 단순성 속의 다양성을 특징으로 하기 때문에 직관은 여전히 존재론의 틀 내에서만 의미를 갖는 것이라는 사실을 알 수 있다.

「차이에 관한 논문」에서 직관은 주로 본성차의 발견과 관련하여 규정되지만 『베르그손주의』에서 들뢰즈는 보다 더 세밀하게 방법의 규칙을 결정하는 세 종류의 행위를 이끌어낸다. 첫째는 '문제의 제기와 창조'에 관련되고 둘째는 '진정한 본성차를 발견'하는 것, 셋째는 '진정한 시간의 이해'에 관련된다. 문제의 제기와 창조라는 첫 번째 행위는 들뢰즈가 특별히 강조하는 것이다. 베르그손은 사변적 문제들의 노예적 본성을 지적하는데, 그것은 대부분의 철학적 문제들이 사회와 언어에 의해 이미 만들어진 채로 주어진다는 점에서 그러하다. 이 경우 해답은 이미 주어져 있으며 "철학은 마치 그림 맞추기puzzle 놀이와 같고, 거기서 문제는 사회가 우리에게 제공한 조각들을 가지고 그것이 보여 주고 싶어 하지 않는 그림을 재구성하는 것이다"(PM, 51). 강단철학의 맹점을 지적하는 이 부분은 들뢰즈의 철학적 태도를 결정하였고 그의 철학의 이념으로까지 발전한다. 따라서 진정으로 중요한 것은 주어진 문제를 푸는 것이 아니라 문제를 올바로 제기하는 일이다. 문제를 제기한다는 것은 발명이나 창조와 같다. 베르그손에 의하면, "형이상학에서는 물론이고 이미 수학에서도 발명의 노력은 종종 문제를 낳게 하는 데 있으며, 문제가 제기될 용어들을 창조하는 데 있다"(PM, 52). 들뢰즈 자신이 길게 인용한 이 대목에서 "철학은 개념들을 형성하고 발명하고 제작하는 기술"라는 그의 이념을 앞서 보는 것 같기도 하다.56 『차이와 반복』에서 들뢰즈가 "해답 없는 문제들"로서

---

56. Gilles Deleuze and Félix Guattari, *Qu'est-ce que la philosophie?*, Paris, Les Éditions de Minuit, 1991, p. 8.

의 칸트의 이념을 다룰 때도 명시적으로는 칸트와 대화하고 있지만 여전히 문제제기에 대한 베르그손적 태도를 유지하고 있다는 것을 알 수 있다(DR, 219). 『차이와 반복』 전체를 관통하는 문제와 물음이라는 주제는 베르그손적 의미에서 문제제기의 중요성을 함축하는 맥락으로 이해할 수 있다. 문제에 대한 베르그손의 태도는, 직관이 문제의 틀을 구성하는 원동력일 뿐만 아니라, 사유라는 것이 그 시원에 있어서 자유행위이자 예술적이고 미학적인 본성을 가진다는 사실을 함축하는 것이기도 하다. 이것이야말로 들뢰즈가 베르그손에게서 전폭적으로 수용하는 기본적인 태도이다.

문제를 제기하는 것이 직관의 역할이라면 올바른 문제와 그렇지 않은 문제를 구분하는 일도 마찬가지로 중요하다. 들뢰즈는 "문제들 자체를 참과 거짓의 시험에 맡겨 거짓 문제를 고발한 점"에서도 베르그손의 공헌을 높이 평가한다. 거짓 문제에는 두 종류가 있는데, "존재하지 않는 문제들"과 "잘못 제기된 문제들"이 그것들이다(B, 6). 존재하지 않는 문제들을 존재하는 것으로 여겨 문제로 제기하는 일은 이른바 사변적 문제들의 상당 부분을 구성한다. 가령 비존재non-être의 문제, 무질서의 문제, 가능성의 문제가 그 대표적인 것들이다. 이 문제들은 『창조적 진화』의 중요한 페이지들을 장식하는 것들이고, 부정성négativité 비판에서 출발하여 긍정의 철학으로 나아가는 들뢰즈 사상의 논리적 바탕을 마련해 준 것이기도 하다.[57] 베르그손은 존재하지 않는 문제들이란 '더'plus와 '덜'moins의 문제를 혼동하고 부정적 관념들을 항상 앞세우는 지성의 착각에서 유래한다고 말한다. 가령 존재 앞

---

57. 비존재와 무질서 개념 비판에 대해서는 『창조적 진화』 3, 4부를, 가능성 개념에 대한 비판은 『사유와 운동자』(PM, 99~116)를 참조할 것.

에는 비존재가 있어서 존재는 비존재를 극복하는 것이며, 질서 앞에는 무질서가 있어서 전자는 후자를 정돈하는 것이고, 실재성 앞에는 가능성이 있어서 이것 중의 하나가 실현된다는 식이다. 그러나 베르그손에 의하면 우리가 각 경우에 부정적 개념이 긍정적 개념보다 앞서 있고 따라서 마치 바닥에 깔려 있는 보와 같이 더 많은 외연을 포함한다고 생각하는 것은 지성의 퇴행운동에서 비롯한다. 실제로 존재하는 것은 존재와 질서 그리고 실재성이며 비존재, 무질서, 가능성은 지성이 회고적으로 만들어낸 환상에 불과하다.

한편 잘못 제기된 문제들은 『의식에 직접 주어진 것들에 관한 시론』에서 분석된 강도량 개념, 공간화된 시간, 자유의 문제에 대해서 사람들이 갖는 오해이다. 오해는 일반적으로 사회적 삶과 언어의 요구에 따라 본성차를 가진 것들을 혼동하고 뒤섞어 정도차를 가진 것, 양적 차이를 가진 것으로 만드는 데서 유래한다. 예를 들어 질적 본성에 속하는 감각을 그것을 야기한 물리적 원인의 크기로 환원하여 표시하고 측정가능한 대상으로 만들 때 여기에는 질과 양의 부당한 혼합으로부터 사실을 왜곡히는 환상이 있다. 감각의 강도를 측정하기 위해 고안된 강도량이라는 개념은 바로 이러한 혼합에서 유래한다. 동질적 시간의 관념과 자유행위에 대한 논증도 마찬가지다. 전자는 순수공간을 시간의 잇따르는 순간들에 적용할 때 생겨나는 환상이고, 후자는 행위가 일어난 후에 그것을 과거의 가능적 상황으로 역투사하여 다른 방식으로 행위할 수 있었을 가능성으로부터 자유를 논증하는 방식인데, 이와 같은 역투사는 시간의 진행을 공간의 관점에서 생각할 때만 가능한 것이므로 동질적 시간의 관념과 유사하게 시간과 공간의 혼동에서 유래한 환상이다. 이처럼 "사람들이 일상적으로 하나의 사실이라고 부르는 것은 직접적 직관에 나타나는 대로의 실재가 아니라, 실천적 관심들과 사회적 삶의 요구들에 실재를 적응시킨 것이다"(MM, 203). 사회적 삶은 인간적 삶의 피할 수 없는 조건인만큼 사람들은 여기서 오류를 범하는 것이 아니라 일종의 착각 또는 환상illusion에 빠져 있다. 들뢰즈는 이를 칸트가 제시한 이성의 불가피한 환상에 비유하는데 그것은 양자에서 환상이 인간적 조건의 뿌리 깊은 곳에 기원을 가지고 있으며 "말소될 수 없고 단지 억제될 뿐"이라는 점에서 그러하다(B, 10). 엄밀히 말하면 그것을 억제한 것은 칸트이며 베르그손은 거기서 벗어날 방법을 제공하고자 한다. 왜냐하면 직관은 인간적 조건을 넘어서는 노력이기 때문이다.

여기서부터 "환상에 대항하고 진정한 본성상의 차이들 또는 실재의 마디들을 되찾으라"는 방법론의 두 번째 규칙이 유래한다. 「차이에 관한 논문」에서 이미 언급되었듯이 직관은 혼합물로 주어진 사실을 본성차에 따라 나누는 방법이다. 좀 더 정확히는 주어진 사태에서 지속의 측면과 공간적 측면, 혹은 질과 양의 측면을 나누고 그중에서 진정한 존재를 선택하는 것이다. 들뢰즈의 표현에 의하면 "금 찾기"이다(DR, 84). 들뢰즈는 베르그손의 나눔의 방법에서 플라톤이 그것과의 유사성을 지적한다. 단순한 행위인 직관이 어떻게 매개를 함축한다고 알려진 방법이 될 수 있는가 하는 앞서의 질문은 여기서 좀 더 구체적으로 해명된다. 플라톤의 경우 나누어진 것들 중에 진정한 존재를 찾는 과정에서 아리스토텔레스가 비판했듯이 매개념이 없이 여전히 영감에 의존한다는 결점이 있다(B, 24;DR, 86). 사실상 플라톤은 여기서 외적 목적인 즉 '선의 이데아'라는 초월적transcendante 원인에 의지하고 있다(CD, 87). 이에 비해 베르그손의 직관은 지속을 사유하는 데 있어 매개가 필요 없는 자족적인 능력이므로 본성적으로 나누어진 것들 중에서 진정한 존재를 대변하는 지속의 선택은 자연적으로 이루어진다. 이렇게 해서 "방법은 직접성과 화해된다"(B, 24). 같은 것이 같은 것을 인식한다는 일종의 순환논법이라고 볼 수도 있겠다. 그러나 이 순환논법의 의미는 '내재성'intériorité의 이념을 제시한다는 데 있다. 「차이에 관한 논문」에서 내적 차이의 강조는 바로 초월적 원인을 부정하고 내재적 원인을 드러내는 것인데, 이것은 들뢰즈 철학의 '초월성에 대한 거부'라는 이념과 직결된다.

베르그손에게서 혼합물로 제시되는 것은 강도량이나 동질적 공간만이 아니다. 『물질과 기억』에서도 정념과 지각의 혼동, 지각과 기억의 혼동, 이미지기억과 순수기억의 혼동, 현재와 과거의 혼동을 지적하고 그것들에 각각의 본성을 되돌려주는 것은 이 책 전체를 가로지르는 주도적 방법이자 이념이다. 그러나 이러한 본성차의 결정이 들뢰즈의 표현에 의하면 베르그손주의의 마지막 말은 아니다(B, 11). 흥미롭게도 들뢰즈는 베르그손의 나눔의 방법을 다시 칸트의 초월론적 분석에 연결시킨다. "사실이 언제나 혼합된 것으로 주어진다면 그것은 원리적으로en droit만 존재하는 순수 현존들이나 경향들로 나누어져야 한다"(B, 13). 가령 순수지각은 원리적으로 기억이나 정념으로부터 고립되어 물질과 일치할 수 있다(MM, 68). 즉 칸트와 베르그손은 경험을 넘어서서 경험의 조건을 찾는다는 데서 일치한다. 물론 들뢰즈는 곧바로 차이점을 암시하고 있다. 베르그손에게서 경험의 조건이란 "칸트와 같은 방식으로 모든 가능한 경험의 조건이 아니라 실재적 경험의 조건이다"(B, 13). 그러나 이와 같은 유보를 덧붙여도 여기서 들뢰즈는 유사성을 지나치게 강조하고 있는 듯하다. 베르그손에게서 순수한 본성차를 내포하는 것들은 원리적으로만 구별되는 것이 아니라 어떤 경우에는 사실상 구별되기도 한다. 가령 순수지속은 혼합된 경험을 분해하기 위한 조건인 동시에 실재적 경험 그 자체이기도 하다. 순수기억도 마찬가지다. "우리는 과거 속에 단번에 위치한다."는 표현에서 보듯이 그것은 단지 원리상의 존재가 아니라 정신적 실재성을 드러내 주는 경험이 될 수도 있다(MM, 149). 물론 베르그손은 자유행위가 그 러하듯이 지속을 그 순수한 상태에서 파악하는 일이 매우 어렵다고 말하기는 하지만, 만약 순수지속이 경험불가능한 원리적 차원에 머무 는 것이라면 직관이라는 개념도 일부 무의미해진다. 왜냐하면 직관은 들뢰즈가 말하듯이 혼합물로 주어진 사실을 분리하고 나누는 역할 외에도 나누어진 것들 중에서 실재에 해당하는 것을 알아내고 파악 하는 역할도 있기 때문이다. 아무튼 나는 탁월한 철학사가인 들뢰즈 가 여타의 철학자들과 비교하기 쉽지 않은 독특한 스타일을 가진 베 르그손을 철학사 안에 위치시키려는 지난한 노력을 하고 있음을 알고 있고, 또한 직관을 방법으로 정립함으로써 베르그손의 철학으로부터 적어도 '비합리적'이라는 의미에서의 비합리주의라는 오해를 벗기려 하는 그의 성실한 의도를 인정하고 싶다. 여기 직관의 의미에 대한 일 부의 오해를 베르그손 자신이 참으로 드물게 흥분된 어조로 묘사하 는 구절이 있다.

그래서 우리는 용이함을 거부한다. 우리는 어떤 까다로운 방식의 사 유를 권장한다. 우리가 무엇보다 높이 평가하는 것은 노력이다. 일 부 사람들은 어떻게 그것을 오해할 수 있었을까? 우리는 '직관'을 본 능이나 감정이라고 주장하는 사람들에 대해 아무 말도 하지 않겠다. 우리가 쓴 단 한 줄의 글도 그와 같은 해석에는 들어맞지 않는다. 우 리가 쓴 모든 것에는 그 반대의 주장이 있다. 즉 우리의 직관은 반성 réflexion이다. 그러나 우리가 사물의 심층에 있는 운동성에 주의를 환 기시켰다고 해서 사람들은 우리가 무언지 모를 정신의 해이를 부추겼다고 주장해 왔다. 그리고 실체의 영속성이 우리에게는 변화의 연속이라고 했다고 해서 사람들은 우리 학설이 불안정성을 정당화했다고 말해 왔다. 차라리 미생물학자가 도처에 미생물이 있음을 보여줄 때 그가 우리에게 세균병을 권장하고 있다고 생각하거나 물리학자가 자연 현상을 파동으로 환원할 때 우리에게 그네 타기를 권장한다고 생각하는 것이 나을 것이다.(PM, 95~96)

베르그손의 충실한 제자가 이 글을 보고 그를 위해 아무런 변호를 하지 않는다면 그것이야말로 이상한 일이다. 들뢰즈는 자신의 『베르그손주의』에서 직관이 얼마나 합당한 방법인가를 보여 주는 데 한 장chapitre을 할당했다. 아울러 그는 칸트의 초월론적 분석과 비교하여 고찰된 베르그손의 직관의 정신으로부터, 『차이와 반복』에서 "초월론적 경험론"이라는 자신의 고유한 입장을 정립하게 된다는 것도 지적하자(DR, 186, 310).

아무튼 직관이 칸트적 의미에서 초월론적 본성을 갖는가는 의문의 여지가 있으나 직관이 의도하는 것이 사회적 요구에서 유래한 혼합된 경험을 분리하고 본성차를 발견하는 것이라는 사실은 분명하다(MM, 204~205). 그러나 베르그손은 여기서 멈추지 않는다. 이것은 "해야 할 일의 부정적 측면에 지나지 않는다." 나눔의 작업이 "미분"을 닮았다면 이제는 미분에서 출발하여 하나의 함수를 결정하는 "적분"의 작업이 필요하다(MM, 206). 들뢰즈는 이것을 베르그손의 이원론이 극복되는 계기로 해석한다. 베르그손에게서 혼합된 것의 분리는 언제나 이원적으로 진행된다. 그러나 이원성은 잠정적이다. 본성차에 따른 구분은 실재를 그것이 가진 마디들에 따라 구분하는 것이다. 반면 거기서 선택된 진정한 존재 즉 지속은 다시금 "사실의 선들"lignes de faits을 따라 수렴된다(ES, 4). 이 사실의 선을 따르는 작업은 직관의 더욱 심오한 작업이며 베르그손이 적분이라 부른 것을 구성한다(CD, 81). 실재의 마디들은 절단^{découpage}되는 것이지만, 사실의 선들은 서로 교차^{recoupement}하고 마주친다. 들뢰즈에 의하면 이것은 실재의 두 측면이며 전자는 사물들 간의 본성차를 보여 주고 후자는 사물 자체의 내적 차이를 보여 준다(CD, 82). 내적 차이는 분화의 운동을 야기하는 것이다. 실제로『시론』과『물질과 기억』에서 나눔에 의해 드러난 이원적 경향들은『창조적 진화』에 이르러 지속의 일원론 안에 통합되고 생명의 분화(진화) 안에서 그 방향들이 드러나는데, 이것들은 다시금 상호 수렴하는 것을 볼 수 있다. 동물계에서 나타나는 광범위한 유사 기관들 그리고 동식물계의 상보성과 같은 것이 그 사례들로 제시되는데 이는 거시적으로는 생명계 전체의 본래적 단일성에 근거한다고 말할 수 있다.

이제 세 번째 규칙은 공간보다는 시간의 관점에서 문제를 제기하고 해결하라는 것이다. 이 부분은 베르그손이 가장 힘주어 강조하는 내용이고 들뢰즈 해식의 독칭/성도 가장 돋보이는 지점이다. 직관적으로 사유한다는 것은 지속 속에서 사유하는 것이라는 베르그손의 적극적인 규정이 "직관의 '근본적 의미'"를 구성한다(B, 22). 이것은 일차적으로 지속의 리듬과 하나가 되는 시간적 존재방식을 의미하지만, 들뢰즈에게서 이 내용은 본성상의 차이를 정하는 두 번째 규칙과 밀접하게 관련되어 있다. 실재의 마디를 찾아내는 본성차는 일단 둘 이상의 사물들 사이에서 결정된다. 또는 베르그손에 의하면 사물은 본질이 아니라 두드러진 특성을 나타내는 경향에 의해 정의될 수 있기 때문에 본성차는 경향들 사이에서 존재한다(EC, 107). 이러한 경향들을 극단까지 추적하면 우리는 공간과 시간(지속)이라는 두 경향을 만나게 된다. 사물들에는 다양한 비율로 공간의 측면과 지속의 측면이 혼합되어 있기 때문이다.

이 대목에서 들뢰즈의 논리 전개에 주목하자. 본성상의 차이를 극단적으로 나타내는 경향들에 도달하게 되면 거기서 둘을 구분하는 원리로서의 본성차라는 말은 의미를 잃는다. 공간은 우리를 지속으로부터 분리시키는 관념적 극한 또는 상징이기 때문에 엄밀히 말해 거기에 본성차는 더 이상 존재하지 않는다. 공간은 단지 정도차를 제공한다. 즉 공간은 정도차를 가늠하는 척도로 작용한다. 따라서 본성차를 포함하는 것은 오로지 지속뿐이다(B, 23). 본성차는 둘 이상의 사물이나 경향을 가르는 기준일 뿐만 아니라 "자기 자신과의 차이"를 나타내는 것이기도 하기 때문이다. "지속은 자기 자신과 다른 것이다. … 다른 것$^{ce\ qui\ diffère}$ 자체가 하나의 실체^{substance}가 된다"(CD, 88).[58] '자기 자신으로 있음'이라는 실체의 본래 의미를 위반하면서도 들뢰즈가 이 말을 사용하는 것은 지속이 스스로와 다르면서도 동시에 "단순하고 불가분적이기 때문"이다(CD, 90). 여기에 타자$^{l'autre}$의 존재론의 정초를 볼 수 있다. 본성차가 실재 자체를 가리키는 것으로 의미전환을 한다. 게다가 들뢰즈는 이러한 의미전환으로부터 지속의 분화운동을 설명한다. "본성차는 두 경향 속에 있을 뿐 아니라 좀 더 심층적으로는 두 경향 중 하나[지속]에 있다. … 이 특권적인 경향은 다시 둘로 분화된다. 그것은 [본성적] 차이 안에 차이의 정도들^{degrés}이 있기 때문이다"(CD, 103). 그리고 "정도의 이론이 분화의 이론을 기초한다"(CD, 107).

---

58. Ce qui diffère avec soi(자기 자신과 다른 것)이라는 말은 운동, 변화를 의미하는 지속의 성격상 '자기 자신과 달라지는 것'이라고 하는 것이 더 정확할 것이다. 여기서는 일단 문자 그대로 옮긴다.

들뢰즈는 순수기억의 현실화과정 그리고 생명의 진화에서 경향들의 분화과정을 내적 차이들의 분화운동으로 해석한다. 따라서 본성차는 더 이상 방법론이 아니라 존재론에 관련된다. 들뢰즈는 베르그손에게서 방법론적으로 중요한 의미를 갖는 본성차라는 말을 실재자체의 존재방식을 묘사하는 것으로 의미전환하였다. 이제 차이가 갖는 네 가지 함축들, 즉 본성적 차이, 내적 차이, 분화운동 그리고 차이의 정도들은 베르그손 철학 전체를 일관되게 해석하는 주요한 실마리가 된다. 차이는 베르그손 철학에서 의식, 기억, 생명진화로 나타나는 지속의 운동과 존재방식을 설명하는 핵심 개념이기는 하나 들뢰즈에서는 존재론의 최상위 개념으로 탈바꿈한다.

2. 차이의 정도들 — 다양체와 잠재태

질적 다양체와 잠재태

들뢰즈는 『시론』에서 행해진 혼합물의 분리의 결과물 중에서 특히 두 유형의 다양체multiplicité에 수복한다. 이 용어는 베르그손에서 일반적으로 다양성으로 번역되고 있으나 들뢰즈가 이 개념에 수학자 리만의 영향이 있다는 것을 강조하기에 수학에서 사용되는 번역어를 따라 다양체로 부르기로 한다. 리만은 '이산적discrète 다양체'와 '연속적continue 다양체'를 구분했는데, 전자는 측정원리를 내부에 가지고 있으며 후자는 다른 것 속에서 가진다. 전자는 일반적으로 요소들의 수에 의해 측정되는 양적 연속체이고 후자는 적어도 그런 방식의 연속체는 아니다. 베르그손의 두 다양체가 이에 정확히 상응하는 것은 물론 아니지만 적어도 양적 다양체는 일치하는 듯하다. 양적 다양체는 불연속적인 동질적 요소들로 되어 있고 요소들은 서로 외재적이며 정도상의 차이만을 갖는다. 일반적으로 우리가 수를 구성할 때 상상하는 다양체로 보면 된다. 반면 질적 다양체에서 요소들은 서로 이질적이며 요소라는 말을 할 수 없을 정도로 긴밀한 유기적 관계를 맺고 있고 의식상태들의 흐름에서 그 전형을 가지므로 요소라기보다는 미시적 운동이라고 하는 것이 정확하다(DI, 90). 질적 다양체가 곧 지속을 의미한다는 점에서 들뢰즈는 베르그손이 리만의 연속적 다양체를 심층적으로 변형시킨 것이라고 평가한다. 왜냐하면 수학적 실체가 진정한 의미에서 지속을 표현할 수는 없기 때문이다. 나중에 아인슈타인이 리만의 연속적 다양체 개념을 원용하여 시간과 공간의 수축, 팽창에 대해 말했을 때도 베르그손은 그의 시간 개념이 결국 공간화된 시간에 지나지 않는다고 비판한 것을 보면 그의 질적 다양체는 이미 처음부터 리만의 개념과 심층적 차이를 가질 수밖에 없다는 것이다(B, 80).

들뢰즈는 베르그손의 두 다양체의 근본적 차이를 드러내기 위해 객관성objectivité에 대한 베르그손의 독특한 정의를 인용한다.

> 물체의 전체적인 모습에서는 사유가 그것을 어떤 방식으로 분할 décomposition하건 아무것도 변하지 않는다. 왜냐하면 그 다양한 분할은, 다른 무한수의 분할과 마찬가지로, 실현되지 않았다 하더라도 이미 이미지 속에서 드러나기 때문이다. 나누어지지 않은 것[물체] 속에서의 세분subdivision에 대한 단지 잠재적virtuelle일 뿐만 아니라 현실적인 파악aperception actuelle이 바로 우리가 객관성이라고 부르는 것이다.(DI, 62~63)

여기서 잠재적 세분에 대한 파악이라는 표현은 대상 자체에는 아무런 영향을 미치지 않지만 사유 속에서 그것을 무한히 분할할 수 있는 가능성을 말한다. 그런데 이 세분에 대한 파악이 잠재적일 뿐만 아니라 현실적이기도 하다는 것은 물체의 분할이라는 행위는 잠재성과 현실성 사이에 아무런 차이도 없다는 것을 의미한다. 예를 들어 열 개의 요소들로 이루어진 하나의 물체를 열 개로 나누면 열 개의 요소적 물체가 된다는 사실은 그런 행위를 하지 않은 상태에서도 가능적으로 정당하고 실제로 그러한 행위를 의도하고 현실적으로 이 물체를 그렇게 취급하는 상태에서도 당연히 정당하다. 라베쏭이 말했듯이 물체들에는 "가능태에서 현실태로의 직접적 이행"이 있다. 물체는 가시적인 것 뒤에 숨은 잠재성을 내포하고 있지 않다. 이는 물체가 공간의 특성인 무한분할가능성에 의해 파악되기 때문이다. 즉 분할가능성에 대한 인식이든, 현실적 분할에 대한 인식이든 결국 같은 것이 된다. 베르그손은 이것을 객관성의 조건으로 보고 있다. 다시 말하면 베르그손은 공간의 특성인 무한분할가능성을 투사할 수 있는 대상을 객관적 대상이라고 보는 것이다.

들뢰즈는 베르그손의 객관성을 다음과 같이 재정의한다. "객관적인 것은 나누어질se diviser 뿐만 아니라 나누어지면서 본성을 변화하지 않는 것"이다(B, 34). 이런 정의는 사유 속에서 분할하는 것이 물체의 본성을 변화시키지 않기 때문에 가능할 것이다. 이와 대조적으로 베르그손에게서 의식은 잠재적이든, 현실적이든 분할할 수 없다. 의식상태를 이루는 요소들은 완벽한 명료함을 가지고 실현되는 법이 없으며 "우리가 그것들에 대한 분명한 지각을 하자마자 바로 그 사실 자체로 인해 그것들의 종합에서 나오는 심적 상태는 변화한다"(DI, 62). 의식상태의 요소들을 분명하게 파악한다는 것은 그것들을 구분해서 파악할 때 가능하지만 그 행위 자체로 인해 심적 상태가 변화하기 때문에 의식상태들은 분할 또는 구분이 불가능하다. 그런데 들뢰즈는 이에 대해 다음과 같이 해석한다.

> 베르그손이 종종 편의상 그렇게 표현했다고 해도 지속이 단순히 나누어질 수 없는 것l'indivisible이라고 생각하는 것은 커다란 오류일지 모른다. 사실상 지속은 나누어지며 나누어지기를 멈추지 않는다. 바로 그렇기 때문에 지속은 다양체인 것이다. 그러나 그것은 본성상의 변화 없이는 나누어지지 않으며 나누어질 때는 본성을 변화한다.(B, 35~36)

여기서 들뢰즈의 해석은 베르그손의 생각을 상당히 넘어선다. 베르그손은 불가분성을 지속의 본성으로 간주한다. 나누어질 경우 본성이 변화한다는 말은 불가분성을 의미하는 다른 표현에 불과하다. 의식 내적 상태들이 외적 지각이나 언어에 의해 완벽하게 드러날 수 없다는 것은 지속의 본래적 존재방식에 대한 규정이다. 그런데 들뢰즈는 이 말을 지속이 본성을 변화하면서 나누어진다는 적극적 의미로 해석한다. 그는 존재의 근본양태인 차이가 곧 본성차라고 보기 때문에 베르그손의 말을 본성상의 차이를 드러내는 차이의 분화운동으로 해석하는 것이다.

이는 사실 들뢰즈의 분명한 의도를 가진 해석이어서 그 의도의 옳고 그름을 말하는 것은 의미가 없을 수도 있다. 그러나 베르그손의 입장에서 보면 분화différenciation라는 말과 나눔division이라는 말이 사용되는 맥락은 매우 다르다. 이미 들뢰즈 자신이 「차이에 관한 논문」에서 그것들을 구분해서 설명한 바 있다. 거기서 들뢰즈는 직관이 사물들 간의 본성차를 결정하는 것을 나눔의 방법이라고 말했고 그중에서 진정한 본성차를 포함하는 지속은 분화의 운동을 한다고 함으로써 나눔과 분화를 구분했다.

> 지속이 자기 자신과 달라진다고 해도 달라지는 것은 어떤 방식으로는 여전히 지속이다. 문제는 지속을 혼합물을 나누듯이 나누는 것이 아니다. 즉 지속은 단순하고 불가분적이며 순수하다. 문제는 다른 데 있다. 즉 단순한 것은 나누어지지 않는다. 그것은 분화된다. 분화되는 것은 단순한 것의 본질 자체이다. 또는 그것은 차이의 운동이다.(CD, 91)

이와 같은 명시에도 불구하고 들뢰즈가 지속의 나누어짐을 말하는 것은 나누어지면서 본성상의 변화를 하는 것이 바로 '잠재태'le virtuel를 정의하기 때문이다(CD, 92). 들뢰즈는 나눔과 분화를 동일시하는 자신의 비약에 대해 단호한 입장을 취하고 있다.

> 지속은 그 때문에[나누어지면서 본성을 변화하기에] 수적이지 않은 다양체인 것이다.… 다시 말해 주관적인 것 또는 지속은 잠재적이다. 더 정확히 말해서 그것은 현실화되는 한에서 잠재태이며, 현실화되면서 그 현실화의 운동과 분리될 수 없는 잠재태이다. 현실화는 분화에 의해, 분기된 노선들에 의해 이루어지고 자신의 고유한 운동에 의해 그만큼의 본성차를 낳기 때문이다.(B, 36)

들뢰즈에게 주관성과 객관성을 구분하는 『시론』의 논의가 중요한 것도 "그것이 베르그손 철학에서 [나중에] 점점 더 커다란 중요성을 가지게 되는, 잠재태의 개념을 간접적으로 소개하는 최초의 것이기" 때문이다(B, 36). 양적 차이만을 포함하는 다양체가 현실적 본성에 속하는 데 반해 본성차를 포함하는 질적 다양체가 잠재적 본성을 갖는 다는 것은 정확한 지적이다. 양적 다양체는 나누어질 수 있고 질적 다양체는 분화될 수 있다. 그래서 나는 들뢰즈가 나눔과 분화에 대해 「차이에 관한 논문」에서 명료화한 구분을 고수하면서도 『시론』에서 질적 다양체의 잠재적 특성을 충분히 이끌어낼 수 있었으리라고 믿는다. 그럼에도 불구하고 『베르그손주의』에서 그가 나눔과 분화를 일부러 혼용하면서 베르그손이 언급하지 않은 질적 다양체의 나눔 및 그것의 현실화에 대해 미리 말하고 있는 것은, 다양체이론을 그가 나중에 자신의 존재론적 구상을 위해 베르그손의 개념들에서 가장 중요한 것으로 취할 '잠재태의 현실화'라는 도식에 맞추고자 할 때 지속의 불가분적 속성을 강조하고 나눔과 분화를 구분하는 것이 별 의미가 없다고 생각했기 때문인지도 모른다. 다양체이론과 잠재태의 현실화라는 도식은 들뢰즈가 베르그손 철학을 해석하는 데 있어서 열쇠가 될 뿐만 아니라 『차이와 반복』에서 4장과 5장에서 나타나는 이념들의 존재와 개체화 이론을 통합하는 수리생물학적 존재론 모형의 기초가 된다.

잠재태의 존재방식과 존재론적 의미

잠재태와 그것의 현실화에 대한 정확한 규정은 『물질과 기억』에서 나타난다. 이런 이유로 들뢰즈가 이 두 번째 저서에 부여하는 중요성은 각별한 것이다. 이 잠재태의 철학자는 이미 『시론』의 다양체이론에서 잠재태의 현실화를 말한 데 이어 나중에 『창조적 진화』조차도 온통 그 개념으로 해석한다. 그러나 우선은 잠재태 자체를 규정하는 일이 문제이다. 들뢰즈는 베르그손이 주제적으로 사용하지는 않는 용어에서 그 핵심적 내용을 빌려온다. 그것은 '정도들'degrés이라는 표현이다. 정도라는 말이 사용되는 맥락은 정도차의 맥락과는 완전히 다르다. 후자는 본성이 변화되지 않는 공간적 구분에서 나타나는 차이이지만 전자는 다양체 혹은 잠재태를 구성하는 차이의 정도를 표현하는 것이다. 다른 방식으로 말하면 정도는 '뉘앙스'nuance이다.

여기에 아리스토텔레스에서 라베쏭, 베르그손 그리고 들뢰즈에 이르는 공통의 관심사가 있다. 들뢰즈는 라베쏭에게 바친 베르그손의 긴 논문 중 한 구절을 인용하는데, 거기서 라베쏭은 개체적인 것에 사유를 집중시켜야 한다는 이념으로 아리스토텔레스를 재해석하고 있다. 베르그손은 이 이념을 색깔을 파악하는 두 가지 방법을 예로 들며 설명한다. 가령 무지개의 모든 색조nuance가 가진 공통의 성질을 우선 색깔couleur이라는 하나의 일반관념 아래 포섭하여 파악하는 방식이 있는데, 이 경우에는 각 색조가 가진 독특한 특성을 제거하고 부정으로부터 긍정을 만들어 낸다. 반대로 이 색조들 전체를 볼록렌즈를 통과하게 하여 한 점에 모으면 그곳에는 순수한 백색광이 나타나는데, 무수한 다색의multicolore 광선들을 포함하는 이 백색광은 곧이어 여러 색조들로 분산되어 그 미세한 차이들을 지각할 수 있게 해준다. 그것은 미세한 뉘앙스들과 분리된 추상관념이 아니라 그것들을 실제적으로 이끌어내는 공통의 조명éclairage이다(PM, 259~260). 여기서 혼재하는 뉘앙스들은 들뢰즈에게서 차이의 정도들 혹은 잠재태의 모델이 된다. "잠재태는 차이의 순수개념이 된다. … 그러한 개념은 정도들 또는 뉘앙스들의 가능적 공존coexistence possible이다"(CD, 99).

들뢰즈가 중요시하는 이 정도라는 표현은 사실상 베르그손에게서 핵심 개념은 아니다. 잠재태라는 말의 기원인 기억의 보존방식은 베르그손에게서 역원뿔 모양으로 구상화되는데 이것은 단순한 이미지가 아니라 상당히 구체적인 도식이다. 과거의 무수한 차원들의 동시적 공존을 설명하기 위해 베르그손은 이 원뿔 안에서 무수한 수평면들을 표시하고 이를 평면plan, 절단면coupe, 층couche, 수준niveau과 같은 용어들로 부른다. 이 도형의 가장 확장된 부분은 기억들souvenirs의 섬세한 차이들을 나타내고 가장 수축된 부분은 행위로 집중된 현재적 의식을 나타내며 일반관념의 형성과 관념들의 연합은 이 두 극단(꿈의 평면과 행동의 평면)을 왕래하는 팽창과 수축의 이중적 운동으로 이루어진다. 이 모든 것은 원뿔 안에서 기억들이 어떤 방식으로 체계화되어 있기 때문인데 그것은 물론 수학적으로 질서 있게 정돈되어 있다는 의미가 아니라 나름대로의 작동기제mécanisme 즉 잠재적 기억의 현실화라는 기제를 가지고 있다는 말이다.

이 도식에서 가장 기본적인 문제는 과거와 현재가 어떻게 공존할 수 있는가 하는 것이다. 즉 과거가 어떻게 사라지지 않고 잔존할 수 있는가 하는 것이다. 베르그손은 "과거는 스스로 보존된다."Le passé se conserve en soi고 말한다(ES, 137~138; EC, 5). 이것은 지속의 규정을 보완하는 것으로 볼 수도 있고, 내재성의 철학의 핵심을 이루는 사고라고 볼 수도 있다. 베르그손은 특히 기억이 뇌에 보존된다고 주장하는 과학적 가설에 이 생각을 대립시키면서 뇌는 기억을 상기하는 기제에 불과하다고 본다. 순수기억은 지속의 연장선에서 이해되는 형이상학적 실재이고 그것이 보존되기 위해 외부의 또 다른 실재를 가정할 필요는 없다. 이것은 베르그손주의의 일종의 전제 또는 원리에 해당하는 주장이다. 우리는 존재하는 것은 현재이고 과거는 존재하지 않는다고 말하는데, 지속의 관점에서는 현재는 생성되는 것ce qui se fait 혹은 작용하는 것ce qui agit으로, 과거는 존재하기를 그친 것이 아니라 현재 작용하기를 그친 것으로 정의된다. 나의 현재는 수학적 점이 아니라 직접과거와 직접미래로 이루어져 있는데 직접과거는 감각이고 직접미래는 운동이다. 곧 현재는 행동의 중심이다. 반면 과거는 무력한 것으로 남아 있다(MM, 153, 166). 들뢰즈에 의하면 현재는 존재하는 것이 아니고 "순수 생성"이며, 과거는 "존재의 즉자" l'en-soi de l'être이다(B, 50). 게다가 순수생성으로서의 현재는 우리가 그것을 지각하자마자 과거가 되므로 "현재에 대해 우리는 매 순간 그것이 '있었다'고 해야 하며 과거에 대해서는 그것이 '존재한다'고, 영원하며 모든 시간에 걸쳐 존재한다고 말해야 한다. ― 이것이 과거와 현재 간의 본성상의 차이이다"(B, 50). 이러한 본성상의 차이 때문에 순수기억은 베르그손이 '무의식' l'inconscient이라고 말함에도 불구하고 프로이트적인 것으로 이해해서는 안 된다. 프로이트에게서 그것은 잠재적이고 무력한 것이 아니라 현재에 효력을 행사하는 힘이다. 들뢰즈에 의하면 프로이트의 무의식은 여전히 심리학적 실재이지만 베르그손의 무의식은 "비심리학적 실재, 즉자적으로 있는 존재"를 의미한다. "엄밀히 말해 심리학적인 것은 현재이다. 현재만이 '심리학적'이다. 그러나 과거는 순수한 존재론이며 순수기억이 갖는 의미는 단지 존재론적인 것일 뿐이다"(B, 50~51).

순수기억이 존재론적인 실재라는 것은 앞에서 우리가 보았듯이 구이예가 이미 지적한 바 있으며 들뢰즈 역시 그와 같이 말한다. 다만 구이예가 그것을 정신적 실재로 보았다면 들뢰즈는 단지 지속의 존재론적 의미를 강조하는 데 주력한다. 적어도 심리학이 현실화된 것 혹은 현실적으로 효력이 있는 것만을 다루는 한에서 지속은 심리적 실재는 아니다. 여기서 심리적이라는 말이 가진 정확한 의미를 규정해야 한다. 우선 베르그손이 지속의 존재방식을 논하기 위해 『시론』에서 관찰하는 것이 바로 '의식상태 혹은 심리적 상태들'이다. 거기서 지속은 혼합된 현실적 경험을 본성적으로 나눈 결과로서 접근할 수 있는 순수경험이지만 어디까지나 의식에 직접적으로 주어진 것이라는 점에서 의식적 노력으로 도달 불가능한 것이 아니다. 예를 들어 심층에 있는 의식상태들은 순수기억에 상응하는 것일 수 있지만 이를 떠올리는 것이 불가능한 것은 아니다. 우리가 심리적이라는 말을 좀 더 확장한다면 이와 같이 의식에 직접적으로 주어진 것에 대한 지각을 심리적이라고 말하지 못할 이유는 없을 것이다. 물론 경험심리학에서 연구하는 잘 구성된 의식적 경험과는 무관하다는 유보를 붙인다는 조건에서 그러하다. 들뢰즈는 순수기억을 이 후자의 의미와 구별하기 위해 그것이 존재론적 실재라고 주장하는 것이다. 실제로 베르그손은 심리적 지속을 지속의 모범으로 보고 있고 이때 심리적이라는 표현을 무의식을 포함하는 광의의 의식이라는 의미로 사용하지만 지속과 공간, 과거와 현재, 그리고 순수기억과 지각 사이에 본성상의 차이를 강조하는 측면에서는 들뢰즈의 용어법이 의미 있는 것으로 보인다.

잠재태와 시간

순수기억이 비심리학적 실재이자 잠재태이며 원리상의 존재라는 내용을 통해 들뢰즈가 하려는 것은 순수기억의 존재론적 의미를 정초하는 것이다. 그 의미는 무엇보다 시간의 전개에 기초가 된다는 점에서 중요하고 플라톤과의 비교에서 절정을 이룬다. 들뢰즈에 의하면 "플라톤의 상기réminiscence 역시 과거의 순수 존재, 시간의 전개에 기초의 역할을 하는 존재론적 기억을 주장한다"(B, 55). 물론 들뢰즈에게 기억의 내용은 고정된 진리체계가 아니라 끊임없이 운동하고 있는 차이들의 세계라는 것은 지적하자. 베르그손이 "우리는 과거 속에 단번에 위치한다"고 말했을 때(MM, 149) 들뢰즈는 이것을 "존재 그 자체로의 도약"으로 해석한다(B, 52). 이것이야말로 직관의 능력이라고 할 수 있지 않을까. 사실상 우리가 현실화된 것만 경험할 수 있다면 지속의 직관은 아무런 효력도 의미도 갖지 않게 될 것이다. 이 때문에 지속의 경험은 진정한 존재로 향하는 도약인 것이다. "그러므로 이러저러한 현재의 특수한 과거가 아니라 존재론적 요소와도 같은 '과거 일반'이 있다. – 즉 영원히 모든 시간에 걸쳐 존재하는 과거, 모든 특수한 현재로의 '이행' 조건인 '과거 일반'이 있는 것이다"(B, 51~52). 물론 들뢰즈는 이 과거를 정신적 실재성으로 보는 것이 아니기 때문에 이는 생성의 기초가 되는 존재 일반이라고 일단 이해해 두자.

이렇게 이해되었을 때 과거는 지나간 현재들로 구성되는 것이 아니다. 우리는 현재를 수학적 점과 같은 것으로 생각하고 시간을 현재들의 연속으로 표상하는 경향이 있어서 현재는 순간으로, 과거는 지나간 현재l'ancien présent 또는 지나간 현재와 현재적 순간과의 사이에 있는 것으로 생각한다.[59] 그러나 이렇게 고정적인 표상으로 어떻게 시간의 '흐름'을 이해할 수 있겠는가?

시간의 고유한 본성은 흐른다는 것이다. 이미 흘러간 시간은 과거이고 우리는 흐르는 시간을 현재라고 부른다. 그러나 여기서는 수학적 시간이 문제될 수 없다. 아마도 순수한 사변에서는 과거와 미래를 분리하는 불가분적 한계로서의 한 이상적 현재가 있을지도 모른다. 그러나 실재적이고 구체적이며 체험된 현재, 내가 나의 현재적 지각에 내해 말할 때 내가 말하는 현재, 이 현제는 필연적으로 어떤 지속을 점유한다. … 내가 나의 현재라고 부르는 것은 나의 과거와 미래를 동시에 잠식한다. 그것은 우선 나의 과거를 잠식하는데, 왜냐하면 '내가 말하는 순간은 이미 나로부터 멀리 있기' 때문이다.(MM, 152)

---

59. 프랑스어에서 복합과거의 용법은 이 두 가지를 다 지칭한다.

시간은 순간 즉 공간적 본성으로 구성되지 않는다. 시간의 본질은 '이행'passage에 있다. 현재에서 과거로의 이행은 현재가 곧 직접과거로 구성되기 때문에 가능하다. 베르그손에게서 구체적 현재는 "미래를 잠식하는 과거의 포착할 수 없는 전진이기 때문에 우리는 실제적으로 단지 과거만을 지각한다"(MM, 167). 들뢰즈는 이를 설명하기 위해 다음과 같이 묻는다. "지나간 현재가 현재인 동시에 과거가 아니라면 어떻게 새로운 현재가 나타날 수 있겠는가? 임의의 현재가 현재였던 동시에 과거가 아니었다면 어떻게 그것이 지나갈 수 있었겠는가?"(B, 54) '동시에'en même temps라는 표현에 주목하자. 과거는 자신의 예전의 양태였던 현재와 동시대적comtemporain이다. 과거는 그것이 현재였던 동시에 과거였기 때문에 이행할 수 있는 것이다. 이러한 이행의 문제는 이미 1962년의 『니체와 철학』에서 주요 주제로 나타나 있다. 거기서 이행은 생성에 의해 기초되는데, 생성은 또한 영원회귀를 기초하는 것이다. 즉 되돌아옴은 동일자의 회귀가 아니라 생성과 이행을 긍정하는 데서 성립한다(NP, 55).

과거는 시간 속에서 어떻게 구성될 수 있는가? 현재는 어떻게 지나가 버릴 수 있는가? 만약 지나가는 순간이 현재인 동시에 과거가 아니라면, 또한 현재인 동시에 도래하는 것이 아니라면 그것은 결코 지나가 버릴 수 없을 것이다. 만일 현재가 스스로에 의해 지나가지passer par lui-même 않는다면, 만일 새로운 현재가 과거가 되기 위해서 그것을 기다려야 한다면, 과거 일반은 시간 속에서 결코 구성되지 않을 것이고 이 현재도 지나가 버릴 수 없을 것이다. 즉 순간이 지나가기 위해(그리고 다른 순간들을 위해 지나가도록) 우리는 기다릴 수 없으며, 순간이 현재인 동시에 과거이고 현재인 동시에 미래여야 할 것이다. 현재는 자기 자신과 더불어 과거로서 그리고 미래로서 공존해야 할 것이다. 순간과 다른 순간들의 관계를 기초하는 것은 순간이 현재, 과거, 미래로서의 자기 자신과 맺는 종합적 관계이다. 따라서 영원회귀는 '이행'passage의 문제에 대한 대답이다.(NP, 54)[60]

여기서 볼 수 있듯이 들뢰즈가 해석하는 니체적 영원회귀 개념에는 이미 베르그손의 시간과 기억의 이론의 영감이 있고 또한 베르그손의 기억이론의 해석에서도 니체적 영원회귀가 그 기초에 놓여 있음을 알 수 있다. 양자에서 이행과 생성은 과거과 현재의 동시대성contemporanéité에 의해 기초된다. 좀 더 정확히는 현재 속에 살아남은 과거로 인해 나타나는 종합 그리고 질적 변화가 바로 이행과 생성의 본모습이다. 그렇지 않다면 무언가가 지나가고 생성되었다는 것을 알 수 있는 표지가 있겠는가? 영원회귀가 동일자의 회귀가 아니라 끝없는 생성을 말하는 것이라면 그것은 바로 위와 같은 종합과 질적 변화로 이해해야 하지 않겠는가? 이런 의미에서 들뢰즈가 이해하는 영원회귀는 베르그손적 영감으로 재해석된 것이다.

　　과거와 그것의 예전의 양태였던 현재의 동시대성의 역설로부터 둘의 공존coexistence은 자연스럽게 도출된다. 그런데 들뢰즈는 여기서부터 과거 전체와 현행적 현재l'actuel présent의 공존을 이끌어낸다.[61] "만일 각각의 과거가 자신이 [예전에] 그것이었던 현재와 동시대적이라면 사실 과거 전체가 새로운 현재와 공존하는 것이다. 과거 전체는 이 새

---

60. 고딕 강조는 필자.

61. 우리는 l'actuel이란 단어를 잠재태와 현실태의 쌍으로 알려진 전통적 용어에 따라 현실태, 현실적인 것으로 번역하지만 이 문맥에서와 같이 어색한 경우, 최근 연구자들의 용법을 따라 '현행적'으로 번역하였음을 알려둔다.

로운 현재와 관련하여 지금 과거가 된다"(DR, 111). 이 주장은 과거 일반의 선재성préexistence으로 자연스럽게 이어지는데, 엄밀히 말하면 과거와 그것의 예전 양태였던 현재의 동시대성에서 과거 전체와 새로운 현재와의 공존 및 과거 일반의 선재성이 자연스럽게 도출되는 것은 아니다. 베르그손의『물질과 기억』에서 "과거는 그 자체로 보존된다"는 명제는 하나의 전제이며 그의 심신이론 전체를 관통해서 입증되기를 기다리는 가설이기도 하다. 들뢰즈는 생성과 이행의 구조를 보여주기 위해 지나간 현재와 그것의 직접과거 간의 동시대성과 공존의 테제로부터 과거 일반을 이끌어내는 식으로 논의를 전개하고 있지만 이것이 매끄럽게 진행되지는 않는다. "과거가 존재의 즉자"라는 들뢰즈의 주장은 베르그손의 전제를 받아들여 자신의 방식으로 새롭게 정식화한 것이다. 그러나 그는 베르그손처럼 기억의 구체적 현상들, 예를 들면 건망증이나 식별불능과 같은 현상들에서 그것을 입증하는 것이 아니라 생성의 논리에 의지하고 있다. 우리는『니체와 철학』에 등장하는 생성의 무한성에 대한 논의를 들뢰즈의 전제로 읽을 수 있는데(NP, 54) 이것은 베르그손의 기억이론에서 나타난 잠재태의 이론을 생성의 이론으로 변형하고 확장함으로써 시간의 진행을 설명하려는 시도로 이어진다. 이처럼 들뢰즈에게 니체와 베르그손은 불가분적으로 융합되어 있다.

과거 전체는 무수히 많은 수준들에서 공존하고 있는데, 원뿔의 비유는 이것을 잘 보여 준다. 이 수준들 혹은 절단면들은 각각 수축과 팽창의 다양한 정도에서 과거의 총체를 나타낸다. 이런 의미에서 다양한 평면들은 과거의 반복이기도 하다. "물질의 물리적 반복과는 전적으로 다른 유형의 '심적 반복'. 동일한 하나의 평면 위의 반복이 아니라 평면들의 반복, 현실적 반복이 아니라 잠재적 반복"(B, 56). 따라서

『베르그손주의』에서 들뢰즈는 기억의 네 가지 역설을 제시한다. 첫째로 우리는 단번에 도약^{saut}을 통해 과거의 존재론적 요소에 위치한다(도약의 역설). 두 번째로 현재와 과거 사이에는 본성상의 차이가 있다(존재의 역설). 셋째로 과거는 자신이 [예전에] 그것이었던 현재를 뒤따르는 것이 아니라 그것과 공존한다(동시간성의 역설). 넷째로 각각의 현재와 공존하는 것은 통합된 채로 수축^{contraction}과 이완^{détente}의 다양한 수준에 있는 과거 전체이다(심적 반복의 역설).(B, 57)

이 외에도 들뢰즈는 『차이와 반복』에서 하나의 역설을 추가한다. 여기서는 『베르그손주의』에서 지적한 처음 두 가지 역설은 제외하고 셋째와 넷째에 '과거 일반의 선재의 역설' 및 '현재는 과거 전체의 수축된 정도'라는 주장을 첨가한다. 셋째 주장은 『베르그손주의』의 네 가지 역설의 전제를 이루는 것이고 넷째는 「차이에 관한 논문」과 『베르그손주의』에서는 다른 방식으로 다루어진다. '수축'이라는 작용은 과거와 현재의 공존을 말할 때는 필연적으로 등장할 수밖에 없다. 과거가 전체로서 보존되어 현재에 연장된다면 "선행하는 순간이 사라지지 않은 채로 잇따르는 순간이 나타나는" 결과가 되고 이것은 "수축"이라는 작용을 생각하지 않을 수 없게 한다(CD, 102). 수축은 다양한 정도에서 행해지며 이런 이유로 잠재적 기억에서 수축과 이완의 무수한 수준들이 있게 된다. 그렇다면 현재는 기억으로 모두 설명되는가? 물질과 기억이라는 두 존재방식의 결합이 중요한 것은 바로 이 대목이다. 우리의 현재는 우리의 과거 전체를 수축한 것인 동시에 물질의 진동^{vibration}을 수축하는 이중적 작용에 의해 설명된다. 전자에 의해 순수기억은 지각 안으로 삽입되고 후자에 의해 순수지각은 물질과 접하게 된다. 베르그손은 감각 또는 지각에 대해서도 수축이라는 작용을 핵심적인 것으로 간주한다. 감각적 성질들은 물질의 "요소적 진동들"을 기억으로 수축하는 것이다(MM, 153). 시간의 관점에서 볼 때 감각은 비연장적으로 주어진 순수한 성질이 아니라 연장을 차지하면서 끝없이 진동하는 물질적 흐름에 생명체의 기억이 가한 수축작용에서 유래한다. 이 수축은 본래 물질 자체가 지속의 이완된 리듬이자 파동이기 때문에 가능하다. 감각은 지속의 서로 다른 리듬들의 만남인 셈이고 그 질적 특성은 "수축된 양"으로부터 유래한다(B, 73).

> 질의 객관성, 즉 질이 자신이 제공하는 것 이상으로 가지고 있는 것은, 바로 그것이 말하자면 자신의 유충 안에서 행사하는 막대한 양의 운동들 속에 있을 것이다. 질은 표면에서는 펼쳐져 있고 부동적이다. 그러나 그것은 심층에서는 살아있고 진동하고 있다. … 따라서 이 질들 속에 내적인 진동들의 형태로 이 운동들을 놓지 않을 수 없고 이 진동들과 질들을 그것들이 피상적으로 드러나는 것보다 전자는 덜 동질적인 것으로, 후자는 덜 이질적인 것으로 간주하지 않을 수 없다. 또한 두 항들의 국면의 차이는 말하자면 한정되지 않은 다양체[물질]가 순간들을 분절하기에는 지나치게 좁은 지속[생명체] 속에서 수축될 수밖에 없는 필연성에 기인한다고 하지 않을 수 없다.(MM, 229~230)

이처럼 수축의 개념은 동질적인 양과 이질적인 질의 이원성을 극복하게 해 준다. 이 둘 사이에는 수축과 이완이라는 점진적인 과정을 통해 이행이 가능하다. 이처럼 정신과 물질의 이원론에서 출발하는 『물질과 기억』은 지속의 일원론으로 귀결된다. 대신 일원론의 내부에서 두 극단적인 경향들 사이에 정도들degrés, 강도들intensités이 재도입된다. 들뢰즈는 묻는다. "이완과 수축 사이에 정도와 강도를 제외하고 어떤 차이가 존재할 수 있는가?"(B, 74). 이렇게 이해된 지속은 우주 전체로 확대된다는 점에서 『창조적 진화』로 이어지는 연결고리가 이미 나타난다. 들뢰즈에 의하면, "과거의 모든 수준들의 잠재적 공존이라는 관념, 긴장의 모든 수준들의 잠재적 공존이라는 관념은 따라서 우주 전체로 연장된다. … 모든 일은 마치 우주가 엄청난 기억이기라도 한 것처럼 일어난다"(B, 76). 확장된 지속의 일원론에서 들뢰즈는 여전히 차이의 정도들과 잠재적 다양체의 존재론적 근거를 발견한다. 이는 직관의 방법에서 예견되었듯이 본성상의 차이를 '경험의 전환점' 너머로 따라가 진정한 지속을 발견한 후 본성차와 정도차를 다시금 일원론으로 재통합하는 과정이다(B, 71).

3. 차이의 분화운동 — 잠재태의 현실화와 생명의 도약

들뢰즈는 「차이에 관한 논문」에서 베르그손 철학을 다음과 같은 세 단계의 도식으로 설명한다. "지속, 기억, 약동^{élan}은 정확히 구분되는, 개념[차이]의 세 측면을 구성한다. 지속은 자기 자신과의 차이이다. 기억은 차이의 정도들의 공존이다. 생명의 약동은 차이의 분화이다"(CD, 99). 또한 이 세 측면 중에 가장 심층적인^{profond} 것이 지속이고 기억은 지속보다 덜 심층적이며 약동은 기억보다 덜 심층적이다. 그 이유는 자기 자신과의 차이로부터 차이의 정도들이 출현하고 차이의 정도들로부터 분화가 유래하기 때문이다. 차이의 개념을 앞세우기는 하지만 들뢰즈는 여전히 베르그손의 철학이 단계적으로 발전 또는 진화하고 있다는 전통적 이해와 맥락을 같이한다. 베르그손의 철학은 일반적으로 의식사실들의 관찰에서 지속의 형이상학적 규정을 이끌어내고 물질과 기억의 구분에서 심리학적이고 인식론적인 문제들을 다룬 다음 생명의 진화에서 자연철학을 구상하는 것으로 알려져 있는데, 비록 들뢰즈가 이러한 통상적 이해를 넘어서서 전 저작에서 잠재태의 현실화라는 도식을 적용하기는 하지만 베르그손 자신의 개념들의 성숙화 단계를 인정하지 않을 수는 없는 것이다.

잠재성과 생명의 분화

"분화는 지속 안에 공존하고 있던 정도들의 분리"이고(CD, 100) 그러한 분화의 과정은 생물학이 잘 보여 준다. 차이의 개념은 그 자체가 생물학적인 것은 아니지만 적어도 그것은 '생명적인 것'le vital이라고 할 수 있다. "생명은 차이의 과정processus de la différence이다"(CD, 92). 차이는 개체화과정을 설명하는 데 필수적이고 생물학은 물리학과 달리 개체화과정을 중요시한다. 그런데 베르그손이 중요하게 다루는 것은 배아의 발생에서 나타나는 분화보다는 종의 분화 즉 진화이다. 기계론적 진화론이 종의 형성을 설명하기 위해 외적 원인에 대한 적응이나 우연변이에 의지하고 진화를 이러한 과정의 연합association으로 본 반면 베르그손은 엘랑이라는 내적 원인을 제시하고 종들의 분화를 배아의 발생과 유사하게 폭발과 분리dissociation로 설명한다. 생명이 내적으로 지니고 있는 폭발적 힘은 전개되면서 무수한 경향들로 분화되는데, 그 과정은 분기bifurcation와 분열dédoublement에 의한다. 식물과 동물, 본능과 지성으로의 분화가 대표적이다. 생명은 지속인 한에서 자기 자신과 달라지는 것이므로 "갈라지는divergente 진화의 노선들"이 나타나고, 각각의 노선에서 매번 "창시적인original 과정"이 생겨난다(CD, 93). 그럼에도 불구하고 서로 다른 노선에서 때로는 유사한 기관의 구조를 발견할 수 있는데, 이는 생명의 약동이 본래 '단순한 것'le simple으로서 최초의 통일성을 보존하고 있기 때문이다. 단순한 것은 나누어지지 않고 분화한다. 들뢰즈의 용어로는 나누어지면서 본성을 변화시킨다. 그러나 생명의 통일성은 목적론이 주장하듯 생명종들 간의 현재적 조화를 말하는 것이 아니다. 그것은 시초에 존재했던 것이고 시간적 과정 속에서 점차 분산된다. 그것은 다양한 인물들이 발생상태에서 불가분적으로 결합하고 있는 어린 시절의 인격이 성장하는 과정과 대조를 이룬다. 다음의 비유에서 생명진화의 특징이 잘 드러난다.

> …약속으로 충만한 불확실성이야말로 유년기의 최대 매력 가운데 하나이다. 그러나 상호침투하는 특성들은 성장하면서 양립불가능하게 되고 우리 각자는 하나의 삶을 살 수밖에 없기 때문에 선택을 해야 한다. 사실 우리는 끊임없이 선택하고 있으며 또한 끊임없이 많은 것을 버리고 있다. 우리가 시간 속에서 거쳐 가는 길은 우리 자신이 처음에 그러했던 상태, 또 될 수 있었음에 틀림없는 상태들 전체의 잔해로 덮여 있다. 그러나 헤아릴 수 없이 많은 삶을 가지고 있는 자연은 그러한 희생을 치르지 않아도 된다. 자연은 성장하면서 분기된 다양한 경향들을 보존하고 있다. 그것은 따로따로 진화하는 종들의 분기하는 계열들을 그 경향들과 함께 창조한다.(EC, 101)

이런 점에서 생명의 분화와 기억의 현실화는 차이가 있다. 개인에게 있어서 기억은 현재적 삶의 부름에 응하는 한에서만 현실화된다. 현재는 신체의 감각-운동 기능으로 국한되며 이 기능이 우리를 현재적 삶에 적응하게 하는 '삶에 대한 주의'의 조건이 된다. 순수기억 자체는 잠재적인 것으로서 현재와 무관한 독립적 실재로 전제되어 있지만 그 전체는 꼭짓점이 현재에 접하고 있는 거꾸로 선 피라미드처럼 삶에 대한 주의에 종속되어 있다. 기억은 행동의 요구에 의해 선택적으로 현실화되고 "그 나머지는 그늘 속에 머문다"(MM, 157). 바로 이런 이유로 기억은 우리에게 변덕스럽게 나타나는 것처럼 보인다. 유사한 행동들을 조직화하는 습관 때문에 "현실적 상황을 유사한 이전의 상황으로부터 분리하는 시간의 간격을 뛰어넘는 것이 의식에게는 유용하다"(MM, 162). 어린아이들에 있어서 자발적spontané 기억들의 놀라운 발달은 기억이 아직 행동과 체계적으로 연결되지 않았기 때문이다. 지성이 발달함에 따라 자발적 기억들을 떠올리는 능력이 감소하는 것은 "기억과 행동이 더욱 잘 조직화된다는 사실"에 기인한다(MM, 171). 바로 선택적 능력의 조직화이다. 위의 예에서 설명된 바와 같이 개인의 삶은 이러한 선택과 포기의 연속이기 때문에 잠재적인 것의 현실화는 극히 일부에 해당한다. 비록 잠재적 기억 전체가 개인의 과거와 더불어 현재의 인격을 구성하는 데 절대적이라 하더라도 그러하다.

반대로 생명의 진화는 그 전체로서 볼 때는 엘랑의 잠재력을 남김없이 현실화하고 있다. 비록 진화는 미래를 향한 끊임없는 전진이어서 모든 것이 실현된다는 것은 불가능한 가정이고 각 종들과 개체 역시 따로따로 고려한다면 물질에 대한 적응 앞에서 끊임없는 선택의 기로에 놓여 있지만 생명계 전체는 본래적 잠재성 안에 있는 경향들 중 특정한 것을 선택하는 것이 아니라 그 전체가 분화되는 과정 중에 있다고 할 수 있다. 스피노자의 표현을 빌리면, 이렇게 현실화된 존재들은 소산적 자연과, 그리고 다양한 생명체들을 분화시키는 힘인 엘랑은 능산적 자연과 유사성이 없지 않다. 그러나 현실화된 생명체도 각각의 내부에 엘랑의 힘을 지닌다. 각 생명체들은 물질 안에 삽입된 엘랑, 즉 물질과 생명의 "타협안"modus vivendi이라고 하는 베르그손의 주장을 보면, 각 개체 안에도 생명의 생산적이고 창조적인 힘과 물질의 해체적 힘이 공존한다고 볼 수 있다(EC, 250). 베르그손은 스피노자적 개념을 『도덕과 종교의 두 원천』에서 단 한 번 사용한다. 물질성을 관통하며 분산되는 힘인 생명의 도약은 인간종이 형성되던 당시에는 예측할 수 없었던 방향으로 나아간다. 즉 "사회적 연대로부터 인류애를 향하면서 우리는 어떤 본성nature에 작별을 고한다. 그러나 모든 본성과 이별하는 것은 아니다. 스피노자적 표현을 바꿔 말하면 우리가 소산적 자연으로부터 떨어져 나오는 것은 능산적 자연으로 돌아가기 위함이라고 할 수 있을지 모른다"(MR, 56). 인간적 조건을 넘어서는 직관의 노력, 닫힌 사회의 본능을 초월하려는 노력은 이와 같은 생명의 창조적 힘에 근원을 둔다. 윤리적 의미와 무관하게 생명의 도약 즉 창조적 힘은 능산적 자연에, 물질성에 갇힌 상태는 소산적 자연에 비유할 수 있다. 이런 의미에서 들뢰즈는 "지속은 능산적 자연이고 물질은 소산적 자연과 같다."고 본다(B, 94).

이원론인가, 일원론인가?

이처럼 들뢰즈는 『창조적 진화』와 『두 원천』에 나타난 베르그손의 최종 입장을 "존재론적 자연주의"로 해석한다(B, 95) 서론에서 지적한 바 있듯이 베르그손 철학에서 방법론적 이분법과 은유들을 제외하고 본다면 이러한 시각도 가능하다. 이 구도에서 베르그손의 철학의 진행 과정을 고려하면 존재론의 기본 골격은 다음과 같은 네 단계로 압축된다. 들뢰즈의 탁월한 요약 능력이 여기서 절정에 달한다. 첫째로 정도상의 차이나 강도상의 차이에 기반을 둔 이론들을 비판하고 본성상의 차이들을 발견하는 단계. 경험에 주어진 혼합물들을 분리하는 것은 [인간적] 경험의 전환점을 넘어서서 실재의 마디들을 따라 질적 차이들, 본성상의 차이들을 구분하는 일이다. 이렇게 해서 공간과 지속, 물질과 기억, 현재와 과거 사이의 본성차를 규정하는 순수이원론의 계기가 등장한다. 둘째로 본성적 차이에 따른 구분의 극단으로 갈 경우 발견된 두 경향 중의 하나가 실재를 대표한다. 지속은 본성상의 차이들 전체를 포함하며 공간은 정도상의 차이만을 포함한다. "기억은 본질적으로 차이이고 물질은 본질적으로 반복이다"(B, 94).[62] 두 경향들 사이에 본성차는 더 이상 존재하지 않는다. 본성차가 진정한 존재를 특징짓는 것이기에 그러하다. 그러나 그 이유는 다음 단계에서 제시된다. 이것은 "중화된 이원론"dualisme neutralisé 또는 "상쇄된 이원론"dualisme compensé의 계기이다.

셋째로 지속, 기억, 정신은 즉자적(자신의 안에서) 그리고 대자적으로(자신에 대해서) 본성상의 차이이며, 공간 또는 물질은 자신의 밖에서 그리고 우리에 대해서 정도상의 차이인데, 둘 사이에는 "차이의 정도들 전체" 또는 "차이의 본성nature"이 있다. "지속은 물질의 가장 수축된 정도이며 물질은 지속의 가장 팽창된 정도이다." 또한 "정도상의 차이들은 '차이'의 가장 낮은 정도이다. 본성상의 차이들은 '차이'의 가장 높은 본성이다." 이 수수께끼 같은 말에 베르그손적 일원론에 대한 들뢰즈의 이해 전체가 들어 있다. 차이의 일원론으로 모든 것을 해석할 경우 지속의 질적 본성은 차이의 정도들의 공존에 기인하고 그 극단에 정도차가 존재한다. 그리고 "모든 정도들이 자연(본성) 그 자체인 유일한 시간 안에서 공존한다." 본성은 우리말에서는 자연이라는 말과 구분되지만 본래는 같은 말로 표현되는 것이어서 우리는 본성차(자연적 차이) 즉 내적 차이의 철학으로부터 들뢰즈의 자연주의를 말할 수 있다. 단 이렇게 이해된 자연은 외재성extériorité이 아니라 내재성intériorité을 의미한다. 사실 자연이라는 말은 외적 차이의 관

---

62. 우리는 『차이와 반복』이라는 제목의 유래를 여기서 본다.

계를 의미할 수도 있다. 그러나 본성적 차이라는 말이 내적 차이를 의미한다면 이때 자연은 내재적 관계가 된다. 아무튼 이원성은 첫 번째 전환점을 특징짓는 "현실적 경향들" 사이에서 존재하고 일원성은 두 번째 전환점 즉 "모든 정도들의 잠재적 공존" 안에 존재하기 때문에 일원론과 이원론 사이에 모순은 없다(B, 93~95).

마지막 계기는 일원론에서 다시금 이원론을 재발견하는 단계이다. 들뢰즈는 이것을 "산출된 이원론"dualisme engendré이라 부르며 분화의 과정을 결정적인 예로 제시한다. 또는 첫 번째 계기인 "반성적 이원론"dualisme réflexif과 구분하면서 "발생적 이원론"dualisme génétique이라 부르기도 한다(B, 98~99). 이것은 "혼동되어서는 안 되는 두 유형의 나눔division"을 근거로 한다(B, 97). 하나는 경험의 혼합물을 본성상 차이에 의해 나누는 과정이고 다른 하나는 단일성, 단순성, 잠재적 총체성을 본성상 차이에 따라서 현실화, 분화하는 것이다. 여기서 들뢰즈는 자신이 나눔이라는 말 속에 이 두 가지 의미를 다 포함하여 사용했다는 것을 인정하고 있다. 전자와 후자에서 본성차의 의미는 다르다. 전자는 경험의 혼합물로부터 지속에 도달하는 과정, 즉 "금 찾기"를 의미하고, 후자는 금 안에 포함되어 있는 다양한 "정도들'을 분화시키는 것이다. 진화는 이러한 정도들이 분기되는 노선들 안에서 현실화되는 과정이다. 그것은 또한 잠재적 단일성이 "자신 안에 잠재적으로 봉인된enveloppé 것을 주름을 펼치고explique, 전개시키는développe" 과정이기도 하다(B, 98). 봉인된 것, 주름을 펼치기, 전개시키기와 같은 용어들은 나중에 들뢰즈가 『차이와 반복』에서 자신의 고유한 개념들로 채택하는 것들이다.

이렇게 하여 「차이에 관한 논문」에서 제시된 네 가지 개념들 즉 본성차, 내적 차이, 차이의 정도들 그리고 분화는 『베르그손주의』에서 존재론의 네 가지 계기를 규정하면서 전체를 일관되고 명료하게 정리하고 있다.

가능성과 잠재성

『베르그손주의』에서 마지막으로 명료화 작업을 거치는 것은 잠재태le virtuel에 대한 규정이다. 이제까지 들뢰즈가 강조하였듯이 잠재성의 개념은 베르그손 철학의 핵심을 구성하는 지속으로서의 시간의 존재방식이나 생명의 과정으로서의 분화를 이해하기 위해 필수적이다. 그러나 이 개념은 사실 일상적으로는 물론 철학에서도 자주 사용되는 개념은 아니다. 이와 유사한 것으로 우리에게 가장 익숙한 고전적 개념은 아리스토텔레스의 가능태(puissance 또는 possibilité)인데, 이 개념은 베르그손의 잠재태와는 상당히 다르고 심지어는 대립적인 의미로 이해될 수도 있다. 베르그손 자신은 잠재태의 분화를 창조의 논리로 이해하며 특히 라이프니츠의 목적론과 근대과학의 기계론적 사유의 배후에 있는 것과 같은, "모든 것이 주어졌다"고 전제하는 공간적 사고방식에 대립시킨다. 이런 입장에서 가능성이란 실재적인 것이 나타나기 이전에 적어도 이념의 형태로 미리 주어진 어떤 계획plan이나 엄밀한 수학적 형식으로 되어 있는 인과법칙에 가깝다. 양자에서 모두 시간의 흐름은 "마치 부채 모양으로 한꺼번에 펼쳐지는" 것처럼 미리 주어진 것을 풀어내는 것에 불과하다(EC, 9). 가능성에 대한 이러한 사고는 근대과학의 세례를 받은 우리에게는 상식으로 되어 있으나 베르그손의 입장에서는 일종의 혼합된 사실, 즉 분리되어야 하는 복합물에 해당한다. 우리가 목적을 세우고 미래에 수행할 행동의 계획을 미리 그려보는 것은 지성의 실용적 기능에 속한다. 행동을 하기 위해서는 미래에 대한 예상이 필요하고 그 과정에서 지성은 유사한 것들을 묶어내는 작용을 하게 된다. "같은 것을 얻기 위해서는 같은 것이 필요하다"는 실용적 지성의 요구로부터 "동일한 것은 동일한 것을 낳는다"는 인과법칙이 출현한다. 이렇게 기계적 인과성의 형태를 띠게 된 운동인은 엄밀한 필연성을 나타낼수록 그만큼 더 수학적 법칙에 가까워진다(EC, 44~46). 우리에게 주어진 사실이란 이처럼 생명적 요구에 의해 채색된 것이다. 그런데 지성에 절대적으로 의존하는 철학에서는 지성의 실용적 목적에 의해 그려진 세계가 세계의 본질 자체가 된다.

그러나 베르그손은 자연은 그 본질에 있어서 "어떤 위대한 예술가의 작품과도 비교할 수 없을 정도로 풍요로운 예술 작품이 아닐까?"라고 말한다(PM, 114). 예술작품의 경우 그것이 나타날 미래의 형태를 예측한다는 것은 불가능하다. 아니 그것을 예측한다는 것은 오히려 그것을 이미 완성했다는 것과 다름없다. 가령 셰익스피어가 나타나기 이전에 그러한 작품의 출현을 예상하는 일은 불합리하다. 베르그손에 의하면, "셰익스피어의 『햄릿』을 가능적인 것의 형태로 그려 본 정신은, 바로 그 사실에 의해, 작품의 실재성도 창조해 냈을 것이다"(PM, 113). 즉 예술가에게 작품의 가능성과 실현을 분리하는 것은 의미가 없다. 예술가는 "실재적인 것과 동시에 가능적인 것도 창조해 낸다"(PM, 114). 우리는 보통 어떤 것이 실현되는 데 장애가 없다는 의미에서 가능성을 말하거나, 아니면 관념 형태로 선재하는 것을 가능성이라고 한다. 이러한 의미는 사실 아리스토텔레스의 가능태 개념에 둘 다 포함되어 있다. 전자를 '미규정적 가능태'puissance indéterminée라 하고 후자를 '규정된 가능태'라 부른다. 후자는 경우에 따라 1차적 현실태로 말해지기도 한다.[63] 베르그손은 전자의 의미를 부정하지는 않는다. 그러나 아리스토텔레스의 형상인에 해당하는 후자의 의미는 자연계 전체로 확대할 경우 '모든 것이 영원 속에 단번에 주어졌다'고 보는 입장의 전형이 된다. 근대의 기계론과 목적론은 각각 아리스토텔레스의 운동인과 목적인에 관련된 것처럼 보이지만 사실상 형상인을 그런 외양으로 변형한 입장들에 지나지 않는다. 그러나 실재가 예측불가능한 무한한 창조의 과정이라고 생각한다면 위와 같이 이해된 가능성은 일어난 사태에 선행하는 것이 아니라 사태가 이루어지고 난 후에 그것을 과거로 역투사한 개념에 불과하다. 그것은 "과거 속에 [드리워진] 현재의 신기루"이다(PM, 111). 이런 이유로 가능성은 실재성réalité을 통해 만들어진 거짓 개념, '존재하지 않는 개념'이다.

따라서 들뢰즈에 의하면 "가능적인 것le possible을 닮은 것이 실재적인 것le réel이 아니라 실재적인 것을 닮은 것이 가능적인 것이다"(B, 101). 베르그손의 표현에 의하면 "실재적인 것이 자신을 가능적인 것으로 만드는 것이지 가능적인 것이 실재적으로 되는 것이 아니다"(PM, 115). 들뢰즈는 가능성과 잠재태의 개념을 다음과 같이 구분하고 정리한다. 가능성은 실재성의 반대극에 있고 잠재성은 현실화actualisation의 반대극에 있다. 가능성은 현실화되는 것이 아니라 실현되는se réaliser 것이다. 우리말의 '실현'이라는 말은 외양적으로 '현실화'라는 말과 별로 다르지 않지만 프랑스어에서 그것은 실재화라는 의미를 가지고 있다. 여기서 들뢰즈가 가능성의 실현(실재화)이라는 말로 의도하는 것은 지성의 사유방식을 기술하는 것이다. 우리는 가능성에 실존existence이라는 속성을 덧붙임으로써 그것이 실재가 되었다고 생각한다. 그러나 이런 방식의 추론은 단지 개념적 사유에서만 가능하다. 이 관점에서 가능성의 실현은 '유사성'ressemblance과 '제한'limitation이라는

---

63. 이 책 4장의 2절 '2. 헥시스의 다양한 의미들' 참조.

두 본질적인 규칙에 따라 이루어진다(B, 99). 실재가 가능태의 이미지에 따라 실현된다고 할 때 양자 간에는 유사성이 전제된다. 플라톤의 이데아론이 그 대표적인 것이다. 또한 모든 가능성이 실현될 수는 없으므로 실현은 제한을 내포한다. 라이프니츠의 가능성이론이 그 전형이라 할 수 있다. 이 이론들은 개념적 도식으로서의 가능성 속에서 실재화의 요건을 만드는 인위적 구상에 의지하는 데서 공통적이다. 베르그손의 용어에 의하면 지성의 '제작적'fabricatrice 사유방식이다.

반대로 잠재성은 실현(실재화)되는 것이 아니라 현실화된다. 잠재적인 것은 그 자체로 실재적이며 예측불가능한 다양한 경향들로 분화될 수 있을 뿐, 가능성의 형태로 선재하고 있지 않다. 예술가가 실재적인 것과 동시에 가능적인 것도 창조해 낸다면 그것은 바로 잠재태의 이러한 작용 때문이다.[64] 이렇게 이해되었을 때 잠재성은 유사성이나 제한에 의해 진행하는 것이 아니라 "적극적 행위 속에서 자신의 고유한 현실화의 노선들lignes을 창조해야 한다." 지성이 이해한 실재는 그것이 실현시키는 가능성의 이미지와 유사성에 의존하는 반면, "현실성은 거기에 구현되는 잠재성과 유사하지 않다. 현실화의 과정에서 일차적인 것은 차이이다 ─ 우리가 출발하는 잠재성과 우리가 도착하는 현실적인 것들 사이의 차이, 그리고 [이에 뒤따르는] 현실화를 야기하는 보조적인 노선들 간의 차이"(B, 100). 결국 잠재태가 실재적인 것은 그것이 차이화 운동, 곧 창조의 동력으로서 실재하기 때문이다. 창조는 단순하고 불가분적인 잠재성의 분화이고 그런 한에서 현실화이다. 현실화된 실재는 현실화라는 과정 자체에 의해 본래적 단일성의

---

64. 『사유와 운동』에서 잠재태라는 말은 들뢰즈가 이해하는 것과 정확히 일치하지는 않는다. 때로 잠재태는 가능태를 가리키는 말로 사용되기도 한다. 그러나 전체 텍스트를 보았을 때 들뢰즈의 개념 정리는 유효하다.

본성을 변화시키며 그런 한에서 분화는 진정한 창조이다.

잠재태와 현실화라는 도식은 들뢰즈가 베르그손의 전 철학을 해석하는 핵심적인 도식이다. 그 모형은 『물질과 기억』에 있고 『창조적 진화』에서도 경향들의 분기를 통해 생명 분화의 원리로 작동한다. 우리는 들뢰즈가 심지어 『시론』까지도 이 도식을 역투사하여 해석하는 것을 보았다. 정신이나 물질이라는 고전적 개념들을 배제하고 형이상학적 도식만을 가지고 베르그손 철학의 퍼즐 맞추기를 하는 셈이고 이 작업은 베르그손 사상의 일관적 이해에 효과적인 부분이 분명히 있다. 그럼에도 불구하고 한 가지 지적해 둘 것이 있다. 『물질과 기억』에서 잠재태의 모형은 순수기억이다. 순수기억은 베르그손에게 정신의 실재성을 주장하기 위한 물적 근거로서 제시되며 이미 구이예는 이것의 존재론적 의미를 플라톤의 상기설과 연결시키면서 정신의 우월성을 의미하는 것으로 해석한 바 있다. 그 경우 앞에서 이미 본 것처럼 정신과 물질의 위계를 설정하는 전통적 해석으로 기울어지는 것을 피할 수 없다. 들뢰즈는 순수기억이라는 과거를 무엇보다 시간의 이행과 생성을 가능하게 하는 단초로 제시한다. 베르그손 철학에서 생성의 중요성을 생각한다면 그 의미는 지대하다는 것을 알 수 있다. 그런데 『물질과 기억』에는 순수기억이론과 거의 동등한 위치를 점하는 이미지이론이 있다. 이는 실재론과 관념론의 대립을 완화하기 위한 독창적 고안물로 보이는데 들뢰즈가 잠재태를 모범적 도식으로 삼으면서 이미지의 세계는 그 특권적 의미를 잃는다. 비록 그가 나중에 두 권으로 된 『영화』[65]라는 책에서 이미지들의 존재를 독창적으로

---

65. Gilles Deleuze, *Cinéma 1, L'image-mouvement*, Paris, Les Éditions de Minuit,

부각시키기는 하지만 이는 잠재성의 현실화와는 맥락이 다르다. 이미지들의 세계는 베르그손의 철학에서 지속이 의식상태로부터 벗어나 물질적 현재와 접하는 지점을 보여 주고 타자성으로의 열림을 지시한다는 점에서 간과할 수 없는 내용을 구성한다. 들뢰즈에게는 『창조적 진화』에서 베르그손이 제시하는 물질의 운동도 잠재태의 현실화의 극단에 지나지 않는다. 비록 들뢰즈가 정신과 물질이라는 전통적 이분법을 벗어나 있다 하더라도 그가 의지한 잠재태의 도식이 베르그손에게서 정신적 실재성에 상응하는 것이라는 사실은 베르그손을 유심론적으로 해석할 때 생겨나는 문제점이 여전히 남아 있게 만든다. 그것은 물질의 위상의 애매함으로 인해 지속의 현재로의 열림이라는 문제가 만족스럽게 설명되지 못한다는 점이다.

4. 맺는말

들뢰즈의 베르그손 해석은 상당히 일관된 체계를 보여 주며 베르그손 철학의 존재론적 도식을 잘 드러낸다는 장점이 있다. 이 장의 서론에서 지적했듯이 들뢰즈는 베르그손 철학에서 작동하는 전통적 이분법들을 넘어서서 이것들을 단지 은유로 간주한다. 그 경우 도식적 이해의 타당성은 더욱 높아진다. 그러나 여기서 은유라는 것이 무의미한 것이라면 그의 철학을 올바로 이해하는 것이 가능한가 하는 의문도 있을 수 있다. 만약 로티가 말한 것처럼 철학도 하나의 이야기 narrative에 속한다면 한 철학이 사용하는 은유는 그 철학의 형성에 필

1983 ; *Cinéma 2, L'image-temps*, Paris, Les Éditions de Minuit, 1985. [질 들뢰즈, 『시네마 1 : 운동–이미지』, 유진상 옮김, 시각과언어, 2002 ; 『시네마 2 : 시간–이미지』, 이정하 옮김, 시각과언어, 2005.]

수적인 요소가 될 것이다. 베르그손의 경우 19세기의 학문적 성과를 배경으로 생명과 시간의 개념을 주축으로 철학을 전개하는데 이 개념들의 대립극에 있는 것이 물질과 공간이다. 들뢰즈는 생명-물질, 정신-신체, 시간-공간의 이분법을 차이와 반복이라는 중립적 개념들로 대치하였다. 물론 차이와 반복이라는 개념들도 베르그손의 이분법적 도식에서 주요한 역할을 가지고 있기는 하다. 들뢰즈는 베르그손의 내부에서 그의 개념들의 위상을 전도시킴으로써 존재론적 자연주의라는 베르그손의 숨은 얼굴을 드러낸다.

한편 들뢰즈 자신도 풍부한 은유를 사용하는 철학자이다. 들뢰즈의 은유는 20세기 후반 프랑스의 새로운 학문 풍토와 그 성과를 반영하고 있음으로 해서 베르그손과의 거리를 느끼게 한다. 이것은 두 철학자의 시대적 거리가 있는 만큼 자연스러운 것이다. 그러나 들뢰즈는 자신의 은유를 과도하게 강조함으로써 자신이 드러낸 베르그손의 숨은 얼굴, 그러나 자신이 필연적으로 의지하고 있는 그 얼굴을 감춘다. 『차이와 반복』에 숨어있는 베르그손적 존재론의 틀은 베르그손 연구가에게는 너무도 명백하다. 그러나 들뢰즈는 이 틀을 칸트나 니체의 개념들 그리고 예술과 문학 및 여타 과학의 성과들에서 빌려온 은유들로 완벽하게 채색하고 있다. 유감스러운 것은 이러한 은유들의 기원은 들뢰즈 스스로 정확하게 명시하고 있음에도 불구하고 베르그손적 개념들은 몇 가지 특별한 주제들 외에는 명시하고 있지 않다. 어쩌면 바디우의 표현대로 서로를 통해 이해되는 베르그손과 들뢰즈의 밀접한 상호관계가 굳이 서로를 지칭할 필요 없이 "현재와 함께 공-현존하는 과거의 현실적인 실존"이기 때문인 것일까?[66] 그러나 『영화 1,

---

66. Alain Badiou, *Deleuze, La clameur de l'être*, Paris, Hachette, 1997, p. 94. 바디우의

운동-이미지』와 『영화 2, 시간-이미지』에서 들뢰즈는 좀 더 명시적이고 구체적으로 베르그손의 이미지론과 시간관에 의지하여 그의 영화이론을 전개시킨다. 이 책들은 베르그손의 이미지이론과 기억이론을 재해석하여 숨어있던 난제들을 밝은 빛 아래 조명하는 점에 있어서 어떤 의미에서는 베르그손의 훌륭한 주석서이기도 하다. 그러나 이 책은 또한 들뢰즈 자신의 독창성이 빛을 발하는 기념비적인 업적이기도 하여 우리의 비교는 여기서 끝맺기로 한다.

지적은 과거와 현재의 공존이라는 이들의 시간관에 관련된다.

이 책에는 본래 결론이 없었다. 철학사란 끝없이 재해석되는 것이기에 완성된 결론을 쓴다는 것은 불가능하다는 생각이었다. 이와 무관하게 재판의 출간을 위해 전체를 다시 보았을 때 불충분한 점은 여전히 많다. 필자가 18세기 말과 19세기에 걸친 프랑스 유심론 사상을 주로 연구한 후 이에 대해 필요한 맥락을 보충하면서 한 권의 책으로 쓰다 보니 생긴 문제점이다. 무엇보다도 영국 경험론에서 프랑스로 넘어오는 시기의 계몽주의 철학에 대한 연구가 거의 없는 것이 문제다. 18세기 프랑스 사상은 사상 자체보다도 지적 자극을 야기한 사회적 변동 그리고 철학자들의 인격적 특징 및 개성이 뚜렷하게 드러나 있어 철학이 강단으로 들어오기 전의 현실감을 생생하게 느끼게 해 주기에 이로부터 프랑스 유심론으로 넘어가는 과정이 좀 더 입체적으로 그려졌다면 하는 아쉬움이 있다. 프랑스 유심론은 관념의 철학이 아니며 디드로와 루쏘 등의 계몽철학자들에게서 새롭게 발견된 감성과 정념으로부터 순수한 인간본성의 추구와 자연에 대한 동경 등이 어우러진 새로운 정서가 바탕이 되어 있다는 것을 안다면, 우리가 철학사에서 도식적으로 접하고 있는 합리론과 경험론의 대립에서 벗어나는 데 도움이 될 수 있었을 것이기에 말이다.

이번에 새로 보충한 부분은 주로 베르그손의 철학의 내용이다. 본래 필자가 베르그손 철학의 연구에서 시작했고 이의 근원을 찾으러 프랑스 유심론까지 거슬러 올라간 것이기에 철학사적 전개상 초판에는 이들 간의 연속성에 초점을 맞춘 것이 당연한 수순이었다. 그러나 재판에는 프랑스 유심론의 전통과 근현대 자연과학의 성과가 어우러진 결과 베르그손 철학이 어떤 형태로 될 수밖에 없었는지 그 결과 연속성 위에서 일정한 불연속성이 존재할 뿐만 아니라 베르그손 철학 내부에서 양립불가능한 사고들이 존재한다는 것을 드러낼 수밖에 없었다. 이러한 상황은 베르그손 철학에 대한 다양한 해석들, 심지어 상반된 해석조차 가능하게 하는 점에서 논쟁을 잠재우기보다는 더 큰 자극을 주는 데 일조할 수 있으리라는 기대를 해 본다.

사상의 역사는 단지 시대적 상황의 반영만도 아니고 어떤 이념을 향한 진보인 것도 아니다. 유심론이 탄생하게 된 동기는 이미 빠스깔에게서 그러하듯이 세계를 수학적 기계로 보는 시선의 거대한 낙관이 가져오는 압박감과 불편함이었을 것이다. 마치 공룡의 무게 아래서 생존의 의미를 박탈당할 뻔했던 무수한 작은 동식물들이 살기 위해 온갖 방법을 고안해 낼 수밖에 없었듯이 유심론자들은 의식의 다양한 상태들을 관찰하고 이를 확대하여 신체와 정신의 관계 그리고 생명과 물질의 관계를 파악하는 데 주력했다. 그들의 전제가 어떠하든 이로부터 탄생한 수많은 창조적 개념들이 이후의 사상에 영양분이 되었다는 것은 잘 알려지지 않았다. 19세기 말, 새 시대의 먼동이 트기 시작할 무렵 베르그손은 새로운 과학은 이제까지와는 매우 다를 것이라는 것을 직감했지만 기존의 건축물 속에서 살고 있는 자기 자신으로부터 완전히 벗어날 수는 없었다. 근대과학에 대한 비판은 그를 의식으로 더욱 깊이 들어가게 만들었고 새로운 과학에 대한 기대는 다른 출구로 그를 밀어내기 시작했다. 여기서 나타나는 갈등이 정확히 베르그손주의가 내포하는 모순들과 연결되기에 이를 찾아내고 갈라내고 매듭짓고 살찌우는 것은 후학의 몫이라고 생각해 본다.

:: 출처

1장 데까르뜨 – 보편적 사유 주체의 등장

2, 3절 '데까르뜨의 지각 이론' 및 '아리스토텔레스와 데까르뜨의 심신이론 비교'는 후자의 제목 아래 통합하여 『동서철학연구』 37집(한국동서철학회, 2005)에 게재한 내용을 수정 · 보완함.

2장 영국 경험론과 프랑스 계몽주의 – 로크, 버클리, 디드로, 꽁디약

2절 '디드로와 꽁디약의 계몽주의, 몰리누 문제'는 『서양근대철학의 열가지 쟁점』(서양근대철학회 지음, 창비, 2004)에 게재한 것을 수정 · 보완함.
3절 '꽁디약 철학에서 의식의 수동성과 능동성'은 「꽁디약의 감각론에서 의식의 수동성과 능동성」, 『철학연구』 49집(철학연구회, 2000. 6.)에 게재한 것을 수록함.

3장 사유하는 주체에서 의지적 주체로 – 멘 드 비랑

3절 '경험론 시기 – 감각이론과 습관이론'은 『철학연구』 54집(철학연구회, 2001. 9.)에 「습관과 인간 본성의 관계 – 멘 드 비랑의 인간론」이라는 제목으로 게재한 것을 수록함.
4절의 '의지의 철학과 수동적 신체'는 「맨 드 비랑의 근대과학적 사유비판 – 인과성과 생리학주의 비판」이라는 제목으로 『철학』 78집(한국철학회, 2004. 2.)에, 「맨 드 비랑과 베르그손의 심신이론 비교」라는 제목으로 『철학』 71집(한국철학회, 2002. 5.)에 실린 내용을 대폭 수정 · 보완함.
5절 '멘 드 비랑에 대한 해석의 역사'는 「프랑스 철학의 주해 연구 동향 – 멘 드 비랑을 중심으로」라 는 제목으로 『철학사상』 26권(서울대철학사상연구소, 2007. 12.)에 게재한 것을 재판에 새로 첨 가함.

4장 의지에서 생명으로 – 라베쏭

2절 '아리스토텔레스 철학에서 자연과 습관'은 「아리스토텔레스에 있어서 자연과 습관」이라는 제목 으로 『철학과 현상학 연구』 10집(한국현상학회, 1998. 9.)에 게재함.
3절 '라베쏭의 생명적 존재론'은 「라베쏭에서 존재의 일원성의 문제」라는 제목으로 『철학』 52집(한 국철학회, 1997. 8.)에 게재한 내용을 수정 · 보완함.

5장 시간과 지속의 형이상학 – 베르그손

2절 '지속의 자기지시적 논리와 창조'는 같은 제목으로 『근대철학』 16집(서양근대철학회, 2020. 10.) 에, 그리고 "La Figure du cercle vertueux comme aspect essentiel de la causalité créatrice. Une lecture critique de Bergson"(창조적 인과성의 본질적 양태로서 선순환의 형상 – 베르그손에 대 한 비판적 독해)라는 제목으로 *Dialogue, Canadian Philosophical Review*, Vol. 56, Iss. 2, (Jun 2017)에 실린 내용들을 수정·보완하여 재판에 새로 첨가함.
3절의 '공간과 인식 – 칸트와 대적하는 베르그손'은 「칸트와 베르그손의 인식론 비교 – 공간 개념을 중심으로」라는 제목으로 『철학사상』 21권(서울대철학사상연구소, 2005. 12.)에 수록된 내용의 후반부를 수정·보완함.

:: 참고문헌

1. 원전

일부 문헌의 초판 출간년도는 제목 뒤 괄호 속에 넣었다.

아리스토텔레스 (Aristote)
De l'âme, Traduction nouvelle et notes par Tricot, Paris, Vrin, 1988. [『영혼에 관하여』, 유원기 옮김 과 역주, 궁리, 2001.]
Ethique à Nicomaque, Traduction par Tricot, Paris, Vrin, 1959. [아리스토텔레스, 『니코마코스 윤리 학』, 천병희 옮김, 숲, 2013.]
La Métaphysique, Nouvelle édition entièrement réfondue avec commentaire par Tricot, Paris, Vrin, 1986, 2 tomes in-8, LVIII. [『아리스토텔레스의 형이상학』, 조대호 역해, 문예출판사, 2004.]
Organon, Traduction nouvelle et notes par Tricot, Paris, Vrin, 1977. [『범주론 · 명제론』, 김진성 역해, 이제이북스, 2005.]
Physique, Paris, Les Belles-lettres, 2 volumes, 1946.
Traité de l'âme, Texte, traduction et commemtaire par Rodier, 2 volumes, Leroux, 1900 ; Paris, Vrin-Reprise, 1985.
Petits traités d'histoire naturelle, Traduction et présentation par Pierre-Marie Morel, Paris, GF-Flammarion, 1999.
Rhétorique, t. III, Traduction de Médéric Dufour et André Wartelle, Les Belles lettres, coll. 《Collection des universités de France Série grecque》, 1973-2003.

데까르뜨, 르네 (Descartes, René)
전집은 다음의 두 가지를 참조함.
Descartes, Œuvres et lettres, Textes présentés par André Bridoux, Paris, Gallimard, 1952.
Œuvres de Descartes, Charles Adam et Paul Tannery, Paris, Vrin, 1965-1975.
『방법서설/정신지도의 규칙』, 이현복 옮김, 문예출판사, 1997.
『성찰/자연의 빛에 의한 진리탐구』, 이현복 옮김, 문예출판사, 1997.
『정념론』, 김선영 옮김, 문예출판사, 2013.
『철학의 원리』, 원석영 옮김, 아카넷, 2002.

로크, 존 (Locke, John)
An Essay Concerning Human Understanding (1690), J. Churchill (프랑스어판 *Essai sur l'entendement humain*, Librairie Générale Française, 2009).

버클리, 조지 (Berkeley, George)

La Nouvelle théorie de la vision, dans Œuvres I, traduite par Geneviève Bryk mann, Paris, PUF, 1985. [버클리, 조지, 『새로운 시각 이론에 관한 시론』, 이재영 옮김, 아카넷, 2010.]

꽁디약, 에띠엔 보노 드 (Condillac, Étienne Bonnot de)

Essai sur l'origine des connaissances humaines (1746), Paris, Edition Galilée, 1975.

Traité des sensations (1754), Corpus des Œuvres de Philosophie en langue française, Paris, Fayard, 1984.

Traité des animaux (1755), Corpus des Œuvres de Philosophie en langue française, Paris, Fayard, 1984.

La Langue des calculs (1798), Librairie de Sandoz et Fischbacher, 1877.

칸트, 임마누엘 (Kant, Immanuel)

La Dissertation de 1770, Traduction, introduction et notes par Paul Mouy, Vrin, 1985.

Critique de la raison pure, Traduction par Tremesaygues et Pacaux, Paris, PUF, 1944.

Prolègomènes à toute métaphysique future, Traduction par J. Gibelin, Paris, Vrin, 1967.

『순수이성비판』, 최재희 옮김, 박영사, 2005.

멘 드 비랑, 삐에르 공띠에 (Maine de Biran, Pierre Gontier)

맨 드 비랑의 저서 중 그의 생전에 출판된 것은 『사유능력에 미치는 습관의 영향』(1802)이 유일하다. 그 외의 세 권의 책 제목 뒤에 표시된 연도는 공모에 제출된 원고의 수상 시기를 의미한다.

Influence de l'habitude sur la faculté de penser (1802), Œuvres t. II, Paris, Vrin, 1987.

Mémoire sur la décomposition de la pensée (1804), Œuvres t. III, Paris, Vrin, 1988.

De l'aperception immédiate (1807), Œuvres, t. IV, Paris, Vrin, 2000.

Rapports du physique et du moral de l'homme (1811), Œuvres, t. VI, Paris, Vrin, 1986.

Essai sur les fondements de la psychologie, Œuvres de Maine de Biran, t. VIII, édition Tisserand, Paris, Alcan, 1932.

Essai sur les fondements de la psychologie, Œuvres t. VII, Paris, Vrin, 2001.

Discours à la société médicale de Bergerac, Œuvres t. V, Paris, Vrin, 1984.

Œuvres choisies, par Henri Gouhier, Paris, Éditions Aubier-Montaigne, 1942.

Maine de Biran : Journal I, Edition publié par Henri Gouhier, Neuchâtel, La Baconnière, 1954.

Maine de Biran : Journal II, Edition publié par Henri Gouhier, Neuchâtel, La Baconnière, 1955.

라베쏭, 펠릭스 (Ravaisson, Félix)

"La Philosophie contemporaine" (1840), *Revue des deux mondes*, novembre ; Réédition dans *Métaphysique et morale*, Paris, Vrin-Reprise, 1986.

De l'habitude (1838), Impr. de H. Fournier. Nouvelle édition, précédée d'une introduction par Jean Baruzi, Alcan, 1933 ; Réimpression, Fayard, 1984.

Essai sur la métaphysque d'Aristote (1837~1846), t. I, II, Paris, Imprimerie royale ; Réimpression, cerf, 2007.

La Philosophie en France au XIXe siècle (1867), Hachette ; Réimpression, Fayard, 1984.

베르그손, 앙리 (Bergson, Henri)

Essai sur les données immédiates de la conscience (1889), Paris, PUF, 2007. [『의식에 직접 주어진 것
들에 관한 시론』, 최화 옮김, 아카넷, 2001.]

Matière et mémoire (1896), Paris, PUF, 2008. [『물질과 기억』, 박종원 옮김, 아카넷, 2005.]

L'Évolution créatrice (1907), Paris, PUF, 2007. [『창조적 진화』, 황수영 옮김, 아카넷, 2005.]

L'Energie spirituelle (1919), Paris, PUF, 2017.

Les Deux sources de la morale et de la religion (1932), Paris, PUF, 2008. [『도덕과 종교의 두 원천』, 박
종원 옮김, 아카넷, 2015.]

La Pensée et le mouvant (1934), Paris, PUF, 2009.

Œuvres (1959), Textes publié et annoté par André Robinet, Paris, PUF.

Mélanges (1972), Textes publié et annoté par André Robinet, Paris, PUF.

2. 연구서와 논문

Alexandre, Michel, *Lecture de Kant,* Paris, PUF, 1961.

Alquié, Ferdinand, *La Découverte métaphysique de l'homme chez Descartes*, Paris, PUF, 1966.

Antliff, Mark, *Inventing Bergson*, Princeton University Press, 1993.

Aubenque, Pierre, *Le Problème de l'être chez Aristote*, Paris, PUF, 1962.

_____, "Ravaisson, interprète d'Aristote", *Les Études philosophique*, n°4, 1984.

Azouvi, François, *La Gloire de Bergson. Essai sur le magistère philosophique*, Paris, Gallimard, coll.
"NRF Essais", 2007.

Badiou, Alain, *Deleuze, La clameur de l'être*, Hachette, 1997. [알랭 바디우, 『들뢰즈 — 존재의 함성』,
박정태 옮김, 이학사, 2001.]

Barthélemy-Madaule, Madeleine, *Bergson, Adversaire de Kant*, Paris, PUF, 1966.

Benrubi, Isaak, *Souvenir sur Henri Bergson*, Neuchâtel-Paris, Delachaux et Niestlé, 1942.

Bergson et les neurosciences, sous la direction de Philippe Gallois et Gérard Forzy, collection les
Empêcheurs de penser en rond, 1997.

Bertrand, Alexis, *La Psychologie de l'effort*, Paris, Alcan, 1889.

Beyssade, Jean-Marie, *Études sur Descartes*, Paris, Seuil, 2001.

Bichat, Xavier, *Recherches physiologiques sur la vie et la mort*, Paris, Flammarion, 1994.

Biologie, Encyclopédie de la pleiade, Paris, Gallimard, 1965.

Boerhaave, Herman, *Praelectiones Academicae de morbis nervorum*, t. II, Leyden, Pieter vander
Eyk, et Cornelius de Pecker, 1761.

Bolander, Thomas, "Self-Reference", *Stanford Encyclopedia of Philosophy*, 2017년 8월 31일 수정,
2021년 3월 13일 접속, https://plato.stanford.edu/entries/self-reference.

Bonnet, Charles, *Essai analytique sur les facultés de l'âme*, première édition, Copenhague, Philib-
ert, 1760.

Boudot, Maurice, "L'Espace selon Bergson", *Revue de métaphysique et de morale*, 85, 1980.

Bréhier, Émile, *Histoire de la philosophie* II, Paris, PUF, 1981.

Bruaire, Claude, "La Médiation de l'habitude", *Les Études philosophiques*, n°4, 1984.

Brunschvicg, Léon, *L'Expérience humaine et la causalité physique*, Paris, Alcan, 1922.

Cabanis, Pierre-Jean-Georges, *Rapports du physique et du moral de l'homme* (1805), 2e mémoire §
4 (Histoire physiologique des sensations) dans les *Œuvres philosophiques de Cabanis*, Corpus
général des philosophes français, t.XLIV, Paris, PUF, 1956.

Canguilhem, George, *La Connaissance de la vie*, Vrin, 1952 ; réédition, 1965.

Čapek, Milič, "La Théorie bergsonienne de la matière et la physique moderne", *Revue philos-
ophique de la France et de l'étranger*, t. CXLIII, n° 1-3, janvier-mars, 1953, pp. 28-59.

Canivez, André, *Jules Lagneau, professeur de philosophie. Essai sur la condition du professeur de
philosophie jusqu'à la fin du XIXe siècle* (t, I), Paris, Les Belles lettres, 1965.

Cazeneuve, Jean, *La Philosophie médicale de Ravaisson*, Paris, PUF, 1958.

Charpentier, Thomas-Victor, "Introduction de l'éditeur", *Traité des sensations*, première partie
publiée par Charpentier, Paris, Hachette, 1886.

Chevalier, Jacques, *Entretien avec Bergson*, Paris, Plon, 1959.

_____, *L'Habitude, Essai de métaphysique scientifique*, Boivin, deuxième édition revue et corrigée,
1940.

Conry, Yvette, *L'évolution créatrice d'Henri Bergson*, L'Harmattan, 2000.

Cousin, Victor, "Préface de l'éditeur", *Œuvres philosophiques de Maine de Biran* t. IV, Pierre Maine
de Biran, Paris, Ladrange, 1841.

Delacroix, Henri, "Maine de Biran et l'Ecole médico-philosophique", dans *Bulletin de la Société
française de philosophie*, mai-juillet, 1924.

Delbos, Victor, *La Philosophie française*, Plon-Nourrit, 1919.

_____, *Maine de Biran et son œuvre philosophique*, Vrin, 1931.

Deleuze, Gilles, "La Conception de la différence chez Bergson", *Études bergsoniennes* IV, 1956, pp.
79-112.

_____, *Cinéma 1, L'image-mouvement*, Paris, Les Éditions de Minuit, 1983 [질 들뢰즈, 『시네마
1 : 운동-이미지』, 유진상 옮김, 시각과언어, 2002.]

_____, *Différence et répétition*, Paris, PUF, 1968. [질 들뢰즈, 『차이와 반복』, 김상환 옮김, 민음사,
2004.]

_____, *Le Bergsonisme*, Paris, PUF, 1966. [질 들뢰즈, 『베르그송주의』, 김재인 옮김, 문학과지성사,
1996.]

Deleuze, Gilles and Félix Guattari, *Qu'est-ce que la philosophie?*, Paris, Les Éditions de Minuit,
1991.

Destutt de Tracy, Antoine-Louis-Claude, *Mémoire sur la faculté de penser* (1796), Corpus des
Œuvres de philosophie en langues françaises, Fayard, 1992/1993.

Dopp, Joseph, *Félix Ravaisson. La Formation de sa pensée d'après des documents inédits*, Éditions
de l'Institut Supérieur de Philosophie, 1933.

Dumont, Léon, "De l'habitude", *Revue philosophique*, 1876, t. I, p. 321 et s.

François, Arnaud, "Entre Deleuze et Bergson", *Gilles Deleuze*, Coordination scientifique Pierre

Verstraeten et Isabelle Stengers, Vrin, 1998.

_____, L'Évolution créatrice de Bergson (Etudes et Commentaires), Vrin, 2010.

Gilson, Étienne, Études sur le rôle de la pensée médiévale dans la formation du système cartésien, Paris, Vrin, 1984.

Gouhier, Henri, "Maine de Biran et Bergson", Les Études bergsoniennes, vol. 1, Paris, Albin Michel, 1948.

_____, Bergson et le Christ des évangiles, Paris, Librairie Arthème Fayard, 1961 ; 1999 (3e éd.).

_____, Descartes, Essais sur le Discours de la Méthode, la métaphysique et la morale, Paris, Vrin, 1978.

_____, La Pensée métaphysique de Descartes, Paris, Vrin, 1987.

_____, Les Conversions de Maine de Biran, Paris, Vrin, 1947/1948.

_____, Maine de Biran, Œuvres choisies, Paris, Aubier, 1942.

Gueroult, Martial, Descartes selon l'ordre des raisons, I, II, Paris, Aubier, 1953.

Hamelin, Octave, Le Système d'Aristote, Paris, Alcan/Vrin, 1920.

_____, Le Système de Descartes, Paris, Vrin, 1911.

Hahn, Roger, God and Nature : Historical Essays on the Encounter between Christianity and Science, Edited by David C. Lindberg and Ronald L. Numbers, University of California Press, 1986.

Heidsieck, François, Henri Bergson et la notion d'espace, Paris, Le Cercle du livre, 1959.

Henry, Michel, Incarnation, une philosophie de la chair, Paris, Seuil, 2000.

_____, L'Éssence de la manifestation, vol. I, II, Paris, PUF, 1963.

_____, Philosophie et phénoménologie du corps, essai sur l'ontologie biranienne, Paris, PUF, 1965.

Jacob, François, La Logique du vivant, une histoire de l'hérédité, Paris, Gallimard, 1970.

Janet, Pierre, L'Automatisme psychologique, nouvelle édition, Paris, Société Pierre Janet, 1973,

Janicaud, Dominique, Une généalogie du spiritualisme français, Nijhoff, 1969.

Jankélévitch, Vladimir, Henri Bergson, Paris, PUF, 1931 ; Réédition, 1959.

La Harpe, Jean de, "Souvenirs personnels d'un entretien avec Bergson", Henri Bergson, Essais et témoignages recueillis, eds. Albert Béguin and Paul Thévenaz, Neuchâtel, Éditions de la Baconnière, Les Cahiers du Rhône, 1943.

Keck, Frédéric, "Face aux sciences humaines," Magazine littéraire (Bergson, Philosophe de notre temps), avril 2000.

La Valette-Monbrun, Jean-Amable de, Maine de Biran, Essai de biographie historique et psychologique, Fontemoing, 1914.

Lachelier, Jules, Du fondement de l'induction, Paris, Alcan, 1871 ; Réimpression, 1896.

Lacroix, Jean, Panorama de la philosophie française contemporaine, Paris, PUF, 1966.

Lalande, André, Vocabulaire technique et critique de la Philosophie, Paris, PUF, 1926.

Le Roy, Georges, L'Expérience de l'effort et de la grâce chez Maine de Biran, Paris, Boivin, 1937.

Lefèvre, Roger, La Métaphysique de Descartes, Paris, PUF, 1966.

Lemoine, Albert, L'Habitude et l'instinct, Etudes de psychologie comparée, Paris, Germer Baillière, 1875.

Les Études philosophiques, 1984, no. 4 (Numéro spécial "Félix Ravaisson").

Les Études philosophiques, 1993, no. 1 (Numéro spécial "L'intelligence de l'habitude").

Madinier, Gabriel, *Conscience et mouvement, étude sur la philosophie française de Condillac à Bergson* (1938), préface d'Aimé Forest, Paris, Alcan ; Béatrice-Nauwelaerts, 1967.

Maire, Gilbert, *Bergson, mon maître,* Paris, B. Grasset, 1935.

Mayr, Ernst, *This is biology, the science of the living world,* the Belknap of Harvard University Press, 1997. [에른스트 마이어, 『이것이 생물학이다』, 최재천 외 옮김, 바다출판사, 2016.]

Meyer, François, *Problématique de l'évolution,* Paris, PUF, 1954.

Miquel, Paul-Antoine, *Bergson ou l'imagination métaphysique,* Kimé. 2007. Nouvelle édition avec quelques corrections sous le titre de *Bergson dans le miroir des sciences* chez le même éditeur, 2013.

Montebello, Pierre, *La Décomposition de la pensée,* Millon, 1994.

Mossé-Bastide, Rose-Marie, *Les Études bergsonniennes,* t. II, 1968.

Mourgue, Raoul, "Le Point de vue neuro-biologique dans l'œuvre de M. Bergson et les données actuelles de la science", *Revue de métaphysique et de morale,* 1920,

Philonenko, Alexis, *Bergson, ou de la philosophie comme science rigoureuse,* Paris, Cerf, 1994.

_____, *L'École de Marbourg,* Paris, J. Vrin, 1989.

_____, *L'Œuvres de Kant,* I, II, Vrin, 1989.

Pinto, Louis, "Le Débat sur les sources de la morale et de la religion", *Actes de la Recherche en Sciences Sociales,* 2004/3 n° 153.

Pradines, Maurice, *Traité de psychologie générale,* t. I (*Le Psychisme élémentaire*), Paris, PUF, troisième édition, 1948.

Prigogine, Ilya and Grégoire Nicolis, *À la rencontre du complexe,* Paris, PUF, 1989.

Prigogine, Ilya, *Les Lois du chaos,* Flammarion, 1994.

Robin, Léon, *Aristote,* Paris, PUF, 1944.

_____, *La Morale antique,* Alcan, 1938.

Rodier, Georges, *Commentaire du traité de l'âme d'Aristote,* Paris, Leroux, 1900 ; Paris, Vrin-Reprise, 1990.

Rodis-Lewis, Geneviève, *L'Œuvre de Descartes,* Paris, Vrin, 1971.

Romeyer-Dherbey, Gilbert, *Maine de Biran,* Paris, Seghers, 1974.

Russell, Bertrand, "On the Notion of Cause", *Mysticism and Logic,* New York, Longmans Green and Co., 1919.

Tisserand, Pierre, *Anthropologie de Maine de Biran,* 1909.

Toulmin, Stephen, *Return to Reason,* Harvard Universty Press, 2001.

Trotignon, Pierre, *L'Idée de vie chez Bergson et la critique de la métaphysique,* Paris, PUF, 1968.

Vancourt, Raymond, *La Théorie de la connaissance chez Maine de Biran,* Paris, Aubier, 1944.

Vieillard-Baron, Jean-Louis, *Bergson,* collection《Que sais-je?》, Paris, PUF, 1991.

Voutsinas, Dimitri, *La Psychologie de Maine de Biran,* Paris, S.I.P.É., 1975.

Wahl, Jean André, *Du rôle de l'idée de l'instant dans la philosophie de Descartes,* Paris, Alcan, 1920 ; Paris, Vrin, 1953 ; Paris, Descartes & Co, 1994.

_____, *Tableau de la philosophie française*, Paris, Gallimard, 1946.

Worms, Frédéric, *Bergson ou les deux sens de la vie*, Paris, Quadrige/PUF, 2004.

과학사상연구회, 『과학과 철학(특집: 생명을 보는 여러 시각)』, 제8집, 통나무, 1997.

굴드, 스티븐 제이, 『생명, 그 경이로움에 대하여』, 김동광 옮김, 경문사, 2004.

김효명, 『영국경험론』, 아카넷, 2001.

도킨스, 리처드, 『이기적 유전자』, 홍영남 옮김, 을유문화사, 1993.

마굴리스, 린 · 도리언 세이건, 『생명이란 무엇인가』, 황현숙 옮김, 지호, 1999.

마이어, 에른스트, 『이것이 생물학이다』, 최재천 외 옮김, 바다출판사, 2016.

_____, 『진화론 논쟁』, 신현철 옮김, 사이언스북스, 1998.

박종현, 『헬라스사상의 심층』, 서광사, 2001.

버클리, 조지, 『새로운 시각 이론에 관한 시론』, 이재영 옮김, 아카넷, 2010.

서양근대철학회 엮음, 『서양근대철학』, 창작과비평사, 2001.

_____, 『서양근대철학의 열가지 쟁점』, 창작과비평사, 2004.

아크릴, J. L., 『철학자 아리스토텔레스』, 한석환 옮김, 서광사, 1992.

이태수, 「아리스토텔레스의 목적인과 운동인」, 『희랍철학연구』, 조요한 외 지음, 종로서적, 1988.

자콥, 프랑수아, 『생명의 논리, 유전의 역사』, 이정우 옮김, 민음사, 1994.

장영란, 『아리스토텔레스의 인식론』, 서광사, 2000.

차건희, 「인식론과 베르크손의 형이상학」, 『대동철학』 제6집, 1999. 12.

최인숙, 「칸트와 근대철학 : 칸트와 데카르트에서 정신과 물질의 관계 − 인식론적 관점에서」, 『칸트연구』 16권, 한국칸트학회, 2005.

카시러, E., 『계몽주의철학』, 박완규 옮김, 아카넷, 1995.

케니, 안쏘니, 『데카르트의 철학』, 김성호 옮김, 서광사, 1991.

플라톤, 『티마이오스』, 박종현 · 김영균 옮김 및 공동역주, 서광사, 2000.

_____, 『플라톤 : 메논, 파이돈, 국가』, 박종현 옮김, 서울대학교 출판부, 1987.

하트, 마이클, 『들뢰즈 사상의 진화』, 김상운 · 양창렬 옮김, 갈무리, 2004.

한, 로저, 「라플라스와 기계론적 우주」, 『신과 자연(하) : 기독교와 과학 그 만남의 역사』, 데이비드 C. 린드버그 · 도널드 L. 넘버스 엮음, 박우석 · 이정배 옮김, 이화여자대학교출판부, 1999.

황수영, 『베르그손 − 지속과 생명의 형이상학』, 이룸, 2003.

_____, 『베르그손, 생성으로 생명을 사유하기』, 갈무리, 2014.

회페, 오트프리트, 『임마누엘 칸트』, 이상헌 옮김, 문예출판사, 1997.

:: 용어 찾아보기